Martin Ebon

Können wir in die Zukunft sehen?

Martin Ebon

Können wir in die Zukunft sehen?

Prophezeiungen wurden wahr

Herbig

Titel der amerikanischen Originalausgabe:
Prophecy in our time

Deutsche Übersetzung nach dem vom Autor ergänzten
Text: Rosemarie Doepner

Neuausgabe 1984

des 1974 erschienenen Bandes
»Die Titanic wird untergehen und Kennedy getötet werden . . .«

© by F. A. Herbig Verlagsbuchhandlung, München · Berlin
Alle Rechte vorbehalten
Schutzumschlaggestaltung: Michael Keller, München
Druck: Jos. C. Huber KG, Dießen am Ammersee
Binden: R. Oldenbourg, München
Printed in Germany 1984
ISBN: 3-7766-1350-5

INHALT

VORWORT

Das Thema dieses Buches — Prophetie in unserer Zeit — berührt einen Teil eines Gebietes, für das sich der Autor seit langem interessiert hat: die Sozialpsychologie. Was ist nun aber genau unter Prophetie zu verstehen? Was bedeutet Prophetie im Gegensatz zu Präkognition, Vorauswissen, Voraussagen, Antizipation und ähnlichen Begriffen? Prophetie ist im höchsten Grade im subjektiven Erleben begründet und in ständigem Wandel begriffen, viel zu lebendig, um sich in starre Kategorien pressen zu lassen. Ich habe eine dogmatische Definition meines Gegenstandes zu vermeiden gesucht, um Freiheit für die Auswahl gewisser Fragestellungen und deren Untersuchung zu gewinnen.

Von dieser Freiheit erlaubte ich mir, Gebrauch zu machen, als ich über Prophezeiungen im Bereich der Wirtschaftswissenschaften berichtete (Kap. 17, »Was wird im Jahr 2000 sein?«), denn die dort üblichen Voraussagemethoden ähneln den althergebrachten Orakel-Praktiken mehr als gemeinhin angenommen wird. Ich hoffe, mich mit diesem Thema in zukünftigen Publikationen noch eingehender befassen zu können. Andererseits habe ich von einer ins einzelne gehenden Behandlung der in der Philosophie und Psychologie gegenwärtig geführten Diskussion über das Zeiterleben sowie von der Erörterung mathematisch-statistischer Wahrscheinlichkeitstheorien und der psychodynamischen Vorgänge, die dem prophetischen Erleben des Einzelnen zugrunde liegen, Abstand genommen. Diese Themen verlangen ein besonderes Interesse von Seiten des Lesers. Einen guten Einstieg in die Psychologie ermöglicht die von J. T. Fraser herausgegebene Anthologie *Voices of Time* (»Stimmen der Zeit«, New York, 1966). Zur ernsthaften Beschäftigung mit philosophischen und physikalischen Aspekten empfehle ich den Aufsatz von H. A. C. Dobbs, »Time and ESP« (»Zeit und ASW«, in: *Proceedings*, Society for Psychical Research, London, Bd. 54, Teil 197, August 1965). Zusätzliche Literaturvorschläge sind in der ausgewählten Bibliographie enthalten, die für die deutsche Ausgabe ergänzt und auf den neuesten Stand gebracht wurde.

DANKSAGUNG

Dieses Buch zu schreiben hat für mich eine überaus erfreuliche Aufgabe bedeutet. Die Mitwirkung von Freunden, Bekannten und Fremden war mir eine dauernde Ermutigung. Natürlich ist mein Interesse an dem vorliegenden Thema in den mehr als zehn Jahren erwachsen, in denen ich bei der Parapsychology Foundation unter den seinerzeitigen Präsidenten bzw. Vizepräsidenten Mrs. Eileen J. Garrett und Frances P. Bolton tätig war. Mein Dank gilt ferner Dr. J. B. Rhine und Dr. Louisa E. Rhine aus Durham, North Carolina, sowie allen übrigen Mitarbeitern der Foundation for Research on the Nature of Man.
Ich danke weiter Mrs. Laura A. Dale, der Herausgeberin des *Journal* der American Society for Psychical Research in New York, die nicht nur für die amerikanische Ausgabe das Stichwortverzeichnis erstellte, sondern mir mit so manchem redaktionellen Rat behilflich war. Außerdem schulde ich allen denen Dank, die in den verschiedenen Kapiteln bzw. in der Bibliographie genannt sind und die mein Buch ganz oder teilweise durchsahen, darunter Professor Hans Bender (Freiburg i. Br.), Mr. Hugh Lynn Cayce (Virginia Beach, Va.), Dr. Jan Ehrenwald (New York), Dr. Jule Eisenbud (Denver, Colo.), Mrs. Rosalind Heywood (London), Frau Aniela Jaffé (Zürich), Dr. Gardner Murphy (Topeka, Kan.), Dr. Emilio Servadio (Rom), Dr. Ian Stevenson (Charlottesville, Va.), Professor W. H. C. Tenhaeff (Utrecht) und Miss Rhea White (Huntington, N. Y.). Für irgendwelche Irrtümer oder andere Mängel bin ich selbstverständlich allein verantwortlich.

M. E.
New York, N. Y.

1. KAPITEL

Können wir die Zukunft wissen?

Am Morgen des 22. November 1963 spielte Präsident John F. Kennedy seine eigene Ermordung. In einem Hotelzimmer in Dallas imitierte der Präsident in Gegenwart seiner Frau Jacqueline und eines Assistenten des Weißen Hauses, Kenneth O'Donnell, Lauf und Abzugshahn eines Revolvers, indem er Zeigefinger und Daumen gegen seinen eigenen Kopf richtete. Später gab er entgegen dem Wunsch Mrs. Kennedys Anweisung, das Kabinendach vom Präsidentenwagen abzunehmen. Auf diese Weise führte er gerade jenen Tod herbei, den er sich zwei Stunden zuvor vorgestellt hatte.

Am 21. Februar 1967 ehrte die Freedoms Foundation von Valley Forge, Pennsylvania, das Andenken eines Soldaten, der seinen Tod auf dem Schlachtfeld vorausgesehen hatte. Es handelte sich um Hiram D. Strickland aus Graham, North Dakota, der seinen Eltern aus Vietnam geschrieben hatte: »Dieser Brief ist mein letzter. Wahrscheinlich habt Ihr schon die Nachricht von meinem Tode, verbunden mit dem Ausdruck tiefsten Beileids der Regierung, erhalten. Glaubt mir, ich wollte nicht sterben, aber ich wußte, es gehörte mit zu meiner Aufgabe . . .«.

Am 2. Oktober 1966 um 4 Uhr wurde Mrs. Sybil Brown aus Brighton, England, durch einen Alptraum geweckt. Sie sagte zu ihrem Mann: »Irgendwas Schreckliches wird passieren.« Im Traum hatte sie ein sechsjähriges Mädchen auf einer Straße auf sich zukommen sehen, während sich eine schwarze, drohende Masse von rechts immer näher auf sie zubewegte. Zugleich hörte Mrs. Brown in ihrem Traum eine Stimme sagen: »Die ganze Familie ist in dem Haus.« Am gleichen Tag wurden 116 Kinder und 28 Erwachsene in Aberfan in Wales von einer Kohlenschuttlawine getötet. Wie Mrs. Brown behaupteten Hunderte von Menschen, das Unglück zur Zeit seines Auftretens »gefühlt« oder richtig vorausgeahnt haben.

Im darauffolgenden Januar starb der schottische Motorboot-rennfahrer Donald Campbell, als sich sein Boot »Bluebird« auf einem See überschlug. Zwei Stunden vorher hatte Campbell beim Patience-Spiel Pik-As und Königin aufgedeckt. Dabei erzählte er seinen Freunden, daß demnächst »irgendjemand« aus seiner Familie sterben werde, da »Königin Mary von Schottland vor ihrem Tode dasselbe getan habe«.

Dies sind Beispiele für Prophetie, Ahnungen, Präkognition, Vorauswissen — der Name ist austauschbar —, die zu unseren Lebzeiten mit erstaunlicher Präzision eintraten. Es handelt sich dabei nicht um Geschichten, die uns über die Jahrhunderte hinweg überliefert wurden, wenn sich die Geschichte der Prophetie auch bis hin zu den Anfängen der Geschichtsschreibung zurückverfolgen läßt. Auch handelt es sich nicht um Einzelbeispiele. Das Parapsychologische Institut der Foundation for Research on the Nature of Man besitzt Protokolle über mehr als 14 000 Fälle ungewöhnlicher Vorkommnisse dieser Art, unter denen die Präkognition — sie äußert sich am häufigsten in bis ins Detail zutreffenden Träumen von bevorstehendem Leiden oder Tod — die größte Einzelgruppe repräsentiert.

Seit sich der Mensch seines Schicksals und seiner Identität bewußt wurde, waren Tod und Unheil in der Regel Inhalte prophetischer Bekundungen. Sie bilden eine lange Reihe, die sich von den Propheten der Bibel über das Delphische Orakel bis hin zu kontemporären Falldarstellungen erstreckt, bei deren Auswertung statistisches und psychologisches Fachwissen angewandt wird, indem man sie nunmehr protokolliert, dokumentiert, klassifiziert und analysiert. Die ersten Forschungen auf diesem Gebiet wurden vor der Jahrhundertwende von der Londoner Society for Psychical Research unternommen. Heutzutage werden derartige Berichte über prophetische Erlebnisse von der

American Society for Psychical Research in New York sowie
von ähnlichen Organisationen in der ganzen Welt sorgfältig
überprüft.

Die Prophetie fasziniert und beeinflußt einen Großteil der
Menschheit. Das Interesse reicht vom Allgemeinen bis zum Persönlichen, vom Unergründlichen zum oberflächlich Komischen.
Zu den uralten und doch immer noch aktuellen Fragen, die sich
die Menschen stellen, gehören solche wie: Was wird meine Zukunft mir bringen? Glück oder Unglück? Reichtum oder finanzielle Schwierigkeiten? Wird es in meiner Zukunft Liebe, Heirat,
Scheidung, Kriminalität, den Tod eines mir nahestehenden Menschen, den Mord eines Premierministers, einen Hollywoodskan-
dal, spektakuläre Börsenbewegungen, neue Heilmittel oder ver-
giftende Nahrungsmittel, Invasionen aus dem All, Erdbeben
oder Erdrutsche, Krieg oder Frieden, ein langes Leben oder Tod
geben?

Wie schon in den vergangenen Jahrhunderten, so existieren auch
heute in allen Teilen der Welt Menschen, die den Anspruch erheben, etwas über die Zukunft aussagen zu können. Sehr oft berufen sie sich dabei auf prophetische Voraussagen, die sich bewahrheitet haben. Dabei bedienen sie sich zahlreicher Kunst-
griffe, angefangen beim Handlesen im Zigeunercafé um die
Ecke bis hin zu den Berechnungen von Kursentwicklungen
durch Wall-Street-Analytiker. Die Fragen, die in alten Zeiten
an das griechische Orakel gestellt wurden, unterscheiden sich nur
wenig von denen, die heutzutage an die Leute gerichtet werden,
die Horoskope für die Tageszeitungen der Vereinigten Staaten,
die Sonntagsboulevardblätter Großbritanniens und die Illu-
strierten Deutschlands, Frankreichs, Italiens, der skandinavi-
schen Länder oder Japans verfassen.

Mächtige Staatschefs des 20. Jahrhunderts aus Asien und Afrika
suchen genauso den Rat von Wahrsagern wie früher Könige,
die ihre Pläne von Hofastrologen überprüfen ließen. Filmschauspieler aus Hollywood oder London möchten ebenso gern sicher-

gehen, daß ihre neuen Engagements derzeit von den Sternen begünstigt werden wie eine Königshochzeit in Nepal oder der Abschluß eines Teakholzhandels in Thailand von der Zustimmung eines astrologischen Beraters abhängig gemacht werden. Chemie und Physik sind aus der okkulten Spiegelfechterei der Alchemie hervorgegangen. Medizinmänner und Kräuterweiber der älteren Kulturen waren die Pioniere, die der heutigen Medizin den Weg bereiteten. Liegt in dem Aufblitzen menschlichen Tiefblicks, in jener geheimnisvollen halben Sekunde einer prophetischen Vision die geistige Substanz computergesteuerter Voraussagen in Technik, Kriegsführung, Medizin und Wirtschaft sowie möglicherweise des ganzen menschlichen Lebens beschlossen?

Die gefühlsmäßige Ahnung von gestern tendiert sehr häufig dahin, zur statistischen Realität von heute zu werden. Die nur schwierig erfaßbaren Eigenschaften des Menschen werden zunehmend zum Gegenstand von Experimenten und der Dokumentation im Laboratorium. Dennoch ist die Forschung noch lange nicht abgeschlossen. Viele Fragen bleiben unbeantwortet und daher umso faszinierender. Wenn wir um die Zukunft wissen können, sind wir dann auch in der Lage, sie zu beeinflussen? Bis zu welchem Ausmaß können wir über sie aufgrund bewußten oder unbewußten Wissens vernünftigerweise Vermutungen anstellen? Wo endet eine durch Phantasie oder Wissen angereicherte Vorausberechnung und wo beginnt die »reine« Prophetie?

Die eigentliche Schwierigkeit einer Definition der Prophetie oder Präkognition liegt in ihrer Abhängigkeit von kulturellen Unterschieden, verfügbaren Daten oder wissenschaftlichen Methoden. Die Grenzen zwischen der einen und anderen Form der Vorausschau sind fließend. Haben Menschen einmal eine zutreffende Voraussage über ein Ereignis gemacht, so wissen sie meistens gar nicht, wie sie zu dieser Zukunftsvision gekommen sind. Viele sind selber darüber verblüfft und sagen ziemlich hilflos, sie hätten ein bestimmtes Ereignis einfach »gesehen«, genau wie ein Traumbild ohne Übertragung durch die Netzhaut in der Vorstellung erscheint. Da sie, wie man so schön sagt, mit dem »geistigen Auge« geschaut werden, lassen sich diese Visionen nur schwer einordnen. Es wäre daher verfrüht, den Spielraum der nach allen Richtungen offenen Forschungen zu beschränken und Kriterien aufzustellen, die sich für die Erfassung möglicherweise wichtigen Materials letztenendes als zu eng erweisen würden.

Die Ansichten über Prophetie hängen von der Zeit, in der ein Mensch lebt, ebenso ab wie von dem Platz, den er innerhalb der Geschichte und Kultur einnimmt. Die Bestürzung von gestern mag uns heute naiv vorkommen, und die — wie wir glauben — festgefügten Normen von heute stellen sich vielleicht schon morgen als unpassend heraus. Dies ist jedoch kein Grund, das zugrundeliegende Phänomen zu verleugnen. Und selbst wenn sich das eine oder andere Dokument als nicht stichhaltig erweist, wenn ein bestimmter Augenzeuge unter Umständen nicht überzeugend wirkt, — was niemals in Zweifel gezogen werden kann, ist das zumindestens gelegentlich auftretende echte prophetische Erlebnis, das psychologisch begründet ist, ganz gleich, ob man es in der Terminologie der heutigen Wissenschaft als »subjektiv« oder »objektiv« qualifiziert.

Es ist uns nicht in allen Fällen möglich festzustellen, ob eine Erfahrung dieser Art strenggenommen telepathisch (Übertragung eines seelischen Vorgangs von einer Psyche auf eine andere), hellseherisch (außersinnliche Wahrnehmung eines niemandem bekannten Gegenstandes oder Vorgangs) ist, ob sie gleichzeitig stattfindet oder als präkognitiv zu bezeichnen ist. Beim Orakel von Delphi kann ebenso gut Hellsehen wie Telepathie vorgelegen haben, als Krösus, der ungeheuer reiche König der Lydier, es auf die Probe stellte. Fünf weitere Orakel, über die merkwürdige Tätigkeit befragt, die Krösus gerade verrichtete, hatten keine zutreffende Auskunft geben können, doch das Orakel von Delphi sagte richtig: »Krösus kocht gerade in einem Kupferge-

fäß mit einem kupfernen Deckel ein Lamm und eine Schild-
kröte.« Als er später das Orakel befragte, ob er die Perser mit
Krieg überziehen solle oder nicht, wurde ihm gesagt, daß er nach
Überquerung des Halys — d. h. beim Vormarsch gegen Per-
sien — ein großes Reich zerstören würde. Genau das geschah:
Er wurde schwer geschlagen und zerstörte damit sein eigenes
Reich.

Unter den Propheten der Bibel war es Amos, der ungefähr um
800 v. Chr. lebte und der — ohne die Doppelsinnigkeit des
Orakels von Delphi — den Untergang des nördlichen König-
reichs der Israeliten unter Jerobeam II. voraussagte: »Denn so
spricht Amos: Jerobeam wird durch das Schwert sterben, und
Israel wird aus seinem Lande gefangen weggeführet werden.«

In unseren Tagen hat sich das öffentliche Interesse an der Prophetie aufgrund sensationeller Voraussagen — wie z. B. die
über die Ermordung Präsident Kennedys — wieder belebt. Wenige nur werden sich noch daran erinnern, daß Präsident Abraham Lincoln kurz vor seiner Ermordung einen Wahrtraum
hatte, in dem er sich selber im Ostzimmer des Weißen Hauses
aufgebahrt sah.

Die wahrscheinlich fundiertesten modernen Untersuchungen
über Präkognition, bei denen man das Problem von zwei Seiten
anzugehen versucht, werden derzeit an dem von J. B. Rhine
und von seiner Frau Louisa Rhine geleiteten Parapsychologischen Institut betrieben. Zugleich aber untersuchen mutige Psychologen, Psychoanalytiker und Psychiater — ungeachtet der
These Sigmund Freuds, wonach prophetische Träume nichts als
phantastische Wunscherfüllung beinhalten — Träume, die allem
Anschein nach prophetisch sind und die ihnen von ihren Patienten berichtet werden; sie finden sie voller Rätsel, überzeugend
und aufschlußreich.

Selbst Nostradamus, der selbstbewußteste, wenn auch einer der
geheimnisumwittertsten Propheten unseres Kulturbereichs, war

von den philosophischen Implikationen der Prophetie stark beeindruckt. Moderne Philosophen, die sich mit der Materie ausgiebig und intensiv auseinandersetzen, finden in vielen Fällen nichts, was gegen das Auftreten von Prophetie spricht, und auch in den Grenzwissenschaften der Physik beschäftigt man sich mit den Fragen von Ursache und Wirkung und dem Wesen der Zeit; könnte es vielleicht möglich sein, daß die Zeit sozusagen rückwärts läuft?

Das ehemalige Parapsychologische Laboratorium der Duke Universität hat ungefähr dreißig Jahre lang Protokolle über Experimente geführt, bei denen die Versuchspersonen Karten aus einem ungemischten Spiel weit überzufällig richtig rieten. Seither häufen sich dort Tausende von Tests, die einen mit den qualitativ auswertbaren und seit babylonischen Zeiten überlieferten Fällen übereinstimmenden statistischen Beweis liefern.

Die Prophetie birgt die immerwährende Hoffnung und Angst der Menschheit in sich. Wir möchten gern etwas über die Zukunft erfahren und hoffen dabei, daß sie uns Glück und Zufriedenheit bringt; sind es aber Schmerzen und Unglück, dann möchten wir sie ändern, und tatsächlich haben schon Menschen aufgrund von Wahrträumen ihre Pläne geändert und so wahrscheinlich eine Katastrophe verhindert. Dennoch werfen gerade derartige Fälle mehr Fragen auf, als sie tatsächlich beantworten. Wenn eine Frau aus Detroit nicht um 5 Uhr morgens ihren in New Jersey lebenden Bruder angerufen hätte — sie hatte ihn im Traum in einen Autounfall verwickelt gesehen, und er wollte sich gerade auf den Weg machen —, wäre der Unfall dann wirklich passiert?

Hiermit werden tiefgründige Fragen religiös-philosophischen Inhalts aufgeworfen, wie die nach der menschlichen Willensfreiheit, nach Determiniertheit, Schicksal und Geschick. Ist uns unser Leben vorgeschrieben? Oder sind uns nur gewisse Muster vorgegeben, innerhalb deren wir uns frei bewegen können? Müssen wir aufgrund unserer persönlichen Anlagen bestimmte Erfahrungen machen? Können andere Menschen, die zu außersinnlichen Wahrnehmungen fähig sind, unsere Persönlichkeit erfassen und auf diese Weise uns betreffende Ereignisse richtig vorhersehen?

Hat Präsident Kennedy durch seine Anordnung, das Sicherheitsdach seines Wagens nicht zu montieren, ein Schicksal herausgefordert, das er ohnehin erwartete? Haben andere es gespürt und in der Atmosphäre allgemeiner Angst ihre Eindrücke in Form von Voraussagen mitgeteilt? Setzte sich Lincoln nach seinem Wahrtraum praktisch seiner eigenen Ermordung aus? Immerhin war er nur schwach bewacht, als John Wilkes Booth in des Präsidenten Theaterloge gestürzt kam.

Sind wir soweit »Herren unseres Schicksals«, daß manche Leute die Taten irgendwie spüren, die andere aller Voraussicht nach einmal ausführen werden, d. h. können sie eine bestimmte Handlung voraussehen, indem sie in eine Kristallkugel schauen, in der Handfläche lesen oder sich anderer Mittel bedienen, um uns von unserer Unsicherheit zu erlösen? Oder aber durchbrechen in Zeiten der Angst und Panik grundlegende emotionale Bedürfnisse einfach Raum und Zeit und erzeugen so Zukunftsvisionen, die einem Urverlangen entspringen?

Angst und Habgier, Unglück und Freude und immer wieder der Tod, das scheinen die Hauptinhalte prophetischer Bekundungen zu sein. Als die *SS Titanic* auf einen Eisberg auflief und das angeblich unsinkbare Schiff auf dem Grunde des Ozeans versank und mehr als 1500 Passagiere mit untergingen, erinnerte man sich vieler Träume, die eine Vorwarnung enthalten hatten, und an Ahnungen besonders von Leuten, die daraufhin ihre Fahrkarten wieder zurückgegeben hatten und Zeugen beibringen konnten, denen gegenüber sie sich über das von ihnen vorhergesehene Unglück geäußert hatten.

Auch in der Gegenwart finden Ereignisse statt, die sich — falls sie korrrekt berichtet wurden — einer Analyse völlig entziehen. Ein holländischer Hellseher hat wiederholt mit aufsehenerre-

gender Genauigkeit die Persönlichkeit und das Schlüsselerleb-
nis von Personen beschrieben, die Tage danach bei einer Veranstaltung auf bestimmten Stühlen Platz nehmen würden, und
dies, obwohl die tatsächliche Sitzordnung bis wenige Minuten
vor Öffnung des Saales geheimgehalten wurde. Ein Trick? Zwei
Professoren, ein holländischer und ein deutscher, bezeugen, diese
Experimente wiederholt und mit äußerster Sorgfalt überwacht
zu haben.

O ja, wir wissen alles über die Psychologie von Zeugenaussagen!
Jeder Psychologiestudent weiß, daß seine Kommilitonen völlig
voneinander abweichende Beschreibungen liefern, wenn der
Professor im Hörsaal irgendeinen Vorfall — beispielsweise
einen Streit — inszeniert. Wir alle neigen dazu, Geschichten aus-
zuschmücken, gewisse Bestandteile herunterzuspielen und andere
zu dramatisieren. Unser Gedächtnis ist überaus unzuverlässig.
Man darf also Zeugen nicht vertrauen, das Beweismaterial kann
manipuliert werden.

Zugegeben, das stimmt und trifft für alle Bereiche des Lebens zu.
Vielleicht gilt dies aber besonders für jene Gegenden, in denen
die Beziehung zum Magischen noch lebendig ist, dessen faszi-
nierendster, am schwersten zu erfassender, ursprünglichster und
ehrfurchtsgebietendster Ausdruck vielleicht die Prophetie ist.
Ich war ungefähr zwölf Jahre Geschäftsführer in der Verwaltung der Parapsychology Foundation, Inc. in New York, die
1965 in einem »Tätigkeitsbericht über zehn Jahre« (*Ten Years of
Activities*) feststellte, daß die moderne Parapsychologie, zu deren Untersuchungsgegenständen auch die Präkognition gehört, »es
mit Phänomenen zu tun hat, die wegen ihrer außergewöhnlichen
Natur schon immer einen relativ hohen Grad von Emotionalität
erregt haben«. In diesem Bericht heißt es weiter: »Es ist nicht
schwierig einzusehen, daß Phänomene, die über die vergangenen Jahrhunderte hinweg und in anderen Kulturbereichen magische Bedeutungsgehalte enthielten, weiterhin Reaktionen hervorrufen, die von fast abergläubischer totaler Annahme bis

zu einem abwehrenden, totalen Unglauben gehen. Heute sind uralte Träume von geheimnisvollen Zauberkräften in einem umfassenden Angebot technischer Hilfsmittel Wirklichkeit geworden. Trotzdem nehmen jene unentdeckten, nur schwer beobachtbaren, das Gebiet der Parapsychologie absteckenden Erscheinungen noch einen unermeßlich großen Raum ein.«

Dennoch genügt es nicht, entweder daran zu glauben oder darüber zu spötteln. Wir können nicht jeden Brief, in dem ein angebliches prophetisches Erlebnis geschildert wird, ernst nehmen. Andererseits können wir aber auch nicht angesichts des vorliegenden Beweismaterials — über das dieses Buch lediglich in Auszügen berichtet — die Augen vor den daraus zu ziehenden Konsequenzen verschließen. Natürlich können wir auch in der Weise weiter verfahren, daß wir die Hälfte, zwei Drittel, Dreiviertel oder neun Zehntel von alledem nicht glauben; auf keinen Fall aber können wir, wenn wir uns selbst gegenüber ehrlich sind, alles verwerfen. Es gibt zuviel Material, dem immer wieder die gleichen Muster zugrundeliegen, daß man darüber einfach nicht hinwegsehen kann. Zudem ist es in Kategorien aufgegliedert, die sich überall auf der Erde und in der Geschichte immer wieder finden lassen.

Blinder Glaube wäre töricht, denn wir wissen ja, daß bewußte oder unbewußte Einflüsse unser Leben hier und da immer wieder durcheinanderbringen. Genauso dumm wäre es aber, einem blinden Unglauben besonders dann anzuhängen, wenn man in einem Zeitalter lebt, in dem die Entdeckungen jedes Jahres — wie zum Beispiel die Untersuchungen der menschlichen Gehirnfunktionen — unsere ungeheuerliche Unkenntnis so recht an das Tageslicht bringen.

Wir sollten uns bis zur Prüfung des Beweismaterials nicht so sehr aus Bescheidenheit eines Urteils enthalten wie einfach aus praktischer Vernunft. Unsere Generation hat zu vieles in Erfahrung gebracht, was unsere Vorfahren oder Angehörige anderer Kulturbereiche noch als eine Art Wunder angesehen hätten, und so haben es die Kirchen für notwendig gehalten, ihr Konzept vom »Wunder« an sich neu zu definieren, ganz zu schweigen von dem sich unter Umständen ergebenden Erfordernis einer Überprüfung unserer traditionellen Begriffe von Zeit und Raum. So wie wir heute wissen, daß die Schwerkraft ihre Wirkung einbüßt, sobald ein Raumfahrzeug eine bestimmte Höhe erreicht, so sollten auch unsere Vorstellungen von Vergangenheit, Gegenwart und Zukunft für eine erneute Überprüfung offen gehalten werden.

Hinter der Bezeichnung Prophetie können sich genauso gut vorsätzlicher Betrug und profitgierige Scharlatanerie wie die Präkognition verbergen, die unter streng kontrollierten Bedingungen im Laboratorium untersucht wird. Der moderne Wissenschaftler, der sich mit quantitativen ASW-Experimenten beschäftigt, zieht einen klaren Trennungsstrich zwischen historischem oder anekdotischem Material und den eigenen Versuchen. Gerade darum empfindet er es auch als überaus ärgerlich, wenn seine Experimente von der Öffentlichkeit mit solchen Jahrmarktspossen wie Handleserei (»Ihr Schicksal liegt in Ihrer Hand«) oder Astrologie (»Ihr Schicksal steht in Ihren Sternen«), Kristallsehen und irgendwelchem »Lesen« aus Karten oder dergleichen in Verbindung gebracht werden. Es gibt allerdings die verschiedensten Arten von Astrologen; die besten unter ihnen scheuen sich vor jeder Voraussage, während andere ihre prophetischen Wahrnehmungen mit der abgedroschenen Redewendung absichern, wonach »die Sterne nur geneigt machen, aber nicht zwingen . . .«.

Das einzige Ordnungsprinzip, das an die Prophetie logischerweise angelegt werden kann, ist das chronologische. Außerdem hat man erst in der letzten Hälfte dieses Jahrhunderts damit begonnen, prophetische Träume oder Ahnungen im Wachzustand zu sammeln, zu klassifizieren und über Ereignisse Protokolle anzulegen, die sie bestätigen, und außerdem zum Schutz gegen Täuschung und Selbstbetrug experimentelle Methoden zu entwickeln. Von bleibendem Wert sind eine reiche Ausbeute an hervorragend dokumentierten Fällen und ein Berg Datenmaterial, das aus ASW-Experimenten gewonnen wurde und das die Präkognitionshypothese unterstützt.

Mit der Existenz der Prophetie können wir uns deswegen so schwer abfinden, weil sie uns den Boden unserer illusionären Sicherheit unter den Füßen wegzuziehen droht. Wir betrachten die sogenannten Realitäten von Raum und Zeit als unverrückbare Prinzipien unseres Lebens, jedenfalls können wir uns das tägliche Leben ohne sie gar nicht vorstellen. Dennoch bricht die Zukunft oft unvorhergesehen in Form eines Traums, einer Ahnung, einer Vision in die Gegenwart ein. Nur wer schon einmal selber ein paranormales Erlebnis gehabt hat, vermag von der nachhaltigen Wirkung des Eindrucks Zeugnis zu geben, mit der ein derartiges Phänomen auftritt. Wenn jemand tatsächlich von einer blauen Limousine geträumt hat, die gerade, als die Uhr über dem Eingang zur Bank zehn Minuten vor elf zeigt, in ein rotes Kabriolett hineinrast, und der darauf dann einen solchen Unfall zur gleichen Stunde mitansieht, — der hat ganz für sich selber und zitternd erfahren, daß die Welt ganz anders ist, als wir annehmen.

Wäre es daher nicht besser, den Dingen ihren Lauf zu lassen? Warum dringen wir in die Zukunft ein und stöbern in ihr herum — die Gegenwart macht uns doch schon genug zu schaffen —, warum verwirren wir die Menschen und bringen sie durcheinander, erregen Zweifel und stellen viele Fragen, die doch nicht zu beantworten sind? Nun, Sie brauchen dieses Buch ja nicht zu lesen. Glauben Sie mir aber trotzdem: es behandelt eine Dimension, mit der wir alle konfrontiert sind. Die moderne Gesellschaft *bedient sich* ja heute bereits der Mittel der Prophetie wie früher der Weissagungen. Die Tendenzberichte von der Wall Street sind oft nichts wesentlich anderes als die früheren Orakel. Täglich geben wahrscheinlich zahlreiche Börsenbeobachter in sehr beredten Worten darüber Auskunft, daß der

Markt, falls er nicht anzieht oder nachgibt, ganz bestimmt stabil bleiben wird.

Im übrigen werden die Methoden der Informationsspeicherung und -verarbeitung immer mehr verfeinert. Nur wo es um die Psychologie des Menschen geht — zum Beispiel bei Angst um den Verlust oder dem habgierigen Streben nach einer Marktposition —, sichert man sich bevorzugt durch Voraussagen ab. Es gibt zu recht viele Menschen, die sich ehrfurchtsvoll vor dem verneigen, was irgendwie eine mystische Sprache zu sprechen scheint; in der Poesie dient sie dazu, Sinngehalte, die auch durch bestimmte Formen der bildenden Kunst oder Musik vermittelt werden könnten, auszudrücken. Wo eine derartige Sprache aber bei praktischen Anlässen bewußt undurchsichtig gehalten wird, wo schwülstige Phrasen, die Zukunft betreffend, sich um eine schwer definierbare Symbolik winden, haben wir es nicht mit einer echten Mitteilung zu tun; wenn dies die frühere oder gegenwärtige Sprache der Prophetie sein soll, dann muß es uns vorkommen, als hätten wir einen Rorschach-Test in Worten anstatt in Form von Farbklecksen vor uns, aus dem wir einfach alles herauslesen und uns dabei an dem Spiegel unserer Hoffnungen erfreuen können.

Computer ermöglichen immer exakter werdende Vorhersagen. Anhand kleiner Stichproben ermitteln sie heute mit erstaunlicher Genauigkeit die Wahlergebnisse für ein ganzes Land oder Trends der öffentlichen Meinung. Dennoch verbirgt die Zukunft wie ein Vorhang noch riesige Wissensgebiete, und der Mensch wäre nicht, was er ist, würde er nicht hin und wieder versuchen, diesen Vorhang ein bißchen zu lüften.

Wie auf den folgenden Seiten gezeigt wird, macht sich uns die Zukunft in unerwarteter, dramatischer oder alltäglicher Form fühlbar. Sie läßt uns in dem Mikrokosmos unserer Existenz nicht allein, wenn es auch Gesetzmäßigkeiten gibt, die wir heute noch nicht ergründen können. Es genügt nicht zu sagen, wir würden in mancher Hinsicht ewig Kinder bleiben, die an ihre

Allmacht glauben und die sich nach dem Wissen um die Zukunft genau so sehnen wie nach dem um die Gegenwart. Tatsächlich genügt es aber auch nicht, daß wir bereits heute an irgendeiner Hypothese über prophetische Erfahrungen festhalten. Um uns ein abschließendes Urteil bilden zu können, wissen wir einfach zu wenig; zugleich wissen wir aber zuviel, um die Herausforderung der uns bedrängenden Zukunft zu ignorieren.

2. KAPITEL

Die Titanic wird untergehen . . .

Erst im Verlaufe dieses Jahrhunderts ging man daran, über prophetische Erlebnisse systematisch Protokoll zu führen; Verifizierung und Dokumentierung kamen hinzu, und damit war der Grundstein für einen wissenschaftlichen Zugang gelegt.

In den Annalen der modernen parapsychologischen Forschung gilt der Untergang der *SS Titanic* unbestritten als ein Anlaß, aufgrund dessen präkognitive Träume und Ahnungen provoziert wurden. Der Grund dafür liegt vielleicht in der Natur des Ereignisses selber.

Wenn viele Menschen auf einmal umkommen, hat das stets etwas Unpersönliches an sich. Die Gesamtzahl der in Vietnam Gefallenen und die jährlich mehr als 40 000 Verkehrstoten in den USA verwandeln sich für die Öffentlichkeit praktisch in bloße Statistik. Selbst derart gigantische massenmordende Kriegsereignisse wie z. B. die Schlacht bei Verdun im Ersten Weltkrieg und die Bombardierung von Hiroshima im Zweiten Weltkrieg haben zwar eine tiefe symbolische Bedeutung, reichen jedoch — außer bei den direkt oder indirekt Betroffenen — für die Vermittlung eines persönlichen Gefühlserlebnisses nicht aus.

Auch Flugzeugunglücke, die manchmal für über hundert Menschen zugleich den Tod bedeuten, sind oft nur die Sensation eines Tages. Der Untergang der *Titanic* aber war, was eine direkte allgemein und zugleich persönlich empfundene Schockwirkung betrifft, einmalig: das Schiff kollidierte auf seiner Jungfernfahrt durch den Nordatlantik am 14. April 1912 um 23.40 Uhr mit einem Eisberg und sank innerhalb von drei Stunden. Über 1500 der insgesamt 2207 Passagiere und Mannschaften ertranken.

Mit der *Titanic* ging ein Traum des frühen 20. Jahrhunderts unter, eine Mischung aus Hoffnung, Überheblichkeit, Selbstsicherheit, aus übermäßig glorifiziertem technischem Können und dem Gedanken, daß der Mensch wirklich einmal zum Herrscher über die Elemente werden würde. Die bombastische erste Reise des Schiffes war ein Symbol für den Luxus und die Sicherheit der Jahrhundertwende; in einer Zeit relativer Stabilität und des Wohlstandes, durch die sich die Jahrzehnte vor dem Ersten Weltkrieg auszeichneten, schienen die wohlhabenden und aus guter Familie stammenden Großeltern des heutigen »Jet Set« und Eltern der Kaffeehausgesellschaft von gestern gegenüber den üblichen Gefahren immun zu sein. Die *Titanic* war von ihren Erbauern als »unsinkbar« bezeichnet worden. Viele Passagiere waren von der Tatsächlichkeit dieses Anspruchs dermaßen überzeugt, daß sie keinerlei Vorkehrungen für ihre Rettung trafen und damit ihren Tod besiegelten.

Ein amerikanischer Psychiater und Forscher auf parapsychologischem Gebiet hat bemerkt, »daß es nur wenige Ereignisse gibt, die als Beispiel menschlicher Narretei, mithin einer Mischung von Beschränktheit und Überheblichkeit, den Untergang der *Titanic* übertreffen«. Er glaubt auch, daß es »diese allgemeine Überzeugung von der Unsinkbarkeit, an der fast bis zum eigentlichen Augenblick des Untergangs festgehalten wurde«, besonders unwahrscheinlich macht, daß das Unglück allgemein, also »ganz normal«, vorhergesehen wurde. Stevenson vergleicht die Haltung der Öffentlichkeit gegenüber der *Titanic* mit der gegenüber der *Lusitania*: während sich an die letzte Reise der *Lusitania* deutlich die Erwartung einer Gefahr knüpfte, war die der *Titanic* von annähernd vollständigem sichtbarem Vertrauen begleitet.

Auch in der Literatur gibt es hinsichtlich der *Titanic* eine erstaunliche Übereinstimmung. Im Jahre 1898 erschien ein Roman von Morgan Robertson mit dem Titel *The Wreck of the Titan* (»Der Untergang des Titanen«), in dem das Unglück von 1912 mit bemerkenswerten Einzelheiten antizipiert wurde. Er handelte von der ersten Reise eines Ozeanriesen, des *Titanen*, der im Monat April unterging, obwohl man ihn für unsinkbar gehalten hatte; im Roman besaß das Schiff nur wenige Rettungsboote, so daß fast alle, die an Bord waren, ertranken. In Robertsons Roman beträgt die Zahl der an Bord befindlichen Personen 3000; auf der *Titanic* waren vierzehn Jahre später 2207 Menschen; in dem Roman sind 24 Rettungsboote vorhanden, beim tatsächlichen Untergang waren es insgesamt zwanzig; in Robertsons Geschichte rammt das Schiff den Eisberg mit einer Geschwindigkeit von 25 Knoten, die der *Titanic* betrug 20 Knoten. Die Größe des Schiffs wird im Roman mit 75 000 Bruttoregistertonnen angegeben, das wirkliche Unglücksschiff hatte 66 000; in der Geschichte wird die Länge des Schiffs mit 251,84 Metern angegeben, tatsächlich aber war die *Titanic* rund 270 Meter lang. Im Roman und in Wirklichkeit hatte das Schiff drei Schrauben. Außerdem findet sich noch die bemerkenswerte Übereinstimmung der Schiffsnamen.

Stevenson, der übrigens als Autorität auf dem Gebiet der Reinkarnationsforschung weltbekannt ist und dessen Buch *Twenty Cases Suggestive of Reincarnation* (»Zwanzig Fälle mutmaßlicher Reinkarnation«) von der American Society for Psychical Research (New York 1966) veröffentlicht wurde, hat bekanntgewordene Einzelheiten paranormaler Erlebnisse, die sich auf den Untergang der *Titanic* beziehen, in zwei Aufsätzen zusammengefaßt und sie in dem von der Gesellschaft herausgegebenen *Journal* publiziert: *A Review and Analysis of Paranormal Experiences Connected with the Sinking of the Titanic* (»Zusammenfassung und Analyse paranormaler Erlebnisse in Verbindung mit dem Untergang der Titanic«) und *Seven More Paranormal Experiences Associated with the Sinking of the Titanic* (»Sieben weitere paranormale Erlebnisse in Verbindung mit dem Untergang der Titanic«); der erste Aufsatz erschien im Oktober 1960, der zweite im Juli 1965. Der Autor war Leiter der neurologischen und psychiatrischen Abteilung der Universität von Virginia in Charlottesville; heute erlaubt es ihm ein Stipendium, sich als Professor für Psychiatrie ganz der Forschung zu widmen.

Stevenson ist ein ruhiger und gründlicher Forscher, ein Mann, der überaus exakt arbeitet, Ende vierzig ist und jahrelang neben seiner klinischen und administrativen Tätigkeit als Psychiater ausgedehnte parapsychologische Untersuchungen durchgeführt hat. Trotz seines beruflichen Hintergrundes und seiner Herkunft (Medizinische Fakultät der Universität von Virginia) hebt er die psychologischen Aspekte bei den Phänomenen der außersinnlichen Wahrnehmung nicht so ohne weiteres hervor wie einige seiner Kollegen. Dennoch stellte er bei seiner Überprüfung der *Titanic*-Fälle die Frage: »Was war das Spezifische an dieser Tragödie, das andere gleichen Ausmaßes vermissen ließen?« Ein möglicher Hauptgrund war gerade die ungeheure Plötzlichkeit des Unglücks, wodurch bei den einzelnen Menschen eine Erregung hervorgerufen wurde, die das gewohnte Maß überstieg, was wiederum zu einer Steigerung übersinnlicher »Vermittlertätigkeit« oder Übermittlungsantriebe führte. Stevenson bemerkt, daß nach der Lebenserfahrung und Experimenten zufolge »die Stärke der Erregung ein wichtiges Merkmal beim Zustandekommen außersinnlicher Wahrnehmungen« sei.

Stevenson entnahm die in dem ersten Aufsatz angeführten Fälle aus Veröffentlichungen; die im zweiten Aufsatz behandelten wurden durch Briefe und persönliche Zeugenaussagen ergänzt. Das vorhandene Material über die *Titanic* umfaßte, wie es scheint, sowohl Fälle von Telepathie oder Hellsehen als auch solche von Präkognition. Im folgenden werden — trotz einiger Überschneidungen — Beispiele der letztgenannten Kategorie zitiert. Stevenson erwähnte besonders »eine relative Zunahme präkognitiver Wahrnehmungen, als die Zeit des Unglücks immer näher rückte«.

Ein englischer Geschäftsmann, J. Connon Middleton, buchte seine
Reise auf der *Titanic* am 23. März. Zehn Tage vor Abfahrt des
Schiffes sah er jedoch das Schiff im Traum »mit dem Kiel nach
oben im Meer treiben, und alle Passagiere und Mannschaften
schwammen um es herum«. In der nächsten Nacht träumte er
dasselbe. Wie er der Society for Psychical Research in einem
Brief, der im *Journal* (London 1912) veröffentlicht wurde, mitteilte, »beunruhigten und deprimierten« ihn die Träume sehr, ja
machten ihn ganz »verzagt«. Vier Tage nach seinem ersten
Traum ließ Mr. Middleton seine Buchung streichen, nachdem ihn
ohnehin ein Telegramm aus den USA erreicht hatte, worin ihm
mitgeteilt wurde, es sei aus Geschäftsgründen besser, wenn er
erst ein paar Tage später abreisen würde. Erst nach Annullie-
rung seiner Buchung erzählte Mr. Middleton Familienangehörigen und Freunden von seinen prophetischen Träumen, was diese
später auch bestätigten. Zwei gaben an, er hätte geträumt, daß
er »genau über dem Wrack in der Luft schwebe«. Mrs. Middleton sagte aus, ihr Mann habe niemals zuvor etwas Derartiges
geträumt.

Einige Tage vor dem Unglück, am 10. April, standen Mr. und
Mrs. Jack Marshall mit ihren Angehörigen auf dem Dach ihres
Hauses gegenüber der Insel Wright, um die *Titanic* auf ihrer
Jungfernreise vorbeifahren zu sehen. Plötzlich packte Mrs.
Marshall ihren Mann am Arm und rief: »Das Schiff wird unter-
gehen, bevor es Amerika erreicht!« Mr. Marshall versuchte seine
Frau damit zu beruhigen, daß er ihr das erzählte, was allgemein
angenommen wurde, nämlich, daß das Schiff unsinkbar sei.
Mrs. Marshall wurde jedoch wütend und sagte: »Steht nicht da
und starrt mich an! Unternehmt etwas! Ihr Narren, ich sehe
Hunderte von Menschen im eiskalten Wasser zappeln! Seid ihr
denn alle derart blind, daß ihr sie einfach ertrinken laßt?« Der
Vorfall wurde von einer Tochter der Marshalls, Joan Grant,
in ihrem Buch *Far Memory* (»Kindheitserinnerungen«, New
York, 1956) berichtet. Sie war als Kind Zeuge des Ereignisses

und fügte hinzu: »Während der dann folgenden fünf Tage bemühten sich alle, die *Titanic* nicht zu erwähnen, aber Mutter war nervös und Vater schien beunruhigt. Es muß für sie fast wie eine Erlösung gewesen sein, als jedermann wußte, daß die *Titanic* auf einen Eisberg aufgelaufen war; jedenfalls fühlte sie sich bei weitem nicht mehr so allein wie zu der Zeit, als sie die Katastrophe erwartete.«

Eine vor nicht allzu langer Zeit erschienene maßgebliche Darstellung des Schiffsunglücks, *A Night to Remember* (»Eine denkwürdige Nacht«, New York, 1955) von Walter Lord, enthält präkognitive Ahnungen eines Passagiers der ersten Klasse, Charles M. Hays, seines Zeichens Präsident der Grand Trunk Eisenbahngesellschaft. Wenige Stunden, bevor die *Titanic* mit dem Eisberg kollidierte, bemerkte Mr. Hays, daß demnächst »das größte und schrecklichste Unglück, das jemals auf dem Meer passiert sei«, stattfinden werde. Später, als das Schiff den Eisberg gerammt hatte und sich langsam zur Seite neigte, schien er jedoch unbesorgt und soll gesagt haben: »Dieses Schiff kann gar nicht untergehen.« Offenbar aber änderte er seine Meinung um 12.45 Uhr, als die Mannschaft die Rettungsboote herunterzulassen begann. Da soll er ungefähr gesagt haben: »Dieses Schiff kann noch acht Stunden durchhalten.« Anderthalb Stunden später ging es unter.

Ein englisches Medium, Mr. V. N. Turvey, sagte am Tage der Ausfahrt, daß »ein großes Passagierschiff untergehen« werde. Drei Tage danach teilte er diese Voraussage Mrs. I. de Steiger mit und fügte als zusätzliche Voraussage hinzu, der Dampfer werde in zwei Tagen untergehen. Mrs. de Steiger erhielt den Brief am Montag darauf, am 15. April.

Ein prominenter Passagier der *Titanic* war der englische Verleger und Journalist W. T. Stead; er war Spiritist. Als Herausgeber der *Pall Mall Gazette* veröffentlichte er ungefähr im Jahre 1880 einen romanhaften Bericht, der so geschrieben war, als hätte ihn ein Mann verfaßt, der es geschafft hatte, den Un-

tergang eines großen Ozeandampfers zu überleben. Stead fügte
dem die folgende Bemerkung hinzu: »Eben dies könnte geschehen und wird auch geschehen, wenn Passagierschiffe ohne eine
genügende Anzahl von Rettungsbooten auf See gelassen werden.« 1892 verfaßte Stead einen Artikel für die *Review of
Reviews*, in dem er anschaulich den Untergang eines Dampfers
schilderte, der mit einem Eisberg kollidiert war, sowie die Rettung des einzig überlebenden Passagiers durch die *Majestic*, die
ebenso wie die *Titanic* der White Star-Reederei gehörte. Tatsächlich hieß der Kapitän der wirklichen *Majestic* Smith; er
wurde später Kapitän auf der *Titanic* und ging mit dem Schiff
unter. 1909 schilderte Stead im Rahmen eines Vortrags vor
dem Cosmos Club, wie er selber als Schiffbrüchiger um Hilfe
rief. In seinem Buch *Has W. T. Stead Returned?* (»Ist W. T.
Stead wiedergekommen?«, London, 1913) berichtet J. Coates,
daß Stead ab und zu einen Sensitiven oder ein Medium konsul-
tiert habe. Dieser Sensitive, Graf Harmon, sagte ihm 1911, daß
ihm Gefahr für sein Leben »nur vom Wasser her drohe, von
nichts anderem«. Am 12. Juni 1911 warnte Harmon Stead in
einem Brief vor einer Reise im April 1912. Obwohl Stead ab
und zu verschiedene Sensitive konsultierte, äußerte er sich gelegentlich über ihre Vorhersagen ziemlich sarkastisch. Einer
von ihnen, Mr. W. de Kerlor, machte ab September 1911 mehrere Vorhersagen für Stead. Bei der ersten Sitzung teilte er
Stead mit, er werde sich nach den Vereinigten Staaten begeben,
obgleich der zu jener Zeit nichts Derartiges plante. Darüber hinaus gab er an, »das Bild eines riesigen schwarzen Schiffes« zu
sehen, allerdings nur die eine Hälfte davon, was »bedeuten
kann, daß Sie vielleicht dann, wenn dieses Schiff fertiggestellt
ist — man es also in seiner ganzen Länge sehen kann — Ihre
Reise antreten werden«. Mr. de Kerlor erzählte auch einen
Traum, den er gehabt hatte und von dem er annahm, daß er
sich auf Stead bezöge: »Ich träumte, ich befände mich inmitten
einer Katastrophe auf See; eine Unmenge (über tausend)

menschlicher Leiber zappelten im Wasser, und ich befand mich mitten unter ihnen. Ich konnte ihre Hilfeschreie hören.« Als er Stead diesen Traum erzählte, brachte er ihn mit seiner früheren Warnung über das »schwarze Schiff« in Verbindung, das »Hindernisse, Schwierigkeiten und Tod bedeutete«. Stead tat diese Voraussagen ab: »O ja, schon gut, Sie sind ein überaus düsterer Prophet ...« Stead fand bei dem Schiffsuntergang den Tod.

Stevenson berichtet ebenfalls von einem weiblichen Passagier, Edith Evans, die erster Klasse fuhr und der einmal ein Wahrsager geraten hatte, »sich vor Wasser in acht zu nehmen«. Miss Evans trat ihren Platz in einem Rettungsboot einem anderen Passagier ab und ertrank.

Ein Mitglied der Besatzung entfernte sich in Queenstown heimlich von dem Schiff. Stevenson meint, daß er es vielleicht aus einem — unter Umständen unbewußten — Vorauswissen getan habe, daß aber auch zahlreiche andere Motive dafür in Frage kämen.

Major Archibald Butt, der militärische Berater von Präsident Howard Taft, schrieb am 23. Februar 1912 an seine Schwägerin, Mrs. Clara Butt, daß er nach Europa fahren wolle: »Vergiß nicht, daß alle meine Papiere im Depot eingelagert sind, und wenn das alte Schiff untergeht, wirst Du meine Angelegenheiten in tadelloser Ordnung vorfinden. Da ich Dir dies immer mitteile, wenn ich verreise, wirst Du auch diesmal keine böse Vorahnung in Dir aufkommen lassen.« Er schrieb diesen Brief, bevor er sich auf der SS *Berlin* nach Europa einschiffte und noch nicht wußte, daß er die Rückreise auf der *Titanic* buchen würde. Er ertrank.

Stevensons Bemerkungen zu diesem Brief sind als allgemeine Beobachtung aufschlußreich: »Wenn jemand öfter voraussagt, daß ein bestimmtes Ereignis eintreten werde und es schließlich tatsächlich geschieht, ist sein augenscheinlicher Erfolg unter Umständen allein auf Zufälligkeiten zurückzuführen. Die von Major Butt gegenüber seiner Schwägerin geäußerte Warnung büßt als Fall von Präkognition an Überzeugungskraft ein, da es seine Gewohnheit war, solche trüben Voraussagen zu machen. Wenigstens glaubte er selber, diese Angewohnheit zu haben, vielleicht aber war das gar nicht der Fall. Bei drei vorhergegangenen Anlässen, als er eine Seereise vorhatte bzw. schon unterwegs war, enthalten seine an die Schwägerin gerichteten Briefe keine Voraussagen über ein Unglück, wo er doch später (siehe Zitat) behauptete, sie ›immer‹ zu machen. Es mag Menschen geben, die die Einmaligkeit und Richtigkeit ihrer Ahnungen bestreiten, wie wiederum andere (wahrscheinlich die Mehrzahl) nach der Erfüllung ihrer Ahnungen vergessen, daß sie wiederholt Unglück vorausgesagt und am Ende nichts weiter als ein zufälliges Zusammentreffen von Vorhersage und Ereignis zustandegebracht haben.«

Präkognitive Erfahrungen im Zusammenhang mit dem Untergang der *Titanic* konnte auch Mrs. Charles Hughes aus Stoke-on-Trent in England, Shelton Old Road 19a, nachweisen. Stevenson berichtet in seinem zweiten Aufsatz über die *Titanic*, daß sie ihm eine Niederschrift über prophetische Ahnungen übergab, die sie als 14jähriges Mädchen gehabt habe. Mrs. Hughes erinnerte sich, in der Nacht vom Freitag, dem 12. April 1912 einen Traum gehabt zu haben, »der alle meine anderen Träume an Deutlichkeit übertraf«. Darin sah sie sich selber auf einer Straße in Hanford und beobachtete »ein sehr großes Schiff, nicht weit weg, als sei es im Trentham Park« mit »Gestalten, die darauf hin und hergingen, und ich stand da und wunderte mich, was mit ihm los war, als es sich plötzlich an einem Ende senkte und ich einen fürchterlichen Schrei vernahm«.

Sie erwachte und jagte ihrer Großmutter mit der Schilderung ihres Traums Angst ein. Die Großmutter sagte darauf: »Ab sofort gibt es für dich kein Abendbrot mehr, meine Dame; Träume sind doch dummes Zeug.« Mrs. Hughes erinnert sich: »Nach einer Weile muß es mir gelungen sein, wieder einzuschlafen; da sah ich genau die gleiche Szene noch einmal, und als die Menschen so schrien, muß ich auch geschrien haben. Oma wurde diesmal fuchsteufelswild und verbat sich jede weitere nächtliche Störung.«

Mrs. Hughes, damals noch ein Kind, erzählte den Traum am nächsten Morgen ihrer Mutter. Am Montag, dem 15., schlug ein Mann, der in den Laden der Großmutter kam, um Tabak zu kaufen, eine Morgenzeitung auf und sagte: »Mensch, ist das hier nicht Ihr Sohn?« Da Großmutters Augen nicht mehr die besten waren, warf die Enkelin einen Blick auf das Bild, auf dem die Mannschaft der *Titanic* und ihr Onkel, Großmutters Sohn, abgebildet waren. Das Mädchen nahm die Zeitung mit nach nebenan, um sie ihrer Mutter zu zeigen, und sie erinnert sich noch daran, daß diese sagte: »O Gott, dein Traum!«

Stevenson besuchte Mrs. Hughes im August 1963, um zusätzliche Informationen zu erhalten. Da ihre Mutter und Großmutter inzwischen verstorben waren, konnte er keine bestätigenden Aussagen erhalten. Der Name des Onkels, der mit der *Titanic* unterging, war Leonard Hodgkinson; er war als vierter Ingenieur gefahren, war 1912 bereits 65 Jahre alt und hatte sich nach der Reise der *Titanic* pensionieren lassen wollen. Weder Mrs. Hughes noch ihre Mutter oder Großmutter wußten, daß er mit auf der *Titanic* war; seine Frau allerdings, die irgendwo anders lebte, war dies bekannt. Warum brachte sie das Schiff nun aber ausgerechnet mit dem Park von Trentham in Zusammenhang, wo es doch in Stoke-on-Trent noch andere Parks gab? Stevenson wollte wissen, ob es vielleicht in diesem Park einen See gebe, den Mrs. Hughes vielleicht übersehen habe, einen Teich vielleicht, auf dem Kinder Schiffchen schwimmen ließen. Er schrieb an die Stadtverwaltung von Stoke-on-Trent, die ihm Karten-Material zusandte, aus dem hervorging, daß in dem Park Teiche waren und daß in den angrenzenden Anlagen, den Trentham Gardens, ein kilometerlanger See war, auf dem man auch Boot fahren konnte; hier können Kinder auch ihre Schiffchen schwimmen lassen. Stevenson fand heraus, daß »der Landkarte zufolge von dem Standort aus, den die Träumerin offenbar eingenommen hatte (nämlich auf der Steinstraße in Hanford mit Blick nach Süden auf den Park von Trentham), der große See in den Anlagen von Trentham in ihrem Blickfeld gewesen sei, so daß das Schiff auf dem See ihr erschienen sei ›als befände es sich im Park von Trentham‹.«

Als weitere Empfängerin paranormaler Informationen meldete sich Mrs. Norah K. Mathews bei Stevenson; sie war noch ein Kind, als die *Titanic* unterging, und gab Stevenson gegenüber einen Erlebnisbericht ab, den sie am 30. Oktober 1964 noch durch einen Brief bestätigte. Sie erinnert sich, daß sie 11 Jahre alt war, als sie erfuhr, daß ihre Mutter, Mrs. Mary Keziah Roberts, eine Reise auf der *Titanic* machen wollte. An einer bestimmten Stelle eines Liedes, das die Mutter sang und sich dabei die Haare kämmte, »Tralala... was aus mir wird, ist mir egal...«, fühlte das Kind Traurigkeit in sich aufsteigen und sagte: »Mama, warum singst du so etwas?... Sing das bitte nicht wieder; ich will nicht, daß du mit der *Titanic* fährst.«

Dieses Erlebnis will Mrs. Mathews »kurz vor der Abreise« der *Titanic* gehabt haben, konnte allerdings die dazwischenliegende Zeitspanne nicht genau angeben. Sie fügte hinzu, daß sie gefühlt habe, daß »irgendetwas passieren würde, und zwar sowohl meiner Mutter als auch dem neuen Schiff, auf dem sie demnächst fahren wollte«. Stevenson erhielt Bestätigungen darüber, daß Mrs. Roberts, die Mutter, auf dem Schiff als Stewardeß arbeitete und den Untergang überlebte. Da die Mutter und der Vater aber inzwischen verstorben sind, konnten sie nicht als Zeugen gehört werden.

Ein Mitglied der Mannschaft gab, als Grund für seine Weigerung mit der *Titanic* zu fahren, tatsächlich eine »Ahnung« an. Er hieß Colin Macdonald, und Stevenson interviewte am 10. Oktober 1964 seine Tochter, Mrs. Isabel Fernsworth. 1911 war Mr. Macdonald 33 Jahre alt gewesen und verfügte als Schiffsingenieur über reiche Erfahrungen in bezug auf Atlantik-Überquerungen. Als die Mannschaft für die *Titanic* angeheuert wurde, hatte man ihm dreimal das Angebot gemacht, als zweiter Ingenieur zu fahren. Er lehnte jedesmal ab. Seine Position übernahm dann J. Jesketh, der ertrank. Wie sich Mrs. Fernsworth erinnert, hatte ihr Vater keine bestimmte Vorstellung von dem Schicksal des Schiffes, er konnte sich nur des Eindrucks nicht erwehren, daß mit dem Schiff irgendetwas passieren würde. Stevenson bringt ein Zitat, wonach sie ausgesagt hat, daß ihr Vater »noch weitere Erlebnisse in Form eines unerklärlichen Vorauswissens von Ereignissen« gehabt habe, »die ihn und seine Familie betrafen«.

Was bedeutet dies nun alles? Zunächst einmal können wir annehmen, daß die Ereignisse, die hier berichtet wurden — und hier liegt das Gewicht auf »berichtet« —, nur einen geringen Teil dessen ausmachen, was sich an Ahnungen oder tatsächlichen präkognitiven Erlebnissen in Träumen oder im Wachzustand im Zusammenhang mit dem Unglück der *Titanic* manifestiert hat. Manche Leute berichten gern über ihre unguten Vorgefühle, andere wiederum versuchen, sie zu vergessen; nur wenige werden veröffentlicht, und noch weniger können verifiziert werden.

Die Falldarstellungen in bezug auf die *Titanic* sind ein Sammelsurium von offenkundig unbewußten Eindrücken bis hin zu deutlichen Ahnungen, Träumen und eindeutig präkognitiven Erfahrungen. Entsprechend gibt es eine Vielzahl telepathischer Erlebnisse; Stevenson führt im ganzen neunzehn derartige aufgezeichnete Berichte an, die mit der *Titanic* zu tun haben und von denen insgesamt zehn präkognitiv waren. Von diesen ließen sich sechs mehrere Monate oder länger vor Eintritt des Ereignisses und vier zehn oder weniger Tage vor den Untergang zurückdatieren. Bei den übrigen handelte es sich um telepathische oder postkognitive Erlebnisse. Stevenson ist der Auffassung, daß »echte Präkognition (wahrscheinlich) nicht oft genug gegeben ist, um eine angemessene Handlungsgrundlage im täglichen Leben abzugeben«, und er fügt hinzu, daß die von ihm

gesammelten Fälle zahlreiche Erlebnisse enthalten, »die von den
Empfängern (zumindest im Hinblick auf ihre Umsetzung in entsprechende Handlungen) solange ignoriert wurden, bis die vorausgesagten Ereignisse tatsächlich eingetreten waren«.
Stevensons Wunsch sind weitere Forschungsarbeiten in bezug
auf die Frage »nach den Motiven, durch die sich jene, die ihr
Handeln entsprechend ihren Ahnungen ausrichten, von denen
unterscheiden, die das nicht tun.« Er meint, »daß sich ein kultu-
relles Klima, in dem eine Abneigung gegen paranormale Erlebnisse besteht, unter Umständen dahingehend auf die Empfänger
auswirke, daß sie ihre Wahrnehmungen unterdrücken und daß
ein günstigeres Klima das Gegenteil bewirken würde.« Es darf
hinzugefügt werden, daß die Menschen, selbst wenn sie sich zu
der eigenen prophetischen Erfahrung bekennen, doch dazu neigen, die Einstellung ihrer Umwelt zu berücksichtigen. Stevenson weist hier auch kurz darauf hin, »daß in primitiven Gesellschaften und bei gewissen abergläubischen oder geisteskranken
Menschen das gegenteilige Extrem zu beobachten ist, indem
diese nämlich ihr Handeln nach den verschwommensten Andeutungen oder vermeintlichen Ahnungen ausrichten.«
Neben der Natur des Unglücks, das die *Titanic* heimsuchte und
das bis auf den heutigen Tag das wohl eindrucksvollste Ereignis seiner Art in diesem Jahrhundert darstellt, sollte doch auch
das »kulturelle Klima« jener Zeit berücksichtigt werden. Fand
doch das Unglück zu einem Zeitpunkt statt, als der materiali-
stische Fortschrittsglaube des 19. Jahrhunderts — dessen natür-
liche Folge erste parapsychologische Untersuchungen waren —
mit einem Aufschwung in der technischen Entwicklung zusam-
menfiel. Lindberghs Transatlantikflug war später ein ähnlich
schlagendes Symbol dafür. Der Fall der *Titanic* steht in vieler
Beziehung einzigartig da, denn niemals zuvor war etwas Derartiges und wird etwas Derartiges wieder geschehen. Darüber
hinaus war es ein Gegenstand prophetischer Voraussagen, der
seinesgleichen sucht.

3. KAPITEL

Erinnerungen an die Zukunft:
Kann die Zeit gegen den Strom schwimmen?

Eines der merkwürdigsten Phänomene, das die Biologen kennen, ist der Lachs, der stromaufwärts schwimmt und dabei auch, wenn nötig, felsige Wasserfälle erklimmt, um zu seinen Laichgründen zu kommen. Ist ähnliches auch mit der Zeit möglich?

Nach dem Ersten Weltkrieg, als das wissenschaftliche Denken strengere Maßstäbe für die Beobachtung und Protokollierung prophetischer Erlebnisse forderte, bemühte man sich darum, Untersuchungen unter kontrollierten Bedingungen vorzunehmen. Das Kontinuum von Zeit und Raum stellt Physiker wie Philosophen gleichermaßen vor schwerwiegende Probleme. Ein Wegbereiter auf diesem Gebiet war ein gänzlich unphilosophischer Pionier der Fliegerei, nämlich der Mann, der im Jahre 1907 das erste Militärflugzeug für die britische Armee baute. Es handelt sich um J. W. Dunne, seines Zeichens Fellow der Royal Aeronautical Society, Teilnehmer am Burenkrieg und abenteuerlustiger Ingenieur. Mit außergewöhnlichen Dingen hatte er niemals etwas zu tun gehabt — bis sie von ihm Besitz ergriffen.

Dunne war ein Egozentriker, der in bezug auf seine Person Größenideen mit messianischem Einschlag anhing. Man kann aber auf keinen Fall so ohne weiteres über ihn hinweggehen. Sein Buch *An Experiment in Time* (»Experiment mit der Zeit«), das 1927 zum ersten Mal in London erschien, findet immer noch starkes Interesse. Der englische Schriftsteller J. B. Priestley hat es als »eines der faszinierendsten, merkwürdigsten und vielleicht wichtigsten Bücher unserer Zeit« bezeichnet. Natürlich ist Dunne inzwischen von einigen Leuten »gestürzt« worden. Seine Protokolle über seine Wahrträume wurden inzwischen von Parapsychologen gesichtet und als überaus mangelhaft qualifiziert; sein Mischmasch physikalischer und philosophischer Ideen, sein merkwürdiges Konzept von der »seriellen Zeit« ist auf den angesehenen Seiten des von der Britischen Aristotelischen Gesellschaft herausgegebenen *Journal* arg verrissen worden. Dennoch werden sich die Wellen, die ein berühmter Flugzeugingenieur auf einem ausgefallenen Gebiet aufrührte, wohl auch in den kommenden Jahrzehnten nicht glätten. Wie viele schriftstellerisch tätige Forscher mit einem tiefen Interesse an paranormalen Phänomenen, näherte sich auch Dunne seinen eigenen prophetischen Träumen mit höchster akademischer Behutsamkeit. Er teilte seinen Lesern mit, daß er sie lediglich in »der üblichen Form eines Berichts über die tatsächlichen, mit ihnen verknüpften Vorgänge und dann jeweils die vielleicht in Frage kommenden theoretischen Überlegungen« vorlegen werde. In Wirklichkeit war Dunne wegen der Vorfälle ebenso gehobener Stimmung wie bestürzt, Vorfälle, die, wie er sich ausdrückte, »allesamt mir persönlich zustießen«.

Es begann eines Nachts, als Dunne in einem Hotel in Sussex schlief und träumte, er hätte einen Streit mit einem Kellner. Er behauptete, daß es halb fünf Uhr nachmittags sei, während der Kellner darauf beharrte, es sei halb fünf in der Frühe. Dunne berichtet, daß er im Traum »mit der offenkundigen Unlogik, die allen Träumen anhaftet, den Schluß zog, daß meine Uhr stehengeblieben sein müsse; und als ich sie dann aus meiner Westentasche zog und darauf schaute, sah ich, daß es tatsächlich der Fall war. Sie war stehengeblieben — die Zeiger standen auf halb fünf. Da wachte ich auf.«

Dunne zündete ein Streichholz an und tastete nach seiner Uhr. Er fand sie auf einer Kommode: »Tatsächlich, sie *war* stehengeblieben, und die Zeiger standen auf halb fünf.« Er zog die Uhr auf, ohne zu wissen, wie spät es war, und legte sich wieder schlafen. Als Dunne am nächsten Morgen herunterkam, ging er geradewegs zur nächsten Uhr, da er annahm, daß seine eigene Uhr »sicherlich um einige Stunden falsch ginge«. Er hielt es »für äußerst unwahrscheinlich, daß ich genau um halb fünf von halb fünf geträumt haben sollte«. Daher war er auch verblüfft, als er feststellte, daß seine Uhr nur zwei bis drei Minuten nachging, oder »ungefähr um soviel, wie zwischen meinem Erwachen und dem Aufziehen der Uhr an Zeit verstrichen war«. Hieraus folgerte er, daß die Uhr in demselben Moment stehengeblieben war, in dem er den Traum gehabt hatte. Dunne gab zu, daß er normalerweise angenommen haben würde, die ganze verwirrende Episode, das Aufstehen und Aufziehen der Uhr eingeschlossen, nur geträumt zu haben, aber er wußte, daß das nicht zutraf. Es war eine sonderbare Geschichte, die er aber nur für eben gut genug hielt, um sie einem Freund in einer Stammkneipe bei einem Krug Bier zu erzählen.

Beim nächsten Mal hielt sich Dunne gerade anläßlich einer Italienreise in Sorrent auf. Eines Morgens erwachte er und fragte sich, wie spät es wohl sei, fühlte sich aber zu schlapp, den Kampf mit dem Moskitonetz aufzunehmen, um zu seiner Uhr zu gelangen. Er schloß die Augen wieder, verfiel in einen »Halbschlaf« und erblickte vor seinem geistigen Auge prompt die Uhr, in einen dicken, weißlichen Nebel gehüllt; der Stundenzeiger wies auf genau 8 Uhr, während der Minutenzeiger zwischen zwölf und eins hin- und herpendelte. Dunne kam zu dem Schluß, daß es zweieinhalb Minuten nach acht sein müsse. Er erwachte und holte die Uhr unter dem Moskitonetz hervor; die Zeiger wiesen auf zweieinhalb Minuten nach acht.

»Daraus drängte sich mir die Schlußfolgerung auf«, schreibt Dunne, »daß ich irgendeine komische Gabe des *Sehens* besitzen müsse — eine Fähigkeit, die es mir ermöglichte, durch Hindernisse hindurch, über Zeiträume hinweg und um Ecken herum zu schauen.« Aber, so fügte er hinzu: »Ich täuschte mich.« Es handelte sich um mehr; denn er konnte, wie sich herausstellte, in der Zeit voraussehen.

Selbst wenn man unterstellte, daß J. W. Dunne einer Selbsttäuschung zum Opfer fiel, so kann man doch seine Träume nicht einfach übergehen. In einem von ihnen befand sich Dunne im Januar 1901 an der sonnengebadeten italienischen Riviera bei Alassio. Er sollte dort seine während des Burenkrieges erlittenen Verletzungen auskurieren; er beschreibt sein Erlebnis folgendermaßen:

»Eines Nachts träumte ich, ich sei an einem Ort, den ich für Faschoda hielt und der von Khartum (Sudan) ein kleines Stück nilaufwärts liegt. Der Traum hatte überhaupt nichts Außergewöhnliches an sich und war auch gar nicht intensiv, bis auf eine Einzelheit. Diese bestand in dem plötzlichen Auftauchen dreier Männer aus Richtung Süden. Sie waren unwahrscheinlich zerlumpt, die Khakiuniformen, die sie trugen, waren so ausgeblichen, daß sie aussahen wie Sackleinen; ihre Gesichter waren unter den Tropenhelmen fast schwarz verbrannt. Sie glichen tatsächlich jenem Trupp Soldaten, mit dem ich kurz zuvor noch in Südafrika umhergezogen war, und für eben diesen hielt ich sie auch.

Ich fand es komisch, daß sie offensichtlich von dort bis in den Sudan gekommen waren und fragte sie deswegen. Sie versicherten mir aber, daß sie genau das getan hätten. ›Wir kommen geradewegs vom Kap‹, sagte einer, und ein anderer fügte hinzu: ›Mir ist es furchtbar ergangen. Fast wäre ich an Gelbfieber gestorben‹.«

Dunne, der sich stets über die Vorgänge in der Welt auf dem laufenden hielt, bekam selbst an der Riviera den *Daily Telegraph* von London nachgeschickt. Am Morgen, der auf den Traum folgte, öffnete er beim Frühstück die Zeitung, und da traf ihn wie ein Schlag ein durch Schlagzeilen hervorgehobener Artikel aus Khartum, in dem stand, daß die von der Zeitung ausgesandte »Expeditionsgruppe nach einer großartigen Reise in Khartum eingetroffen sei«. Die Daily-Telegraph-Expedition hatte unter Führung von Lionel Decle vom Kap aus eine mörderische Tour durch das Land unternommen; einer der drei Männer, die der Gruppe angehörten, war dabei zwar nicht

durch Gelbfieber, aber durch Typhus ums Leben gekommen. Sie
hatten jedoch Khartum erreicht, lange bevor die Zeitung von
London in Alassio eintraf. Der Fall gibt soweit nicht viel her;
Dunne könnte die Seiten der Zeitung hellseherisch erfaßt haben,
als sie im Hotel ankam; er könnte aber auch am Tag davor
die entsprechende Nachricht zufällig gehört und dann wieder
vergessen haben.

Als nächstes treffen wir den wanderlustigen Dunne im Jahre
1902 im Lager des Sechsten berittenen Infanterie-Regiments
unweit des Flusses Lindley, also im damaligen (südafrikani-
schen) Oranje-Freistaat an. Post und Zeitungen hatte es nur in
unregelmäßigen Abständen gegeben. Eines Nachts hatte Dunne
»einen ungewöhnlich lebhaften und ziemlich unangenehmen
Traum«. Er sah sich inmitten einer bergigen Landschaft stehen,
die ganz aus weißen Felsen mit kleinen Rissen bestand, aus denen »Dampfschwaden herausschossen«. Vorher hatte Dunne
schon von einer Insel geträumt, nun aber »drohte ihr von einem
Vulkan große Gefahr«.

Als Dunne im Traum den Dampf aufsteigen sah, keuchte er:
»Die Insel! O Gott, das ganze Ding wird in die Luft fliegen!«
Er wollte die 4000 Einwohner retten, die, wie er annahm, auf
der Insel lebten und auf Schiffen evakuiert werden mußten.
Dunne schildert seine Bemühungen, die skeptischen Autoritäten
der französisch verwalteten Nachbarinsel zu mobilisieren,
»Schiffe jeder Art zu entsenden, um die Einwohner von der bedrohten Insel wegzubringen«, als »einen überaus qualvollen
Alptraum«. Er sah sich selbst auf einen »Monsieur le Maire«
eindringen und hörte sich bis zum Augenblick des Erwachens
rufen: »Hören Sie! Viertausend Menschen werden umkommen,
wenn Sie nicht...«

Als der nächste Stapel Zeitungen eintraf, stand auf der ersten
Seite des *Daily Telegraph* folgende Meldung:

Vulkanausbruch auf Martinique
Stadt ausradiert

Eine Feuerlawine
Vermutlich über 40 000 Todesopfer
Britischer Dampfer brennt

Die Meldung lautete: »Von einem der schwersten Unglücke seit Menschengedenken wurde die wohlhabende Stadt St. Pierre, Geschäftsmetropole der französischen Insel Martinique auf den Westindischen Inseln, betroffen. Am Donnerstagmorgen um 8 Uhr ist der Vulkan Mont Pelée, der ein Jahrhundert lang ruhig gewesen war...«, dann folgten weitere Einzelheiten des Unglücks.

Dunne gibt zu: »Die Zahl der Menschen, die angeblich ums Leben gekommen waren, betrug nicht, wie ich im Traum immer angenommen hatte, 4000, sondern 40 000. Ich hatte mich um eine Null geirrt. Als ich jedoch die Zeitung überflog, las ich jene Zahl in der Eile als 4000 und blieb auch bei dieser Zahlenangabe, wann immer ich später auf die Geschichte zurückkam; außerdem wußte ich gar nicht, daß es sich in Wirklichkeit um 40 000 gehandelt hatte, bis ich fünfzehn Jahre später den Artikel abschrieb.« Da er kein Narr war, kam Dunne klugerweise der Verdacht, überhaupt nie dergleichen geträumt zu haben, sondern daß »mir beim Lesen der Zeitung etwas Unzutreffendes in den Sinn kam und mich zu der Annahme verleitete, ich hätte alles in dem Abschnitt Enthaltene wirklich geträumt«, und daß es mit der Erscheinung des Zuges vom Kap nach Kairo »ganz genauso gewesen sein könnte«. Aber dann mußte die Sache mit den Uhren noch aufgeklärt werden. Auf jeden Fall glaubte er, daß er, falls überhaupt etwas Paranormales mit im Spiel gewesen sei, die Impulse nicht durch Astralprojektion oder durch telepathische Botschaften »von den am tatsächlichen Geschehen Beteiligten« empfangen habe, sondern daß seine Träume ihm »entweder durch das Lesen der Abschnitte« auf nicht bekannte Weise eingegeben »oder aber von dem *Daily Telegraph*-Journalisten, der die Artikel verfaßt hatte, telepathisch übermittelt worden seien«.

Der nächste Traum sprach gegen die Möglichkeit, daß Dunne seine Träume retrospektiv — nachdem er die Zeitungsmeldungen bereits kannte — »frisiert« hat. Hier sah er sich nämlich auf einer hölzernen Plattform stehen, vor sich eine tiefe, in schweren Nebel getauchte Bucht. Über ihm wölbte sich eine Art Baldachin. Ihm gegenüber breitete sich, durch den Nebel langsam sichtbar werdend, ein aus dem Schlauch einer Feuerwehrspritze schießender Wasserstrahl aus »und spritzte eine Flut von Wasser auf das in Rauch gehüllte, mit einem Geländer umgebene Bauwerk, auf dem ich stand«. Dann, so erinnert er sich, »wurde der Traum vollends unerträglich«. Holzplanken, auf denen sich Menschen zusammendrängten, und die durch den Rauch hindurch nur undeutlich zu sehen waren: »Sie fielen in Haufen herunter; und die ganze Luft war erfüllt von schrecklichen erstickten und keuchenden Schreien. Dann wälzte sich der Rauch, der schwarz und dick geworden war, schwer über alles und begrub die ganze Szene unter sich. Was blieb, war ein schreckliches ersticktes Stöhnen — ich war überglücklich, als ich aufwachte.«

Diesmal ließ sich Dunne nicht auf Zufälle ein. Er rief sich nach dem Erwachen jede Einzelheit des Traums noch einmal ins Gedächtnis zurück — obwohl er nicht sagt, daß er sie aufgeschrieben hat — und las die Morgenzeitung nicht eher, als bis er den Traum wieder vollständig präsent hatte. In den Morgenzeitungen stand jedoch nichts, was mit seinem Traum von Feuer, Ersticken und Massentod zusammenhing.

Die Nachricht stand im Abendblatt. Das Feuer war in einer Gummifabrik oder dergleichen in der Nähe von Paris ausgebrochen. Zahlreiche Arbeiterinnen flüchteten sich, da ihnen der Weg durch die Flammen abgeschnitten war, auf einen Balkon. Die Feuerleitern erreichten sie aber nicht, sie waren zu kurz. Während die Feuerwehrleute längere Leitern holten, wurde der Balkon mit den Spritzen unter Wasser gesetzt, um zu verhindern, daß er Feuer fing. Aber durch die zerbrochenen Fenster

hinter dem Balkon, so schrieb Dunne, kam der von dem brennenden Gummi oder dergleichen entwickelte Rauch in so dicken
Schwaden, daß all die unglücklichen Mädchen, obwohl sie im
Freien standen, erstickten, bevor die neuen Leitern da waren.
Durch diese Traumserie wurde Dunne zu einem höchst ver-
wirrten und ängstlichen Menschen. Was hatte dies alles zu be-
deuten? War er auf dem besten Wege, verrückt zu werden?
Dann aber stellte sich ein Traum ein, der, wie er sich aus-
drückte, die Dinge irgendwie dadurch vereinfachte, daß »er
folgendes eindeutig ausschloß: Geisteskrankheit, Hellsehen,
Astralwanderungen, Botschaften von Geistern und Telepathie.
Dennoch«, so sagt er, »blieb ich mit etwas konfrontiert, das noch
viel phantastischer war als all dies«.
Es war natürlich Präkognition, womit er konfrontiert blieb.
Sein erstes Erlebnis dieser Art war ein Traum im Jahre 1904.
Dunne hielt sich damals im »Scholastika« auf, einem am Achensee in Österreich gelegenen Hotel. Er träumte, er ginge zwischen
zwei Feldern einen schmalen Weg entlang, der an beiden Seiten
von einem hohen Drahtzaun begrenzt war. Plötzlich fing auf
dem Feld zu seiner Linken ein Pferd an, »verrückt zu spielen,
es raste umher und bockte und schlug aus wie wahnsinnig«.
Dunne bekam Angst und sah sich um, ob in dem Gitter auch
kein Loch und er vor dem tobenden Tier sicher wäre. Alles
sah ganz sicher aus.
»Wenig später«, schreibt Dunne, »hörte ich hinter mir Hufe
donnern. Als ich mich flüchtig umblickte, sah ich zu meinem
Schrecken, daß die Bestie schließlich doch irgendwie heraus-
gekommen war und im gestreckten Galopp auf dem Weg hinter
mir herraste. Es war ein ausgemachter Alptraum, ich lief wie
ein Hase. Vor mir endete der Weg in etlichen aufwärts führenden Stufen aus Holz. Diese versuchte ich krampfhaft zu erreichen, als ich erwachte.«
Am Tag darauf fuhr Dunne mit seinem Bruder zum Fischen
auf den Achensee hinaus. Als er sich gerade richtig in die Rie-

men legte, machte ihn der Bruder auf eine merkwürdige Szene aufmerksam, die sich am Ufer abspielte. Es war die Szene aus Dunnes Traum, und, wie er bemerkt, »im wesentlichen genau so, wenn auch in unwesentlichen Details völlig anders«. Zwei Felder mit einem dazwischen verlaufenden abgezäunten Weg waren vorhanden; auch das Pferd war da, und es führte sich auch verrückt auf. Am Ende des Weges war eine Holztreppe, die zu einer Brücke führte.

Die beiden Zäune, die den Weg von den Feldern trennten, waren niedrig und aus Holz. Aber während die Äcker im Traum weit und parkähnlich gewesen waren, waren diese hier gewöhnliche kleine Felder. Auch das Pferd war kein tobendes Ungeheuer, sondern ziemlich klein, »benahm sich aber immerhin gleichermaßen furchteinflößend«. Schließlich befand sich das Pferd, wie Dunne feststellte, »auf dem falschen Acker, nämlich auf dem, der zu meiner Rechten gelegen hätte, wäre ich, wie im Traum, den Weg entlang auf die Brücke zugegangen.«

Dunne begann seinem Bruder den Traum zu erzählen, hielt aber inne, um zu beobachten, ob das Gitter sich als sicher genug erweisen würde, um dieses einigermaßen kleine Pferd aufzuhalten. Er konnte kein Loch feststellen und sagte zu seinem Bruder: »Immerhin kann dieses Pferd nicht heraus«, dann fischten sie weiter. Nun, das Pferd brach schließlich doch aus und kam »den Weg entlang auf die Holztreppe zugedonnert«, stürzte aber ins Wasser und schwamm durch den Fluß auf sie zu. Sie sammelten Steine und wollten von dem Ufer weglaufen. »Als es auf unserer Seite aus dem Wasser stieg«, schließt Dunne seinen Bericht, »schaute uns das Tier kaum an, schnaubte verächtlich und galoppierte einen Weg hinunter.«

Damals hatte sich Dunne über seine Träume bereits jahrelang Gedanken gemacht. Die Schlüsse, die er zog, stimmen im großen und ganzen mit denen der Psychoanalytiker überein, die, wie insbesondere Jan Ehrenwald, die präkognitiven Träume ihrer Klienten untersucht haben. Seine Träume, schloß Dunne, beinhalteten nicht eine Schau »entfernter oder zukünftiger Ereignisse«, sondern seien »gewöhnliche, alltägliche Träume, das Traumgeschehen bestehe aus Tagesresten, die in der üblichen halb sinnlosen, den Träumen eigenen Art und Weise zusammengefügt sind«. Wären sie nur in Nächten *nach* entsprechenden Erlebnissen aufgetreten, bemerkt Dunne, »so hätten sie überhaupt nichts Ungewöhnliches an sich gehabt und genauso viele richtige wie falsche Informationen in bezug auf das wache Erleben enthalten, durch das sie ja — wie jeder andere Traum auch — ausgelöst werden —, allerdings nur zu einem geringen Teil.« Dunne zog daraus den kühlen Schluß: »Nein, an diesen Träumen als solchen gab es nichts Außergewöhnliches. Sie standen nur in einem *falschen Bezug zur Zeit.*« Er war gegen »jegliche simple, nur irgendwie mysteriös wirkende Umdeutung von Träumen«.

Ein weiterer Traum aus Dunnes Sammlung verdient unsere Aufmerksamkeit. Da war er in einem Traum, den er im Herbst 1913 hatte, Zeuge eines Vorgangs, der sich auf einem hohen Eisenbahndamm offenbar nördlich der über den Firth of Forth führenden Brücke in Schottland abspielte. Am Fuße des Dammes gingen Menschen über offenes Weideland. Schließlich wurde im Traum deutlich, daß ein Zug den Damm hinuntergestürzt war, denn es lagen etliche Waggons weit unten am Abhang. Dunne, der jetzt in seinen Träumen immer nach prophetischen Elementen forschte, wollte irgendwie den Zeitpunkt des Ereignisses »sehen«; er stellte sich jedoch als recht vage heraus, im März oder April des kommenden Frühjahrs vielleicht. Am nächsten Morgen erzählte er alles seiner Schwester. Er fügt hinzu: »Am 14. April in jenem Frühjahr sprang der ›Flying Scotsman‹, einer der berühmtesten Postzüge jener Zeit, in der Nähe von Burntisland, ungefähr 24 Kilometer nördlich der Firth of Forth-Brücke über eine Brüstung und stürzte ca. 6 Meter tief herab auf einen Golfplatz.«

Als Ingenieur und Wissenschaftler mit phantasievollen Interessen gab sich Mr. Dunne mit dem bloßen Protokollieren seiner präkognitiven Träume aber nicht zufrieden. Er stellte daher zunächst einmal Experimente mit ihnen an, um eine Erklärung für ihr Auftreten zu finden. Damit hatte er sich viel vorgenommen; er versuchte, die Aufgabe aber erst einmal in bescheidener Form zu lösen. Dunne bat seine Freunde, ihre Träume immer sofort aufzuschreiben und sie später auf präkognitive oder andere außergewöhnliche Elemente zu überprüfen.

Das war leichter gesagt als getan. Er stellte fest, daß seinen Freunden und sogar ihm selber leicht entscheidende Bestandteile entgingen und sie auch sonst von dem experimentellen Vorgehen abwichen. Er ging von der Hypothese aus, daß es sich bei prophetischen Träumen im Gegensatz zu der von den (von ihm als »Supernaturalisten« bezeichneten) Parapsychologen seiner Generation vertretenen Auffassung um eine normale Erscheinung handelte, — die Menschen vergaßen sie nur oder brachten sie in keine Beziehung zu späteren Ereignissen. Er warnte davor, die eigene Wachsamkeit einfach als gegeben vorauszusetzen, denn sehr leicht, meinte er, neigt man bei der Durchsicht eines Traumprotokolls nach präkognitiven Elementen eben dazu, »genau das zu überlesen, wonach man sucht, ohne überhaupt dessen Zusammenhang mit dem realen Ereignis zu bemerken«.

Dunne ertappte sich dabei, wie er sich selbst seinen eigenen Experimenten gegenüber viel zu gleichgültig verhielt. Eines nachmittags war er bei der Jagd in unwegsamem Gelände versehentlich auf ein Privatgrundstück geraten. Zwei Männer schrien ihn aus verschiedenen Richtungen an und »hetzten einen wütend bellenden Hund« auf ihn. Äußerst betreten ging Dunne langsam auf das nächste Tor zu und »versuchte dabei so zu tun, als wäre überhaupt nichts Außergewöhnliches passiert«. Als das Geschrei und Gebell näherkam, eilte er »durch das Tor, bevor die Verfolger in Sicht waren«. Er empfand diesen

»Vorfall als sehr unangenehm für jemanden, der sensibel ist und daher wahrscheinlich davon träumen würde«. Normalerweise hätte sich der Traum von der Verfolgung nach dem Ereignis, unter Umständen in der darauffolgenden Nacht, eingestellt.

Am gleichen Abend las Dunne noch einmal die Traumprotokolle durch, die er morgens verfaßt hatte. Er bemerkte zunächst nichts, dann aber fiel sein Blick auf die matten Schriftzüge eines Satzes, der lautete: »Von zwei Männern und einem Hund gejagt.« Er hatte den Traum, der ihn zu dieser kurzen Notiz veranlaßt hatte, vollständig vergessen, ja er erinnerte sich nicht einmal mehr daran, ihn überhaupt aufgeschrieben zu haben. Dies bestärkte ihn in seiner Überzeugung, daß die Menschen meistens präkognitive Träume haben, sie aber vergessen oder irgendwie aus den Augen verlieren.

Dunne war jetzt mehr denn je zur Fortsetzung seiner Experimente entschlossen und fuhr daher fort, sich selbst zu testen und auf seine Freunde dahingehend einzuwirken, die Versuche mitzumachen. Eines Nachts träumte er, er wäre auf einem großen, mysteriösen und geheimen Speicher auf »Entdeckungsreisen«; schließlich gelangte er über den Speicher aus dem Haus, in das er sich eingeschlichen hatte. Am nächsten Tag erlebte er nichts Entsprechendes — es war ja sowieso ein ausgemachter Dummejungenstreich gewesen —, wohingegen in dem Roman, den er gerade las, sich eine der Personen auf dem Dachboden eines alten Hauses versteckte. In der Geschichte mußte die Person dann später aus dem Haus flüchten, und zwar über den Speicher und durch einen Kamin. (Natürlich könnte er den Inhalt des Buches, das er später »in Wirklichkeit« lesen wollte, auch hellseherisch erfaßt haben; diese Möglichkeit soll hier aber außer Betracht gelassen werden.)

Als nächstes brachte Dunne einer jungen Frau, die er »Miss B.« nennt, seine Traumforschungsmethoden bei. Nach zahlreichen fruchtlosen Bemühungen schilderte sie am sechsten Versuchs-

tag einen Traum, in dem sie sich am Ende eines Weges vor
einem Tor aus fünf bis sechs Querbalken befand. Im gleichen
Augenblick ging ein Mann hinter dem Tor vorbei, der drei
braune Kühe vor sich hertrieb; dabei hielt er auf ziemlich merkwürdige Art einen Stock wie eine Angelrute über die Kühe.
Den gesamten Vorgang, den wie eine Angelrute wirkenden
Stock und alles übrige, erlebte sie dann tags darauf auf einem
der größeren Londoner Bahnhöfe.

Ein andermal träumte eine Cousine Dunnes, sie hätte eine
mysteriöse deutsche Frau (dies war gegen Ende des I. Weltkrieges) in einem Hotel getroffen; sie trug einen schwarzen
Rock, eine schwarz-weiß gestreifte Bluse und oben auf dem
Kopf einen Haarknoten. Zwei Tage danach und nachdem sie
Dunne das Traumprotokoll übergeben hatte, traf die Cousine
zufällig eine solche einer »Spionin« ähnelnde Frau mit Haarknoten und allem übrigen.

Es wurden viele solche Experimente gemacht, und alle waren
ganz beeindruckend. An einigen waren Menschen beteiligt,
deren tatsächliche Erlebnisse sich mit Träumen zu vermischen
schienen, die sie etliche Tage vorher gehabt hatten, oder aber
die Experimente enthielten eindrucksvolle individuelle prophetische Elemente, die in nicht verwandtem Material verstreut
waren. Dunne ging es aber darum, für alle diese Vorgänge
eine Hypothese zu finden. An einer Stelle formulierte er einen
Teil seiner Beobachtungen wie folgt:

»Man kann die Bilder, die sich auf weit zurückliegende Ereignisse beziehen, wiedererkennen und zählen; jene aber, die sich
auf Ereignisse beziehen, die ebenso weit in der Zukunft liegen,
kann man nicht erkennen (was statistische Analysen fast unmöglich macht). Deshalb ist der einzige Weg, um eine Bilanz zu
ziehen, der, die Statistik auf die Entfernung von wenigen Tagen
in jeder Richtung zu begrenzen. Bilder, die sich ebenso auf die
Vergangenheit wie auf die Zukunft beziehen — zum Beispiel
solche von Freunden oder alltäglichen Erlebnissen —, sollten

nicht mitgerechnet werden. Bilder, die sich offenbar auf Vergangenes beziehen, sollten ebenso streng überprüft werden wie solche, die sich augenscheinlich auf die Zukunft beziehen, denn der Zufall ist in beiden Richtungen gleichermaßen wirksam.«

Bei diesen Berechnungen fand Dunne, daß sich »ebenso viele Bilder unstreitig auf die nächste Zukunft *wie gleichermaßen unbestritten* auf die jüngste Vergangenheit beziehen«. Dunne fand sehr bald heraus, daß vielbeschäftigte Menschen einfach nicht 40 Minuten vor jedem Frühstück damit zubringen können, ihre Träume aufzuschreiben — ein paar Tage lang mag das gutgehen, aber bald wird ihnen das ganze über. Um 1932 hatte er ein einfaches statistisches Verfahren entwickelt, um »das Verhältnis zwischen den auf Präkognition und ähnlichen, auf Retrospektion hindeutenden Effekten« zu bestimmen.

Ich möchte hier nicht versuchen, eine Zusammenfassung von Dunnes Konzept von der »seriellen Zeit« zu geben, die den Anspruch auf Vollständigkeit erheben könnte. Dem Leser sei Dunnes Buch empfohlen, sofern er Interesse und Durchhaltevermögen besitzt. Er konnte ganz gut schreiben und war dabei durchdrungen von einer gewissen Leidenschaft. Seine Ideen sind auch heute noch von Interesse, in einer Zeit, in der die theoretische Physik nach neuen Wegen der Auseinandersetzung mit dem Raum-Zeit-Kontinuum sucht, und wo die Philosophen sich ausdrücken wie Physiker, Physiker aber das Allerheiligste der Philosophen betreten und prominente Psychoanalytiker wie zum Beispiel Jan Ehrenwald bei den Atomphysikern Konzepte entlehnen, um ein solches Prinzip wie das des »telepathischen Lecks« zu entwickeln.

Ehrenwalds Konzept vom »doktrinären Induktionseffekt« trifft auch auf Dunne zu. Denn offenbar gingen Dunnes Experimente gut, solange er selber, seine Verwandten oder Freunde daran teilnahmen; sie entsprachen nach Ehrenwald »doktrinären« Konzepten. Bemühungen, diese Tests zu wiederholen, haben sich im großen und ganzen als erfolglos erwiesen. Immerhin wirken das Engagement und der Enthusiasmus des Experimentators sicher — ohne daß hier natürlich an Betrug gedacht wird — für das Experiment als förderlich, wohingegen jemand, der mit Skepsis an die Versuche herangeht, ernüchternde Ergebnisse erzielen wird. Als sich vor wenigen Jahren in der Medizinischen Sektion der American Society for Psychical Research eine Gruppe gleichgesinnter Psychoanalytiker zusammenfand, traten in ihren analytischen Sitzungen mit schöner Regelmäßigkeit telepathische bzw. präkognitive Elemente auf. Als sich die kleine Schar parapsychologischer Vorkämpfer auflöste, verschwanden auch die Phänomene langsam wieder.

Wir alle wirken wie Magneten auf die Objekte, Ereignisse und Menschen, die uns zu irgendeiner Zeit besonders interessieren. Dunne war von präkognitiven Träumen fasziniert, und daher wurde er von ihnen überschwemmt.

Nun aber zu seiner Theorie. Warum sprach er von einer »seriellen« Zeit? Weil, wie er es definierte, eine Serie »aus einer Ansammlung individuell unterscheidbarer Punkte besteht, die nach irgendeinem feststellbaren Gesetz in einer bestimmten Abfolge angeordnet sind oder es zu sein scheinen«. Dunne verwirft den Gedanken an einen »eindimensionalen Zeitbegriff«. Er möchte uns von der begrenzten Sicht eines »Zeit-Beobachters« wegführen, weil wir alle Ereignisse so erleben, daß sie augenscheinlich »in einer bestimmten Abfolge aufeinander folgen« — »der Beobachter erlebt den Zeitbegriff in Wirklichkeit in der Dimension aufeinanderfolgender Erfahrungen«. Wir sehen die Vergangenheit, die Gegenwart und die Zukunft; wir sind dreidimensional, das Universum ist allerdings in unserer Sichtweise nicht existent. Dunne setzt seine Ausführungen geistreich, wenn auch nicht immer ganz klar mit eben jenen Diagrammen fort, für die Ingenieure eine Vorliebe haben, und auch mit solchen Zahlenspielen, die sie mit unheimlicher Schnelligkeit an Wandtafeln zu kritzeln pflegen. Er kommt zu einem eindeutigen, wenn auch nicht leicht verdaulichen Satz: »Wir werden ein einziges multidimensionales Wahrnehmungsfeld in absoluter Bewegung haben, die sich über ein festes, über alle Zeitdimensionen ausgebreitetes Substrat objektiver Elemente hinzieht.« Er möchte, daß wir unser persönliches und allzu menschliches Selbst verlassen und die Dinge unter einem erweiterten Blickwinkel sehen. Unsere Gewohnheiten, so meint er ein wenig pedantisch, machen noch kein »Gesetz« aus. Immerhin ist das alles, was wir armen Teufel haben! Er ist schon ein recht gestrenger Lehrmeister, wenn er von uns verlangt, daß wir verstehen, daß die Ereignisse existieren und wir uns auf sie zubewegen und uns von ihnen entfernen — und daß wir eben dies dann als den »Lauf der Zeit« bezeichnen. Dunne wurde wegen seiner Theorien besonders von Prof. C. D. Broad in seinem Artikel »Die philosophischen Implikationen des Vorauswissens« kritisiert, den dieser am 11. Juli 1937 der Londoner Aristotelischen Gesellschaft vorlegte. Dennoch dauert das tappende, hoffnungsvolle Bemühen um ein besseres Verständnis des Zeitbegriffs vor allem in der Physik und, wie eh und je, in der Philosophie an.

Dunne behauptet, er hätte diese Theorie auch ohne seine und die prophetischen Träume seiner Freunde aufstellen können, indem er die Träume einfach als nachträgliche Einfälle eingeführt hätte. Ich nehme ihm das nicht ab. Ich glaube nämlich, daß er von der Unheimlichkeit seiner Erlebnisse beeindruckt war und daneben auch Erlebnisse mit halluzinatorisch-religiösem Einschlag hatte, die ihn veranlaßten, einen theoretischen Überbau zu ersinnen, um sie irgendwie in den Griff zu bekommen. Was immer auch seine Motivation gewesen sein mag: sein Werk steht unter den anekdotischen und spekulativen Aspekten der Prophetie von heute als eine wagemutige Pionierarbeit da.

4. KAPITEL

Cayce: Der Seher von Virginia Beach

Der Name von Edgar Cayce hat inzwischen etwas Magisches. In den zwanzig Jahren, die seit seinem Tode vergangen sind, hat sich in den USA eine Art Cayce-Kult entwickelt, der im Ausland bis nach Japan vorgedrungen ist. Cayce war ein bescheidener, in vieler Beziehung sogar weltfremder Mensch; ein Ehemann und Familienvater, dem, wenn er in einen tranceartigen und als solchem schwer zu definierenden Zustand verfiel, außergewöhnliche Einsichten zuteil wurden. Cayce besaß verschiedene Gaben, eine war, daß er zuweilen in dieser »schlafähnlichen« Verfassung als Prophet, als Seher sprach. Er versetzte sich selbst in einen Zustand, der viel Ähnlichkeit mit autohypnotisch induzierter Trance hatte, sprach währenddessen klar, wenn auch in irgendwie mystischer Manier, und erinnerte sich nach dem »Erwachen« nicht an seine Aussagen. Größer war jedoch der Beitrag, den er als Heiler von einzigartigem Ruf leistete.

Nach der Meinung von Edgar Cayce war Prophetie reiner Zufall. In seinem bemerkenswerten Leben spielte sie eine deutlich geringere, um nicht zu sagen: schwer definierbare Rolle. Dennoch muß jede Arbeit, die sich mit der Prophetie von heute beschäftigt, die Vorhersagen von Cayce miteinbeziehen und versuchen, sie vor dem Hintergrund seines Gesamtwerks und seiner Persönlichkeit zu sehen. Diesen Mann, von seinen Verehrern auch als »der Seher von Virginia Beach« bezeichnet, haben fähige Biographen auf einmalige Art und Weise mit ihrer Aufmerksamkeit beehrt, so Thomas Sugrue, der *There is a River* (»Es gibt einen Fluß«, New York, 1943) schrieb; Gina Cerminara, zu deren zahlreichen Büchern, die sich mit Cayce befassen, auch *Erregende Zeugnisse für Karma und Wiedergeburt* (Freiburg i. Br., 1970) gehört, Hugh Lynn Cayce mit *Venture Inward* (»Abenteuer der Seele«, New York, 1964) und Jess Stearn, Autor von *Der schlafende Prophet. Prophezeiungen in Trance 1911–1998* (Genf, 1970). Sein Lebenswerk wurde von der Gesellschaft für Forschung und Aufklärung sorgfältig aufgezeichnet und systematisiert.

In den vielen Jahren, in denen sich dieser Schriftsteller mit Parapsychologie beschäftigte, fand er anscheinend nicht früher Zeit für einen Besuch von Virginia Beach als im Sommer 1966. Dieser fiel glücklicherweise mit einer einwöchigen Tagung über »Zeit und Prophetie«, einem von zahlreichen Symposia eines insgesamt achtwöchigen Programms, zusammen. Obgleich die Geschäftsstelle der Gesellschaft für Forschung und Aufklärung nur etwas nördlich der hektischen Badeatmosphäre des Stadtkerns von Virginia Beach liegt, kann sie gleichwohl als geheiligte Erinnerungsstätte für Cayce und sein Werk betrachtet werden. Selbstverständlich gibt es heute Hunderte, ja vielleicht Tausende die lediglich die Erinnerung an ihn verehren. Trotzdem wirkt das weiße verschachtelte Holzgebäude, in dem sich die Protokolle und die Bibliothek von Cayce befinden, anspruchslos; eine im besten Sinne des Wortes gutnachbarliche und entspannte Atmosphäre amerikanischer Freundlichkeit läßt irgendwelche kultischen Ideen als baren Unsinn erscheinen.

Wenn Cayce sich mit Prophetie sozusagen nur nebenbei beschäftigte, worin bestand dann seine Haupttätigkeit? Sie ist in den oben zitierten und anderen Büchern ausführlich und hinreichend beschrieben worden. Cayce schien als völliger Laie in seinem tranceartigen Zustand in der Lage zu sein, Krankheiten sogar in Abwesenheit der Patienten oder, wenn sie ihm vollkommen unbekannt waren, zu diagnostizieren und für sie bestimmte Linderungs- oder Heilmethoden zu nennen. Das Spektrum der Themen, an die Cayce sich heranwagte, war breit gefächert, ja vielleicht gar zu umfassend, als daß man es ihm leicht abgenommen hätte. Es umfaßte Fragen der Reinkarnation und Hinweise auf den angeblich versunkenen Kontinent Atlantis sowie religionsphilosophische Konzepte, die Elemente aller hauptsächlichen Glaubensrichtungen enthielten.

Die Cayce-Stiftung hat mit der Klassifizierung der 14 246 Protokolle, die von Cayce über die Zeit von 1901 bis 1945 existieren und die jedem ernsthaften Forscher zugänglich sind, Hervorragendes geleistet. 8976 dieser Protokolle behandeln physikalische Probleme, 2500 beschäftigen sich mit sogenannten Lebensfragen (und enthalten auch Hinweise auf frühere »Inkarnationen« sowie Vorstellungen über eine zukünftige Existenz), 799 beziehen sich auf geschäftliche Fragen, 677 auf Trauminterpretationen, 401 haben mit geistigen und religiösen Problemen zu tun, 24 behandeln Haushalts- und Ehefragen und 879 fallen unter »Vermischtes«. Für »Prophetie« und »Präkognition« gibt es eigene Unterabteilungen.

Die sorgfältige Verwaltung dieses Materials und die allgemeine Leitung der Stiftung und Gesellschaft liegen in Händen des Sohnes des »Sehers«, des weißhaarigen, bescheidenen Hugh Lynn Cayce. Offen gesagt, von allen Vorhersagen, mit denen ich in Virginia Beach konfrontiert wurde, bezauberte mich am meisten nicht eine des alten Cayce, sondern eine, die einen Wendepunkt im Leben seines Sohnes Hugh Lynn markiert. Mit dieser wollen wir jetzt beginnen.

Hugh Lynn Cayce erinnerte sich an einen Traum, als wir in seinem engen, sonnendurchfluteten Büro saßen; er wirkte in seinem Hemd mit offenem Kragen recht jungenhaft. Auf Vorschlag seines Vaters hatte er Protokolle von all seinen Träumen angefertigt. Es wurde ihm bald zur Routine und eine manchmal langweilige Pflicht, jeden Morgen sofort nach dem Erwachen alle Einzelheiten eines Traums aufzuschreiben. Jede Seite enthielt Datum und Unterschrift und darüber hinaus die Unterschrift einer weiteren Person als Zeugen, — ein Verfahren, das jedem nur empfohlen werden kann, der Träume aufschreiben möchte, die sich später unter Umständen als präkognitiv oder telepathisch herausstellen könnten.

Während dieser zwei Jahre, in denen Hugh Lynn die Protokolle führte, hatte er einmal einen Traum, in dem er eine junge Frau zu einem Gebäude mitnahm, das unter dem Namen Old Masury Haus bekannt war. Obgleich das Haus zur Zeit des Traums leer und verschlossen war, träumte der junge Cayce, es wäre in ein Restaurant und einen Nachtclub mit gedämpfter Hintergrundmusik umgewandelt worden. Die junge Frau in dem Traum hatte ein nichtssagendes Gesicht, er kannte sie nicht. Alles Übrige war so deutlich wie ein Bild auf der Mattscheibe eines Farbfernsehers: auf dem Tisch waren Kerzen, da der elektrische Strom zeitweilig wegen einer durchgebrannten Sicherung ausgefallen war; ein Kellner in weißer Jacke mit Messingknöpfen trat an ihren kerzenbeleuchteten Tisch, um die Bestellung entgegenzunehmen. Wenig später drehte sich Hugh Lynn Cayce zur Tür um und sah den guten Freund der Familie Morton Blumenthal eintreten, — jenen Mann, der beim Bau des einstigen Krankenhauses von Virginia Beach und heutigen Verwaltungsgebäudes der Cayce-Stiftung mithalf.

Einige Zeit nach dem Traum, aber immer noch im gleichen Jahr, wurde Old Masury Haus tatsächlich in einen Nachtclub verwandelt, und eines Abends ging Hugh Lynn auch wirklich in Begleitung einer Dame zum Essen dorthin. Wie es so geht und weil er inzwischen hunderte von Träumen aufgeschrieben hatte, hatte er den über das Masury Haus fast vergessen. Als sie sich der Halle des Restaurants näherten, bat der Oberkellner für die herrschende Dunkelheit und das Kerzenlicht um Entschuldigung: eine Sicherung sei durchgebrannt, bald werde aber alles wieder in Ordnung sein.

Als sie sich an den Tisch setzten und ein Kellner in einer weißen, mit Messingknöpfen besetzten Jacke kam, um ihre Bestellung anzunehmen, begann Hugh Lynn der jungen Dame rasch von seinem Traum und dem, was demnächst passieren würde, zu berichten. Der szenische Hintergrund, die Musik, alles stimmte. »Na«, sagte er, »wenn ich mich umdrehe und Blumenthal durch die Tür hereinkommen sehe, dann springe ich auf und renne weg, glaube ich. Das wäre einfach zu gespenstisch!« Er wandte sich um, und tatsächlich bahnte sich Blumenthal gerade seinen Weg durch den verdunkelten Raum. Die junge Dame hieß damals noch Miss Sally Taylor; kurz danach wurde sie Mrs. Hugh Lynn Cayce.

Als sie im Traumbuch zurückblätterten, fanden sie darin die vor nicht ganz einem Jahr datierte und gegengezeichnete Aufzeichnung des ursprünglichen Traums — die durchgebrannte Sicherung, die Messingknöpfe und alles übrige.

Im übrigen hat Hugh Lynn Cayce keine von seines Vaters Gaben geerbt. Als Sohn eines Mannes, der zu verschiedenen Zeiten bewundert, geschmäht, verfolgt, vergöttert, angeprangert worden und dabei stets zum Kampf gerüstet war, durchlief Hugh Lynn alle üblichen Entwicklungsphasen eines jungen, heranwachsenden Menschen, der im Schatten eines berühmten oder allseits bekannten Vaters lebt.

Auch sein Traum war ganz anders als die Prophezeiungen, die sich in den Protokollen von Edgar Cayce hier und da finden.

Während der Traum vom Old Masury Haus romantisch war und glücklich endete, beinhalteten Cayces Prophezeiungen meistens weitreichende geologische Veränderungen von kontinentalen Ausmaßen und katastrophalen Konsequenzen.

An diesem Punkt erscheint es notwendig, ein persönliches Vorurteil einzugestehen. Während der Jahre, in denen ich auf parapsychologischem Gebiet in der Verwaltung und als Herausgeber tätig war, habe ich mich mühsam durch Millionen Worte schwer verständlichen Textes, pseudomystische Weitschweifigkeiten und platte, langatmige Phrasendreschereien hindurcharbeiten müssen. Da ich eine ausgesprochene Vorliebe für Aussagesätze habe, standen mir bei den Protokollen von Edgar Cayce zunächst die Haare zu Berge. Ich zitiere:

»Ja, hier ist nun das Werk und jener Zeitabschnitt, in dem der Erdenplan jenen zur Wohnung dient, die als erste über das Innewohnen Höherer Kräfte im Menschen Gesetze erlassen haben. Indem sie solches dem Menschen von heute auf verständliche Weise darlegten — die Verhältnisse auf der Erdoberfläche und die Stellung des Menschen auf dem Erdenplane zu verstehen ist notwendig, denn es hat sich die günstige Gelegenheit seit dieser Zeit, dieser Ära, diesem Zeitalter der irdischen Existenz des Menschen des öfteren ergeben; denn damals in jener Zeit erschienen nur die Länder, die heute als Sahara und Nilregion bekannt sind, auf dem heutigen afrikanischen Kontinentalbereich; daß in Tibet, der Mongolei, in Kaukasien und Norwegen, in Asien und Europa, daß in den südlichen Kordillieren und Peru in der südwestlichen Hemisphäre und der Fläche, die das neue Utah, Arizona, Neumexiko in der nordwestlichen Hemisphäre ...«

Es handelt sich hier um einen Auszug aus einem der ersten Protokolle über Aussagen zur erdgeschichtlichen Entwicklung, die Cayce am 28. Mai 1925 in einem tranceähnlichen Schlafzustand machte. Autoren, die sich mit den Protokollen von Cayce und insbesondere mit seinen Prophezeiungen beschäftigt haben, mußten seine besondere Sprache praktisch dechiffrieren oder übersetzen. Jess Stearn war darin sehr verdienstvoll, indem er sich überaus eifrig darum bemühte, Ereignisse aufzufinden, auf die sich Cayce in seiner Äsop ähnlichen Sprache vielleicht bezogen haben könnte.

Zwei von der Gesellschaft für Forschung und Aufklärung veröffentlichte Protokolle beinhalten Prophezeiungen von Cayce. Das erste, »Earth Changes: Past, Present, Future« (»Wandlungen der Erde: Vergangenheit, Gegenwart, Zukunft«, Virginia Beach, Va., 1949), von einem anonymen Geologen verfaßt, handelt von seinen Bemerkungen über die Entwicklung unseres Planeten. Das zweite, »Times of Crisis« (»Krisenzeiten«, Virginia Beach, Va., 1947), ist dem Weltgeschehen gewidmet; das Material, auf dem sie basieren, ist uneinheitlich, überaus schwer verständlich und läßt darüber hinaus Anmerkungen und Ergänzungen durch Daten vermissen, die zeigen würden, inwieweit es mit objektiven Entwicklungen zu vergleichen wäre.

Für die Zeit von 1958 bis 1998 hat Cayce folgende geologischen Voraussagen gemacht.

»Zurück zu den physikalischen Veränderungen: Die Erde wird im westlichen Teil Amerikas aufbrechen.

Der größte Teil Japans wird im Meer versinken.

Der obere Teil Europas wird in Augenblicks Schnelle verändert werden.

Vor der Ostküste Amerikas wird Land auftauchen.

In der Arktis und Antarktis werden Umbrüche entstehen, die in den heißen Zonen zu Vulkanausbrüchen führen werden, und dann werden sich die Pole verschieben — so daß in den vormals kalten oder subtropischen Zonen ein mehr tropisches Klima herrschen und Moos und Farnkraut wachsen werden.

Und dies wird in den Jahren zwischen '58 und '98 beginnen, denn das ist das Zeitalter, in dem man Sein Licht wieder in den Wolken erblicken wird.«

Diese Zitate entstammen einem Protokoll über Aussagen, die Cayce am 19. Januar 1934 machte. Der Verfasser, ein Geologe, vergleicht die Beobachtungen von Cayce mit Aussagen des namhaften Japaners N. Miyabe, der 1953 auf einem wissenschaftlichen Kongreß auf Neuseeland (»Vertical earth movements in Japan deduced from results of relevelings« — »Vertikale Erdbewegungen in Japan auf der Grundlage der Ergebnisse bereits erfolgter Nivellierungen«) berichtete, daß Verschiebungen »entlang der tektonischen Mittellinie von Südwestjapan« stattgefunden hätten; außerdem haben zwei weitere Autoritäten, K. K. Iida und T. Wada, im Jahre 1955 ausgerechnet, daß »sich die Region um die Isebucht bei Hondo an der Ostküste des südlichen Teils von Zentraljapan jährlich zwischen zwei bis sechs Zentimeter senkt.« Während der Autor angibt, daß solche Ent-

wicklungen »in einer geologisch derart instabilen Region wie
Japan zu erwarten sind«, zitiert er noch einen Bericht, der von
Dr. I. Ishii in einer in Tokio publizierten geographischen Zeit-
schrift erschien und über geologische Verschiebungen im Bereich
der Bucht von Toyama handelt, »die dazu führten, daß durch
Bewegungen einer Scholle der Erdkruste ein Wald verschwand«.
Als Beweis für die Beobachtungen von Cayce in bezug auf
Nordeuropa zitiert der Autor C. R. Longwell, dessen »Text
Book of Geology« (»Lehrbuch der Geologie«, New York, 1939)
zufolge »bei den an die Ostsee grenzenden Ländern seit länge-
rem eine Anhebung beobachtet wird«; »erhöhte Strände und
andere Charakteristika an den Ufern« würden darauf hindeuten, »daß Teile Schwedens und Finnlands mindestens 275 Meter
höher liegen als am Ende der Eiszeit«.
Dazu schreibt der Geologe:
»Die ungeheure Geschwindigkeit ist schuld daran, daß die paranormale Information (von Cayce) von der in der Geologie allgemein gültigen Auffassung langsamer Veränderungen ab-
weicht. Überdies ist es möglich, daß, wenn vor der Ostküste
Amerikas Land auftaucht, der nördliche Teil Europas durch die
plötzliche Abriegelung oder Umleitung des Nordeuropa erwär-
menden Golfstroms augenblicklich verändert werden könnte.«
Am 13. August 1941 machte Cayce seine wahrscheinlich erre-
gendste Voraussage über die Zeit zwischen 1941 und 1998. Er
sah graduelle Veränderungen der geographischen Beschaffenheit der Welt voraus, ebenso Beunruhigungen an der Ost- und
Westküste der Vereinigten Staaten und der »Mittelregion«. Insbesondere, so sagte er, »werden in den nächsten Jahren sowohl
im Atlantik wie im Pazifik Landstriche auftauchen«, wohingegen die jetzigen Küsten »so manch eines Landes im Ozean verschwinden werden«.
Im einzelnen bemerkt Cayce hierzu:
»Teile der neuen Ostküste von New York oder New York City
selbst werden fast ganz verschwinden. Das wird aber in einer

anderen Generation geschehen. Der südlichste Teil von Carolina und Georgia wird auch verschwinden, dies aber viel früher.«

Er fügte hinzu, daß sich die Großen Seen »in den Golf ergießen werden«, wobei man annahm, es handle sich um den Golf von Mexiko. Cayce meinte aber offenbar den Sankt-Lorenz-Seeweg und sagte, »es wäre günstig, wenn der Wasserweg vorbereitet würde, wenn auch nicht zu dem Zweck, den man zur Zeit noch dafür im Auge habe.«

Während derselben Sitzung beschrieb Cayce das Gebiet um Virginia Beach als »zu den sicheren Landstrichen gehörend«, zusammen mit »Teilen des jetzigen Ohio, Indiana und Illinois, sowie einem Großteil des Südens und Ostens von Kanada«, während ein großes Stück »westlichen« Landes unter die Gebiete fallen würde, die »zerstört werden«.

Der ganz auf Cayce ausgerichtete Autor und Geologe, der seine Analyse der Prognosen des Sehers ursprünglich als gelehrte Abhandlung unter dem Titel »A Psychic Interpretation of Some Late-Cenozoic Events Compared with Selected Scientific Data« (»Parapsychologische Interpretation einiger spätkänozoischer Ereignisse verglichen mit ausgewählten naturwissenschaftlichen Daten«) veröffentlichte, zitiert seismologische Ergebnisse von Dr. C. F. Richter in bezug auf Erdbebenmöglichkeiten im Bereich von New York; diese stellten sich als »durchschnittlich« heraus; nur ein einziger Stoß, der im Jahre 1884 Long Island in Mitleidenschaft zog, bewies »das Vorhandensein einer örtlichen Erdbebenquelle«, die unter Umständen zu einer Beunruhigung führen könne.

Was die weitreichende Voraussage betrifft, wonach sich die Großen Seen in den Golf von Mexiko ergießen werden — immer vorausgesetzt, daß diese Vorhersage auch wirklich korrekt aus Cayces schwer verständlichem Hinweis auf »Seen« und »den Golf« »übersetzt« wurde —, bemerkt der Geologe, die Voraussagen von Cayce würden hier wiederum bedeuten, daß sich »eine allgemeine geologische Entwicklung« in Form

äußerst beschleunigter »geographischer Veränderungen« manifestiere.

In der britischen Zeitschrift *Nature* (1960) veröffentlichte E.
Tillotson seine »Notes on the Agadir Disaster« (»Anmerkungen
zum Unglück von Agadir«), in denen es heißt, daß »erste Lotun-
gen Hinweise auf einen gewaltigen unterseeischen Umbruch vor
der Küste (d. h. im Pazifischen Ozean) ergeben« hätten. Richter
vertritt in seinem Werk die Ansicht, daß »die Großen Seen ein
hervorragendes Beispiel für eine auf breiter Basis stattfindende
Abkippbewegung darstellen«. Er bezog sich dabei natürlich auf
vergangene Ereignisse, durch die diese Seen entstanden sind,
und in deren Verlauf »sich das Land seit dem Verschwinden der
großen Eisschicht gegen Nordosten gehoben hat und der See-
grund sich daraufhin in Richtung Süden neigte«. Er bemerkte:
»Die Kippbewegung schreitet weiter voran und ist exakt berechnet worden; sie beträgt pro hundert Jahre auf 160 Kilometer
rund 12,5 Zentimeter. Das mag uns gering erscheinen, würde
aber immerhin in 1600 Jahren dazu führen, daß sich die Oberen
Großen Seen durch den Chicago River in das Mississippibecken
ergießen.« Der Mississippi fließt bekanntlich bei New Orleans
in den Golf von Mexiko.

Was die »Sicherheitszonen« betrifft, von denen in der Voraussage von Cayce die Rede ist — unter ihnen Virginia Beach selber, Teile von Ohio, Indiana, Illinois und ein Großteil von
Süd- und Ostkanada —, so handelt es sich dabei um Landstriche von geringer Erdbebenaktivität.

Soviel über die geologischen Vorhersagen, die vielleicht für die
heutige und zukünftige Generation von Bedeutung sein mögen.
In einem Jahrhundert, in dem das Erdbeben von San Francisco
passierte und in dem man an häufige Berichte über Erdbeben in
der Türkei, Japan und Chile gewöhnt ist, gewinnen die Prophezeiungen von Cayce an Unmittelbarkeit. Dieser Eindruck
wird bei der Öffentlichkeit noch durch das Unbehagen verstärkt,
daß Atomexplosionen, ganz gleich, ob sie nun in den Wüstenge-

bieten der USA, im sowjetischen Zentralasien, Westchina oder in der Nähe südpazifischer Atolle stattfinden, unter Umständen verheerend auf die Erdkruste wirken und damit möglicherweise überall zur Beschleunigung geologischer Veränderungen führen könnten.

Um ein Gebiet, auf dem Voraussagen von mehr kurzfristiger Bedeutung sind, und das weitgehend unter dem Einfluß des Menschen steht, handelt es sich bei dem politisch-ökonomischen Bereich. Hier wird meine Vorliebe für den einfachen Aussagesatz noch verstärkt durch meine Erfahrungen als Forscher, Schriftsteller und Dozent für politische und Wirtschaftswissenschaften. Ich kann daher logischerweise nicht umhin, die »paranormalen Abhandlungen über nationale und weltweite Angelegenheiten« von Cayce mit ausgesprochener Wißbegier, Ungeduld und einiger Enttäuschung zu betrachten. Vor allem finde ich den Stil problematisch.

Gina Cerminara, die viel getan hat, um die Gedanken von Cayce vor allem zur Frage der Reinkarnation zu verbreiten, hat sehr objektiv und geistvoll über »The Language of the Cayce Readings« (»Die Sprache bei Cayce«, veröffentlicht im *Journal* der Gesellschaft für Forschung und Aufklärung im April 1966) geschrieben. Warum, so fragt sie, mußte er sich in »paranormaler Doppelzüngigkeit« ergehen? Warum mußte er, anstatt zu sagen, »dies ist ein Spaten«, etwa folgendermaßen um den heißen Brei herumschleichen: »Dies ist etwas, von dem wir sehen, daß es etwas zu tun hat nicht mit dem Bewußtsein im Geistigen (wie gemeinhin angenommen wird), sondern vielmehr mit dem Bewußtsein des Materiellen, das sich hier zu dem verdichtet, was heute als Werkzeug zum Graben oder aber als Spaten bezeichnet oder genannt wird.«

Cerminara, Stearn und andere übernehmen bisweilen die Rolle der priesterlichen Adjutanten, die das Gestammel des Orakels von Delphi in allgemeinverständliches Griechisch übersetzten. Cerminara ist — stets freundlich und geduldig — der Ansicht,

Cayce sei deswegen so schwer zu verstehen gewesen, weil »er von einem Standpunkt aus sprach, der unendlich viel umfassender und komplizierter war als der eines gewöhnlichen Erdenbürgers«, etwa vergleichbar mit »einem Menschen, der jemandem, dem er etwas erzählt, an Bildung weit überlegen ist.« Sie fordert den Leser auf, »bezüglich der Schriften von Cayce seinen ganzen Scharfblick und seine Urteilsfähigkeit walten zu lassen« und sich nicht »wegen der Unbeholfenheit der Sprache vom wahren Wert des Inhalts ablenken zu lassen«.

Wenn man dies beherzigt, lassen sich die verschiedenen »Diskurse« über nationale und internationale Angelegenheiten — zwischen 1932 und 1944 entstanden insgesamt sechzehn — großzügiger bewerten. Die von der Gesellschaft für Forschung und Aufklärung herausgegebene Broschüre »Times of Crisis« stellt fest, daß die Schriften von Cayce »in einem direkten Bezug zur Gegenwart und Zukunft sowie zur jüngsten Vergangenheit« stehen. Mit Cerminaras warnenden Bemerkungen im Ohr beginnt man, das merkwürdige Gemisch von Predigten, Anspielungen, Ausflüchten, Umschreibungen und Vorhersagen zu lesen und wieder zu lesen und nochmals zu lesen.

Am 15. Januar 1932 wurde an Cayce folgende Frage gerichtet: »Was kann im weiteren Verlauf in bezug auf die politischen und wirtschaftlichen Verhältnisse Europas erwartet werden?«

Er antwortete: »Europa ist wie ein zerstörtes Haus. Vor einigen Jahren wurde ein mächtiges Volk zur Genugtuung und Befriedigung einiger weniger, die sich um die Rechte anderer nicht scherten, vernichtet. Eben diese Menschen erleben nun ihre Wiedergeburt, und das sitzt vielen Nationen Europas und der Welt — in politischer wie finanzieller Hinsicht — wie ein Dorn im Fleische. Aber diese Wiedergeburt wird mit Hilfe der Gebete und Fürbitten jener eintreten, die beten dürfen — sogar wie Abram oder Abraham: ›...und dem Ort nicht vergeben um fünfzig Gerechter willen, die darinnen wären?... Man möchte vielleicht zehn darinnen finden...‹ Dann hängt die Hoffnung

Europas an euch! Ihr, die ihr heute in eurem eigenen Hause lebt.
Nicht mit Lots Erfahrung, aber auf seine Art und die der anderen Menschen in Sodom und Gomorrah.«

Die Broschüre führt an, daß »eine Frage und eine Antwort folgten, aus denen hervorging, daß es sich bei der oben erwähnten Nation um Rußland handelte.«

Die Kapitel 18 und 19 der Genesis enthalten die Bitte Abrahams an Gott, Sodom und Gomorrah zu verschonen, wenn fünfzig oder sogar viel weniger gute Menschen gefunden würden. Schließlich begaben sich Lot und seine beiden Töchter (seine Frau erstarrte zu der allbekannten Salzsäule) nach Zoar. Wenn wir uns den Zustand der Sowjetunion im Jahre 1932 und zugleich die Genesis vergegenwärtigen, worin bestand dann — falls es überhaupt eine gab — die tiefere Bedeutung dieser Prophezeiung? Sollten etwa diejenigen, denen er dies voraussagte, rechtschaffen wie sie waren, das Herz Joseph Stalins besänftigen, der das Schicksal Rußlands in seiner Hand hielt und gerade dabei war, die große Säuberungsaktion der dreißiger Jahre vorzubereiten? Oder hatte Cayce hier gerade einen schlechten Tag? Ganz bestimmt handelt es sich hierbei ebenso um eine religiöse Ermahnung wie um eine bestimmte Prophezeiung.

Am 8. Februar 1932 wurde Cayce gefragt: »Wie sollten sich die sogenannten kapitalistischen Länder Rußland gegenüber verhalten?«

Er antwortete: »Eine größere Hoffnung für die Welt besteht in der religiösen Entwicklung Rußlands. Eben die Nation oder Gruppe, die mit Rußland in allernächster Beziehung steht, wird vielleicht während der schrittweisen Veränderungen und endlichen Konsolidierung der Verhältnisse in bezug auf die Weltherrschaft am besten daran sein.«

Ein Rückblick auf diese Zeit zeigt, daß »die religiöse Entwicklung Rußlands« nicht beträchtlich gewesen ist, obwohl in der Sowjetunion eine ganze Reihe anderer bemerkenswerter Ereignisse stattgefunden haben. Was die »eine Nation oder Gruppe, die am nächsten ist«, angeht, so kann man hier bis auf den heutigen Tag nur raten.

Am 7. Oktober 1935, zweieinhalb Jahre nach der Machtergreifung der Nazis in Deutschland und am Vorabend des Spanischen Bürgerkrieges sah Cayce den Pakt zwischen Berlin und Tokio tatsächlich voraus. Er spricht von einer »Parteinahme« verschiedener »Gruppen, Länder oder Regierungen«, die »nach dem Vorbild der Österreicher und Deutschen (später der Japaner) diesem Einfluß folgen«. In welcher Richtung aber, erwartete er, würden sie ihren Einfluß geltend machen? Der unmittelbar folgende Satz lautet: »Daher muß sich eine unsichtbare Kraft, langsam wachsend, in beinahe direkter Opposition zum Thema Nazismus und Ariertum ergeben. Diese wird ganz langsam ein Anwachsen der feindseligen Spannung bewirken.« Er fügte hinzu:

»Und wenn es nicht zu einem Eingriff der sogenannten übernatürlichen Kräfte oder Einflüsse kommt — die in den Angelegenheiten von Nationen und Völkern aktiv wirksam sind —, so wird die ganze Welt... wie sie ist... von militaristischen Gruppen und Menschen, die für Gewalt und Expansion eintreten, in Brand gesteckt werden.« Dies kann und ist als Voraussage des Zweiten Weltkrieges ausgelegt worden.

Stearn zollt den prophetischen Fähigkeiten von Cayce großzügiges Lob. Er schreibt, daß »der schlafende Prophet Kriege und Friedenszeiten, Wirtschaftskrisen, Rassen- und Arbeitskämpfe und sogar die Große Gesellschaft zum Scheitern verurteilt« vorhersah. Er bemerkt, »daß er Voraussagen für einzelne Menschen wie für ganze Nationen machte und sagen konnte, daß sie heiraten, sich scheiden lassen, Kinder bekommen, Juristen, Ärzte, Architekten, Matrosen oder Marinesoldaten würden.« Nach Stearn kamen Cayce die meisten seiner »prophetischen Eingebungen« während seiner »Lesungen im schlafähnlichen Zustand«, aber auch im Wachzustand besaß er spontane paranormale Fähigkeiten, verließ er doch einmal fluchtartig einen Saal voll junger Leute, weil er sofort sah, daß »alle in den Krieg ziehen und drei von ihnen nicht zurückkommen würden«.

Wieder Stearn zufolge erzielte Cayce einen »unglaublich hohen, fast hundertprozentigen Durchschnitt richtiger Voraussagen«, wenn er auch »hier und da« bei solchen Fragen wie der nach der Motivation Adolf Hitlers oder nach der »endlichen Demokratisierung Chinas« danebengriff. Nach dieser enthusiastischen Bewertung sah Cayce »nicht nur die beiden Weltkriege voraus, sondern konnte auch die Jahre des Beginns und Endes nennen. Er sah nicht nur die große, weltweite Wirtschaftskrise von 1929, indem er den Zusammenbruch auf dem Aktienmarkt mit unheimlicher Ausführlichkeit umriß, sondern sagte auch voraus, daß die Krise von 1933 an abflauen würde.«

Nun ja, welche allgemeinen Vorhersagen Cayce gelegentlich auch gemacht haben mag, seine Antworten auf ganz spezifische soziale Fragen lassen für die Interpretation großen Spielraum. Als er am 25. Oktober 1937 gefragt wurde: »Können Sie eine ins einzelne gehende Voraussage über die wahrscheinliche Tendenz der wirtschaftlichen Aktivität sowie über Aktientrends in den Jahren 1938, 1939 und 1940 machen?«, hatte seine Antwort doch sehr viel Ähnlichkeit mit den Schätzungen, die vorsichtige Börsenanalytiker der Wall Street bisweilen vornehmen. Sie sei hier vollständig wiedergegeben:

»Hier zeigt sich wieder, daß solche Entwicklungen tatsächlich von dem Einfluß abhängig sein müssen, der bei den Mächtigen Aktivität weckt — bei denen, die Stellungen innehaben, die es ihnen ermöglichen, die dem Volk als ganzem zu stellenden Ziele zu bestimmen. Halten die Herrschenden an einem Ideal fest, dann wird — wie bereits angedeutet — ein allgemeines Bestreben nach größerer Sicherheit beibehalten, ebenso eine bessere gesamtwirtschaftliche Betrachtung sowie mehr Friede und Harmonie.

Es ist nicht etwa so, daß die Einflüsse, die immer alles Schöne zunichte gemacht haben, nicht mehr da wären. Wann immer Selbstsucht als treibende Kraft wirksam ist, kann man als Resultat Unruhe und Streit erwarten. Wo die Ziele die eines Friedensfürsten sind ... ich bin meines Bruders Hüter ... ich werde das rechte tun ..., werden diese Absichten soziale Sicherheit, finanzielle Sicherheit und Frieden für Geist und Körper jenen bringen und erhalten, die Seine Absichten verbreiten.«

Bewunderungswürdige, religiös getönte, volkswirtschaftliche Überlegungen, ganz sicher, nur stellen sie kaum eine eindeutige Antwort auf eine konkrete Frage nach geschäftlichen Trends und Börsenentwicklungen dar. Andere Fragen und Antworten, die am gleichen Tag protokolliert wurden, verliefen folgendermaßen:

Frage: »Wird das Jahr 1939 oder 1940 voraussichtlich den Anfang einer erneuten größeren Wirtschaftskrise ankündigen?«

Antwort: »Das hängt wiederum von der Einschätzung der Verhältnisse insgesamt ab und inwieweit jene selbstlosen Zielsetzungen in gesetzliche Bestimmungen eingebaut werden, die gerade entworfen werden. Wir halten die Wirtschaftskrise für nicht wahrscheinlich, es sei denn, es gelingt eigennützigen Motiven und Absichten, die Ausrichtung dieser (gesetzlichen) Vorschriften gegen eine derartige Krise zu bestimmen. Wenn Selbstsucht triumphiert und wenn der Nichtfachmann oder Arbeiter oder Lohnempfänger alle seine Bemühungen gegen das Kapital richtet, müssen wir unter Umständen mit verzweifelten Situationen rechnen. Was kann man aber dagegen tun?«

Frage: »Gewisse Autoren haben die Möglichkeit eines zwischen 1942 und 1944 stattfindenden Krieges vorausgesagt, in den auch die Vereinigten Staaten hineingezogen werden. Sieht es im Augenblick so aus, daß wir wahrscheinlich in einen solchen Krieg verwickelt werden?«

Antwort: »Ja, wenn dafür weiter Propaganda gemacht wird! Nicht jedoch, wenn weiterhin eine friedvolle und harmonische Einstellung eingenommen wird — Respekt vor den Rechten anderer vorhanden ist.«

Frage: »Wodurch wird ein solcher Krieg aller Wahrscheinlichkeit nach ausgelöst?«

Antwort: »Eigennutz.«

Am 20. Juni 1938 beantwortete Cayce eine Reihe von Fragen zur Lage in der Welt. Das nationalsozialistische Deutschland hatte Österreich besetzt und übte Druck auf die Tschechoslowakei (das Münchner Abkommen war in Sicht) und Polen aus, während der Spanische Bürgerkrieg mit einem Sieg General Francisco Francos geendet hatte. Frankreich war nicht vorbereitet, England zögerte, die Vereinigten Staaten fühlten sich unbehaglich und fernab »vom Schuß«. Japan hatte die chinesische Mandschurei besetzt und wurde immer kriegslüsterner. So sah es am Vorabend des Zweiten Weltkrieges aus. Hier nun die Fragen und Antworten:

Frage: »Wie ist die Lage in Japan und China?«

Antwort: »In bezug auf das, was gerade geschieht und geschehen ist, spricht die Situation für sich selbst. Aber wer die Macht hat, hat nicht immer auch das Recht auf seiner Seite. Die Prinzipien des christlichen Glaubens werden alle Unruhen, die ein Teil der Ereignisse in Japan als auch in China sind, überdauern. Ohne diese Säuberungen und Läuterungen ist die Tradition allein nicht zu zerstören. Die Kraft und Schönheit eines jeden Landes zeigt sich nur nach einem Reinigungsprozeß.«

Frage: »Über die Situation in Spanien?«

Antwort: »An diesem Punkt beginnen die wahren Schwierigkeiten überhaupt erst. Denn wenn man nicht jeden Faktor berücksichtigt, werden andere dazutreten und die Ausbeute teilen. Dies ist aus der in vergangenen Zeiten gesäten Saat erwachsen; und davon kann die Menschheit ... als ganzes ... und sollte das als Warnung hinnehmen.«

Frage: »Wie ist die Lage in Rußland?«

Antwort: »Wie wir vorhin schon gezeigt haben, wird ein geplagtes Volk jetzt und in Zukunft ein neues Verständnis finden. Hier ist aus dem Joch der Unterdrückung und aus Selbst-

gefälligkeit ein anderes Extrem erwachsen. Nur wenn Redefrei-
heit und das Recht herrscht, nach eigenem Gewissen Gottes-
dienste abzuhalten ... solange es das nicht gibt, wird es immer
wieder zu Unruhen kommen.«

Frage: »Zur Situation Deutschlands, über die Verhältnisse im
Lande selbst und seine Beziehungen zu anderen.«

Antwort: »Solange es Klassenunterschiede und einen Zusam-
menhalt bei den Massen gibt, muß es Unruhen und Kampf geben. Solange aber die Herrschaft in den Händen derer liegt,
deren Zielsetzungen und Ideale lauten ›Ich bin meines Bruders
Hüter‹, und die das nicht erzwingen (würde alles gutgehen).
Meines Bruders Hüter sein heißt nicht, daß ich ihm zu sagen
habe, was er tun soll, oder daß er dies oder das auf jeden Fall
tun muß. Hingegen bedeutet es, daß vor dem Gesetz und vor
Gott alle frei sind.«

Frage: »Zur Lage in Großbritannien selber und sein Verhältnis
zu seinen Kolonien.«

Antwort: »Großbritannien ist in Europa wie im Fernen Osten
die ausgleichende Kraft. Wenn es seine Unternehmungen so re-
guliert, daß jede Phase Berücksichtigung findet, wird Großbritannien in der Lage sein, den Weltfrieden in ständig zuneh-
mendem Maße unter Kontrolle zu halten. Wir sehen Frankreich
als das Land an, wo schließlich eine alte Schuld beglichen werden muß.«

Nun, was soll man mit all dem anfangen, — bei allem Respekt vor einem Mann, der ein paar tausend Menschen von
Krankheit und Verzweiflung befreite und der unendlich viel
Gutes getan hat? Sogar als zeitgenössische politisch-militärische
Analyse lag sie weit ab vom richtigen Kurs, — ganz zu schweigen von ihrem ebenso ausweichenden, gleichwohl aber konse-
quenten und provokativen Ton religiös-philosophischer Erhebung.

Stearn erinnert daran, daß »Cayce sich vielleicht als erster den
Ausbruch von Rassenkämpfen im Lande vorgestellt und bereits

in den zwanziger Jahren zum erstenmal davor gewarnt hat«.
Das ist sicher eindrucksvoll, wenn auch in Grenzen. Am 16. Juli
1939 wurde Cayce mit folgender Frage konfrontiert: »Wie sollten wir uns Negern gegenüber verhalten und wie können wir
am besten das Karma zum Vorschein bringen, das in den Beziehungen zu ihnen entsteht?« Er antwortete: »Er ist dein Bruder! Alle, die ihn gedanken- und sinnlos in Sklaverei hielten
oder noch halten, haben das verursacht, für das sie mit ihren
eigenen Prinzipien, mit ihrem Selbst einstehen müssen. Diese
(Neger) sollten ihren Umgangsformen entsprechend behandelt
werden, so wie es in jeder anderen Gesellschaft auch üblich ist.
Denn Er hat die Völker der Erde von einem Blute geschaffen.«
Unter dem gleichen Datum wurde noch eine weitere Frage gestellt: »Wird irgendein rassisches oder soziales Problem auf die
Vereinigten Staaten zukommen?« Hierzu sagte Cayce: »Wie gezeigt, hängen alle diese Probleme von der Bereitschaft der einzelnen ab, wie Brüder miteinander zu leben.« Eine derartige
Antwort mag einen Zyniker dazu veranlassen, Edgar Cayce als
»den Nostradamus von Virginia Beach« zu titulieren, ein zwei-
deutiges Kompliment, denn Cayce hat nie in erster Linie für sich
als Prophet geworben. Stearn führt ohne zu zitieren an, Cayce
habe das Datum genannt, an dem der Zweite Weltkrieg enden
würde. Aber als er am 20. Mai 1942, fast genau drei Jahre vor
Kriegsende in Europa, gefragt wurde: »Wann werden die
Kampfhandlungen bei Berücksichtigung der momentanen Lage
aufhören?«, antwortete er: »Das hängt von vielen Dingen ab.
Sie könnten — beziehungsweise, es ist möglich, daß sie am
30. September vorbei sind. Aber das würde von allen denjeni-
gen eine gemeinsame Kraftanstrengung verlangen, die beten —
mehr als von jenen, die schießen! Aber dazu sind sie jetzt noch
nicht bereit.«
Die angeführten Zitate sind vollständig und wurden nicht in
einer Auswahl wiedergegeben, da ein Mann von solchen Talen-
ten wie Edgar Cayce den »vollen Einsatz unseres Scharfblicks

und unserer Urteilsfähigkeit« verdient, wie Cerminara sich ausdrückt. Wir leisten ihm keinen Dienst, wenn wir nur die zuträg-
lichen Rosinen aus dem riesigen Kuchen seiner über tausend
Protokolle herauspicken, nur weil sie denen süß schmecken, die
um jeden Preis daran glauben möchten.

Obwohl er viele Jahre hindurch unerreicht blieb, teilte er doch
die Schwäche anderer Sensitiver, sich ausnutzen zu lassen und
den anspruchsvollen Fragen der sogenannten wahren Gläubigen
nachzugeben, derer, die ihn als Allwissenden zu sehen wünschten. Seine erstaunlichen Vorhersagen über Gesundheit und Leben sollten jedoch öfter gelesen werden und sollten in Ärzte-
und Laienkreisen weit mehr Verbreitung finden. Der Arztberuf
ist es seiner eigenen Integrität schuldig, ein völlig vorurteils-
freies Forschungsobjekt in Angriff zu nehmen — und zu finan-
zieren, das die von Cayce im Laufe seines Lebens gestellten Diagnosen und Behandlungsvorschläge zum Gegenstand hätte. Das
in den vorhergehenden Abschnitten Gesagte sollte auf keinen
Fall Grund dafür sein, sich etwa der Mühe eines eingehenderen
Studiums der Diagnose- und Behandlungskonzepte von Cayce
zu entziehen.

Eben das Einfühlungsvermögen dieses Mannes, seine fein aus-
gebildete Fähigkeit, sich in die körperliche und gefühlsmäßige
Lage anderer Menschen, die ihn um Hilfe angingen, hineinzu-
versetzen, hinderten ihn daran, Bitten um Vorträge abschlägig
zu bescheiden, die über die gütige, aufmunternde religiös-philo-
sophische Erbauung hinausgingen, die er nach Erfahrung und
Persönlichkeit zu geben hatte. Wenn er, wie einige seiner Anhänger glauben, nur ein Instrument war, durch das höhere und
klügere Wesen sich mitzuteilen suchten, dann waren vielleicht
seine eigenen Grenzen — auf die er demütig immer wieder hin-
wies — verantwortlich für die verstümmelten Mitteilungen.

Es ist niemandem — am allerwenigsten dem Andenken an
Cayce — damit gedient, die Angelegenheit wegen der prophetischen Gaben von Cayce überzubewerten. Dennoch beinhal-

ten die Protokolle, in denen Cayce Aussagen zu Heilmethoden macht — diese umfaßten sowohl Diagnosen wie Behandlungsvorschläge —, so manche wahrscheinlich präkognitive Einzelheit im Hinblick auf Gesundheit und — manchmal auch — Tod des Patienten. In vielen Fällen wurden diese Vorhersagen durch die nachfolgenden Entwicklungen bestätigt.

5. KAPITEL

Hitlers Propheten: Der Fall Hanussen und der Okkultismus im Dritten Reich

Adolf Hitler versprach Deutschland ein »tausendjähriges Reich« unter nationalsozialistischem Regime. Er war sein schlechtester Prophet. Seine nationalsozialistische Doktrin rankte sich bekanntlich um das Konzept von der historischen Vorsehung, von der Unausweichlichkeit der Ereignisse, vom Wiedererwachen einstiger teutonischer Kräfte, die angeblich dazu angetan waren, das nazistische Deutschland »unbarmherzig« in den Besitz der Herrschaft über ganz Europa und eine erzitternde Welt zu bringen.

Während der Monate, die für Deutschlands Schicksal entscheidend waren, also von Ende 1932 bis Anfang 1933, fand dieses Thema von der historischen Unausweichlichkeit durchschlagende Verbreitung durch einen untersetzt wirkenden, skrupellosen, selbstbewußten Hellseher von eigenen Gnaden, der sich in der riesigen Berliner »Scala« als »Hanussen, Prophet des Dritten Reiches« ankündigte. Er bereiste das ganze Land, hielt in Gesellschaftskreisen als schick empfundene Konsultationen über alles ab, angefangen bei Astrologie bis hin zu Voraussagen in Finanzfragen, und veröffentlichte ein hakenkreuzgeschmücktes Sensationsblatt, *Hanussens Bunte Wochenschau*, das mit einer Mischung von Sensationsmache und ehrfurchtsgebietendem Mystizismus Ereignisse vorhersagte.

Erik Jan Hanussen hatte, was seine ureigene Existenz anging, auf den Sieg des Nationalsozialismus gesetzt. Er gab verschwenderische Gesellschaften und lieh sowohl dem SA-Gruppenführer und Polizeipräsidenten von Berlin-Brandenburg, Graf Wolf Heinrich Helldorf, als auch dessen einflußreichem Stellvertreter Herbert von Ohst unermeßliche Summen. Während deutsche

Politiker in der Hoffnung miteinander feilschten, die Nationalsozialisten mit einer vorübergehenden Illusion von der Macht
abfinden zu können, schrieb Hanussen am 24. November 1932:
»Hitler ist der einzige, dessen Richtlinien für jede zukünftige
Regierung maßgeblich sein werden, ganz gleich, ob er nun selber öffentlich in Erscheinung tritt oder einer seiner Stellvertreter. Entscheidend ist der Wille Hitlers.«

Als der Tag herankam, an dem der alte, ja greise Präsident
Paul von Hindenburg Hitler zum Kanzler ernennen sollte und
damit die Tür hinter Deutschland und Europa zuschlug, betonte
Hanussen »den unvermeidbaren Sieg Hitlers und seiner natio-
nalistischen Ideen«. In Wirklichkeit vermischte er seine prophetischen Bekundungen mit einer ichbezogenen, persönlichen
Erklärung und bekannte sich damit voll zu dem von den Nazis
eingeschlagenen Weg:

»Ich habe gelobt, wenn nötig der erste zu sein, der alles, was er
besitzt und ist, auf dem Altar Deutschlands zu opfern bereit ist,
wenn die Zeit kommt. Diese Opferbereitschaft habe ich bei allen angetroffen, die unter dem Banner der nationalen Idee standen. Ich weiß, daß Adolf Hitler sich selbst ganz und gar der
nationalen Idee geopfert hat. Ich sah SA-Veteranen in zerrisse-
nen Schuhen und dünnen Jacken stundenlang in Ausübung ihrer
Pflicht dem eiskalten Wind trotzen. Ich habe Selbstlosigkeit,
Integrität und wahren Patriotismus unter den Millionen gesehen, die hinter Hitler und Hugenberg stehen; und daher hatte
ich keine andere Wahl, als meinen Respekt und meine Dankbarkeit ohne Zögern zu beweisen, um trotz allem der Wahrheit zu
dienen.«

Hanussens Opfer bestanden nicht allein darin, daß er Berliner
Nazigrößen Geld lieh sowie SA-Führern seinen schnittigen Bu-
gatti zur Verfügung stellte, um sie an ihre »Posten« zu fahren,
sondern auch darin, daß er seine persönliche Freundschaft zu
Graf Helldorf weiter festigte. Der SA-Führer hatte Hanussens
scheinbar unglaubliche, telepathische und prophetische Bühnen-

auftritte bewundert, ihn dann auf einer Gesellschaft der Schauspielerin Maria Portales getroffen und eine orgiastische Hyp-
nose-Sitzung auf einer Wochenendkreuzfahrt auf Hanussens
Yacht *Ursel IV.* miterlebt. So war es denn auch Helldorf, der
das Treffen zwischen Hitler und Hanussen in der Halle des
Berliner Hotels »Kaiserhof« arrangierte.

Für Hanussen war dieses Treffen von ungeheurer Wichtigkeit.
Zwar hatte er auf Hitlers Sieg gesetzt, war aber von der »Wür-
digung« durch den Führer wegen seiner rauhen, eigenpropagan-
distischen Methoden nicht ganz überzeugt und hatte sich damit
den späteren Propagandaminister Joseph Goebbels, den Herausgeber der beißend-aggressiven Abendzeitung *Der Angriff*, bereits zum Gegner gemacht. Das Treffen im »Kaiserhof« verlief
zufriedenstellend. Hitlers Glaube an seine eigene »Vorsehung«,
an den ihm in der Geschichte bestimmten Platz, veranlaßte ihn
zu dem Ausspruch, daß »wir unsere Aufmerksamkeit mehr dem
Mystizismus und Okkultismus zuwenden müssen«. Offenbar
ging er so weit, die Möglichkeit einer Gründung einer »Akademie des Okkulten« zu erwähnen, bei der Hanussen eine entscheidende Rolle spielen sollte.

Die Gruppierung Hitler-Helldorf-Hanussen hatte sich im
Jahre 1931 ergeben, als der Sieg der Nazis noch keineswegs si-
cher war. Seither verkündete Hanussen das Evangelium von der
Vorbestimmtheit des Nationalsozialismus nicht nur in seiner
Wochenzeitung, sondern auch bei seinen zahlreichen »experi-
mentellen telepathischen und prophetischen Demonstrationen«,
die ihn durch ganz Deutschland und auf weniger erfolgreichen
Streifzügen nach Kopenhagen und Paris führten.

Obgleich er im Besitz eigener Publikationsmöglichkeiten war,
hielt Hanussen weiter Séancen für Autoren ab. Das nachmit-
tags erscheinende Berliner *12 Uhr Blatt* veröffentlichte seine
»Trance«-Vorausschau, derzufolge im Jahr 2500 eine Reise von
Berlin nach New York deswegen unmöglich sein sollte, weil
New York aufgrund rücksichtsloser »Erdwühlarbeiten« zerstört

sein würde — auf jeden Fall aber hätte es sich bei dieser Spritztour nur um einen einstündigen Flug mit einer Rakete gehandelt.

Andere Zeitungen behandelten den »Propheten des Dritten Reiches« weniger glimpflich. In dem kommunistischen Blatt *Berlin am Morgen* erschien vom 25. Mai bis 9. Juni 1932 eine Serie, die Hanussens Herkunft und Zauberkunststücke enthüllen sollte. Der wütende Hanussen konnte bei der 13. Zivilkammer des Landgerichts zu Berlin eine einstweilige Verfügung erwirken, derzufolge es der Zeitung verboten wurde, »die Tätigkeiten des Antragstellers als betrügerische Hellseherei und ihn selbst als Scharlatan, Schwindler und Betrüger zu bezeichnen, der die Öffentlichkeit finanziell schröpft«. Hanussens Unbehagen wurde noch vermehrt durch die Auftritte eines »Anti-Hanussen« namens Wilhelm Gubisch, der Hanussens Bühnenvorführungen nicht nur nachmachte, sondern so weit ging, den außergewöhnlichen Erfolg des Mannes bei einer Veranstaltung der Gesellschaft für wissenschaftliche Psychologie, die in der Aula eines der bekanntesten Berliner Krankenhäuser, der Charité, stattfand, psychologisch zu erklären.

Als die Nationalsozialisten jedoch mit ihrem endgültigen Marsch an die Macht begannen, wurde Hanussen zunehmend selbstsicherer und triumphierte. Ein Gerichtstermin, der die gegen Hanussen aufgestellten Behauptungen prüfen sollte und auf den 21. Februar anberaumt war, wurde um vier Wochen verlegt. Am 30. Januar wurde Hitler zum Kanzler ernannt. Dabei müssen wir uns daran erinnern, daß die Ernennung Hitlers zum Kanzler von einer erneuten Wahl abhängig war — und die Nazis hatten kurz zuvor harte Wahlniederlagen einstecken müssen. Hanussens Zeitung veröffentlichte ein Extrablatt zu den Wahlen mit speziellen Artikeln, wie ein »Horoskop für den neuen Reichstag«, »Deutschlands Zukunft im Hinblick auf Verteidigung und Rüstung«, sowie eine allgemeine politische »Prognose von Erik Jan Hanussen«. Der letztgenannte Artikel enthielt einen Zusatz, in dem Zweifel darüber geäußert wurden, ob die Wahlen überhaupt stattfinden würden. Hanussen schrieb: »Es wird schwierig sein, eine Provokation zu vermeiden, um die Wahlen nicht noch im letzten Moment zu gefährden. Weitergehende Andeutungen sind im Moment nicht möglich.«

Unter den gegebenen Umständen und als Aussage des »Propheten des Dritten Reiches« war diese Vorhersage wenig glückverheißend. Dennoch trieb Hanussen inmitten der politischen Wirren und trotz der Gewalt, nach der es allenthalben in der deutschen Hauptstadt roch, die Eröffnungsfeierlichkeiten für seinen eleganten »Palast des Okkultismus« weiter voran, der ein ganzes Stockwerk der vornehmen Lietzenstraße 16 einnahm. Das ganze magische Drum und Dran, die Extravaganz des Neureichen, das geschickte propagandistische Talent dieses außerordentlich charismatischen, opportunistischen und hedonistischen Mannes kamen in diesem Super-Schrein zum Ausdruck, den er für sich selbst erbaut hatte. Auf breite, tiefe Sofas sahen goldene Tierkreiszeichen herab; an den Wänden waren Terrarien mit exotischen Pflanzen, Schlangen und Salamandern. Zentralgesteuerte Lichteffekte und ein System verborgener Mikrophone ermöglichten es Hanussen, hinter die Geheimnisse seiner Besucher zu kommen.

Bei der Eröffnung genau um Mitternacht, nachdem die Schauspieler und Schauspielerinnen sowie die anwesenden Nazigrößen von der Erhabenheit Hanussens genügend mit Ehrfurcht und auch sonst mit Champagner angefüllt worden waren, nahm der »Prophet des Dritten Reiches« inmitten eines erleuchteten Kreises aus Glas Platz; alles übrige war in Dunkelheit getaucht. Seine Augen hinter einer schwarzen Maske verborgen, tat er in stockendem, gutturalem Ton, der von Furcht und drohender Gefahr kündete, seine prophetische Vision kund:

»Ich sehe einen großen und vornehmen Raum ... An den Wänden hängen Bilder prominenter Männer der Geschichte. Es handelt sich um die Männer, die Deutschland aus großem Leiden geführt haben. Sind es nicht die Reichskanzler? Ja, es ist der Konferenzsaal der Reichskanzlei. Durch die Fenster dringt Lärm. Die SA marschiert die Wilhelmstraße hinunter. Es hat einen großartigen Sieg gegeben. Die Menschen wollen Hitler sehen. Sieg, Sieg! Hitler ist siegreich. Widerstand ist nutzlos. Aber der Lärm kommt näher. Ist ein Streit ausgebrochen? Schüsse? Nein . . . nein . . . das ist es nicht . . . Ich sehe Flammen, riesige Flammen . . . Ein schrecklicher Brand ist ausgebrochen. Verbrecher haben das Feuer gelegt.

Sie wollen Deutschland in letzter Minute ins Chaos stürzen, um den Sieg für null und nichtig zu erklären. Sie legen Feuer an ein großes öffentliches Gebäude. Man muß dieses Ungeziefer zermalmen. Sie wollen sich Hitlers Sieg widersetzen. Nur die eiserne Faust eines erwachten Deutschland kann das Chaos und die Bedrohung durch einen Bürgerkrieg zurückhalten . . .«

Das war am 26. Februar 1933. Am Abend des 27. Februar, ungefähr um 21.30 Uhr, verbreiteten die Fernschreiber der Nachrichtenagenturen in London, New York und in der ganzen Welt eine Blitzmeldung: »Der Reichstag brennt!«

Hanussens spektakuläre Prophezeiung hatte sich bewahrheitet. Damit schien sein persönlicher rasanter Erfolg besonders inmitten der Gewalt, die sofort um sich zu greifen begann, gesichert. Die Nazis benutzten den Reichstagsbrand als Entschuldigung für die Manipulierung der Wahl und für den Beginn einer Schreckensherrschaft, die erst zehn Jahre später aufhörte, als sich Hitler in seinem Berliner Bunker umbrachte und damit dem Zweiten Weltkrieg ein Ende setzte.

Wer war nun dieser Mann, der Hitlers Sieg prophezeit und die Feuersbrunst so dramatisch »vorhergesehen« hatte, die den Reichstag vernichten sollte und mithalf, das Schicksal einer Generation zu besiegeln? Und außerdem, welches Schicksal erwartete diesen viel zu klugen und viel zu egoistischen Menschen Hanussen unter dem Naziregime?

Er wurde als Hermann Steinschneider am 2. Juli 1889 im Wiener Bezirk Ottakring, Yppenplatz 9, geboren. Die Kunst, sich in Szene zu setzen, war ihm angeboren. Sein Vater, Siegfried Steinschneider aus Prossnitz, trat in der Provinz als eine Art Alleinunterhalter auf. Der kleine Hermann war von Kindesbeinen an theaterbegeistert, so jedenfalls schrieb er in seiner Biographie *Meine Lebenslinie* (Berlin, 1930). Mit zwölf Jahren schloß er sich einer fahrenden Theatertruppe an. Das Unterhaltungsgeschäft war sein Metier. Nach seinen eigenen, nicht allzu vertrauenswürdigen Bekundungen trat er nacheinander als Trapezkünstler, Löwenbändiger, Stallknecht und Bänkelsänger auf.

Steinschneider besaß die ungeheuerliche Frechheit eines geborenen Hochstaplers. Als er einmal in Istambul festsaß, schrieb und produzierte er eine »frisierte« Léhar-Oper. Dann wiederum gab er sich als der Sänger Titta Ruffo aus, um die Schiffspassage von der Türkei nach Hause durch Konzerte zu bestreiten; gerade noch rechtzeitig befiel ihn Heiserkeit.

Wieder in Wien schlug er sein Stammquartier im Café Louvre auf der Praterstraße auf und gab ein Nachrichtenblättchen, *Der Blitz* genannt, heraus, das auf merkwürdige Weise zu einer Einkommensquelle wurde. Der größte Teil des Gesellschaftsklatsches, den er aufschnappte, wurde niemals gedruckt, weil die Damen und Herren, um die sich diese Artikel drehten, es für besser hielten — oder schließlich zu dieser Einsicht gebracht wurden —, für ihr Nichterscheinen zu zahlen. Der *Blitz* erfand auch eine einmalige Form der Werbung, einen Fortsetzungsroman nämlich, in den »Reklame« eingebaut war. Der Held dieser Geschichte unterstützte ständig Läden, Restaurants und Nachtclubs, die Verlegern finanzielle Vorteile gewährten — ungefähr vergleichbar den versteckten Reklameeinblendungen im heutigen Fernsehen oder den vielbestrittenen »Schmiergeldern« der Diskjockeys.

Zu jener Zeit stattete Steinschneider dem »Zauberladen« eines gewissen Janos Bartel in der Wiener Friedrichstraße häufige

Besuche ab. Verschiedene Ratetricks mit Zahlen sowie prophetische Kunststückchen zogen ihn besonders an. Dann aber brach der Erste Weltkrieg aus, den er in der k.u.k-Armee mitmachte. Aber Steinschneider konnte seine Prophetenpose jetzt ebenso wenig ablegen, wie die sprichwörtliche Katze aufhören kann, der ebenso sprichwörtlichen Maus nachzujagen. Er berichtete seinen Kameraden Neuigkeiten von zuhause, die sie erst Tage später erfuhren. Einmal erzählte er seinem Kompaniechef, seine Frau habe einen Sohn geboren. Fünf Tage später kam eine Postkarte, die diese Nachricht bestätigte. Diese Art Prophetie war ziemlich einfach: ein im Feldpostbüro beschäftigter Freund gab die interessanten Neuigkeiten an Hermann weiter und hielt dann die Karten drei bis vier Tage von der Verteilung zurück.

Als er von dem zu aktiven Dienst genug hatte, entwickelte Steinschneider ein krankhaftes »Zittern«. Er wurde daraufhin hinter die Front nach Krakau verlegt. Immerhin aber erlaubte es sein Gesundheitszustand, daß er für die »Kriegswitwen- und Waisenkasse« Vorstellungen gab. Die Armee bewilligte ihm einen sechswöchigen Urlaub für Auftritte an verschiedenen Frontabschnitten, durch die er 4.000 Kronen für das Kriegsministerium einspielte. Danach war er der Armee beim Aufspüren von Wasser in den versorgungsmäßig kritischen Gebieten von Galizien und Bosnien behilflich. Trotz einiger Fehler, die er machte und die er aus Prestigegründen schnell hinwegerklärte, fand er mit der Wünschelrute genügend Wasser.

Inmitten all dieser Ereignisse verfaßte er ein fachkundiges Buch eines professionellen Taschenspielers: *Worauf beruht das? Telepathie, ihre Erklärung und Ausübung* (Krakau, 1917). Im April 1918 verbrachte er seinen Urlaub in Wien. Als Soldat durfte er natürlich nicht auf der Bühne auftreten, auf gar keinen Fall unter seinem eigenen Namen. Dies war die Geburtsstunde seines Bühnennamens »Erik Jan Hanussen«. Seine Vorstellungen hatten Erfolg und verliefen zugleich in einer Form, die er

viele Jahre hindurch beibehielt. Viel Beifall erhielt er, als er
eine Stecknadel — man bedenke: nur eine winzige Stecknadel —
in der Handtasche einer kaiserlichen Prinzessin »telepathisch«
aufspürte.

Als Meister selbstgeschaffener Pressereklame stand Hanussen im
Zentrum vieler Nachkriegskontroversen und -sensationen. Als
der Österreichisch-Ungarischen Bank einmal ganze Bündel
frisch gedruckter Banknoten gestohlen wurden, gab Hanussen
an, den Dieb durch Hellsehen aufgespürt zu haben. Nur unterschied sich seine Version (wonach er den Dieb in der Bank in
die Enge getrieben hatte: »Da ist er!«) von der der Polizei, die
behauptete, *sie* hätte den Mann zur Strecke gebracht, noch bevor
sich Hanussen auf ihn stürzen konnte.

Immerhin strich Hanussen die ausgesetzte Belohnung von 4.000
Kronen ein; dabei rechnete es ihm die Bank als Verdienst an,
daß er zutreffende Angaben über den Ort, von dem die Banknoten weggenommen worden waren, sowie darüber machen
konnte, daß der Dieb sie im Leitungsnetz des Gebäudes versteckt hatte.

Danach geriet er in eine publizitätssteigernde Fehde mit einem
starken Mann vom Fach, nämlich dem »Eisenkönig« Breitbart,
der aussah wie ein Ringkämpfer und von sich behauptete, riesige Eisenketten durchbeißen und in Stücke reißen zu können.
Hanussen plünderte die Schrankkoffer Breitbarts und bestach
seine Gehilfen und konnte so den Zaubertrick nachmachen, der
diese aufsehenerregende Vorstellung möglich machte. Immerhin verlieh er dem kopierten Auftritt noch dadurch einen
okkulten Anstrich, daß er ankündigte, er würde ein schlankes,
blasses Mädchen namens Martha Farra »hypnotisieren« und
sie in die Lage versetzen, all die von Breitbart beherrschten
»Kraftakte« auszuführen. (Martha verliebte sich aber in einen
anderen Darsteller und entschwand nach Budapest, jedoch nicht
ohne die kostbare Ausrüstung mitgenommen zu haben. Hanussen mußte von diesen komplizierten Apparaturen neue Kopien

anfertigen lassen und für die unzuverlässige Martha etliche Nachfolgerinnen einstellen.)

Wieder in Deutschland arbeitete Hanussen einige Jahre lang und mit wachsendem Erfolg mit einem Bürogehilfen namens Adolf Erick Juhn zusammen. Im Juni 1927 endlich, so enthüllte Juhn später, traf Hanussen die rechte Mischung zwischen effektvoller Darbietung und Massenpsychologie und führte dadurch die Veranstaltungen auf eine neue Popularitätswelle zu.

Der Gedanke kam ihm in Karlsbad, wo er und Juhn eine ziemlich langweilige »Prophetin«, eine gewisse Frau Dagma, beobachteten, die eine »indische« Bühnenausstattung mit einer bewußt eintönigen Pseudotrancevorführung kombiniert hatte. Es war Hanussens Idee, diesem Drama mehr Tempo, verblüffende Schlagfertigkeit, wechselseitige zündende Gags zu verleihen, wobei über allem die feierliche Garantie gegeben werden sollte, daß sich Übernatürliches ereignen werde.

Die ganze Technik ist Zauberkünstlern als »Zettellesen« vertraut. Sie verlangt eine überaus sorgfältige Auswahl von Daten und Notizen, die aus der Befragung des Publikums gewonnen werden, von Signalen von seiten des Mitarbeiters sowie Hinweisen aus dem Publikum, durch die es sich selbst verrät. Hanussen wählte sorgfältig »zur Mitarbeit vollständig bereite« Versuchspersonen aus, vorzugsweise Frauen. (Als der Autor dieses Buches als ziemlich unbedarfter Teenager auf die Bühne des UFA-Palastes in Hamburg kam, um freiwillig als Versuchsperson zu fungieren, schickte ihn Hanussen lächelnd wieder an seinen Platz zurück, um einem »Mitglied des schönen Geschlechts« den Vortritt zu geben.)

Hanussens stolzes Schausteller-Schiff zerbarst fast, als es auf den Eisberg in Gestalt eines gewissen Polizisten Havlicek traf, dessen tollkühner Pflichtauffassung es zu verdanken war, daß der Künstler am 11. Februar 1928 in einem Hotel in Teplitz-Schönau wegen betrügerischer Ausübung vorgeblichen Hellsehens vorläufig festgenommen wurde. Was daraufhin geschah,

kann man schon als Chaos bezeichnen. Die gegen den Mann erhobenen Vorwürfe waren mehr als seltsam. Er war angeklagt,
34 Personen, die als »geistesschwach« bezeichnet wurden, ge-
schröpft zu haben, indem er von ihnen zwischen 25 und 200
Kronen für eine private Konsultation gefordert hatte. Hanussen, der immer darauf bedacht gewesen war, seine Ansprüche
abzusichern, konnte die Hauptanklagepunkte widerlegen.

Den entscheidenden Teil der Verhandlung hätte allerdings Hanussen selbst inszeniert haben können. In der Gegenwart von
Sachverständigen, die aufgrund ihrer »Vorurteilslosigkeit« gegenüber paranormalen Phänomenen ausgewählt worden waren,
wurde er gebeten, seine Standardkunststücke vorzuführen. Dabei sollte er einen versteckten Gegenstand auffinden, an einer
Wandtafel eine Handschrift analysieren und fünf Fragen hellseherisch beantworten. Trotz des Druckes, den der Gerichts-
saal sicherlich auf ihn ausübte, vollbrachte er eine meisterhafte
Leistung. Zuhörer, Sachverständige und Richter fielen der ver-
wirrenden Flut seiner Worte wie seiner charismatischen Überzeugungskraft zum Opfer. Am 27. Mai 1930 wies das Gericht
von Leitmeritz die Klage mit einer 131 Seiten umfassenden Ur-
teilsbegründung ab.

Ebenso schlau wie offen bekannte Hanussen, daß die Entscheidung ebensogut hätte anders ausfallen können, hätte er seine
Rolle nicht unbeirrt mit der üblichen Gewandtheit gespielt.
»Stellen Sie sich doch nur vor«, sagte er, »was passiert wäre,
hätte man Friedrich Smetana mit vorgehaltener Pistole gezwungen, *Die verkaufte Braut* zu komponieren.«

Von da an sah er die Entscheidung von Leitmeritz als offizielle
gerichtliche Bestätigung seiner »Kräfte« an. Eigentlich hatte
er sich in Leitmeritz lediglich den Grundsätzen entsprechend
verhalten, die er in einem seiner früheren Leitfäden für Zau-
berkünstler bereits schriftlich fixiert hatte, nämlich in *Das Gedankenlesen: Lehrbuch der Telepathie* (Wien, 1920). In diesen
für »Zauberlehrlinge« bestimmten Instruktionen betonte er,

daß der Erfolg eines Zauberkünstlers weitgehend von der Schaffung der richtigen Atmosphäre abhänge: »In den Augen seiner Zuhörer um ihn herum muß sich die Illusion des Übernatürlichen widerspiegeln, denn sie sind als Gruppe von Gläubigen tausendmal leichter zu lenken. Mit dem Erfolg steigt die Selbstsicherheit und mit der Selbstsicherheit die Überzeugungskraft an sich.«

Seine ausgezeichneten Leistungen, die er beim Auffinden versteckter Gegenstände zeigte, bei verbundenen Augen, die es ihm ermöglichten, sich umso besser auf kleinste Muskelbewegungen zu konzentrieren, die als Fingerzeig von den Versuchspersonen kamen, die Bescheid wußten und ihn zu den Gegenständen hinführten, während er »sich konzentrierte«, erklärte Hanussen folgendermaßen: »Wenn ich alles Mystische und Übernatürliche abziehen und bloßes Gedankenlesen vorführen müßte, würden wir schließlich eine virtuose Kenntnis der Zuschauer-Psychologie erlangen, die wiederum eng mit dem genauen Studium ideomotorischer Bewegungsvorgänge verknüpft ist.«

Nach der Niederschrift dieser scharfsinnigen Beobachtungen und Anweisungen verging mehr als ein Jahrzehnt. Um 1933 beherrschte er die Kenntnis der Massenpsychologie vollkommen — und zwar bis zu einem derart gefährlichen Grade von Selbstsicherheit, daß ihm nun die ganz normale menschliche Wachsamkeit gegenüber Anzeichen drohender Gefahr abzugehen schien, die selbst einen Menschen schreckt, der über die Zukunft Bescheid zu wissen meint und der »Prophet des Dritten Reiches« ist. Er hatte den Reichstagsbrand prophezeit, und die Ereignisse, die dann folgten, hatten seine terroristischen Nazifreunde fest unter ihre Kontrolle gebracht. Sie beherrschten alle Teile des öffentlichen Lebens, vor allem aber die Massenmedien, die sich größtenteils noch in privater Hand befanden.

Hanussen bewahrte seine Freunde vom *12 Uhr Blatt* vor dem offiziellen Bann, indem er die Fürsprache Graf Helldorfs er-

wirkte. Inzwischen machte er sich ein Vergnügen aus den heftigen Schwierigkeiten, in die Journalisten geraten waren, die ihn
kritisiert hatten. Das Triumphgeheul, mit dem er sich öffentlich
an ihrem Unglück weidete, grenzte an Gemeinheit. Am 8. März
frohlockte er: »Jahrelang habe ich auf diesen Moment gewartet...« Er saß wahrhaftig auf einem hohen Roß. Helldorf
kommandierte sogar eigens für Hanussen eine Leibwache aus
SA-Männern ab. Jetzt benutzte er seinen Einfluß dazu, um
Händel und Rachefeldzüge geschickt anzuzetteln; sein aufwen-
diger Lebensstil verschlang in den ersten Wochen nach Hitlers
Machtergreifung enorme Summen.

Weil er gehört hatte, daß Hanussen einer anderen Zeitung ge-
holfen hatte, suchte ihn eine der leitenden Persönlichkeiten des
angesehenen *Berliner Tageblatts* wegen ähnlicher Fürsprache
auf. Der Verlagsdirektor Karl Vetter wandte sich an Hanussen.
Man kam zu einer Übereinkunft. Als Gegenleistung für die
Weiterexistenz der Zeitung sollte Hanussens alter Freund und
Helldorf-Gehilfe, SA-Führer von Ohst, einen gutbezahlten
Posten im Aufsichtsrat des *Tageblatts* bekommen. Bald herrschte
zwischen Vetter und Ohst Übereinstimmung. Die von ihnen
getroffene Vereinbarung erwies sich als so vollkommen, daß sie
Hanussen finanziell ausmanövrierte. Ohst schuldete ihm Tausende; da entschied Hanussen, daß Ohst entweder alles zurück-
zahlen oder aber er an der von ihm eingefädelten Übereinkunft
mit einer Provision beteiligt werden müsse.

Hanussen hatte »sein Konto überzogen«. Noch von früher her
besaß er Feinde von dem Kaliber eines Dr. Goebbels. Als Vetter
ihm über die von Hanussen gestellten Forderungen berichtete,
schnallte Ohst ostentativ seinen Schulterriemen um und begab
sich am Abend des 24. März 1933 auf die Straße; Hanussen
mußte gleich zu einer Vorstellung in der Skala erscheinen. Hanussens Sekretär, Ismed Dzino, erwartete ihn im Café Dobrin
auf dem Kurfürstendamm. Hanussen ist niemals gekommen.
Die Direktion der Skala sah sich zu der Bekanntgabe gezwun-

gen, daß der »Prophet des Dritten Reiches« erkrankt sei und die Zuschauer ihr Eintrittsgeld an der Kasse zurückverlangen könnten.

Dzino rief Hanussens Haushälterin an. Was war geschehen? Nun, ein paar SA-Männer waren bei Hanussen erschienen, und er war mit ihnen fortgegangen. Waren es, so wollte Dzino wissen, welche »aus unserem Lager« gewesen? Nein, andere . . .

In den Morgenblättern stand eine kurze, unauffällige Notiz, die sich rasch verbreitete:

»Der Hellseher Erik Jan Hanussen wurde gestern abend vor seiner Vorstellung verhaftet. Er wird beschuldigt, sich anhand gefälschter Papiere in die NSDAP eingeschlichen zu haben.«

Zehn Tage darauf, am 8. April, enthielt der offizielle Polizeibericht einen Abschnitt, aus dem deutliche Reserviertheit zu spüren war:

»Am Freitag, dem 7. April, fanden Straßenarbeiter die Leiche eines gutgekleideten Mannes in der kleinen Kiefernschonung an der Straße zwischen Baruth und Neuhof südlich von Berlin. Aus Hersteller-Etiketts im Anzug des Mannes wurde geschlossen, daß es sich wahrscheinlich um den ehemaligen Verleger Hermann Steinschneider handelt, der sich unter dem Namen Erik Jan Hanussen als Hellseher betätigt hat.

Diese Annahme wurde von einem früheren Angestellten Steinschneiders bestätigt, der den Toten im Leichenschauhaus eindeutig als seinen ehemaligen Chef identifizierte. An Steinschneiders Körper wurden etliche Schußwunden festgestellt, die ersichtlich von jemand anders verursacht worden sind. Die Staatsanwaltschaft hat die weitere Aufklärung übernommen und wird dabei von der Berliner Mordkommission unter Leitung von Kriminalkommissar Albert unterstützt.

Da bei dem Toten verschiedene Wertgegenstände gefunden wurden, muß der Verdacht auf Raubmord ausgeschlossen werden. Die Polizei sucht den Verbrecher in den Kreisen der Unterwelt, mit denen Hanussen in letzter Zeit in häufigem Kontakt

stand. Offenbar erschossen die Verbrecher den Hellseher in
Berlin und transportierten die Leiche dann nach Baruth. Die
erheblichen Zersetzungserscheinungen lassen darauf schließen,
daß sie tagelang in der Schonung gelegen hat.«

Man munkelte, daß Ohst vom *Tageblatt* aus geradewegs zu
Hermann Göring gegangen sei. Zusammen mit Helldorf seien
die beiden dann zu der Ansicht gelangt, daß Hanussen außer
Kontrolle geraten sei und eliminiert werden müsse. Nach einer
anderen Version befürchtete man, daß der »Prophet des Dritten Reiches«, der dessen Aufstieg vorausgesagt hatte, nun seinen
Fall prophezeien könnte. Auf jeden Fall wurde er nicht mehr
benötigt. Mit dem Trick, daß man ihn dringend im Innenministerium brauche, wurde er in ein Auto gelockt. Im Hauptquartier der SA in der Motzstraße wurde er ermordet. Ohst,
der darauf gedrängt hatte und offensichtlich zuviel wußte, wurde nie wieder gesehen.

Die Zeitung *Montag Morgen* veröffentlichte den folgenden medizinischen Polizeibericht über den Zwischenfall am 10. April:
»Die medizinische Untersuchung hat ergeben, daß der Tod vor
zehn bis vierzehn Tagen eingetreten ist. Wie lange die Leiche
bereits in dem Gehölz gelegen hat, konnte nicht mit letzter
Sicherheit festgestellt werden. Während der Körper noch relativ gut erhalten war, zeigte das Gesicht schon starke Anzeichen
von Verwesung. Eine der Mordwaffen wurde aufgefunden. Es
handelt sich um einen großkalibrigen Revolver, der sich offenbar in der Kleidung verfangen hatte und während des Trans-
ports der Leiche heruntergefallen war. Die Polizei betrachtet es
als reinen Zufall, daß der Leichnam so früh gefunden wurde.
Er war sehr geschickt versteckt worden und nur schwer zu entdecken. Indizien für einen Kampf ergaben sich nicht.

Auch gab es keine Anzeichen, die irgendwelche Schlüsse auf
den Täter zulassen würden. Jeder weiß, daß Hanussen auf
Frauen einen großen Einfluß ausübte und auf diese Weise so
manches Eheglück zerstörte. Hierin könnte ein Grund für das

Verbrechen liegen. Die Polizei untersucht zur Zeit auch die dreiundzwanzig Gerichtsverfahren, in die Hanussen verwickelt gewesen ist, um festzustellen, ob sich daraus vielleicht irgendein
Hinweis auf die Identität des Mörders ergibt.«

Die Ermittlungen der Polizei »gegen Unbekannt« wurden am
1. Juni eingestellt, da »sich keinerlei Hinweise auf die Identität des oder der Mörder ergaben«. Hanussen wurde auf dem
Stahnsdorfer Friedhof beigesetzt. Die Gläubiger des »Propheten
des Dritten Reiches« verkauften seine Yacht, seine Autos, seinen
palastähnlichen Wohnsitz. Als sich die Gläubiger am 29. Juni
im Vorort Charlottenburg versammelten, betrugen ihre Forderungen insgesamt 142 536 Reichsmark.

Abgesehen davon, daß er für das Naziregime zu schwierig und
zu anmaßend geworden war, um ihn zu dulden, gab es vielleicht
noch konkretere Gründe für seine Ermordung. 1935 nämlich erschien in Zürich ein anonymes Buch unter dem Titel *Ich kann
nicht länger schweigen*, in dem behauptet wurde, daß Hanussen
den Reichstags-Brandstifter Marius van der Lubbe in Wirklichkeit hypnotisiert und es damit Helldorf ermöglicht hatte, ihn
zum Parlamentsgebäude abzukommandieren und es anzuzün-
den. Die Hypnose war aber nur teilweise erfolgreich, denn van
der Lubbe hatte bloß einen Vorhang angesteckt, der nur kurz
schwelte. Angeblich soll einer von Görings Helfershelfern das
wirkliche Feuer gelegt haben. Auf jeden Fall war Hanussen
nach dieser Version der Ereignisse — der anonyme Autor wurde
später als Walter Korodi identifiziert — als Mitwisser an dem
Brandstifterkomplott, durch das sich das Naziregime fest eta-
blieren konnte, beteiligt. Solange er am Leben war, stellte seine
bloße Existenz eine Bedrohung für das Regime dar.

Erik Jan Hanussen überlebte nicht einmal ganz zwei Monate
des »Tausendjährigen Reiches«, dessen Geburtsstunde er prophezeit hatte. Das NS-Regime, so totalitär und autoritär es sich
auch in der Öffentlichkeit gab, war beileibe nicht aus einem
Guß. Hinter der Fassade wilder Zielstrebigkeit lagen die errati-

schen Hoffnungen und Ängste einer Führungsclique verborgen, deren einzelne Mitglieder von wechselnden fixen Ideen besessen waren. Das einzige überlebende Mitglied der Clique, Rudolf Hess, einst Hitlers ergebener und vertrauter Stellvertreter, ist eine Schlüsselfigur für die Haltung des Nationalsozialismus gegenüber dem Mystischen. Das nationalsozialistische Vokabular wimmelte von Anspielungen auf das »von der Vorsehung bestimmte Schicksal« Deutschlands und auf die in vieler Hinsicht als Fügung empfundene nationale Zukunft. Die Pseudophilosophie, die Hitler benutzte, um seiner Politik einen rationalen Überbau zu verleihen, war durchdrungen von einer verschwommenen nordischen, teutonischen Mystik.

Der ursprüngliche Eigentümer und Herausgeber des Organs der NSDAP, des *Völkischen Beobachters*, war ein Astrologe, der sich den Phantasienamen Rudolph Freiherr von Sebottendorf zugelegt hatte, obwohl ihn seine Geburtsurkunde schlicht als Adam Glandeck auswies. Er verkaufte den *Beobachter* an die NSDAP, gab aber weiterhin eine astrologische Monatsschrift, die *Astrologische Rundschau*, heraus.

Eine Zeitgenossin Sebottendorfs, die Astrologin Elsbeth Ebertin, hatte anhand von Hitlers Geburtsdatum im Jahre 1923 ein astrologisches Gutachten erstellt und daraus geschlossen, daß es unklug wäre, wenn er im November desselben Jahres irgendeine überstürzte Handlung vornehmen würde. Hitler beteiligte sich am Münchner Umsturzversuch vom 8./9. November 1923 und endete in Festungshaft, wo er sein großes Werk *Mein Kampf* schrieb. Es sieht nicht so aus, als hätten diese Voraussagen Hitler in irgendeiner Form beeindruckt, noch ist es irgendeinem Astrologen, der sein eigenes »Schicksal« mit dem des Nationalsozialismus verknüpfte, jemals gelungen, eine Machtposition als »Hofastrologe« des Naziregimes zu erlangen.

Eine tragische Erscheinung in dem verworrenen Drama, das auf Hitlers Aufstieg folgte, war Karl Ernst Krafft, der so viel auf astrologische Voraussagen gab, daß er die Sicherheit seiner Existenz in der Schweiz aufgab, um sich ganz dem Dienst der Nazis zu weihen. Allerdings wurde die Gestapo auf ihn aufmerksam, als er voraussagte, daß das Leben Hitlers in den ersten zehn Novembertagen des Jahres 1939 in Gefahr sein würde; er behielt damit in niederschmetternder Weise recht: damals explodierte unweit von Hitler eine Bombe im Münchner Bürgerbräu, dem Bierkeller und Zentrum des Putsches von 1923. Kurz nachdem Hitler eine Jubiläumsfeier anläßlich der nationalen Erhebung verlassen hatte, sprengte eine Explosion den Keller in die Luft.

Krafft, dem es vor allem um den Beweis für die Richtigkeit astrologischer Vorhersagen ging, schickte ein Telegramm nach Berlin, das die Funktionäre an seine Vorhersage erinnern sollte. Er fügte noch hinzu, daß nach der Konstellation der Sterne Hitlers Leben noch mehrere Tage lang in Gefahr sei. Krafft wurde wegen seines Eifers verhaftet und nach Berlin gebracht. Das von Joseph Goebbels geleitete Propagandaministerium kam zu dem Entschluß, sich Kraffts spezielle Kenntnisse bei der psychologischen Kriegsführung nutzbar zu machen. Also setzte man ihn an die Schriften von Nostradamus, des berühmten französischen Propheten des 16. Jahrhunderts, und befahl ihm, sie so auszuwerten und zurechtzustutzen, daß sich aus ihnen schließlich eine Voraussage über den unvermeidlichen Sieg Deutschlands im Zweiten Weltkrieg ergäbe. Aus den Protokollen über die geheimen Sitzungen im Propagandaministerium, die länger als zwanzig Jahre in sowjetischen Archiven aufbewahrt und erst in den letzten Jahren auszugsweise veröffentlicht wurden, geht hervor, daß Goebbels Kraffts Nostradamus-Auslegungen vor allem zur Verbreitung im besetzten Frankreich benutzt hat.

Ob Krafft jemals wirklich als astrologischer Berater und nicht nur als Propaganda-Instrument fungiert hat, ist zu bezweifeln. Auf jeden Fall wurde er als Werkzeug bei einem raffinierten Versuch benutzt, die Entscheidungen der Alliierten zu beeinflussen. 1940, als er sich auf Urlaub in Bukarest befand, schrieb

Virgil Tilea, der rumänische Gesandte in London, an Krafft und bat ihn um eine astrologische Vorhersage über den Kriegsverlauf. Nach der Darstellung, die der verstorbene englische Dichter Louis MacNeice in seinem Buch *Astrology* (London und New York, 1964) gibt, hatte Tilea Krafft in Zürich getroffen und sich von seinem prophetischen Instinkt beeindruckt gezeigt. Aber als Krafft die Anfrage des rumänischen Diplomaten erhielt, zeigte er sie seinen Berliner Vorgesetzten, die ihn aufforderten, die Antwort so lange umzuformulieren, bis sie mit ihren Propaganda-Absichten in Einklang stand. Als sie Tilea endlich in London erreichte, spiegelte sie die von den Nationalsozialisten vertretene politische Richtung derart deutlich wider, daß er annahm, Krafft müsse wohl für Hitler arbeiten. Tilea kam auf die Idee, daß es für die britische Regierung sicher vonnutzen wäre, einen Astrologen einzustellen, der praktisch die gleichen Vorhersagen machen könnte wie Krafft augenscheinlich für Hitler, nur eben für die Seite der Alliierten. Er empfahl sogar einen Spezialisten, den früheren Ungarn-Deutschen, Filmautor und Romancier Louis de Wohl (Ludwig von Wohl).

De Wohl, ein vielseitiger und anpassungsfähiger Mann, der sich mit seinen populären Biographien über christliche Heilige einen Namen gemacht hatte, erlebte die letzten Kriegsjahre, wie MacNeice sagt, »in der Vorstellung, ständig der Gegenpart von Krafft in Berlin zu sein«. MacNeice verdankt diese Mitteilung dem Schweizer Felix Nebelmeier, der vermutlich als Offizier des Geheimdienstes der Alliierten mit der Untersuchung des Falles Krafft beauftragt worden war, und weiß noch folgende Einzelheiten zu berichten:

»Aber Krafft verlebte die letzten Kriegsjahre nicht so, wie de Wohl annahm. Am 12. Juni 1941 wurde er verhaftet. Wie so viele andere Dinge ist auch dies Rudolf Hess, einem weiteren NS-Führer, anzulasten, der — wie auch Himmler — angeblich unter dem Einfluß von Astrologen gestanden haben soll. Sein eigenmächtiger Flug nach Schottland beschleunigte um vieles den in Deutschland einsetzenden Prozeß, das eigene Gesicht möglichst zu wahren und nach Sündenböcken zu suchen. Zu denen, die durch Hess am meisten zu leiden hatten, gehörten auch die Astrologen. Immerhin hatte Hess einen in seinem Stab im Münchner Braunen Haus gehabt — einen gewissen Ernst Schulte-Strathaus, der offiziell den Posten eines Kunstexperten bekleidete. Schulte-Strathaus bestritt, Hess je einen astrologischen Rat gegeben oder gewußt zu haben, daß er Deutschland verlassen wollte; die bloße Tatsache aber, daß sie miteinander in Verbindung gestanden hatten, diente als weitere Waffe gegen die Astrologen. Die Gestapo schaltete sich ein.«

Die Gestapo versuchte nicht nur, eine Verknüpfung zwischen der Astrologie und dem Flug von Hess aufzuspüren, sondern ging generell scharf gegen Astrologen und andere Okkultisten vor. Die meisten von denen, die während der Operation Hess verhaftet worden waren, wurden kurz danach wieder freigelassen. Andere, unter ihnen Krafft, hielt man weiter in Haft. Aber selbst als er in Berlin im Gefängnis saß, machte sich das Propagandaministerium seine Dienste noch zunutze. Er scheint sich gegen diese Behandlung und die von ihm geforderten Aufgaben gewehrt zu haben. Später wurde Krafft von einem Gefängnis in der Berliner Lehrterstraße in zwei Konzentrationslager überführt: zunächst nach Oranienburg und dann nach Buchenwald, wo er am 8. Januar 1945 umkam.

Unter denen, die während der Operation Hess verhaftet wurden, war die erfahrene deutsche Parapsychologin Dr. Gerda Walther. Diese bemerkenswerte Frau war vorher Assistentin bei dem deutschen Parapsychologen und Forscher Dr. Albert Baron von Schrenck-Notzing, einem Münchner Arzt, gewesen. Der Autor dieses Buches hat Frau Dr. Walther im Jahre 1965 in ihrer mit Büchern vollgestopften winzigen Wohnung im Schatten von Münchens Frauenkirche besucht. Sie erinnert sich, daß es weitgehend Schulte-Strathaus, einem guten Bekannten von Schrenck-Notzing, zu verdanken war, daß Hess drastische Maßnahmen gegen Astrologen und Angehörige verwandter Berufe verhinderte. Sie betrachtet es als eine bösartige Unterstellung, daß Hess zu seinem Flug »von Okkultisten und Astrologen angetrieben worden« sein soll.

Frau Dr. Walther hat die Ereignisse jener Zeit sowie ihre eigenen Inhaftierungen und Erlebnisse in dem Artikel »Der Okkultismus im Dritten Reich« (*Neue Wissenschaft*, 1950/51) kurz dargestellt. Darin erinnert sie sich, daß das Goebbels-Ministerium sich noch anderer angeblich prophetischer Kniffe bediente, um den deutschen Kampfgeist zu stärken. Kraffts Version über die Vorhersagen von Nostradamus wurde hinter der Maginot-Linie abgeworfen, um die Moral der Franzosen zu untergraben, aber auch einmal sogar in Persien als Broschüre verteilt. Nach Meinung von Frau Dr. Walther förderte Goebbels die Verbreitung von Geschichten, die etwas mit Hellsehen und Präkognition zu tun hatten. In einer kam ein Mann vor, der seinen Platz in der Straßenbahn an eine ältere Frau abtrat; daraufhin sagte sie ihm prompt, wieviel Kleingeld er in der Tasche hatte. Als er und die Umstehenden ihr Erstaunen über ihre paranormalen Fähigkeiten ausdrückten, fügte sie hinzu, sie wisse viele Dinge, auch über die Zukunft und die Gewißheit eines großartigen Sieges von Großdeutschland! Zugleich spielte in einem auf Geheiß des Propagandaministeriums gedrehten Film ein junger Mann die Hauptrolle, der wegen seiner optimistischen Prophezeiungen bekannt war und stets recht behielt; auch er diente den deutschen Kriegsanstrengungen.

Frau Dr. Walther bemerkt weiter, daß Goebbels' Haltung insgesamt zynisch und pragmatisch war: »Wenn sich die Prophezeiungen und andere okkulte Phänomene für seine Propaganda als nützlich erwiesen, machte er von ihnen Gebrauch; genauso schnell aber konnte er sie, wenn nötig, vollkommen in Abrede stellen.«

Als Frau Dr. Walther im Zuge der Operation Hess nach München in das Hauptquartier der Gestapo, in das ehemalige Wit-

telsbacherpalais, gebracht wurde, stellte sich eine ihrer Mitgefan-
genen als ziemlich merkwürdige Person heraus, denn sie weigerte sich, ihren Mantel auszuziehen, saß nur einfach auf dem
Gefängnisbett und sagte: »Ich werde bald frei sein, gleich wird
man mich rufen... Wenn ich es sage, stimmt es!« Sie wurde
tatsächlich entlassen, obwohl es gerade Samstag war und man
die Gefangenen gewöhnlich über das Wochenende festhielt. Die
Frau hieß Elise Lehrer; selbst in der Haft ließ sie sich nicht be-
irren, immerzu die gleichen Prophezeiungen über den Untergang
Hitlers zu wiederholen. Sie ist schließlich im Konzentrationslager Ravensbrück gestorben, nachdem sie immer wieder gesagt
hatte, daß der Zusammenbruch des nationalsozialistischen
Deutschland unvermeidbar sei. Diese Vorhersagen bildeten
einen Teil in einer Kette von eindrucksvollen Beispielen von
Präkognition. Fräulein Lehrer stammte aus einem bayerischen
Dorf; einmal weigerte sie sich, zusammen mit einer Gruppe von
Mädchen an einem Ausflug teilzunehmen, weil sie ein Zugun-
glück vorausgesehen hatte. Zwei Freundinnen konnte sie noch
überreden, zuhause zu bleiben; zwei andere machten den Aus-
flug jedoch mit und kamen bei einem Zugzusammenstoß ums
Leben. Elise Lehrer hat auch den Brand im Münchner Glaspa-
last vorausgesagt, der unschätzbare Kunstwerke vernichtete.
Obwohl allgemein die Auffassung vorherrscht, Goebbels — und
Frau Dr. Walther teilt ja diese Meinung — sei ein zynischer
Pragmatiker gewesen, lassen andere Aspekte seiner Persönlichkeit den Schluß zu, daß er, was die Prophetie betrifft, doch der
Meinung war, daß es damit »doch wohl irgendetwas auf sich
haben müsse«. Daß Goebbels in der Tat — vielleicht sogar nach
irgendeiner pseudo-okkultistischen Manier — an ein in letzter
Minute bewerkstelligtes Comeback NS-Deutschlands glaubte, ist
von dem englischen Historiker Hugh Trevor-Roper behauptet
worden; in seinem Buch »*Hitlers letzte Tage*«, (Zürich, 1948)
berichtet er nämlich, daß Goebbels in der zweiten schicksalhaften Aprilwoche des Jahres 1945 zwei Horoskope anforderte:

das von Hitler und das von Deutschland. Beide waren »in einer der Forschungsabteilungen Himmlers sorgfältig aufbewahrt« worden. Goebbels legte diese Horoskope Hitler vor, um ihm gegenüber die sich daraus ergebenden Parallelen zum Siebenjährigen Krieg zu beleuchten: als Friedrich der Große in seinem Krieg gegen Rußland der beinahe schon sicheren Niederlage ins Auge blickte, starb die Zarin, und die Situation war plötzlich eine völlig andere. Goebbels bemerkte Hitler gegenüber, daß er in dem Tod Roosevelts einen Parallelfall zu dem der Zarin erblicke: »Es steht in den Sternen geschrieben, daß die zweite Aprilhälfte für uns den Wendepunkt bedeuten wird... Dies ist der Wendepunkt!«

Trevor-Roper bemerkt, daß die beiden Horoskope, die Goebbels sich verschafft hatte, »übereinstimmend als Jahr des Kriegsausbruchs 1939 angaben, bis 1941 Siege voraussagten und für die Zeit danach eine Folge von Niederlagen, die in den ersten Monaten des Jahres 1945 ihren Höhepunkt erreichen würden«; in der zweiten Aprilhälfte sollte dann ein Umschwung erfolgen, und 1948 sollte für Deutschland ein Jahr des Triumphs werden.

Während astrologischen und anderen Propheten bis zum letzten Moment im nationalsozialistischen Deutschland außer für ihre propagandistischen Manipulationen wenig Ehre angetan wurde, war Louis de Wohl fleißig bemüht, von seinem Platz im Londoner Institut für psychologische Forschungen aus sich den Nazi-Astrologen anzugleichen, ihnen zu widersprechen bzw. zuvorzukommen. De Wohl, der einer dramatischen Sicht seiner eigenen Wichtigkeit zuneigte, berichtet über diese Tätigkeit in *The Stars in War and Peace* (»Die Sterne in Krieg und Frieden«, London, 1952). Von der britischen Armee als Hauptmann übernommen, schrieb er, seine Aufgabe habe darin bestanden, »zu den gleichen Interpretationsergebnissen« zu kommen — allerdings *für* England — wie die deutschen Astrologen, die aller Wahrscheinlichkeit nach Hitler berieten. Die volkstümliche

Effekthascherei erreichte ihren Höhepunkt mit dem Zeitungs-
artikel »Warum Churchill einen Astrologen hatte« *(This Week,*
1. Nov. 1959), in dem behauptet wurde, daß de Wohl »seit
Jahren mit Hitlers Chef-Astrologen — den der Autor ›William‹ nannte — zusammengearbeitet hatte und dessen For-
mel kannte«. Überdies soll er »persönlich alle fünf Astrologen
gekannt haben, die Hitler berieten«. In Wirklichkeit gab es
natürlich überhaupt keinen einzigen.

Immerhin unterschied sich die Arbeit de Wohls in einer Hinsicht
nicht zu sehr von der seines vermeintlichen Gegners Krafft; denn
auch er stellte sein astrologisches Wissen in den Dienst der psychologischen Kriegsführung. Als Teil von Großbritanniens
»schwarzer Magie« gegen das Dritte Reich brachte man ge-
fälschte Exemplare der alten deutschen astrologischen Zeitschrift *Zenit* bei den deutschen Einheiten in Umlauf. Da die
»Voraussagen« von de Wohl verfaßt wurden — er bediente
sich dabei natürlich des korrekten astrologischen Jargons —,
nachdem die Ereignisse bereits eingetreten waren (dies alles ermöglichte die Einsetzung eines falschen Datums der Ausgabe auf
deren Titelseite), waren seine Prophezeiungen auffallend genau,
und dadurch gewannen wiederum die mehr allgemein gehaltenen Vorhersagen über die nationalsozialistische Niederlage
besonders an Überzeugungskraft.

Bis auf den heutigen Tag bestehen gewisse Zweifel an der Herkunft der angeblichen Prophezeiungen eines polnischen Mediums, der Tegoborza. Sie soll ihre Vorhersagen 1893 im Verlauf einer spiritistischen Séance im Hause eines gewissen Wie-
loglowski in Südostpolen gemacht haben. Wie das polnische
Pressebüro in London mitteilte, das damals der polnischen Exilregierung unterstellt war, wurden die Prophezeiungen der Tegoborza in den Archiven der Ossolinski Bibliothek in Lwow de-
poniert. Als diese Vorhersagen 1940 bei den Alliierten in Umlauf gebracht wurden, stand Polen unter der zweifachen Besetzung durch Deutschland und die Sowjetunion, und so lag es

ganz sicher im Interesse der Alliierten, die Moral des polnischen Volkes so weit wie möglich zu stärken.

Unter den Prophezeiungen der Tegoborza, die im polnischen Originaltext in Versform erscheinen, war auch die folgende: »Das beschmutzte Kreuz (augenscheinlich das Hakenkreuz) wird mit dem Hammer fallen (Kommunismus), und die räuberischen Kräfte werden sich mit dem Nichts konfrontiert sehen, während Masuren wieder zu Polen gehören und Danzig unser Hafen sein wird.« Und: »Der Löwe (Großbritannien) des Westens wird sich, von seinen Bürgern niederträchtig betrogen, mit dem Hahn (Frankreich) verbünden und einen jungen Mann zum Thron geleiten . . .« Im ganzen eine ausgezeichnete Voraussage. Ist sie etwa dem britischen Informationsministerium oder vielleicht den Spezialisten für psychologische Kriegsführung der polnischen Exilregierung zuzutrauen?

Auf jeden Fall sind der Fall Hanussen, die Doppelrolle Kraffts in Deutschland und de Wohls in England wie auch die geheimnisvollen Tegoborza-Prophezeiungen Anzeichen für ein besonders in Krisenzeiten in der Öffentlichkeit aufsteigendes Verlangen nach äußerlich sichtbarer Sicherheit, was die Zukunft anbelangt. Verschiedentlich sind schillernde Persönlichkeiten, ganz gleich, ob sie ehrlich oder betrügerisch vorgingen, und sogar staatliche Behörden diesem Bedürfnis zuvorgekommen.

6. KAPITEL

Croisets prophetische Stühle:
Die Platzexperimente zusammen mit Hans Bender und W. H. C. Tenhaeff

Paranormale Ereignisse scheinen nationalen kulturellen Mustern zu folgen. In Großbritannien sind sie auf die Tradition der Spukhäuser und Geistererscheinungen ausgerichtet. In Deutschland zeigt die Öffentlichkeit starkes Interesse für Astrologie, und es werden außerdem relativ häufig psychokinetische Phänomene beobachtet. In Frankreich gibt es zahlreiche Anhänger unorthodoxer Heilmethoden. Brasilien ist die neueste Hochburg des Spiritismus. Von den Philippinen kommen Nachrichten über umfassende »geistige Heilungen«. Die Vereinigten Staaten haben mit quantitativen Laboratoriumsexperimenten bahnbrechende Arbeit geleistet. In der Sowjetunion werden vornehmlich physiologische Fragestellungen untersucht, soweit sie den Lehren des dialektischen Materialismus entsprechen, und in den Niederlanden leisten Sensitive oder »Paragnosten« der Polizei und Privatleuten beim Auffinden verschwundener Personen ganz wesentliche Hilfe. Ein großartiger holländischer Sensitiver hat in der modernen Parapsychologie Geschichte gemacht: Gerard Croiset, Paragnost par excellence, Heiler und Prophet.

Der arbeitsame, hagere und angespannt wirkende Croiset hat bei einer Serie von Untersuchungen mitgewirkt, die von zwei führenden europäischen Parapsychologen durchgeführt wurden. Es handelt sich um Professor W. H. C. Tenhaeff, Direktor des Parapsychologischen Instituts an der Universität Utrecht, und um Professor Hans Bender, Direktor des Instituts für Grenzgebiete der Psychologie und Psychohygiene an der Universität Freiburg im Breisgau. Einzeln und gemeinsam haben Tenhaeff und Bender viele Präkognitionsexperimente mit Croiset überwacht, die seine besonderen Anlagen und Fähigkeiten widerspiegeln. Diese merkwürdigen — und wirklich völlig unerklärlichen — Experimente sind unter der Bezeichnung »Platzexperimente« bekannt geworden. Sie wurden im Jahre 1949 von Professor Tenhaeff entwickelt und sollten einen sorgfältigen Versuchsaufbau ermöglichen sowie Croisets Talent entsprechen. Die Untersuchungen erfolgen in zwei Schritten. Zunächst gibt Croiset eine Beschreibung der Charakteristika und bestimmter besonderer Erlebnisse einer Person, die, wie er glaubt, bei einer Veranstaltung auf einem bestimmten Stuhl Platz nehmen wird — dies natürlich, bevor der Sitz verkauft worden ist. Danach wird die Person, die den Platz dann wirklich einnimmt, befragt, um festzustellen, inwieweit Croisets Beschreibung auf die Persönlichkeit und die Erlebnisse der Zielperson zutrifft oder nicht.

Diese Platzexperimente sind nun schon etliche Jahre lang und in vielen Teilen Europas durchgeführt worden. Zuerst erfolgten Croisets Äußerungen mehr oder weniger spontan. Aber mit der Zeit strafften Tenhaeff und Bender die Versuchsbedingungen, um ein vorzeitiges Durchsickern von Informationen an Croiset zu verhindern. Zudem haben sie wissenschaftliche Methoden entwickelt, die eine Gewichtung von Croisets Beschreibungen im Vergleich zu den späteren Aussagen der Zielpersonen ermöglichen. Stets waren sich die Versuchsleiter über die sich aufdrängende Vermutung im klaren, wonach irgendein Taschenspielertrick oder zumindest irgendein unbewußtes Signal im Spiel sein könnte, das Teilnehmer oder bei den Experimenten sonst noch anwesende Personen Croiset möglicherweise geben.

Inzwischen existieren über diese verblüffenden Versuche rund tausend Seiten Protokolle. In Tenhaeffs Buch *De Voorschouw* (Den Haag, 1961) werden die Platzexperimente mit Croiset auf mehr als hundert Seiten abgehandelt. Professor Bender bemerkt in seiner hervorragenden Anthologie *Parapsychologie: Entwicklung, Ergebnisse, Probleme* (Darmstadt, 1972), daß diese Versuche einzigartig dastünden »als Beispiele für die quantitative

Auswertung qualitativer Experimente mit statistischen Methoden, die der besonderen Eigenart des Experiments Rechnung tragen«.

Ein Beispiel: im Juni 1953 führten Bender und Tenhaeff an drei pfälzischen Volkshochschulen eine Serie von Versuchen durch. Keiner der beiden war je zuvor in diesen Städten gewesen. Am 3. Juni um 14 Uhr setzte sich Croiset in der kleinen Stadt Neustadt mit den beiden Psychologen vor ein Tonband, um Voraussagen darüber zu machen, was am gleichen Abend in Pirmasens passieren würde. Er wählte den Platz Nr. 73 und machte die folgenden Aussagen:

1. Ich sehe eine Dame, ungefähr 30 Jahre alt oder etwas jünger, die oft eine Weste aus Angora-Wolle trägt.

2. Sie hat eine weiße Bluse an.

3. Bei dieser Dame sehe ich einen Mann, der mich an einen Filmschauspieler erinnert, der vor Jahren in einem Film »Der Privatsekretär« zusammen mit Martha Eggert gespielt hat. Er hat auch eine Ähnlichkeit mit Churchill.

4. Wohnt diese Dame in der Nähe eines roten Gebäudes, vor dem hohe Säulenträger sind? Ich sehe auch hohe Stufen. Kommt die Dame viel in dieses Gebäude? Ich habe den Eindruck, daß vor diesem Gebäude ein Zaun ist. Es macht einen etwas verfallenen Eindruck.

5. Hat diese Dame in einem Delikatessengeschäft eine Aufregung gehabt? Kaufte sie dort einen Obstkorb oder hat sie danach gesehen? Es fällt mir eine Dose mit Datteln auf.

6. Hat sie vor kurzem etwas gelesen über Oberschlesien oder hat sie über Oberschlesien ein Gespräch gehabt?

7. Hatte sie eine leichte Infektion an der rechten großen Zehe?

8. Ich sehe einen Drachen, der nicht aufsteigt. Das ist ein holländisches Sprichwort, das bedeutet: etwas erreichen wollen, was sich nicht erfüllt. Das hat etwas zu tun mit einem Mann von 28—32 Jahren, grauer Anzug, dunkelblondes Haar. Er trägt einen Pullover. Dieser Mann hat einen Plan

gehabt, aber diese Dame ist dazwischengekommen. (Deshalb: der Drachen steigt nicht auf.)

9. Ich sehe das Symbol des »alles sehenden Auges« — ein Auge im Dreieck.

10. Ich sehe eine grüne Zigarettendose. Die Dame rümpft davor die Nase.

Soweit Croisets auf Tonband aufgenommene Eindrücke. An jenem Abend kamen rund 250 Menschen zu der Veranstaltung in Pirmasens. An die Bankreihen mit Klappsitzen waren zusätzlich Stühle herangestellt worden, die auf dem Bestuhlungsplan nicht vermerkt gewesen waren. Nachdem alle Platz genommen hatten, betrat Croiset in Begleitung von Tenhaeff und Bender den Raum. Er stellte fest, daß die Dame anwesend war, über die er vorher seine Eindrücke zu Protokoll gegeben hatte. Allerdings saß sie nicht auf Stuhl Nr. 73, sondern zwei Plätze davon entfernt.

Während der Abendvorstellung, bei der man Croisets Voraussagen diskutierte, war es nicht möglich, alle von Croiset erwähnten Punkte zu klären, da einige von ihnen zu persönlich waren, um sie vor die Öffentlichkeit zu tragen. Die Dame wurde jedoch am nächsten Tage exploriert, dabei wurden ihre Antworten auf Tonband aufgenommen. Die Orte, die Croiset erwähnt hatte, wurden später aufgesucht und für die Dokumentation zum Teil fotografiert. In der Reihenfolge der früheren Eindrücke Croisets wurden folgende Aussagen protokolliert:

1. und 2. Die Dame ist 32 Jahre alt und trug eine weiße Bluse. Als sie sie aus dem Schrank nahm, sah sie ihre Weste aus Angora-Wolle und überlegte, ob sie sich wärmer anziehen sollte.

3. Diese Beschreibung bringt die Dame in Verbindung mit ihrem Chef, einem — wie festgestellt wurde — heiteren Pykniker.

4. Die Dame wohnt nicht in der Nähe eines Gebäudes mit Säulenträgern. Es fällt ihr ein, daß das einzige rote Gebäude

mit Säulenträgern in Pirmasens die Friedhofskapelle ist, in der sie vor zwei Tagen anläßlich einer Beerdigung war. Sie dachte dabei lebhaft an eine andere Beerdigung, an den letzten Besuch der Friedhofskapelle im Jahre 1942. Sie war damals in Sorge über einen in Rußland stehenden Freund, von dem sie keine Post bekommen hatte. Einen Tag vor dem Experiment hatte sie einen Brief von diesem mittlerweile verheirateten jungen Mann erhalten, der die Beziehung mit ihr wieder aufnehmen wollte, was sie befremdete und ärgerte. — Vor dem Gebäude ist kein Zaun, es macht auch keinen verfallenen Eindruck.

5. Dazu fällt ihr ein, daß sie oft von ihrem Arbeitsplatz auf ein gegenübergelegenes Delikatessengeschäft sieht, in dem immer Obst ausgestellt ist. »Dose mit Datteln« ist ihr nicht besonders aufgefallen.

6. Sie zeigt ein Buch, *Biographie der Landschaft Schlesien,* das im Zusammenhang mit einem aus Oberschlesien gerade gekommenen Besuch seit drei Tagen auf dem Tisch liegt.

7. Am linken, nicht am rechten Fuß hatte sie kürzlich eine kleine Infektion. Es fehlt im Tonbandprotokoll die Angabe, ob es sich um die große Zehe handelt.

8. Altersangabe und Haarfarbe würden auf den jungen Mann zutreffen, der ihr den Brief geschrieben hat. Ob er einen Pullover trägt, ist ihr nicht bekannt. Sein Plan scheiterte an der Empörung der Versuchsperson.

9. Diese von Croiset selbst als Hinweis auf die wachsame Intelligenz der Zielperson interpretierte Aussage kann — nach dem Verhalten zu urteilen — als zutreffend bezeichnet werden.

10. Der junge Mann hat ihr zur Zeit ihrer Freundschaft eine gelbgrüne Zigarettendose geschenkt. Daß sie davor die Nase rümpft, mag ihren akuten Ärger über das Ansinnen ihres früheren Freundes symbolisieren.

Bei dem Experiment in Pirmasens handelte es sich um einen der ersten Tests, die Bender und Tenhaeff durchführten. Spätere Versuche wurden vor allem durch die Auswahl der Plätze im Losverfahren straffer gehandhabt; diese Maßnahme gestaltete die Experimente zwar etwas langatmig, diente aber als Schutz gegen Irrtümer bei der Kontrolle und erleichterte die quantitative Auswertung. Croiset führte seine Platzexperimente später in Begleitung von Tenhaeff und Bender vor anderen Forschern am Centro Studi Parapsicologici in Bologna vor, ebenso in Verona, Zürich und anderenorts.

Ähnliche Platzexperimente machte der italienische Forscher V. Perrone mit den Sensitiven Alesandra Bajetto und Tino Menozzi; über die von ihm erzielten signifikanten Ergebnisse berichtete er im *Bolletino della Società Italiana di Metapsichica* (1955).

Das methodische Gerüst der Platzexperimente wurde Jahr für Jahr weiter ausgebaut. Am 6. Januar 1957 fand im Utrechter Institut eine vorbereitende Sitzung statt. Dabei waren Professor Tenhaeff, seine Assistentin Nicolauda Louwerens und zwei weitere Professoren der Universität anwesend: der Biologe J. H. Bretschneider und der Physiker J. A. Smit. Croiset wurde ein Bestuhlungsplan vorgelegt, der die Plätze so zeigte, wie sie 25 Tage später im Hause einer Den Haager Dame, Mrs. C. V. T., angeordnet sein würden. Die Liste der dreißig Gäste, die die Plätze einnehmen sollten, war bis dahin noch nicht aufgestellt.

Nachdem er die Person, die auf Platz Nr. 9 sitzen würde, ausgewählt hatte, gab Croiset in seiner Beschreibung die folgenden zwölf Punkte auf Tonband zu Protokoll:

1. Am Freitag, dem 1. Februar 1957 wird im Hause einer Den Haager Dame eine freundliche, aktive kleine Dame mittleren Alters auf diesem Stuhl sitzen. Sie interessiert sich sehr für die Betreuung von Kindern.

2. Ich sehe, daß sie zwischen 1928 und 1930 oft in der Nähe des Kurhauses und beim Straßburger Circus in Scheveningen war (ein Badeort in der Nähe von Den Haag).

3. Als sie ein kleines Mädchen war, hatte sie viele Erlebnisse in einer Gegend, in der viel Käse hergestellt wurde... Ich sehe ein brennendes Bauernhaus, in dem auch ein paar Tiere mitverbrannt sind.

4. Ich sehe auch drei Jungen. Einer hat ungefähr meine Statur. Er ist irgendwo in Übersee tätig. Ich glaube, auf britischem Gebiet.

5. Hat sie sich das Bild eines Maharadschas angeschaut? Ich sehe jemanden aus Indien ... er trägt ein indisches Gewand ... einen Turban mit einem großen Edelstein.

6. Hat sie als Mädchen einmal ein Taschentuch in einen Raubtierkäfig fallen lassen — mit Löwen vielleicht —, die das Tuch in Stücke rissen?

7. Ich sehe auch ein Stück Papier, auf dem oben die Zahl »sechs« steht. Zuerst war es eine »fünf«, aber sie wurde zur »sechs«. Das ist eben erst passiert, und es gab viel Streit deswegen.

8. Hat sie sich kürzlich die Hände an einem altmodischen Tuschkasten schmutzig gemacht? Ich sehe einen Kasten mit kleinen Farbtäfelchen ... Hat sie sich daran leicht verletzt? Am Mittelfinger ihrer rechten Hand?

9. Ist sie außerdem kürzlich erst von einer Freundin besucht worden, die ungefähr 40 Jahre alt ... nicht sehr groß, eine ansprechende, kräftige Statur und dunkles Haar hat und ein Kleid trägt, das vorne etliche große Falten hat? Hat diese Dame mit ihr über sexuelle Probleme gesprochen und hat sie ihrer Freundin geraten, zu einem Psychiater zu gehen?

10. Hat sie die Oper *Falstaff* stark beeindruckt? War das die erste Oper, die sie je gesehen hat?

11. Hat ihr Vater für Dienste, die er geleistet hat, eine Goldmedaille bekommen?

12. Ist sie mit einem kleinen Mädchen zum Zahnarzt gegangen? Und war mit diesem Besuch viel Aufregung verbunden? Ich

möchte fast sagen, daß dies am Freitag, dem 1. Februar 1957 geschehen wird.

Die Tonbandaufnahme wurde beendet, zurückgespult und danach Croiset noch einmal vorgespielt. Ob er noch irgendwelche ergänzenden Wahrnehmungen hinzufügen möchte, fragte Professor Tenhaeff. Ja; Croiset glaubte zum Beispiel, als er über den zweiten Punkt, den Badeort, sprach, »das Bild eines ungefähr 45 jährigen, sehr gefühlsbetonten und sensiblen Mannes« zu sehen, »dessen Frau ihn nicht verstand. Sie lebten getrennt... Dieser Mann hatte Verhältnisse mit anderen Frauen. Und seine Frau hatte Verhältnisse mit anderen Männern.«

In bezug auf Punkt vier und die drei Jungen hatte Croiset den Eindruck, »als sei einer dieser Jungen tot«, und als ob dieser Tod etwas mit der Besetzung der Niederlande durch die Deutschen während des Krieges zu tun hätte. Zum sechsten Punkt fügte Croiset hinzu, daß es sich bei dem wilden Tier, dem Löwen, wahrscheinlich um einen symbolischen Eindruck handele. Er sagte: »Ich habe einmal einen Mesmeristen (Hypnotiseur) mit einem Löwendompteur und die Öffentlichkeit mit Löwen verglichen. Wenn der Dompteur den Löwen zu nahe kommt, verschlingen sie ihn.«

Seine Aussagen zu Punkt zwölf erweiterte er folgendermaßen: »Plötzlich sah ich meine erwachsene Tochter als Kind. Als sie fünf Jahre alt war, ging ich einmal mit ihr zum Zahnarzt. Sie weigerte sich, den Mund aufzumachen, und der Zahnarztbesuch dauerte mehrere Stunden.«

Am darauffolgenden Tag, dem 7. Januar, rief Professor Tenhaeff Dr. A. Tuyter in Utrecht an, um ihm mitzuteilen, daß Croiset seine für die Veranstaltung am 1. Februar bestimmten Eindrücke auf Tonband gesprochen habe. Natürlich sagte er nichts über den Inhalt. Daraufhin rief Dr. Tuyter die Gastgeberin an und sagte: »Sie können jetzt die dreißig Einladungen abschicken.« Währenddessen wurden Croisets zwölf ursprüngliche Eindrücke auf Matrizen abgetippt und vierzig Abzüge gemacht. Die ergänzenden Wahrnehmungen wurden vor ihrer Verifizierung nicht vervielfältigt.

Um eine rein zufällige Auswahl der Plätze zu gewährleisten, wurden am 31. Januar extra zwei Päckchen numerierter Karten vorbereitet. Am 1. Februar fanden sich Tenhaeff, Fräulein Louwerens und ihre Schwester Annet, Dr. Tuyter und ein bekannter finnischer Parapsychologe, Dr. Jarl Fahler aus Helsingfors, um 19 Uhr im Hause von Mrs. T. in Den Haag ein. Ein Päckchen numerierter Karten wurde auf die dreißig Sitze verteilt und gleichzeitig eine Liste angelegt; in jeder der sechs Reihen gab es fünf Plätze. Die Veranstaltung sollte im Parterre stattfinden. Unterdessen versammelten sich die Gäste langsam in einem Raum im Kellergeschoß. Der Ablauf des Experiments mußte zunächst erklärt werden, dann erhielt jeder einen Abzug mit Croisets Wahrnehmungen. Die Instruktion lautete: »Bitte lesen Sie dies sorgfältig durch; sollten irgendwelche Aussagen auf Sie zutreffen, so vermerken Sie dies auf dem freigelassenen Raum rechts neben jedem Abschnitt.«

Dann wurde das zweite Päckchen aus dem versiegelten Umschlag genommen. Fräulein Louwerens gab jedem Teilnehmer in der Reihenfolge, wie er die Treppe heraufkam, eine Karte. Annet Louwerens wachte darüber, daß sich jeder auf den richtigen Platz setzte, außerdem bat man sie eindringlich, keinen anderen Stuhl außer ihrem eigenen zu berühren, weil die Versuchsergebnisse dadurch unter Umständen verfälscht werden könnten. Eine weitere Vorsichtsmaßnahme bestand darin, daß Croiset erst dann in Den Haag eintraf, als alle Gäste bereits Platz genommen hatten. Er war rund 58 Kilometer von Utrecht nach Den Haag gefahren, um nach 20.30 Uhr anzukommen, so daß er die Platzauswahl auf keinen Fall beeinflussen konnte — es sei denn durch über große Entfernungen wirkende Telepathie, Psychokinese oder irgendeine andere Form der außersinnlichen Wahrnehmung, gegen die es praktisch keinen Schutz gab.

Die zwölf vervielfältigten Punkte wurden vorgelesen. Ein Gast,

Mrs. M. J. D., die die Karte Nr. 9 erhalten hatte, wurde gefragt, ob die Aussagen auf sie zuträfen. Sie sagte: »Ja, viele.« Auf die 29 anderen Teilnehmer schien eigentlich keiner der Eindrücke, die Croiset fast zwei Wochen vorher zu Protokoll gegeben hatte, zuzutreffen. Zusätzlich zu den Aussagen, die Mrs. D. während der Veranstaltung machte, wurde sie am 18. Mai privat in Amsterdam befragt. Außerdem wurden sie und ihr Mann am 20. Juni für eine weitere Befragung ins Büro von Professor Tenhaeff im Parapsychologischen Institut in Utrecht eingeladen. Es folgt nun eine Übersicht über ihre von eins bis zwölf numerierten Antworten mit Croisets Treffern und Fehlern.

1. Mrs. D., 42 Jahre alt, freundlich, aktiv und lebhaft, sagte, sie interessiere sich sehr für Kinderbetreuung. Als kleines Mädchen habe sie oft gesagt, sie wünsche sich ein Schloß mit hundert Babys darin.

2. Ihre Eltern waren geschieden. Ihr Vater, ein überaus gespannt wirkender und gefühlsbetonter Mann, war in Niederländisch Indien, dem heutigen Indonesien tätig. Wenn er von Zeit zu Zeit auf Urlaub in die Niederlande zurückkehrte, ging er mit seiner Tochter oft in den Scheveninger Circus. Beide Elternteile unterhielten außereheliche Beziehungen.

3. Mrs. D. war als Kind oft zu Besuch auf Bauernhöfen. Das dort hergestellte Hauptprodukt war aber eher Butter als Käse. Sie hatte kein direktes Erlebnis, das sich auf einen brennenden Bauernhof bezog, aber ihr Sohn hatte einmal, als er auf einem Bauernhof arbeitete, gesehen, wie ein Pferd vom Blitzschlag getroffen und getötet wurde; dieses Erlebnis hatte ihn stark beeindruckt, und vermutlich hatte er diese Gefühle bis zu einem gewissen Grade auf seine Mutter übertragen.

4. Zu Croisets Hinweis auf drei Jungen, die in Übersee beschäftigt waren, gab es keine direkte Verbindung. Immerhin

war aber ihr Mann einer von drei Brüdern. Einer hatte sich 1945 freiwillig für den Krieg in Indonesien gemeldet; er wurde in England ausgebildet, kam aber nicht über Singapur, eine damals britische Kolonie, hinaus. Der dritte Bruder, der in einem deutschen Konzentrationslager starb, hatte hinsichtlich seiner Statur viel Ähnlichkeit mit Croiset.

5. Einige Tage vor der Veranstaltung hatte Mrs. D. in einem Buch ein Bild eines Yogi gesehen und sich darüber und über Hinduismus allgemein mit ihrem Sohn unterhalten. Ihr Mann fügte noch hinzu, seine Frau habe manchmal gesagt, sie fühle in ihrem Leben die Gegenwart eines »unsichtbaren Helfers« oder eines »Schutzgeistes« und hätte sich diesen immer als Yogi vorgestellt.

6. Hier konnte Mrs. D. keine Beziehung zu einem »Löwen« entdecken, aber Croiset sagte, das Symbol würde nach Diskussion des neunten Punktes klarer werden.

7. In bezug auf die von Croiset gesehene »fünf«, die zu einer »sechs« wurde, erinnerte sich Mrs. D., zwischen dem 26. Januar und dem 1. Februar in ihrem Haushaltsbuch einen Rechenfehler gemacht zu haben, indem sie eine »fünf« anstatt einer »sechs« aufschrieb. Da dies einen Fehler in ihrer Abrechnung hervorrief, stimmten ihre Bücher nicht mehr, und das wiederum führte zu einem Streit mit ihrem Mann.

8. In der ersten Januarhälfte hatten die Kinder der D.s mit einem altmodischen Tuschkasten »herumgemanscht«, der kleine Farbtäfelchen enthielt. Mrs. D. hatte ihnen die Hände gewaschen, hatte dabei aber selber Farbe an ihre Hände und an ein Handtuch bekommen. Ungefähr zur gleichen Zeit schnitt sie sich an einer Gemüsedose in ihren Mittelfinger.

9. Dieser Punkt war ziemlich heikel und gefühlsgeladen und hatte mit dem Bild des »Löwen« von Punkt sechs zu tun. Mrs. D. sagte, sie hätte über sexuelle Probleme mit einer Freundin gesprochen, die nicht sehr groß war und — obwohl kräftig — eine gute Figur und dunkles Haar hatte und oft

ein Kleid mit großen Falten trug. Als sie den Besuch bei der Veranstaltung am 1. Februar erwähnte, sagte ihr Croiset, daß sie einen Fehler gemacht hätte, als sie diese Frau an einen Psychotherapeuten verwies. Als der Name des Mannes bei der Sitzung im Parapsychologischen Institut am 20. Juni erwähnt wurde, sagte Croiset: »Dieser Mann ist in sexuellen Dingen unzuverlässig. Ein Hypnotiseur oder Psychiater muß wissen, wie er seinen Patienten gegenüber Zurückhaltung bewahren kann. Sonst werden ihn die Löwen verschlingen.«

10. Dies war ein Volltreffer. Mrs. D. war Opernsängerin von Beruf. *Falstaff* war nicht nur die erste Oper, bei der sie mitwirkte, sondern sie hatte sich außerdem in ein Mitglied des Ensembles, einen Tenor, verliebt.

11. Ihr Vater bekam zwar in Wirklichkeit keine Goldmedaille, aber bei seiner Pensionierung eine goldene Zigarettendose.

12. Drei Wochen nach Croisets Voraussage, am 1. Februar, ging Mrs. D. mit ihrer Tochter wegen einer Füllung zum Zahnarzt. Für das Kind war dies ein sehr schmerzhafter und angsteinflößender Besuch.

Nicht alle Platzexperimente von Croiset zeigen seine offenkundige präkognitive oder telepathische Begabung so klar wie dieser Fall. Viele Fälle aber *sind* gleichermaßen zwingend. Oft zeigen Assoziationen, die Croiset zu einem Symbol oder eigenen Erlebnissen — vor allem aus seiner Kindheit — herstellt, eine starke gefühlsmäßige Identifikation mit den Ereignissen im Leben anderer Menschen.

Professor Tenhaeff schreibt Croisets Fähigkeiten zum Teil den Entbehrungen zu, die der Sensitive in seiner Kindheit durchmachte, sowie allgemeinen gefühlsmäßigen Anlagen. Ein amerikanischer Autor, Jack Harrison Pollack, bemerkt in der Biographie *Croiset der Hellseher* (Freiburg i. Br., 1965), daß er aus einer mit stark ausgeprägten exhibitionistischen Zügen ausgestatteten Schauspielerfamilie stamme und sich schon sehr früh verlassen gefühlt haben muß —, sein Vater ließ die Familie zeit-

weilig im Stich. Von seinem achten Lebensjahr an kam Gerard
zu Pflegefamilien. Insgesamt hatte er sechs verschiedene Pflege-
elternpaare. Ein Pflegevater kettete ihn mit dem Bein an einen in
den Boden gerammten Pfahl. Das Kind litt überdies an Rachitis.
Croiset reagiert auf alles, was mit dem Leiden von Kindern zu
tun hat, sehr sensibel: der Zahnarztbesuch des kleinen Mädchens
ist dafür eine Bestätigung. Als Heiler wird er von vielen Eltern
aufgesucht, die ihre Kinder zu ihm bringen; oft gilt sein thera-
peutisches Bemühen Knochenerkrankungen vor allem an Beinen
und Füßen. Tenhaeff faßt die beinahe magnetische Anziehungskraft, die bestimmte Persönlichkeiten und Vorgänge auf Croiset
ausüben, in der zutreffenden Beobachtung zusammen, daß »er
unbewußt im Leben anderer nach Ereignissen sucht, die mit seinen eigenen verwandt sind«. Der besonders beeindruckende
Aspekt dieser Vorliebe besteht jedoch darin, daß er nicht nur in
der Vergangenheit und Gegenwart nach derartigen Ereignissen
sucht, sondern auch in der Zukunft und dabei sehr oft präzise
Aussagen macht.

7. KAPITEL

Prophetie bei den Naturvölkern

»Gebt auf euer Hab und Gut und folget mir nach!« Diese Forderung, wonach ein zum gegenwärtigen Zeitpunkt geleistetes Opfer später einmal belohnt wird, zieht sich wie ein Leitmotiv durch die menschliche Überlieferung und ist Naturvölkern wie der zivilisierten Menschheit gemeinsam. Es äußert sich in den verschiedensten Formen, angefangen bei Opfern für den Sonnengott bis zu dem gefühlsgeladenen Verkaufsgespräch eines Lebensversicherungsagenten: »Damit Ihre Lieben sorgenfrei leben können...« Wer an eine Wiedergeburt glaubt, betrachtet die Armut und Leiden der Gegenwart als eine Art Vorleistung für zukünftige Inkarnationen.

Die verschiedenen Kulturen, mag es sich nun um vergangene oder zeitgenössische, »primitive« oder Industriegesellschaften handeln, unterscheiden sich in ihren prophetischen Praktiken. Wo sich moderne Kommunikationsmittel noch nicht wesentlich durchgesetzt haben, sind archaische Formen von Präkognition oder Telepathie in schillernder und eindrucksvoller Weise erhalten geblieben. Wie anhand der auf den folgenden Seiten zitierten Fälle gezeigt wird, ziehen primitive Bedürfnisse manchmal absonderlichste Wunscherfüllungen beeindruckenden Ausmaßes nach sich.

Der Wunsch, sich die Gunst der Götter zu erkaufen, ist Ausdruck einer Urangst des Menschen, die aus der Furcht vor den Ränken von Rachegeistern, zürnenden Ahnen oder eifersüchtigen Bewohnern des Olymp herrührt. Mit Strafpredigten, die das Höllenfeuer beschwören, sowie mit Ablaßverkäufen wird seit alters her an das Schuldbewußtsein appelliert. Seit jeher waren abendländische Erweckungsbewegungen, die von Propheten des Jüngsten Gerichts angeführt wurden, der Meinung, den Weltuntergang für einen bestimmten Tag voraussagen zu können, wenn die Menschheit ihren Lebenswandel nicht bessere; nur ein paar »Auserwählten« würde es vergönnt sein, sich auf den Gipfel eines Berges oder anderswohin zu flüchten.

Dafür gibt es heute Parallelen in der ganzen Welt, die sich besonders eindrucksvoll in dem im Südpazifik praktizierten »Cargo-Kult« manifestieren. Im Jahre 1966 machten Eingeborene Neu-Irlands, einer kleinen australisch verwalteten Insel im Gebiet von Neuguinea, wegen ihres Vorhabens von sich reden, Präsident Lyndon B. Johnson zu »kaufen«, weil sie sich von ihm die Zusicherung ihres rechtmäßigen »Cargo« erhofften. Die Eingeborenen gebrauchen das Wort »Cargo« zur Beschreibung aller möglichen Materialien, die von Europäern eingeführt wurden: »cargo« ist Pidgin-Englisch und muß eigentlich richtig »kako« oder »kago« heißen. Es umfaßt solche Dinge wie Äxte oder Werkzeuge aus Stahl, Bekleidungsstücke, Fleisch- oder Tabakdosen, Reis in Säcken, Flugzeuge, Gewehre — eben alle jene Güter, die zum Erstaunen der Eingeborenen, die dergleichen noch nie zuvor gesehen hatten, von den Schiffen geladen werden, und die sie nun selber freudig gebrauchen und gern in größeren Mengen hätten. Präsident Johnson wurde im lokalen Dialekt als »namba wan man bilong gaman« angesehen, was soviel heißt wie »Mann Nummer Eins gehört Regierung«, und mußte daher natürlich im Besitze solcher Kräfte sein, die in einem großen Teil Ozeaniens als »Mana« bezeichnet werden. Der Cargo-Kult stellt eine Adaption früherer Glaubensauffassungen dar, die während der Kolonialherrschaft entstanden und in etwa auf der Hypothese gründen, daß die Güter des weißen Mannes größere Macht besäßen als die eingeborenen Gottheiten; man braucht sich ja nur seinen Reichtum, seine Fahrzeuge und seine sonstige gottähnliche Entfaltung von Wohlstand anzuschauen!

Als in dem von Papuas bewohnten Neuguinea zum erstenmal

Parlamentswahlen stattfinden sollten, weigerten sich einige hundert Bewohner des Nordzipfels von Neu-Irland, auch nur einem der nominierten Kandidaten ihre Stimme zu geben und beharrten statt dessen darauf, daß »Johnson gehören Amerika« ihr Herrscher werden sollte. Nach dem typischen Muster »Opfer für die Zukunft« predigte ein 19jähriger »Prophet«, ein gewisser Bosmialek, daß, wenn die Menschen ihre Stimme für Johnson abgäben, die Amerikaner nach Neuguinea zurückkehren und eine Fülle von »Cargo«-Gütern mitbringen würden.

Der Leiter der Bezirksverwaltung von Kavieng in Neu-Irland stattete den nördlichen Gebieten seinen Besuch ab und kehrte mit der Nachricht von Bosmialeks Anhängern zurück, daß sie 1000 Silberdollars gesammelt hätten, um den Ankauf Präsident Johnsons zu ermöglichen. Daraufhin entsandte die US-Armee einen Stabsfeldwebel, der den Eingeborenen offiziell mitteilen sollte, daß Mr. Johnson zur Zeit mit der Führung der Vereinigten Staaten zu sehr in Anspruch genommen sei als daß es ihm möglich wäre, jetzt nach Neu-Irland zu kommen. Dennoch lebte diese Idee im Cargo-Kult weiter fort; die Bosmialek-Gruppe attackierte sogar die Eingeborenenpolizisten, die in das Dorf Lokono gekommen waren, um die überfälligen Kopfsteuern für die Regierung einzutreiben. Daraufhin wurde ein größeres Polizeiaufgebot nach Lokono entsandt. Die Dorfbewohner waren aber bereits geflohen, kehrten jedoch später zurück und bezahlten ihre Steuern.

Bosmialek, der nur ein winziges Beispiel klassischer Cargo-Prophetie darstellt, drängte die Eingeborenen zur Veranstaltung eines großen Festes, »um sicherzustellen«, daß ein amerikanisches Schiff ankommen und ihnen das gewünschte »Cargo« bringen werde. Was den lokalen Distriktbevollmächtigten besonders außer Fassung brachte, war die Möglichkeit, daß sich Bosmialeks Prophezeiung unter Umständen tatsächlich bewahrheiten könnte. Der Eingeborenenprophet hatte den 10. April als Datum für die Ankunft des Schiffes genannt. Am 9. April empfing

der Distriktbevollmächtigte einen Funkspruch, daß ein Schiff
der Vereinigten Staaten ganz in der Nähe von Bosmialeks
Hauptquartier eine geographische Forschergruppe an Land setzen werde. Würde dies tatsächlich geschehen, dann nähmen der
Einfluß des Propheten und damit auch die politischen Unruhen
sicher ungeheure Ausmaße an.

Also sandte der Bevollmächtigte einen Funkspruch an das nichts-
ahnende Forschungsschiff. Auf seine Bitte hin legten die Amerikaner in Kavieng an, wo man sie über die unter Umständen
außergewöhnliche Wirkung ihres Besuchs informierte. Sie er-
klärten sich bereit, zivile Kleidung anzulegen und — ganz im
Gegensatz zu Bosmialeks bombastischer Voraussage — mit
einem kleinen Boot an dem entscheidenden Küstenabschnitt zu
landen.

Dennoch konnten sich Bosmialeks Prophezeiungen in großem
Umfang weiter halten. Berichtete er doch seinen Anhängern von
einem Traum, wonach das Passagierschiff *Queen Mary* mit 600
amerikanischen Negersoldaten unterwegs wäre, die bei der Ver-
treibung der australischen Verwaltungsbehörden helfen würden.
Zugleich würden seinem Traum zufolge andere Soldaten mit
Hubschraubern landen. Bosmialek befahl seinen Gefolgsleuten,
für die Helikopter Landeplätze freizumachen. Getreu dem Beispiel der Anhänger von Propheten, die bis zum Augenblick der
entscheidenden Offenbarung — sei diese nun freudevoll oder
katastrophal — und oft noch darüber hinaus an ihren Hoffnungen festhalten, faßten auch Bosmialeks Anhänger neuen Mut,
als ihnen ein Außenbordmotor der Marke »Johnson« geliefert
wurde, den sie als direktes Geschenk des amerikanischen Präsidenten ansahen.

Tommy L. Fraser berichtete in der *Washington Post* (24. April,
1966) aus Lae in Neuguinea, daß der Cargo-Kult nunmehr
Züge angenommen habe, die »schon nicht mehr witzig« seien.
Er schrieb: »Einer von ihnen äußert sich zum Beispiel darin, daß
ein dort lebender ›Prophet‹ die Eingeborenen dazu drängt,

ihre landwirtschaftlichen Erzeugnisse zu vernichten und ihre wertvollen Schweine zu töten, um ihre Ahnen durch diesen ›Glaubensbeweis‹ zur Lieferung der Güter zu veranlassen«, die niemals eintrafen. In dem Bericht hieß es ferner:

»Diese Menschen, die nur knapp am Existenzminimum ein Leben von der Hand in den Mund führen, stellen sich den weißen Mann als unermeßlich reich vor und glauben, daß er außerdem für seinen Wohlstand nicht zu arbeiten braucht.« Nach einiger Zeit greift zwar Ernüchterung um sich, aber sie wird sogleich durch neue Vorstellungen ersetzt.

Neuguinea, wo eine Steinzeitkultur zeitweilig mit westlichen Wohlstandserrungenschaften ziviler und militärischer Art in extremem Maße konfrontiert wurde, ist ein Zentrum der Cargo-Kult-Überlieferungen. Australische und holländische Anthropologen und Ethnologen haben seine Erscheinungsformen im Gebiet der Papua und auf Neuguinea untersucht.

Dr. Peter Lawrence von der australischen Staatsuniversität von Canberra hat eine ausführliche Studie über den »Cargo-Kult und religiöse Glaubensauffassungen bei den Garia« verfaßt; der Stamm der Garia hat ungefähr 3000 Angehörige und lebt in der Nähe der Stadt Madang auf Neuguinea am Fuße des Adelbert- und Finisterre-Gebirges. Die in den *International Archives of Ethnography* (Leiden, 1954) veröffentlichte Untersuchung beruht auf Feldforschung, die von April 1949 bis Juli 1950 unternommen wurde, und zeigt Beziehungen zwischen den Formen des Cargo-Kults und den Glaubensrichtungen der Garia auf.

Die Untersuchung hebt hervor, daß derartige Kulte während des vergangenen Jahrhunderts im ganzen Südpazifik, also auch auf den Fidschi-Inseln, den Salomon-Inseln, den Neuen Hebriden und auf Torres bekannt waren. Die »Vailala-Krankheit«, die 1919 um sich zu greifen begann, hinterließ Spuren, die bis 1931 sichtbar blieben. In zwei am Golf von Papua gelegenen Küstendörfern, Nomu und Arihava, verbreitete sich wie der

Wind eine Prophezeiung, wonach zwei Schiffsladungen mit Lebensmitteln ankommen und von den Geistern der Ahnen gebracht werden sollten. Ein einheimischer Prophet, Evara, dem die europäische und christliche Kultur nicht ganz unbekannt war, bekundete, die Geister der Ahnen würden alle Weißen vertreiben — und früher seien überhaupt alle Menschen weiß gewesen. Diese Prophezeiungen führten zu einer fast gänzlichen Zerrüttung des Lebensstils der Eingeborenen, denn sie waren von einer weitverbreiteten Hungersnot und Unruhe gefolgt, die umfangreiche Hilfeleistungen und andere Gegenmaßnahmen erforderlich machten.

Lawrence schreibt, daß »heute nur sehr wenige Gebiete in Neuguinea, vor allem aber die, in denen über lange Zeit Kontakte zu Europäern bestanden haben, von dieser Entwicklung gänzlich unbetroffen geblieben sind.« Schon vor dem Zweiten Weltkrieg gab es sehr häufig Ausbrüche von Unruhen, jedoch während und nach dem Krieg, so bemerkt der Autor, »haben sie so zugenommen, daß sie in Missionars- und Regierungskreisen spürbare Beängstigung hervorrufen«. Lawrence betont, daß die Eingeborenen von Madang zwar nicht glauben, daß Europäer oder Amerikaner, die die Herren dieses »Cargo« sind, die einzelnen Gegenstände selber machen, daß sie aber »von einer besonderen Gottheit stammen«, über die sie irgendeine Macht ausüben. Der Kult, meint Lawrence, »zielt auf die Gewinnung von Cargo-Gütern für die Eingeborenen ab, und zwar durch ein Ritual, das durch die Prophezeiungen bestimmter inspirierter Anführer bestimmt wird.«

Diese Voraussagen einzelner Führerpersönlichkeiten durchbrechen ethnische Grenzen und haben dazu geführt, daß sich die auf Neuguinea lebenden Stämme zur Unterstützung der »besonderen Prophezeiungen und Rituale«, die von einem Anführer vorgebracht wurden, miteinander vereinigten. Im Gebiet um Kein im Distrikt von Madang hat es allein zehn verschiedene, diesem Kult entstammende Prophezeiungen gegeben.

Ein dem Cargo-Kult entstammender Fall hat eine faszinierende
Ähnlichkeit mit den Voraussagen, über die kürzlich in den Vereinigten Staaten von einer Gruppe Soziologen der Universität
von Minnesota berichtet wurde und die weiter unten analysiert
werden sollen. Dort nämlich behauptete im Jahre 1947 eine
Frau mit Namen Polelesi, die aus dem Garia-Dorf Igurue
stammte, sie habe im Traum einen »der Engel Gottes« gesehen,
der sie vor dem Einbruch einer zweiten großen Flut warnte. Sie
erzählte ihren dörflichen Mitbewohnern, daß sie gerettet würden, weil Gott ihnen ein Schiff schicken würde. Sie drängte auch
andere Angehörige des Stammes der Garia, nach Igurue zu
kommen, damit sie das Schiff aufnehmen könne. Einige ge-
horchten ihr, andere aber weigerten sich, ihre Behausungen zu
verlassen.
Polelesi sagte voraus, daß alle jene, die sich nicht für die sichere
Überfahrt auf dem versprochenen Schiff bereitmachen würden,
ertrinken oder von Krokodilen gefressen würden. Lawrence berichtet: »In einem hellsichtigen Augenblick tat sie öffentlich
kund, sie habe Gott, Jesus Christus, Engel und die Geister der
Toten in den Wolken über dem Gebirge erblickt. Außerdem
hätte sie ein dort errichtetes Lagerhaus voller Cargo gesehen,
das den Überlebenden bald von den Geistern überbracht werden würde. Sie ordnete spezielle Gebete für Gott und die Geister an; später, als es zu regnen anfing, verkündete sie, dies sei
ein Zeichen Gottes für die bevorstehende Ankunft des
Cargo . . .«
Die grundlegenden Muster dieser Art von Prophetie kennen
keine Grenzen und passen sich den spezifischen, in einer Kultur bestehenden Situationen leicht an. Eine zeitgenössische Parallele zu dem Fall der Polelesi wurde in den USA von einem
Forscherteam des Laboratory for Research in Social Relations
an der Universität von Minnesota aufgezeichnet. Die Forscher
untersuchten den Fall einer Frau, die in einer Universitätsstadt
im Westen lebt und die sie Marian Keech nennen. Sie hatte an-

geblich Botschaften von »Wesen aus dem All« empfangen, die eine ausgedehnte, vernichtende Flut voraussagten. Eine kleine Gruppe ihrer Anhänger, so sagte die Frau, sollte vor Einsetzen der Flut von Menschen aus dem All aufgenommen werden; diese würden mit UFOs landen.

In dem von den Forschern Leon Festinger, Henry W. Riecken und Stanley Schachter unter dem Titel *When Prophecy Fails* (»Falsche Prophezeiungen«, Minneapolis, 1956) veröffentlichten Befund wird vermerkt, vor und nach der Prophezeiung von der Aufnahme durch die UFOs, die die kleine Schar an einen sicheren Ort, vielleicht zu einem anderen Planeten, bringen sollten, seien Mrs. Keechs Anhänger vor allem von deren »automatischem Schreiben« stark beeindruckt gewesen. Die Forschergruppe war besonders an den Reaktionen der verschiedenen Anhänger interessiert, als sich nach und nach die aufeinanderfolgenden Prophezeiungen nicht bestätigten und durch immer neue ersetzt wurden. Als die Flut selbst schließlich auch nicht einsetzte, nahmen einige Gruppenmitglieder Zuflucht zu »Ersatzbestätigungen« (genau wie die Eingeborenen von Neuguinea den »Johnson«-Außenbordmotor dankbar hingenommen hatten), bevor sich die Bewegung schließlich auflöste.

Das Forscherteam berichtete ohne Jahresangabe und unter Wahrung der Anonymität, der *Lake City Herald* habe eine Meldung unter folgender Überschrift gebracht: »Prophezeiung vom Planeten Clarion; Ruf ergeht an die Stadt: Rettet euch vor der Flut. Überschwemmung für 21. Dez. aus dem All angekündigt, sagt Vorstadtbewohnerin.« Die Zeitungsmeldung enthielt folgende Einzelheiten:

»Wie eine Hausfrau aus der Vorstadt mitteilt, wird Lake City am 21. Dez. vor Einbruch der Dunkelheit von einer vom Großen See kommenden Flutwelle zerstört werden. Mrs. Marian Keech aus der West School Street 847 behauptet, die Prophezeiung stamme nicht von ihr selbst. Sie war Inhalt vieler Botschaften, die sie, wie sie angibt, durch automatisches Schreiben empfangen hat ... Die Botschaften wurden ihr, wie sie behauptet, von höheren Wesen geschickt, die auf einem Planeten namens ›Clarion‹ leben. Sie sagt, diese Wesen hätten die Erde bereits mit den sogenannten fliegenden Untertassen besucht. Während dieser Besuche, so sagt sie, hätten sie schadhafte Stellen an der Erdkruste entdeckt, Vorzeichen einer großen Flut. Mrs. Keech berichtet, man habe ihr gesagt, die Flut werde sich ausbreiten und einen Binnensee bilden, der von der Arktis bis zum Golf von Mexiko reichen wird. Zugleich, sagt sie, wird durch einen katalytischen Prozeß die Westküste von Seattle im Staate Washington bis nach Chile in Südamerika überschwemmt.«

In dem von dem Forscherteam der Universität von Michigan verfaßten Bericht, der weiter unten in einer Mischung zwischen freier Wiedergabe und Zitaten dargestellt wird, heißt es, Mrs. Keech habe das Gefühl gehabt, als Vermittlerin erwählt worden zu sein, um die Lehren der »höheren Wesen« zu empfangen und weiterzugeben. Anfang Oktober statteten zwei der Forscher Mrs. Keech einen Besuch ab, und nach und nach schlossen sich der um die Seherin versammelten Gruppe noch drei ihrer Anhänger sowie einige inzwischen angestellte Beobachter an.

Mrs. Keechs Interesse an okkulten Zusammenhängen war fünfzehn Jahre zuvor in New York erwacht. In der Zwischenzeit war sie von zahlreichen esoterischen Lehren, darunter von der Theosophie und Dianetic, stark angezogen worden. Als sie mit dem automatischen Schreiben anfing, erwachte in Mrs. Keech ein aktives Interesse an Berichten über fliegende Untertassen.

Nachdem ihr wiederholt in die Feder diktiert worden war, schrieb sie Botschaften von einem gewissen »Sananda« nieder, der sich als »die zeitgenössische Personifikation des historischen Jesus« vorstellte »und seinen Namen zu Beginn des ›neuen Zyklus‹ oder Zeitalters des Lichts angenommen hatte«.

Mrs. Keech machte ihrem Mann von ihren esoterischen Kontakten Mitteilung; die ihn kennen, beschreiben ihn als »einen Menschen von unendlicher Geduld, Freundlichkeit und Toleranz, die fast an Selbstaufgabe grenzt; er hat nie daran geglaubt, daß seine Frau Kontakte zu anderen Welten aufnehmen könnte, und hat dennoch nie gegen ihre Aktivitäten opponiert, geschweige denn versucht, sie von ihrem Schreiben abzubringen.« Ihren wichtigsten Kontakt pflegte sie mit einem Dr. Thomas Armstrong, mit dem sie im Club der Fliegenden Untertassen von Steel City bekanntgeworden war. Dr. Armstrong, ein Arzt, lebte in Collegeville, rund 160 Kilometer von Steel City entfernt.

Armstrong und seine Frau Daisy spielten bei der Publizierung der prophetischen Ermahnungen von Mrs. Keech eine ganz entscheidende Rolle. Beide stammten sie aus Kansas und waren in Ägypten beim medizinischen Missionsdienst tätig gewesen. Während der Monate Juli, August und September begaben sich die drei in strenge Klausur. Die ersten »Sananda«-Botschaften prophetischen Inhalts stellten sich am 2. August ein. Die indirekte, »mystische« Sprache spricht für sich selbst:

»Der Erdbewohner wird sich des großen Ausströmens des kochenden Sees und der großen Zerstörung riesiger Bauwerke in der Stadt bewußt werden (diese Bedingungen müssen in der Spezialsprache dieser Botschaften erstmal erfüllt sein) — den Erguß, der dazu führen wird, daß das Bett des Sees derart weit absinkt, daß es vom Grunde des Sees im ganzen Land wie ein großer Windstoß sein wird. Du sollst der Welt sagen, daß dies geschehen wird, denn so ist es bestimmt worden. Nur das Datum muß dein Geheimnis bleiben, denn die Panik der Menschen kennt keine Grenzen.«

Zehn Tage später konnten die Armstrongs und Mrs. Keech die folgende »Sananda«-Botschaft in Empfang nehmen, und man kann sich leicht vorstellen, daß die Wirkung enorm war, da sie sie ja als »Evangelium« von außerweltlichen Wesen hinnahmen:
»Dies ist nicht auf das hiesige Gebiet beschränkt, denn der Schlag für die USA besteht darin, daß sie auseinanderbrechen

werden. Im Mississippi-Gebiet, im Gebiet von Kanada, der Großen Seen und des Mississippi, des Golfs von Mexiko, — alles wird in das Zentrale Amerika übergehen. Die große Kippbewegung des Landes der Vereinigten Staaten nach Osten wird entlang der Zentralstaaten Gebirge aufwerfen, an den Ufern des Großen Neuen Sees, der sich von Norden nach Süden zieht, — bis in den Süden. Die neue Gebirgskette soll Argone-Kette genannt werden, was bedeutet, daß die, die einst da waren, nun fort sind — das Alte ist vorbei — das Neue besteht. Dies wird für die alten Rassen gleichsam ein Denkmal sein, für die neuen wird es der Altar der Rockies und Alleghenies sein.«

Andere Botschaften besagten, daß Ägypten »neu entstehen« und die Wüste ein fruchtbares Tal würde, der legendäre Kontinent Mu sich aus dem Pazifik erhebt, die Küste des Atlantik überschwemmt, Frankreich und England auf dem Grund des Atlantik versinken und Rußland zu einem einzigen großen See wird.

Als der Zeitpunkt der prophezeiten »Flut« und des erwarteten Abtransports durch fliegende Untertassen herannahte, trat ein besonderer Kreis von Anhängern in Erscheinung. Den Anhängern des Cargo-Kults vergleichbar, brachten sie ihre weltlichen Güter als Opfer dar, gaben ihre Karriere auf, brachten ihre Familien in Gefahr, erlitten Einkommenseinbußen. Ein Mitglied, das mehr am Rande der Gruppe stand, war die ursprünglich skeptische Kitty O'Donnell; sie war von Bob Eastman, einer Art Armstrong-Jünger, in die Keech-Sitzungen eingeführt worden. Sie wurde von den Prophezeiungen gänzlich gefangen genommen, gab ihre Stellung auf, verließ ihre Eltern, mietete sich eine eigene, sehr teure Wohnung und hatte vor, ihre gesamten Ersparnisse von rund 600 Dollars aufzubrauchen, da sie ebenfalls damit rechnete, von den fliegenden Untertassen aufgenommen zu werden. Am 4. Dezember meinte sie: »Ich *muß* einfach glauben, daß die Flut am 21. kommt, denn ich habe mein ganzes Geld ausgegeben. Ich habe meine Stellung gekündigt, ich habe mit meinen Ausbildungskursen aufgehört und meine Wohnungsmiete beträgt hundert Dollar im Monat. Ich *muß* einfach daran glauben.« Fred und Laura Brooks, die kurz vor der Heirat standen, gaben in Erwartung der Flut ihr Studium auf. Laura warf ein Gutteil ihrer persönlichen Habe weg — denn bald würde sie ja nichts mehr brauchen.

Am 22. November wurde Armstrong aufgefordert, von seinem Posten in der medizinischen Abteilung des College zurückzutreten. Eltern hatten sich darüber beschwert, daß er seine Stellung durch die Verbreitung »unorthodoxer religiöser Anschauungen« mißbrauchen würde. Armstrong aber sah diesen Vorfall als »Teil eines Planes« der »Wächter« an, eigens dazu entworfen, ihn von den Banden loszureißen, durch die er an diese Welt gefesselt war, und ihn darauf vorzubereiten, diese Welt mit einer besseren zu vertauschen. Am 4. Dezember begannen die Gruppenmitglieder mit den Vorbereitungen zum »Abtransport«, indem sie alle metallenen Gegenstände von ihrer Kleidung entfernten.

Am 17. Dezember war die Nachricht von Armstrongs Entlassung durchgesickert, und die Massenmedien erhielten Informationen über die geplante Evakuierung durch fliegende Untertassen. Reporter und Fotografen stürzten sich auf die Gruppe. Als die Zeitungen sich über Mrs. Keech lustig machten, war die Gruppe fester denn je zuvor entschlossen, dieser feindlichen Welt den Rücken zu kehren. Um 16 Uhr versammelte sich die Gruppe in der Küche von Mrs. Keech in Erwartung der Untertassen-Männer. Bis 17.30 Uhr tat sich nichts. Statt dessen empfing Mrs. Keech eine »Botschaft«, die besagte, daß die Gruppe nach etwas später erfolgendem Abtransport in »des Vaters Haus« zurückkehren würde und nicht mehr zur Erde zurückzukommen brauche. Nach Mitternacht versammelte sich die Gruppe still im Hinterhof, abermals zum Abtransport bereit. Etwa um 1 Uhr ging Mrs. Keech ins Haus zurück, »um eine Botschaft zu holen«. Sie kam mit der Nachricht zurück, daß die Abreise kurz bevorstünde; in einer Stunde würden sie von den fliegenden Untertassen abgeholt.

Wieder wurde die Gruppe von freudiger Erregung erfaßt. Und wieder geschah nichts. Mrs. Keech setzte sich in ihr Auto, um eine weitere »Botschaft« aufzuschreiben: alle, wie sie da waren, sollten gesegnet sein für ihre Geduld und Disziplin; dafür würden sie alle in angemessener Form belohnt; jetzt aber sollten sie nach Hause gehen und sich ausruhen; zu gegebener, wenn auch nicht genau festgesetzter Zeit würde ein Mann kommen und sie an den Ort bringen, von dem sie abgeholt würden. Mrs. Keech versicherte wiederholt, dies alles sei ein hervorragendes »Grundtraining« gewesen.

Am Morgen des 20. Dezember empfing Mrs. Keech eine Botschaft folgenden Inhalts: »Um die Mitternachtsstunde werdet ihr wartende Autos besteigen und an einen Ort gebracht, von dem aus ihr die Vorhalle (= fliegende Untertasse) besteigen werdet...« Die Autoren von *When Prophecy Fails* bemerken dazu: »Das war die Botschaft, auf die alle gewartet hatten, und sie kam beileibe nicht zu früh, da ja schon beim nächsten Morgengrauen ganz Lake City überschwemmt sein sollte. Die Auserwählten aber würden in Sicherheit sein.« Der Rest des Tages blieb noch ausführlicheren Vorbereitungen vorbehalten. Als die Uhr zwölf schlug, saßen die Gläubigen bewegungslos. Mitternacht war vorbei. In sieben Stunden sollte die große Flut einsetzen. Reporter riefen an. Armstrong sagte ihnen: »Kein Kommentar. Wir haben Ihnen nichts zu sagen.«

Dann schrieb Mrs. Keech eine Botschaft nieder, ein wahres Meisterwerk. Sie lautete:

»An diesem Tage, so ist es bestimmt, gibt es nur einen Gott der Erde, und Er ist in eurer Mitte und Er diktiert dir diese Worte. Und das Wort Gottes ist allmächtig — und durch sein Wort seid ihr gerettet worden — denn dem Rachen des Todes seid ihr entrissen und noch niemals hat sich eine solche Macht über die Erde ausgebreitet...«

Die kleine Schar von Gläubigen hatte die Erde durch ihr Vertrauen gerettet! Da war sie, die Bestätigung durch die höchste

Autorität. Diese »Weihnachtsbotschaft« wurde an die Presse weitergegeben. Eine Publizitätsflut setzte ein: das Fernsehen, eine große Illustrierte, Zeitungen und Rundfunk verlangten nach Interviews. Mrs. Keech erhielt von Associated Press und UPI die Mitteilung, am nämlichen Tag hätten in Italien und Kalifornien Erdbeben stattgefunden. Sie meinte dazu: »Alles das bestätigt nur meinen Glauben.« Zugleich erwartete die Gruppe aber immer noch ihren Abtransport.

Doch innerhalb weniger Tage erlahmte das öffentliche Interesse, nachdem die Sensation von anderen Nachrichten überrollt worden war. Bob Eastmann führte ein Ferngespräch mit Kitty O'Donnell, die sich kurz vorher von der Gruppe abgesetzt hatte. Sie sagte: »Na, ihr seid wohl nicht abgeholt worden, wie?« Antwort: »Nein, bis jetzt hat sich nichts Konkretes getan.« Schließlich sagte Kitty: »Na, ich weiß nicht so recht, aber irgendwie tut es mir richtig leid, Bob. Natürlich war es eine Lehre für mich, aber es tut mir eben leid, daß ich so ein Esel war, mein ganzes Geld und Zeug wegzuwerfen... und ich weiß nicht...«

Am Weihnachtsabend sang die pathetische Gläubigenschar Weihnachtslieder vor Mrs. Keechs Wohnung, immer in der Hoffnung, es möchte vielleicht doch noch ein Wesen aus dem All auftauchen und sie mitnehmen. Eine Menschenmenge versammelte sich, die Polizei mußte die Massen in Schach halten. Am 26. stellten Nachbarn Strafantrag gegen Mrs. Keech und Dr. Armstrong, in dem sie ihnen eine ganze Reihe von Verstößen zur Last legten, unter anderem auch Ruhestörung und Verleitung Minderjähriger zu kriminellen Handlungen. Die Polizei zögerte mit der strafrechtlichen Verfolgung; statt dessen verwarnte sie die Familie Keech, die daraufhin schnell und ohne Aufsehen zu erregen aus dem Ort verschwand. Die Armstrongs packten auch ihre Koffer und fuhren mit ihren beiden jüngeren Kindern nach Collegeville.

Es wäre recht unbefriedigend, die soeben beschriebenen Ereignisse als bloße Halluzinationen einer Frau darzustellen. Denn offensichtlich entsprachen die »Botschaften« der Mrs. Keech der Stimmung jener Zeit, riefen sie bei zahlreichen Anhängern verborgene Wünsche wach und vermittelten sie den Teilnehmern ein ausgeprägtes Gefühl, zu den »Auserwählten« dieser Erde zu gehören. Ein psychologisch orientierter italienischer Anthropologe, Guglielmo Guariglia, hat auf die hauptsächlichsten Motivationen hingewiesen, die praktisch allen prophetischen Kulten dieser Art zugrundezuliegen scheinen: »Eine von einer mythischen Persönlichkeit oder außergewöhnlichen Macht vermittelte Heilserwartung oder die Hoffnung auf ein irdisches Paradies.« Im Falle des Keech-Kultes wurde das Paradies in Übereinstimmung mit den im Zeitalter der Raumfahrt gegebenen Erwartungen durch das All und einen anderen Planeten ersetzt.

Guariglias großartiger analytischer Bericht, in dem nationalistische Unabhängigkeitsbestrebungen, der Wunsch nach wirtschaftlichem Wohlstand und dem Cargo-Kult entstammende Prophezeiungen miteinander in Beziehung gesetzt wurden, erschien in Österreich unter dem Titel »Prophetismus und Heilserwartungs-Bewegungen als völkerkundliches und religionsgeschichtliches Problem« (Wien, 1959). In dieser Darstellung der in der ganzen Welt — und natürlich hauptsächlich in den, wie der Autor sagt, »heutigen analphabetischen Gesellschaften und unterentwickelten Kulturen« — existierenden prophetischen Strömungen werden die verschiedensten Einzelaspekte von psychologischer und politischer Relevanz zu einem geistvollen Gesamtbild vereinigt. Der Autor bemerkt, daß die Eingeborenen Ozeaniens, die in der Berührung mit der westlichen Zivilisation leben, sich zwar über dieses Eindringen ärgern, aber »gleichzeitig die Freiheit der Weißen und ihren Lebensstandard haben möchten.« Wie Lawrence von der Staatsuniversität von Australien ist auch er der Ansicht, daß die Anhänger prophetischer Strömungen im allgemeinen »einem sofortigen Paradies auf Erden gegenüber einem zukünftigen Paradies im Geiste« den Vorzug geben. Guariglia führt nationalistisch orientierte prophetische Strömungen auf den »Mythos von der Wiederkunft eines in einer Kultur fortlebenden Helden« zurück, der in grauer Vorzeit wegen einer »von der Gemeinschaft begangenen Sünde« fortgegangen ist und damit »eine Sehnsucht nach seiner Rückkehr und Wiedereinrichtung des Verlorenen Paradieses« ausgelöst hat. Nur selten stößt man auf ein so deutliches Nebeneinander von christlich-abendländischem Glauben an einen Garten Eden, der wegen einer »Sünde« verloren ging (die Schuld des Menschen, mit der es die moderne Psychologie zu tun hat), und den Realitäten politisch-ökonomischer Umwälzungen.

Die folgenden aus Ozeanien stammenden Beispiele sollen diese Hinweise weiter verdeutlichen.

Eine der merkwürdigsten Prophezeiungen wurde dort nach sieben Jahren in verschiedenen Gegenden zugleich noch einmal aufgegriffen. Im Jahre 1930 hatten einige Stämme der Papua die Vision, es würden Schweine geschlachtet und es fänden wochenlange Feste statt. 1937 wiederholte sich die Vision im Papua-Dorf Kairaku. Als Erklärung diente eine Prophezeiung, derzufolge die »Großen Schweine« kommen und sie der mühevollen Arbeit der Schweineaufzucht für den täglichen Bedarf entheben würden.

Im nordöstlichen Papua-Gebiet überlebte der Assisi-Kult, der von 1930 bis 1944 praktiziert wurde, den Zweiten Weltkrieg in einer Vielzahl von Varianten. Nach einer Prophezeiung, die damals in diesem Gebiet zirkulierte, sollte »Christus« mit Cargo-Gütern kommen; auch brauchte man dann nicht mehr zu arbeiten; die Weißen würden schwarz und die Schwarzen würden weiß werden. Typischerweise drängten die ortsansässigen Propheten die Papuas, ihre Gärten als Zeichen ihres Glaubens zu vernichten. Ein Prophet praktizierte sogar eine eigene Version von der Heiligen Kommunion und gewissen protestantischen Bräuchen.

Wer sich für marxistisch orientierte Splittergruppen interessiert, wird einzigartiges Material in einer prophetischen Strömung vorfinden, von der die Insel Lifu in Neukaledonien im Jahre 1947 betroffen wurde. Hier war das Cargo ein reich beladenes Schiff, das von der kommunistischen Partei Frankreichs als Hilfsaktion für die Kommunisten unter den Eingeborenen entsandt worden war. Obwohl nur ein Teil der Insel dieser Prophezeiung zum Opfer fiel, wurden für die erwarteten »roten« Reichtümer angemessene Lande- und Löschmöglichkeiten an einem Küstenpunkt gebaut. Jean Guiart befreit die kommunistischen Organisatoren in seinem Aufsatz »Cargo-Kulte und politische Entwicklung in Melanesien« (*South Pacific*, 1951, Nr. 7) von jedem Verdacht eines betrügerischen Vorgehens und äußert seine Meinung dahingehend, »daß die Eingeborenen für diese ›Entgleisung‹ selber voll verantwortlich seien.«

Von einem überlegten kommunistischen Versuch, den Cargo-Kult ideologisch auszuschlachten, wurde 1966 aus dem Hügelland im Nordwesten Thailands berichtet. »Buddhistische Reisende«, die soeben die Grenze von Laos nach Thailand überschritten hatten, berichteten im Brustton der Überzeugung von Wundern und Reichtümern, die sie auf einen laotischen Messias zurückführten.

»Er wartet«, erzählten sie den thailändischen Stammesangehörigen. »Pflanzt keinen Reis und tötet eure Tiere. Packt eure Sachen und kommt mit!«

Wie der Korrespondent Mark Gayn in den *Chicago Daily News* berichtet, ist das Hügelland »eine Welt von Aberglauben und kindlichem Vertrauen«; dreiundzwanzig Familien fielen der Überredung zum Opfer, trennten sich von ihrem irdischen Besitz und überschritten die laotische Grenze. Einige Monate lang hörte man nichts mehr von ihnen, dann kamen sie zurück: verbittert, ermattet und völlig verarmt: »Es gibt dort gar keinen Messias«, sagten sie.

Gayn fügte hinzu: »Viele andere schlachteten auch ihr Vieh und bestellten ihre Felder nicht mehr, gingen aber nicht nach Laos.

Nach wenigen Monaten begannen sie, in kleine Städte abzuwandern, um die thailändischen Behörden um Nahrung zu bitten. Es wurde eine Untersuchung durchgeführt mit dem Ergebnis, daß einige tausend Stammesangehörige dem Zauberbann von Wandermissionaren erlegen waren.«

Sechs der angeblichen buddhistischen Missionare wurden verhaftet. Gayn berichtet, daß die Behörden aufgrund ihrer Aussagen zu der Überzeugung kamen, daß die Geschichten über einen laotischen Propheten nicht Ausdruck eines »unheimlichen Kultes« waren, sondern vielmehr »eines vorsätzlichen Versuchs, im Hügelland Chaos und Unzufriedenheit zu stiften«. Gayn meint weiter: »Wenn das wirklich stimmt, dann stellt dieser ›Messias‹ nur eine andere Variante des bitteren und sich ausdehnenden Konflikts dar, in dem sich Bangkok zur Zeit befindet, und in dessen Verlauf es sich nicht nur gegen die Unzufriedenheit im eigenen Lande, sondern auch gegen seinen auswärtigen kommunistischen Schirmherrn zur Wehr setzen muß. Außer dem ›Messias‹ gibt es dort natürlich die üblichen Formen der Sabotage, des Terrors, der Guerilla-Hinterhalte, der Spionage und der über den Rundfunk verbreiteten Kriegshetze.«

Den Orakeln des Altertums hat man den Vorwurf gemacht, sie hätten wegen ihrer Bestechlichkeit bei kriegerischen Auseinandersetzungen irreführende Ratschläge gegeben. Der Einsatz eines buddhistischen »Propheten« bei der Auslösung wirtschaftlich zersetzender Cargo-Kult-Strömungen in Thailand paßt in das Bild des nicht allzu kalten Krieges, den das kommunistische China im Süden Asiens führt; und während sich unser Wissen von der Stichhaltigkeit der Prophetie immer mehr erweitert, müssen wir gleichzeitig daran denken, daß sie auch als Waffe bei der psychologischen Kriegsführung eingesetzt werden kann.

8. KAPITEL

Sigmund Freud und der
Ödipuskomplex

Die wissenschaftliche Erforschung der Prophetie hat mit der Weiterentwicklung der Psychologie, vor allem aber der Psychoanalyse zwar nur zögernde, doch immerhin bemerkenswerte Fortschritte gemacht. Freud, der das Wissen des Menschen um seine unbewußten Motivationen so außerordentlich ausgeweitet hat, ist bei seinen Forschungen — was die Fülle seiner Ideen betrifft — selektiv vorgegangen; dieser Tatbestand zeigt sich nirgends so deutlich wie in seinem bedeutenden Konzept vom Ödipus-Komplex. Indem er dafür den Namen des legendären griechischen Königs Ödipus wählte, der seinen Vater tötete und seine Mutter heiratete, stellte Freud das Postulat auf, daß sich fast jeder — wenn auch nur kurzfristig — in den gegengeschlechtlichen Elternteil verliebt.

Die genaue Durchsicht von Sophokles' Stück *König Ödipus* ergibt, daß Freud nur eine Grundidee dieser zeitlosen Tragödie aufgegriffen, die Bedeutung einer weiteren aber nicht beachtet hat. Er griff den Ödipuskomplex aus der Handlung und den Dialogen heraus, schob aber die von Sophokles auch noch zum Ausdruck gebrachte geradezu klassische Anerkennung der Bedeutung der Orakelprophezeiungen einfach beiseite. Freud hätte auf die universale Gültigkeit des dem Ödipus vorherbestimmten Schicksals hinweisen können, wenn er die fundamentalen psychologischen Konsequenzen erkannt hätte, die — wie in dem Stück zum Ausdruck gebracht — sich aus der Sehnsucht des Menschen ergeben, etwas über die Zukunft in Erfahrung zu bringen. In seiner *Traumdeutung* schrieb Freud, das Stück »ist eine sogenannte Schicksalstragödie«; und: »Ihre tragische Wirkung soll auf dem Gegensatz zwischen dem übermächtigen Willen der Götter und dem vergeblichen Sträuben der vom Unheil bedrohten Menschen beruhen.« Für ihn beruht aber die Wirkung, die das Stück auf den heutigen Zuschauer wie auf die alten Griechen ausübt, »nicht auf dem Gegensatz zwischen Schicksal und Menschenwillen«, sondern »in der Besonderheit des Stoffes . . ., an welchem dieser Gegensatz erwiesen wird«.

Nach Freud sind wir vom Schicksal des Ödipus nur ergriffen, »weil es auch das unsrige hätte werden können, weil das Orakel vor unserer Geburt denselben Fluch über uns verhängt hat wie über ihn«. Und er fügt noch hinzu: »Uns allen vielleicht war es beschieden, die erste sexuelle Regung auf die Mutter, den ersten Haß und gewalttätigen Wunsch gegen den Vater zu richten; unsere Träume überzeugen uns davon.« Freud bemerkt weiterhin, daß wir diesen Regungen entwachsen, »insofern wir nicht Psychoneurotiker geworden sind«. Betrachten wir den *Ödipus* als reife Menschen, »hat sich jener urzeitliche Kindheitswunsch erfüllt, und wir schaudern zurück mit dem ganzen Betrag der Verdrängung, welche diese Wünsche in unserem Innern seither erlitten haben«.

In der Übersicht, die Freud über das Stück von Sophokles gibt, bagatellisiert er das wesentliche Element der Prädestination und legt die Betonung auf die Thematik von Mutterliebe und Vaterhaß. Zwar vermerkt er, daß Laios, der Vater des Ödipus, durch das Orakel gewarnt wurde, daß ihn sein noch ungeborenes Kind dereinst ermorden werde. Um zu verhindern, daß sich die Prophezeiung bewahrheitete, setzten die Eltern das Kind in den Bergen aus, vermutlich sollte es sterben. Natürlich wurde es aber von einem Schafhirten gefunden, der ihm den Namen Ödipus — »Schwellfuß« — gab.

Freud greift die Erzählung an der Stelle auf, wo das gerettete Kind als Königssohn an einem fremden Hof, »seiner Herkunft unsicher, selbst das Orakel befragt und von ihm den Rat erhält, die Heimat zu meiden, weil er der Mörder seines Vaters und der Ehegemahl seiner Mutter werden müßte.« Da Ödipus den

König und die Königin von Korinth für seine Eltern hält, flieht er nach Theben. Auf dem Weg bekommt er Streit mit einem alten Mann und erschlägt ihn. Des weiteren löst er ein Rätsel einer mißgünstigen Sphinx, die Theben in Knechtschaft hält. Die dankbaren Thebaner machen ihn zu ihrem König, weil ihr ehemaliger Herrscher, Laios, von seiner letzten Reise nicht zurückgekehrt ist. Natürlich war es Laios, den Ödipus auf dem Wege getötet hatte.

In der zweiten Szene des Stücks fordert Ödipus einen greisen Priester des Zeus auf, den Mörder des Laios zu ermitteln. Mit kollegialer Befriedigung bemerkt Freud, daß Sophokles — »der Arbeit einer Psychoanalyse vergleichbar« — die Handlung des Stücks in der Aufeinanderfolge dramatischer Schritte entwickelt, so daß durch eine »schrittweise gesteigerte und kunstvoll verzögerte Enthüllung« schließlich erkennbar wird, daß Ödipus »der Sohn des Ermordeten und der Jokaste ist«. Jokaste war inzwischen seine Frau geworden. Freud faßt das Geschehen zusammen: »Durch seine unwissentlich verübten Greuel erschüttert, blendet sich Ödipus und verläßt die Heimat. Der Orakelspruch ist erfüllt.«

Wegen der weitreichenden Beachtung, die Freuds Konzept vom Ödipuskomplex in der Popularpsychologie fand, ist die Bedeutung des von Sophokles als Fortsetzung verfaßten Stücks weitgehend übersehen worden. Der 89jährige Philosoph und Dramatiker machte noch einmal sein Mitspracherecht geltend, und zwar mit *Ödipus auf Kolonos,* den er kurz vor seinem Tode beendete und der posthum uraufgeführt wurde. Darin kehrt der greise Ödipus in Begleitung einer seiner Töchter nach Attika zurück, im Frieden mit sich selbst, doch voller Auflehnung gegen das Schicksal. Da er nicht gewußt hatte, daß Laios und Jokaste seine natürlichen Eltern waren, hatte ihn im Grunde genommen das Schicksal zu seinen Handlungen und — als er sich eigenhändig blendete — fast bis zur Selbstvernichtung getrieben. Am Ende seiner Lebensreise angekommen, straft Ödipus alle mit

Verachtung, die aus seinem Unglück Vorteile für sich gezogen haben. Allerdings handelt er wiederum einem Orakelspruch entsprechend, wenn er mit Gelassenheit dem Tod entgegengeht, der alles verzeiht — als ein Mensch, von allem Fluch gereinigt und von einer Schuld befreit, die niemals seine eigene war. In der Schlußszene des Stücks wird Ödipus von seinem »Komplex« befreit, indem er einem vorherbestimmten Schicksal folgt, das nun nicht mehr tragisch, sondern das eines seiner vollkommenen Reinheit und seines eigenen Wertes sicheren Menschen ist.

In dem folgenden Monolog versöhnt sich Ödipus mit seinem Schicksal (aus: *Ödipus auf Kolonos* in der Übersetzung von Ernst Buschor):

> »... Wenn du mir Morde, Ehen, Unglückslos
> Entgegenschleuderst. Ach, ich Unglücksmensch
> Litt alles schuldlos nach der Götter Rat,
> Die irgendwie bestraften meinen Stamm.
> Denn an mir selbst entdeckst du keinen Schimpf
> Und keine Schmach, die so zu büßen war
> Mit Freveltat an mir und meinem Haus.
> Erhielt mein Vater den Orakelspruch,
> Daß er von Sohnes Händen sterben muß,
> So sieh, ob mich gerechter Vorwurf trifft,
> Der ohne Vaters, ohne Mutters Keim,
> Noch ungezeugt und ungeboren war!
> Und wenn ich Armer auf der Welt erschien
> Und auf den Vater stieß und ihn erschlug,
> Nicht ahnend, was ich tat und wem ichs tat,
> Wie wirfst du mir das Ungewollte vor? ...«

Ödipus bereitet sich auf den Tod vor, indem er sich im Hain der Furien von Kolonos in der Nähe Athens niederläßt. Voller Spannung erwartet er den Spruch des apollinischen Orakels. Er begrüßt seine Tochter Ismene und erinnert sie daran, daß sie einst als Botin gedient hat: »Und du mein Kind, hast heimlich aus der Stadt / Mir stets die Sehersprüche hinterbracht / Die

über mich ergingen . . .« In seiner Unsicherheit bittet er sie
festzustellen, ob »noch ein Gott / Sich um mich kümmert, mich
erretten will.« Ismene beruhigt ihn: »Die Hoffnung weckte
neuer Seherspruch.« Ödipus fragt: »Was für ein Spruch? Was
wurde prophezeit?« Darauf antwortet sie ihm: »Daß einmal
Thebens Volk dich noch begehrt / Zu seinem Heil, lebendig
oder tot.« Und sie fährt fort: »Doch ist die Macht in deine
Hand gelegt . . . Die Götter stürzen, richten wieder auf.«
Diese Passagen zeigen ganz deutlich das Interesse für das immer
wiederkehrende Thema von der Macht des Orakels und der
Bedeutung des Schicksals für die menschliche Existenz. Freud
hat die Tragödie des Ödipus zwar im Werk des Sophokles aufgespürt, sich aber um die darin enthaltene dramatische Darstellung des psychischen Kräftespiels nicht gekümmert, das der
Suche des Menschen nach einer Absicherung durch Prophezeiungen, seinem Verlangen, um sein scheinbar unausweichliches
Schicksal zu wissen, es zu überwinden und möglicherweise zu
beherrschen, zugrundeliegt. Die Rolle des Orakels in den Ödi-
pus-Dramen muß nicht unbedingt die des Bösen oder Guten
sein; vielleicht drückt sich darin ganz einfach die Sehnsucht des
Menschen aus, eine Kenntnis des Guten oder Bösen zu erlangen,
die über das mit den »normalen« Sinnen Erfahrbare hinausgeht.
Die Schlüsselstellung, die das Orakel in der Ödipussage einnimmt, entspricht der Sorge des Menschen im Hinblick auf das,
was ihm die Zukunft wohl bringen mag; sie äußert sich stark in
seinen Gefühlen, in seinem alltäglichen Leben sowie in seinen
offenkundigen Wahrträumen. Gelegentlich haben diese Träume
eine vielfache Bedeutung: es zeigen sich in ihnen nicht nur zukünftige Ereignisse, die unter Mißachtung unserer Auffassung
von chronologischen Abläufen dann auch wirklich einzutreten
scheinen, sondern sie können auch eine Widerspiegelung von Gefühlszuständen sein, die dann zu den Ereignissen führen; gerade
die dem Geträumten innewohnende Macht könnte ein Wegbereiter dieser Ereignisse sein. Freud ist nie dazu gekommen, die

psychologische Bedeutung von *Ödipus auf Kolonos* ganz zu durchdenken, geschweige denn zu akzeptieren; dennoch haben einige seiner Anhänger, die auf der Grundlage der Freudschen Konzeption eigene Vorstellungen entwickelt haben, auf dem Gebiet der Präkognition und Telepathie sehr mutige und faszinierende Forschungsarbeit geleistet.

Sigmund Freud hat stets versucht, fair zu sein. Er wollte seinen Patienten helfen und gegenüber seinen Freunden und Kollegen hilfsbereit sein. Die Psychoanalyse hatte von Anfang an mit zahlreichen Schwierigkeiten zu kämpfen. Durch seine Erforschung der Rolle der Sexualität für das psychische Leben des Menschen wurde er zur Zielscheibe von Angriffen aus allen Richtungen. Dennoch war er tolerant; er kannte die Unzahl menschlicher Schwächen von berufswegen. In der psychoanalytischen Bewegung selbst kam es zu Gegensätzen, Spaltungen, Meinungsstreiten, Intrigen.

In dieser Lage war es Freud am wenigsten daran gelegen, in die Auseinandersetzung um »okkulte« Dinge, wie zum Beispiel Telepathie oder, noch schlimmer, Präkognition, hineingezogen zu werden. Aber wie zu so vielem anderen wurde er auch zu diesem Gegenstand wieder gedrängt und hingezogen. Was ihn selbst betraf, so war er von den Berichten über paranormale Erscheinungen fasziniert. Sein »Vertreter« in Großbritannien und späterer Hauptbiograph, Ernest Jones, wußte, daß die Psychoanalyse es schwer haben würde, die Anerkennung ihrer eigenen Ansprüche durchzusetzen, und daher warnte er auch vor der Beschäftigung mit Vorstellungen, die noch um einiges suspekter waren.

Andererseits mußte sich Freud in Wien mit seinem ebenso brillanten wie exzentrischen Schüler Sandor Ferenczi wegen der Anerkennung paranormaler Phänomene herumplagen. Auch Freuds 1912 vollzogener Bruch mit C. G. Jung erfolgte zum Teil wegen des Streits um das »Okkulte«, dem Freud mit extremer Abneigung gegenüberstand, während Jung es bei der Entwicklung seines »offenen Systems« in der analytischen Psychologie für einen geeigneten Forschungsgegenstand hielt.

Ein klassisches Mittel der Propaganda wie gelehrter Besserwisserei besteht darin, Zitate aus ihrem Zusammenhang zu reißen. Eine Auslegung und erneute Deutung oder die Ergänzung älterer Vorstellungen durch neuere Forschungsergebnisse kann ebenso hilfreich wie verwirrend sein. Freud hat sehr viel geschrieben. Manchmal konnte er sehr dogmatisch sein; doch zu Zeiten wollte er sich auch nicht festlegen und stellte dann zwar irgendetwas in Aussicht, verkündete aber gleichzeitig, er habe sich zu dem bestimmten Gegenstand in Wahrheit noch kein abschließendes Urteil bilden können oder das, was er geschrieben habe, sei noch nicht sein letztes Wort. Deswegen kann man auch das, was Freud über präkognitive oder telepathische Träume geschrieben hat, von verschiedenen Standpunkten aus betrachten; und das ist auch der — zumindest teilweise — Grund dafür, daß diejenigen, die mangels eines passenderen Etiketts häufig als Neo-Freudianer bezeichnet werden, zumindest, was die Frage der Präkognition anbelangt, in drei Gruppen zu unterteilen sind:

1. In diejenigen, die die Betonung auf Freuds frühe Schriften legen; darin gilt Telepathie als unbewiesen und Präkognition als retrospektive Verfälschung.

2. In jene, die in den Träumen ihrer Patienten auf telepathische oder sogar präkognitive Elemente gestoßen und zu der Auffassung gekommen sind, daß sie für den therapeutischen Prozeß nicht nur bedeutungsvoll, sondern sogar wirklich hilfreich sein können.

3. In diejenigen, die das Gefühl haben, daß selbst, wenn der manifeste Traum keine telepathischen oder präkognitiven Anteile enthält, sich durch die Analyse in der zugrundeliegenden symbolischen Darstellung unter Umständen parapsychologische Kommunikationsvorgänge aufdecken lassen.

Der Wunsch, etwas über die Zukunft in Erfahrung zu bringen,

ist im Menschen von heute noch genau so lebendig wie in alten Zeiten. Er besitzt eine starke, grundlegende, gefühlsmäßige Anziehungskraft. Ganz gewiß kann ein so lange bestehendes und fundamentales Problem nicht einfach von psychologischen Lehrmeinungen beiseitegeschoben werden, denen es darum geht, den modernen Menschen zu erforschen, zu verstehen, zu diagnostizieren, zu therapieren und zu leiten. Der Leser sei aber gewarnt: er muß sich gut vorbereiten, denn es müssen noch einige intellektuelle Hürden übersprungen werden.

Zunächst einmal zu Freud. Sein Umgang mit der Prophetie war natürlich von den Träumen, Halluzinationen und neurotischen Symptomen seiner Patienten beherrscht. Die Fälle, denen er begegnete, wiesen alle in eine bestimmte Richtung. Am 10. November 1899 beschrieb und kommentierte er einen Fall, den er mit *Eine erfüllte Traumahnung* überschrieb. Die von ihm gegebene Darstellung ist allerdings derart knapp, daß sie heute wohl kaum Aussicht hätte, in die Bibliothek der American oder British Society for Psychical Research bzw. in die von Louisa E. Rhine von der Foundation for Research on the Nature of Man aufgenommen zu werden.

Immerhin aber handelt es sich dabei um Freuds ersten schriftlichen Bericht über einen präkognitiven Traum, der im übrigen auch die dogmatische Haltung zeigt, die er damals vertrat.

Freud beschreibt seine Patientin, eine »Frau B.«, als eine ausgezeichnete und kritische Frau, die ihm erzählte, »daß sie einmal vor Jahren geträumt habe, sie treffe ihren früheren Hausarzt und Freund, Dr. K.«, auf der Hauptgeschäftsstraße von Wien, der Kärntnerstraße, »vor dem Laden von Hies«. Sie berichtete Freud, daß sie »am nächsten Vormittag durch diese Straße« ging »und ... die bezeichnete Person wirklich an der geträumten Stelle« traf.

Freud ist in seinem Aufsatz darum bemüht, die »Bedeutung dieses wunderbaren Zusammentreffens« zu entkräften und die besonderen Motive aufzuzeigen, die dazu führten, daß sie nach dem tatsächlichen Zusammentreffen »die Überzeugung bekam«, davon schon vorher geträumt zu haben. Nach dem Tod ihres ersten Mannes war Dr. K. kurzfristig ihr Geliebter gewesen. »Solche Träume«, vermutete Freud, »dürften sich jetzt oft bei ihr ereignen«. Zwar waren seit der Liaison fünfundzwanzig Jahre vergangen, doch »werden solche Träume nach dem Erwachen wieder beseitigt«; und »so wird es auch unserem angeblich prophetischen Traum ergangen sein«. Freud kam zu dem Schluß: »Der Inhalt des Traumes — das Rendezvous — überträgt sich auf den Glauben, daß sie von dieser bestimmten Stelle geträumt hat, denn ein Rendezvous besteht darin, daß zwei Personen zur gleichen Zeit an die nämliche Stelle kommen. Wenn dabei dann der Eindruck zustande kommt, daß ein Traum in Erfüllung gegangen ist, so bringt sie mit ihm nur die Erinnerung zur Geltung, daß in jener Szene, wo sie sich weinend nach seiner Gegenwart sehnte, ihre Sehnsucht wirklich sofort in Erfüllung gegangen ist. So ist die nachträgliche Traumschöpfung, die allein die prophetischen Träume ermöglicht, auch nichts anderes als eine Form der Zensurierung, die dem Traum das Durchdringen zum Bewußtsein ermöglicht.«

Diese kleine Schrift von Freud wurde erst nach seinem Tode im Jahre 1939 veröffentlicht. Immerhin verfaßte er sie nur sechs Tage nach der Erstveröffentlichung seines bedeutenden Werkes, der *Traumdeutung*, in der sich tatsächlich gelegentlich der weniger dogmatische und tolerantere Freud zeigt. Denn dort schrieb er zum Beispiel von der »behaupteten divinatorischen Kraft des Traumes« im Hinblick auf die Zukunft und gab die folgende Stellungnahme dazu ab: »dies bildet . . . ein Streitobjekt, an welchem schwer überwindliche Bedenken mit hartnäckig wiederholten Versicherungen zusammentreffen. Man vermeidet es — und wohl mit Recht —, alles Tatsächliche an diesem Thema abzuleugnen, weil für eine Reihe von Fällen die Möglichkeit einer natürlichen psychologischen Erklärung vielleicht nahe bevorsteht.«

Immerhin lehnt Freud an einer anderen Stelle seines Buches (obwohl er seine Aussage dann wieder modifiziert) etwa im Traum sich manifestierende prophetische Elemente ab; dabei handle es sich um nichts anderes als um in die Zukunft projizierte frühere Erfahrungen. Er schreibt: »Und der Wert des Traums für die Kenntnis der Zukunft? Daran ist natürlich nicht zu denken. Man möchte dafür einsetzen: für die Kenntnis der Vergangenheit. Denn aus der Vergangenheit stammt der Traum in jedem Sinne. Zwar entbehrt auch der alte Glaube, daß der Traum uns die Zukunft zeigt, nicht völlig des Gehalts an Wahrheit. Indem uns der Traum einen Wunsch als erfüllt vorstellt, führt er uns allerdings in die Zukunft; aber diese vom Träumer für gegenwärtig genommene Zukunft ist durch den unzerstörbaren Wunsch zum Ebenbild jener Vergangenheit gestaltet.«

In den Kreisen der Freudianer machte sich zeitweilig in bezug auf diese Fragen die Tendenz breit, sich noch freudianischer zu gerieren als Freud selbst. Derart orthodoxe und puristische Freudianer sind jedoch heute selten geworden. Dennoch muß man die traditionelle freudianische Haltung respektieren und in ihrer Wichtigkeit anerkennen. Eduard Hitschmann gibt in seinem im *International Journal of Psychoanalysis* (Okt. 1924) erschienenen Artikel »Telepathie und Psychoanalyse« offen zu bedenken, ob Menschen, die von solchen übernatürlichen Erlebnissen wie »sogenannten Wahrträumen« berichten, nicht in Wahrheit höchst therapiebedürftig sind.

Eine detaillierte Übersicht über in der Psychoanalyse auftretende Wahrträume gibt der Schweizer Psychoanalytiker Hans Zulliger in seinem Artikel »Prophetische Träume«, der in der auf diesem Gebiet führenden *Internationalen Zeitschrift für Psychoanalyse* (1932, Nr. 13) erschienen ist. Zulliger führt eine Reihe von Fällen aus seiner Praxis an und vergleicht die berichteten präkognitiven Erlebnisse mit seiner Kenntnis der jeweiligen Persönlichkeit und der anamnestischen Daten.

Zulligers Bericht beginnt mit dem Plan einer Gruppe von Bergsteigern, ein Wochenende in den Berner Alpen zu verbringen. Drei Freunde laden einen vierten begeisterten Alpinisten ein, dessen Braut erst vor kurzem gestorben ist. Nachdem man alle Überredungskünste aufgewendet hat, stimmt er endlich zu. Nach zwei Tagen nimmt er seine Zusage jedoch zurück: in einem Traum »hat (er) einen Aufstieg auf die Jungfrau gemacht und ist ... abgestürzt«. Dennoch gelingt es den Freunden, ihn zur Teilnahme an der Besteigung des Gantrisch zu überreden, der »schon von Kindern bezwungen wird ... und sich der schönen Aussicht wegen lohnt«.

Der vierte Teilnehmer mißachtete seinen präkognitiven Traum, strauchelte während des Abstiegs, stürzte ab und war tot. Zulliger berichtet, daß die drei Alpinisten tief bestürzt waren, als sie feststellten, daß der Traum ihres Freundes »die Zukunft vorausgesagt« hatte. Er bemerkt, daß es in einem derartigen Fall unmöglich sei, nach psychologischen Faktoren zu fahnden und daß »der Traum und das darauffolgende Unglück ... dazu angetan (sind), den Glauben zu stützen, daß es prophetische Träume gibt«. Dennoch schließt sich Zulliger der Meinung Hitschmanns an, der sagt: »Die Annahme mystischer Kräfte ist nichts anderes als in die Außenwelt projizierte Psychologie« sowie Ausdruck antagonistischer Gefühlsregungen in Erwartung eines Unheils. Zulliger schreibt, daß wir »solche Regungen als Ursache aller jenen ›prophetischen‹ Träume vermuten (können), die den Tod von geliebten Familienangehörigen oder Bekannten zum Inhalte haben.«

Zulliger hält telepathische Träume für beachtenswert, weil sie eine Brücke zu »etwas räumlich Unterschiedenem« schlagen, während prophetische Träume »außerdem eine zeitliche Voraussage« enthalten und »wir meinen, das Zeitliche sei das Spezifische für die Prophetie«. Er bemerkt, daß damals relativ selten von in psychoanalytischen Sitzungen auftretenden prophetischen Träumen berichtet wurde, denn man sah sie gegenüber der Diagnose und Therapie als etwas Zweitrangiges an, während

»das Volk sie als etwas in sich Abgeschlossenes schätzt«. Zulliger betont in seinem Aufsatz, daß für die richtige Auswertung von präkognitiven Träumen die Kenntnis der psychologischen Begleitumstände unerläßlich und aus »Material, das man aus dritter und vierter Hand erhält«, nichts zu gewinnen sei; denn »man weiß dabei nie, wie viel an den Berichten gefälscht worden ist, ohne daß der Erzähler es beabsichtigte.«

Zulliger führt noch ein weiteres Beispiel aus seinem eigenen Fallmaterial an, das nicht analysiert werden konnte, weil die Hauptperson inzwischen verstorben war. Dort berichtete eine 24jährige Frau einer Gruppe von Freunden auf dem Heimweg von einem Fest, sie hätte in der vergangenen Nacht leichtes Fieber gehabt und vermute nun, daß es den folgenden Traum ausgelöst haben könnte: »Sie will von ihrem Verlobten begleitet über Land gehen. Plötzlich ist eine hohe Mauer da, ein schweres, schwarzes Tor öffnet sich, sie schreitet voran hindurch, hört noch, wie das Tor vor der Nase ihres zukünftigen Gatten in heftigem Zugwind zuschlägt, und sie fällt ins Bodenlose.«

Zulliger hatte das Gefühl, daß der Traum der von der Träumerin beabsichtigten Heirat »eine schlimme Prognose« stellte. Sie hatte eine starke Vaterbindung und Bemerkungen wie diese gemacht: »Ich werde nur einen Mann heiraten, der meinem Papa ganz ähnlich ist!« und: »Am liebsten möchte ich meinen Papa heiraten!« Die Hochzeit sollte vier Tage später stattfinden. Am auf den Traum folgenden Tag bekam das junge Mädchen eine Lungenentzündung. Sie starb an dem für die Hochzeit festgesetzten Tag.

Zulliger bemerkt dazu: »Dieser Tatbestand, in Beziehung gebracht mit dem, was wir über das Verhalten des Mädchens zu seinem Vater und seinem Verlobten wissen, will uns verdächtig erscheinen. Wir dürfen vermuten, daß die Braut lieber sterben als sich verheiraten wollte. Vielleicht waren die Fieberanfälle während der Traumnacht bereits der Anfang einer Lungenentzündung. Und, den Traum ins Auge fassend, fragen wir uns, ob er nicht eine unbewußte Selbstmordtendenz äußere.«

Der Schweizer Analytiker sah in den beiden Träumen eine Parallele: »Der junge Mann des ersten Traums konnte den Verlust seiner Braut nicht verschmerzen ..., er wollte sterben, um mit ihr vereinigt zu sein.« Das junge Mädchen, das trotz des Fiebers, das sie in der Nacht zuvor gehabt hatte, das Fest besuchte und damit nicht genügend auf ˻ch selber acht gab, hat vielleicht seinen Gesundheitszustand mißachtet und »wollte lieber sterben als einen ungeliebten Mann heiraten«. Zulliger hielt derartige Analysen nach Eintritt des Ereignisses für unbefriedigend und zog es vor, »mit solchen prophetischen Träumen (zu) operieren, ... die sich während einer psychoanalytischen Kur darboten«.

Ein Patient Zulligers — ein junger Mann, der vorhatte, bald zu heiraten — berichtete von einem Besuch bei seiner Braut; er habe sie in der Küche angetroffen und dort aus Versehen eine Glasschale zu Boden geworfen. Dabei fiel ihm ein Traum ein, den er in der vorangegangenen Nacht gehabt hatte: »Er sollte einen gläsernen Einmachtopf öffnen, der Deckel saß aber fest und wollte sich nicht lösen, da sagte er, man müsse das Glas kaputt machen, es gehe nicht anders. Diesen Traum betrachtete er nachträglich als prophetisch.« Zulliger meint, daß man bei oberflächlicher Betrachtung angesichts des Traums und der tatsächlich zerbrochenen Glasschale »an ein zufälliges Zusammentreffen« denken könnte. Doch wurde in den analytischen Sitzungen deutlich, daß sich der junge Mann wegen der bevorstehenden Heirat und der damit verbundenen Defloration seiner Braut erhebliche Sorgen gemacht hatte — durchsetzt von Ängsten vor einer durch Kastration erfolgenden Vergeltung und dem Wunsch nach einer Frau, die bereits von einem anderen Mann defloriert wäre. Die Analyse weitete sich in Richtung auf die klassische ödipale Situation aus, derzufolge ein junger Mann unbewußt seine eigene Mutter begehrt und dafür die Vergeltung des Vaters fürchtet. All dies hat der Patient nach Zulligers Meinung im Traum in symbolischer Form vollzogen. Er bemerkt: »Für das Problem der prophetischen Träume ist dieses Beispiel insofern interessant, als wir in ihm einen sukzessiven Durchbruch des Unbewußten deutlich erkennen können.« Zulliger fügt hinzu:

»Der ›Wahrtraum‹ richtet seinen Blick eigentlich nicht in die Zukunft. Er sagt etwas aus, das bereits im Unbewußten besteht und tief auf die frühen Erlebnisse des Träumers zurückgreift. Denn die Ödipusphantasien reichen in die frühe Kindheit zurück, wo sie keine normale Erledigung finden konnten, so daß sie wieder aktiviert wurden, als der zum jungen Manne erwachsene Knabe vor einer realen Ehesituation stand.«

Eine andere Patientin berichtete Zulliger, sie hätte ihm früher bereits einmal einen Traum erzählt, in dem sie ein kleines Kind an der Brust gehalten habe, einen Traum, den sie kurz vor ihrer tatsächlichen Schwangerschaft gehabt habe. Sie erzählte dem Analytiker, sie hätte jetzt dasselbe geträumt und wieder eine Schwangerschaftsvoraussage erhalten. Zulliger gibt jedoch an, daß diese Patientin, deren Therapie gerade zu Ende ging, ihm diesen ersten Wahrtraum nicht, wie sie glaubte, mitgeteilt hatte, sondern »einer Erinnerungstäuschung erlegen« war. Auch der zweite Traum war nicht prophetisch, wie sich herausstellte; die Menstruation hatte sich lediglich verzögert, eine zweite Schwangerschaft lag nicht vor.

Sie war zutiefst befriedigt, etwas erfahren zu haben, von dem der Analytiker nichts wußte, ja, »sie erkennt sich etwas wie ›mediumhafte‹ Fähigkeiten zu« und hatte das Gefühl, außergewöhnlich zu sein; außerdem hoffte sie, noch andere Glücksfälle voraussagen zu können, und »hält für möglich, daß sie auch imstande sei, Gefahren vorauszusehen und sie zu vermeiden, verhindern zu können, wenn sie gewarnt sei. Unter heftigem Schreck fällt ihr hierauf ein, sie könnte voraus wissen, wenn ihr Mann, wenn sie, wenn ihr Analytiker bedroht sei. Und auf einmal graut ihr fast vor ihrer Fähigkeit, denn schließlich könnte sie sogar den Tod der ihr nahestehenden Menschen im voraus erfahren. Dann tröstet sie sich, so ausgiebig sei ihre prophetische Befähigung doch nicht.«

»Der Wunsch, die Zukunft vorauszusehen«, schreibt Zulliger, »trug zu der Erinnerungstäuschung bei, die ihr passiert war, als sie schon die Ankunft ihres ersten Kindes durch einen ›Wahrtraum‹ angekündigt gehabt haben wollte.« Und er fährt fort: »Es liegt nahe, daß jemand, der die Geburt voraussieht, ebenso den Tod voraussehen kann. Sie wurde darauf aufmerksam gemacht, und während der gleichen Sitzung, als ich das elektrische Licht andrehte, fiel ihr ein, welch eine außerordentliche Freude sie als Kind empfand, als sie den Zusammenhang zwischen dem Lichtschalter über ihrem Bettchen und dem Ein- und Ausschalten des Lichtes wahrnahm. Das Spiel mit dem Lichtschalter vergnügte sie mehr als ein anderes, sie kam sich wie der liebe Gott vor, der Tag und Nacht befehlen könne. Wir dürfen also in dem Wunsche, ›mediumhafte‹ Fähigkeiten zu besitzen, Resterscheinungen aus jener Phase der Kindheit erblicken, in der sich der junge Mensch in seinem Narzißmus als ›allmächtig‹ vorkommt.« Während Zulliger den Traum der jungen Frau in der Weise interpretierte, daß diese später fast wie aus Selbstmordabsicht an Lungenentzündung starb, mag dieser Traum anderen vielleicht wie eine Diagnose der in ihr schlummernden Krankheit vorkommen. Dieser Auffassung neigt Havelock Ellis zu, der in seinem Buch *Die Welt der Träume* (Würzburg, 1911) schrieb, daß »eine physische Krankheit das Traumbewußtsein viele Stunden, ja Tage vor ihrer Wahrnehmung durch das Wachbewußtsein erreichen kann und in einen mehr oder weniger phantastischen Traum übersetzt wird.« Ellis hielt »prophetische« Träume, »in denen der Träumer nicht seine bereits latent vorhandene körperliche Verfassung, sondern ein äußerliches Ereignis voraussieht«, für »in der Regel irreführend«. Er schreibt sie »der gefühlsmäßigen Vorbereitung durch den Traum und der konzentrierten Erwartungshaltung« zu, die ein Ereignis auslösen, das mit der Prophezeiung übereinstimmen kann. Immerhin läßt Havelock Ellis die Möglichkeit für andere Schlußfolgerungen offen: »Ich bin bereit zuzugestehen, daß es noch andere prophetische Träume gibt, die nicht so einfach zu erklären sind . . .«

Eine ähnliche Auffassung vertrat der ältere amerikanische Parapsychologe und Schriftsteller H. Addington Bruce in seinem Bericht über die frühen Untersuchungen der American Society for Psychical Research am 11. Dezember 1911 in der Wochenschrift *Outlook*, für die immerhin auch Theodore Roosevelt schrieb. In seinem Beitrag »Träume und das Übernatürliche« sagt Bruce, viele Menschen würden nur sehr ungern zugeben, daß sie bisweilen von »zukünftigen Ereignissen« träumen, obgleich er selber »überhaupt keinen Grund dafür« sehe, »bei der Erklärung der Wahrträume über die bewußte Wahrnehmung hinauszugehen«. Wie Ellis glaubte auch er, daß sich solche Träume möglicherweise dann einstellen, wenn eine Krankheit »schon so weit fortgeschritten ist, daß die dadurch bereits entstandenen organischen Veränderungen Gefühlsregungen hervorrufen, jedoch ausreichen, das Schlafbewußtsein mit Aktivität zu beleben«. Bruce fügte hinzu, daß »wenn sich der Traum auf jemand anders als den Träumer selbst bezieht, mit Sicherheit angenommen werden kann, daß der Träumer vor dem Traum — unbewußt oder bewußt — andeutungsweise etwas von dem Gesundheitszustand der anderen Person erfahren hatte.«

Bruce zeigt, wie schwimmend die Grenzen zwischen einer »Ahnung«, irgendeiner Form telepathischen oder hellseherischen Wissens und prophetischen Schlußfolgerungen in Wirklichkeit sind. Alle diese Konzepte sind durch zarte Fäden miteinander verwoben: vielleicht verleiten uns sinnlich oder außersinnlich wahrgenommene Anhaltspunkte über einen momentanen Zustand tatsächlich zu unbewußten Schlußfolgerungen im Hinblick auf die Zukunft und vermitteln uns damit den Eindruck, hier müsse Prophetie irgendwie mit ihm Spiel sein.

9. KAPITEL

C.G. Jungs Suche nach der Welt jenseits der Psyche

Freuds begabtester Schüler und späterer Widersacher Carl Gustav Jung hat durch seine analytische Psychologie ein Verständnis vieler menschlicher Probleme ermöglicht. Dieser robust wirkende, weißhaarige, ständig pfeiferauchende Mann, der seine Kraft aus den Schweizer Bergen zu beziehen schien, in die er sich von Zeit zu Zeit zurückzog, hat sich intensiv mit der Bedeutung der paranormalen Phänomene beschäftigt. Das Engagement, das er auf diesem Gebiet zeigte, beschleunigte den Bruch mit Freud. Fast ein halbes Jahrhundert später schrieb Jung im Jahre 1958:

»Es interessierte mich, Freuds Meinung über Präkognition und Parapsychologie im allgemeinen zu erfahren. Als ich ihn 1909 in Wien besuchte, sprach ich ihn darauf an. Aufgrund von Vorurteilen, die aus seiner materialistischen Einstellung erwuchsen, verwarf er den gesamten Fragenkomplex als unsinnig, und das mit einem so oberflächlichen Positivismus, daß es mir schwerfiel, die scharfe Entgegnung, die mir schon auf der Zunge lag, zurückzuhalten. Dies geschah einige Jahre später, bevor er die Ernsthaftigkeit der Parapsychologie erkannte und das Gebiet ›okkulter‹ Phänomene anerkannte.«

Der unwiderrufliche Bruch zwischen Freud und Jung erfolgte 1912, und von da ab entwickelte sich die Jungsche Psychologie nach ihren eigenen unverkennbaren Prinzipien. Die zwischen ihnen in bezug auf die Parapsychologie bestehende Meinungsverschiedenheit ließ ihre unterschiedliche Auffassung über die menschliche Psyche deutlich zutage treten. Jungs »offenes System« ermöglichte eine Integration des Okkulten eher als Freud, der vom »Okkultismus« als »schwarzer Schlammflut« sprach

Zum Problem der Prophetie schrieb Jung in seinem Aufsatz »Allgemeine Gesichtspunkte zur Psychologie des Traumes« (in: *Die Dynamik des Unbewußten*, Ges. W., Bd. 8), daß »der Aberglaube aller Zeiten und Völker den Traum als wahrheitskündendes Orakel betrachtet«. Er fügt hinzu: »Wenn man von Übertreibung und Ausschließlichkeit absieht, so bleibt von dergleichen allgemein verbreiteten Vorstellungen immer ein Körnchen Wahrheit zurück.«

In seiner klinischen Praxis traf Jung auf zahlreiche Fälle von Präkognition, unter anderem auf den eines Patienten, der ihm einen prophetischen Selbstmord-Traum erzählte. Jung berichtet darüber in »Die praktische Verwendbarkeit der Traumanalyse« (in: *Praxis der Psychotherapie*, Ges. W., Bd. 16). Der Patient war Akademiker und hatte Jung schon oft wegen seiner »Traumdeuterei« geneckt. In der ihm eigenen scherzhaften Art berichtete er den folgenden Traum:

»Ich steige auf einen hohen Berg auf steiler Firnhalde. Es geht immer höher, und es ist wunderschönes Wetter. Je höher ich komme, desto wohler wird mir zumute, ich habe das Gefühl, wenn ich nur ewig so steigen könnte. Mein Glücksgefühl und meine Erhobenheit, als ich den Gipfel erreiche, sind so groß, daß ich fühle, ich könne weiter hinauf in den Weltraum steigen. Ich kann dies nun auch tun und steige in die Luft hinauf. Ich erwachte in völliger Ekstase.«

Der Mann war begeisterter Bergsteiger und wollte nun Jungs Meinung zu diesem Traum hören. Jung verhielt sich abwartend; er erfuhr, daß dieser Mann Klettertouren ohne Führer unternahm, daß ihn die Gefahr faszinierte und er überhaupt waghalsige Unternehmungen liebte. Jung schreibt: »Ich fragte mich, was es wohl sei, das ihn mit einem doch offenbar krankhaften Vergnügen derart gefährliche Situationen aufsuchen ließ.«

Der inzwischen etwas ernster gestimmte Mann, sagte, daß er die Gefahr nicht fürchte; für ihn bedeute der Tod in den Bergen etwas sehr Schönes. Jung leitete daraus einen unbewußten

Selbstmord-Wunsch ab. Der Mann sagte, er würde seine Berge niemals »aufgeben«; sie bedeuteten für ihn eine Fluchtmöglichkeit fort von seiner Familie: »Ich mag nicht zuhause herumsitzen.«

Hierin nun erblickte Jung »den tieferen Grund für seine Leidenschaft«. Die Ehe des Mannes war unglücklich, es hielt ihn nichts zuhause. Auch beruflich war er zutiefst unzufrieden. Jung sagt dazu: »Es kam mir so vor, als wäre diese unheimliche Bergleidenschaft ein Weg für ihn, einer Existenz zu entfliehen, die für ihn unerträglich geworden war. Im stillen interpretierte ich daher den Traum wie folgt: Da er trotz allem noch am Leben hing, war der Aufstieg zunächst beschwerlich. Je mehr er sich aber seiner Leidenschaft hingab, desto größer wurde die Verlockung und beflügelte seine Schritte. Schließlich übermannte ihn die Verlockung vollständig: er fühlte sich völlig körperlos und stieg über eine Wand buchstäblich in die Luft. Offensichtlich bedeutete dies den Tod in den Bergen.«

Nachdem sie eine Weile geschwiegen hatten, fragte der Mann Jung wieder nach seiner Meinung über den Traum. Jung sagte ihm ganz offen, daß er den Tod in den Bergen suche, und daß ihm dies bei der von ihm eingenommenen Haltung auch sicher bald gelingen werde.

»Aber das ist absurd«, antwortete er lachend, »das Gegenteil ist der Fall: ich gehe in die Berge, um mich gesund zu erhalten.«

Jung konnte mit seiner Warnung nicht durchdringen. Sechs Monate später trat dieser Mann beim Abstieg von einem gefährlichen Gipfel buchstäblich ins Leere, ja, »er fiel dabei einem weiter unten wartenden Freund auf den Kopf, und beide rollten zerschmettert in die Tiefe«.

In seinem Aufsatz über die Psychologie des Traums vergleicht Jung die Träume mit den biologischen Abwehrmechanismen des Körpers: wie im Fieber eine Reaktion gegen Infektionen zu erblicken ist, so stellen die Träume eine Kompensation für etwas Unausgelebtes oder für im Moment nicht zu befriedigende Bedürfnisse dar. Jung äußert den Gedanken, daß tiefgreifende psychische Bedürfnisse, die sich in einem Traum äußern, vielleicht später in einem korrespondierenden Ereignis ihre Erfüllung finden; wie im Falle des Bergsteigers, kann man auf ein Ereignis bewußt so reagieren, wie man es zuvor unbewußt im Traum herbeigesehnt hat. Nach Jungs Auffassung umfaßt das Unbewußte, das sich im Traum äußert, unter Umständen mehr sich auf Zukünftiges beziehende Inhalte als das Wachbewußtsein. So hätte dann ein Traum »den Wert einer positiv leitenden Idee oder einer Zielvorstellung, die dem momentan konstellierten Bewußtseinsinhalt an vitaler Bedeutung überlegen wäre«.

Obschon er anerkannte, daß ein präkognitiver Traum unter Umständen zur Bewußtwerdung eines zukünftigen Ereignisses beitragen kann, schränkte Jung diese seine Meinung rasch ein. Er konnte eine so gewagte Vorstellung niemals unbenommen hinnehmen, auch dann nicht, wenn es sich um seine eigene handelte. So mahnte er seine Leser zur Vorsicht, denn es sei »die prospektive Funktion des Traumes von seiner kompensatorischen Funktion zu unterscheiden«. Die »prospektive Funktion« eines Traums, schreibt er, »ist eine im Unbewußten auftretende Antizipation zukünftiger bewußter Leistungen, etwa wie eine Vorübung oder wie eine Vorausskizzierung, ein im voraus entworfener Plan.« Über die Prophetie schreibt er sodann:

»Die Tatsächlichkeit solcher prospektiver Träume ist nicht zu leugnen. Es wäre ungerechtfertigt, sie prophetisch zu nennen, indem sie im Grunde genommen ebensowenig prophetisch sind wie eine Krankheits- oder Wetterprognose. Es handelt sich bloß um eine Vorauskombinierung der Wahrscheinlichkeiten, die gegebenenfalls allerdings mit dem wirklichen Verhalten der Dinge auch zusammentreffen kann, aber nicht notwendigerweise zusammentreffen und in allen Einzelheiten übereinstimmen muß. Nur in diesem letzteren Falle dürfte man von ›Prophetie‹ sprechen.

Daß die prospektive Funktion des Traumes der bewußten Vorauskombinierung gelegentlich bedeutend überlegen ist, ist insofern nicht erstaunlich, als der Traum aus der Verschmelzung unterschwelliger Elemente hervorgeht, also eine Kombination aller derjenigen Wahrnehmungen, Gedanken und Gefühle ist, welche dem Bewußtsein, um ihrer schwachen Betonung willen, entgangen sind. Außerdem kommen dem Traum noch die unterschwelligen Erinnerungsspuren zu Hilfe, welche das Bewußtsein nicht mehr wirksam zu beeinflussen vermögen. Hinsichtlich der Prognosestellung ist daher der Traum gelegentlich in einer viel günstigeren Lage als das Bewußtsein.«

Obwohl Jung dem Traum wegen der darin enthaltenen prognostischen Tendenzen eine überlegene Stellung gegenüber dem Wachbewußtsein einräumt, mahnt er weiter zur Vorsicht:

»Obschon meines Erachtens die prospektive Funktion eine wesentliche Eigenschaft des Traumes ist, so tut man doch gut daran, diese Funktion nicht zu überschätzen, da man sonst leicht der Meinung verfällt, der Traum sei eine Art von Psychopompos (eine Figur aus der griechischen Mythologie, die die Seelen zu den Toten geleitet), der aus überlegener Kenntnis heraus dem Leben eine untrügliche Richtung zu verleihen imstande sei. So sehr man auf der einen Seite die psychologische Bedeutung des Traumes unterschätzt, so groß ist auch die Gefahr für den, der sich viel mit Traumanalyse beschäftigt, daß er das Unbewußte in seiner Bedeutung für das reale Leben überschätzt . . .«

Seine in intensiver Forschungsarbeit gewonnenen Erkenntnisse stellt Jung in seinem ausführlichen Aufsatz »*Synchronizität als Prinzip akausaler Zusammenhänge*« dar, in dem das Gedankengut von Psychologie, Philosophie, Physik, Parapsychologie und ihrer Nachbarwissenschaften vereinigt ist. Im Hinblick auf prophetische Erfahrungen ist er deswegen bedeutungsvoll, weil er eine Herausforderung für das von der Psychologie und Physik vertretene Raum-Zeit-Konzept enthält. Dabei vertritt Jung niemals die Ansicht, daß ein tiefgreifendes menschliches Bedürfnis

gewisse Ereignisse herbeizuführen vermag; er legt die Betonung auf die Beziehung zwischen gefühlsmäßigem Zustand und Ereignis: »So bedeutet denn Synchronizität zunächst die Gleichzeitigkeit eines gewissen psychischen Zustandes mit einem oder mehreren äußeren Ereignissen, welche als sinngemäße Parallelen zu dem momentanen subjektiven Zustand erscheinen und — gegebenenfalls auch vice-versa.« Dies ist für die Präkognition von Relevanz, da Jung das Wort »gleichzeitig« in diesem Zusammenhang auch für ein zukünftiges Ereignis — so wie es dem allgemeinen Verständnis entspricht — gelten läßt. »Es besteht in allen diesen Fällen«, so schreibt er, »gleichviel, ob es sich um räumliche oder zeitliche ESP* handelt, eine Gleichzeitigkeit des normalen oder gewöhnlichen Zustandes mit einem kausal nicht ableitbaren, anderen Zustand oder Erlebnis, dessen Objektivität meist erst nachträglich verifiziert werden kann.« Er dringt noch tiefer in diesen Gedankengang ein: »Diese Definition muß man besonders im Auge behalten, wenn zukünftige Ereignisse in Frage kommen. Sie sind nämlich evidenterweise nicht *synchron*, wohl aber *synchronistisch*, indem sie als psychische Bilder *gegenwärtig* erlebt werden, wie wenn das objektive Ereignis schon vorhanden wäre. Ein unerwarteter Inhalt, der sich unmittelbar oder mittelbar auf ein objektives äußeres Ereignis bezieht, koinzidiert mit dem gewöhnlichen psychischen Zustand: dieses Vorkommen nenne ich Synchronizität und bin der Ansicht, daß es sich um genau dieselbe Kategorie von Ereignissen handelt, ob nun deren Objektivität als im Raum oder als in der Zeit von meinem Bewußtsein getrennt erscheint.«
Jung zitiert die von Rhine durchgeführten Präkognitionsexperimente und fährt fort: »Wie kann zum Beispiel ein räumlich oder gar zeitlich entlegenes Ereignis die Entstehung eines entsprechenden psychischen Bildes anregen, wenn ein hiezu nötiger energetischer Übermittlungsprozeß nicht einmal denkbar ist?

---

* ESP = Extrasensory Perception = Außersinnliche Wahrnehmung (ASW); d. Übers.

So unverständlich dies auch erscheinen mag, so ist man doch schließlich gezwungen anzunehmen, daß es im Unbewußten etwas wie ein apriorisches Wissen oder besser ›Vorhandensein‹ von Ereignissen gibt, das jeder kausalen Grundlage entbehrt. Auf alle Fälle erweist sich unser Begriff von Kausalität als untauglich zur Erklärung der Tatsachen.«

Jung fand heraus, daß sich in »archetypischen« Situationen nicht nur Präkognition, sondern ASW ganz allgemein manifestiert. In seinem Aufsatz »Das Gewissen« *(Zivilisation im Übergang,* Ges. W., Bd. 10) stellt er eine Beziehung zwischen Zeit und Raum und seinem »Synchronizitätskonzept« her. Jung verwendete das Wort »Synchronizität« ganz spezifisch, »nämlich zur Kennzeichnung der Tatsache, daß man in Fällen von Telepathie, Präkognition und ähnlicher unerklärlicher Erscheinungen sehr häufig eine archetypische Situation vorfindet. Dies mag mit der Natur des Archetypus zusammenhängen, denn das kollektive Unbewußte ist anders als das individuell Bewußte ein- und dasselbe bei jedermann, bei allen Individuen, genau wie alle biologischen Funktionen und alle Instinkte bei allen Angehörigen der gleichen Art gleich sind. Im Gegensatz zu der subtileren *Synchronizität* können wir bei den Instinkten, wie zum Beispiel beim Wandertrieb, einen deutlichen *Synchronismus* beobachten. Und wie die mit der unbewußten Psyche einhergehenden parapsychischen Phänomene eine merkwürdige Tendenz zur Relativierung der Kategorien von Zeit und Raum zeigen, muß das kollektive Unbewußte eine raum- und zeitlose Qualität besitzen. Daraus ergibt sich die Wahrscheinlichkeit, daß eine archetypische Situation von synchronistischen Erscheinungen begleitet wird, wie beim Tod, in dessen Nachbarschaft sich solche Phänomene relativ häufig finden.«

So schien Jung der Auffassung, daß ein präkognitiver Traum von irgendjemandes Tod in den gefühlsgeladenen Bereich einer »archetypischen Situation« falle, und daß all dies seine Wurzeln im kollektiven Unbewußten des Menschen habe, das sowohl zeit-

wie raumlos ist. Hier finden wir wieder die Hypothese, daß schon sehr grundlegende »archetypische« Faktoren gegeben sein müssen, wenn Gegenwart und Zukunft in einem präkognitiven oder — wie Jung für bestimmte Fälle zugesteht — einem eindeutig prophetischen Erlebnis miteinander vereinigt werden sollen.

Jung erblickte in gewissen Wahrträumen Überbleibsel aus der kindlichen Welt. In seinem Aufsatz »Die Bedeutung des Vaters für das Schicksal des Einzelnen« (*Freud und die Psychoanalyse*, Ges. W., Bd. 4) schrieb er 1908, daß mit zunehmender Reife der elterliche Einfluß langsam im Unbewußten verschwindet, daß aus diesem Reservoir jedoch »die ursprüngliche infantile Situation noch dunkle, ahnungsreiche Gefühle ins Bewußtsein schickt, nämlich Gefühle geheimer Lenkung und jenseitigen Einflusses«, so »wie die Macht, welche den Vogel zum Wandern nötigt, nicht von ihm selber erzeugt wird, sondern aus seiner Ahnenreihe stammt«. In seiner Monographie »Ein moderner Mythus: Von Dingen, die am Himmel gesehen werden« (*Zivilisation im Übergang*, Ges. W., Bd. 10) erscheint die Analogie Mensch — Tier ebenfalls. Er meint, es bestehe »die Möglichkeit eines natürlichen oder ›absoluten‹ Wissens, welches eine Koinzidenz der unbewußten Psyche mit objektiven Sachverhalten darstellt. Dies ist ein Problem, das durch die Tatbestände der Parapsychologie aufgeworfen wird. Das ›absolute‹ Wissen kommt nicht nur in Frage im Gebiete der Telepathie und der Präkognition, sondern auch im Bereiche der Biologie, wie z. B. in der ... Abstimmung des Hydrophobievirus auf die Anatomie von Hund und Mensch« oder auf die »anscheinende Kenntnis der Wespe von der Lokalisation des motorischen Ganglions der Raupe, welche die Nachkommenschaft der Wespe ernähren soll, der Lichterzeugung bei Fischen und Insekten mit annähernd 99 Prozent Nutzeffekt, dem Ortssinn der Brieftauben, der Erdbebenwarnung bei Hühnern und Katzen ...«

Jung nahm zu diesem Problem abschließend 1960 Stellung, und

zwar in einem Brief an Professor Hans Bender von der Universität Freiburg im Breisgau. Darin (»Ein Brief zur Frage der Synchronizität«, in: *Parapsychologie: Entwicklung, Ergebnisse, Probleme*, Darmstadt, 1972) stellt er fest, daß selbst die von Rhine an der Duke Universität durchgeführten quantitativen Präkognitionsexperimente »von einem psychologischen Faktor bedingt« waren und daß »durch die experimentelle Anordnung die Erwartung eines *Wunders* suggeriert« wurde. Er wiederholt seine bereits früher geäußerten Ansichten, fügt jedoch ohne Umschweife hinzu: »Die Mehrzahl der synchronistischen Phänomene ereignet sich also in archetypischen Situationen, wie z. B. im Zusammenhang mit Wagnis, Gefahr, verhängnisvollen Entwicklungen usw., und manifestiert sich als Telepathie, Hellsehen, Präkognition usw.«

Schüler wagen oft mehr als ihr Meister. Wie die Priester, die die schwer verständlichen Äußerungen des delphischen Orakels interpretierten, so haben einige Schüler Jungs seine Gedanken klarer formuliert als der alte C. G. selber. Zumindestens aber haben sie neues Fallmaterial geliefert. So hat Dr. C. T. Frey-Wehrlin, der Geschäftsführer des C. G. Jung-Instituts in Zürich, in diesem Zusammenhang eine bis ins einzelne gehende Krankengeschichte unter dem einfachen Titel »Ein prophetischer Traum« (in: *Spectrum Psychologiae*, Zürich, 1965) beigesteuert. In dem Traum ging es um das Schicksal eines 44jährigen Mannes, der Frey-Wehrlin im Jahre 1962 konsultierte. Der Patient, der in vielen Bereichen des Lebens versagt hatte, fühlte sich von seiner drei Jahre älteren Schwester »psychosexuell« bedrängt. Es war ihm klar, daß ihre Beziehung in Wirklichkeit völlig korrekt war, doch nahm seine Störung so ernste Formen an, daß er im Herbst 1963 in die Klinik eingeliefert werden mußte.

Die Schwester des Patienten suchte Frey-Wehrlin auf. Sie hatte recht spät geheiratet und hatte zu ihrem Bruder eine ebenso starke Bindung wie er zu ihr. Ihre Ehe war im großen und ganzen gut, doch durch die Krankheit des Bruders auf eine harte

Probe gestellt. In ihrem Traumbericht heißt es: »Meine Mutter und mein Bruder brechen mit viel Lärm um drei Uhr morgens in mein Haus ein und bitten um Schutz. Ich finde dies alles ziemlich ärgerlich und fange an, Betten für sie herzurichten. Mein Mann bleibt recht passiv im Hintergrund.«

In diesem Falle empfindet die Schwester eher den Bruder — vermutlich auf sexuellem Gebiet — als Störenfried, als umgekehrt. Der Analytiker sieht in »der Symmetrie dieser Ereignisse« eine »teilweise gegenseitige Identifikation«. In der Folge berichtet er einen Traum, den die Schwester, wie ihr erinnerlich, acht Jahre zuvor, also 1955, gehabt hatte:

»Ich gehe durch einen ziemlich dunklen Kiefernwald einen breiten und steilen Weg hinunter, der zum Waldrand führt. Dort steht, von der Abendsonne golden angestrahlt, ein großes, schönes Haus. An seiner Giebelseite waren klar und deutlich die Worte eingraviert: ›17. Juni, 1964‹.«

Die Frau hielt diesen Traum für prophetisch und fragte sich daher, was dieses Datum, das für sie nun nicht mehr in weiter Ferne lag, wohl bedeuten könnte.

Mitte Juni 1964 hielt sich die Frau, die diesen Traum gehabt hatte, im Engadin auf. Der 17. kam immer näher. Sie fragte sich, ob dies wohl ihr Todestag sei. Als der Tag da war, verlief er jedoch genau wie die übrigen Ferientage. Mit einem anderen Paar unternahm sie einen Ausflug. Es war sehr heiß, und sie kamen an einen kühlen See. Irgendwann kam der Mann ihrer Freundin auf den Tod seiner Schwester zu sprechen. Damals hatte er irrtümlich das Telefon abgestellt und die Nachricht daher erst am nächsten Tag bekommen.

Nach ihrer Rückkehr ins Hotel legte sich die Frau früh schlafen. Eine Verwandte rief um 23 Uhr im Hotel an, ließ die Frau aber nicht wecken. Am nächsten Morgen erhielt sie die Nachricht: ihr Bruder, der wegen einer körperlichen Erkrankung in eine andere Klinik gebracht worden war, hatte sich aus dem Haus entfernt. Am einsamen Ufer eines Sees hatte er eine Überdosis Schlaftabletten genommen und sich dann ertränkt. Der Tod war zwischen 12 und 15 Uhr eingetreten.

Frey-Wehrlin teilt zusätzlich noch folgendes mit: der entscheidende Traum war mehrere Monate vor dem Tod des Bruders mitgeteilt worden; über den Verlauf des Ausflugs und die dabei geführten Unterhaltungen konnte die Freundin der Frau eine entsprechende Auskunft geben. Obwohl sich der Analytiker jedes Kommentars enthält, verleiht die »gegenseitige Identifikation«, die zwischen Bruder und Schwester bestand und die durch ihre starke Gefühlsbeziehung verstärkt wurde, diesem Fall von Prophetie eine tiefe psychologische Bedeutung.

Neben der Beibringung neuen Fallmaterials versuchten die Jungianer die Theorien Jungs anzuwenden bzw. zu systematisieren. In seinem Aufsatz »Psychosomatic Medicine from the Jungian Point of View« (»Psychosomatische Medizin aus der Sicht Jungs«) weist C. A. Meier auf die Anwendung des Synchronizitäts-Konzeptes in der psychologisch-medizinischen Praxis hin. Obwohl sein Inhalt zu speziell ist, als daß er sich hier in allgemeinverständlicher Form darstellen ließe (*The Journal of Analytical Psychology*, Bd. 8, Nr. 2, 1963), stellt er doch einen bedeutsamen Brückenschlag zwischen Theorie und Praxis dar. In diesem Zusammenhang müssen der Aufsatz von Aniela Jaffé »C. G. Jung und die Parapsychologie« (in: *Parapsychologie: Entwicklung, Ergebnisse, Probleme*, Darmstadt, 1972) sowie ihr Beitrag zu dem umfassenden Symposion *Science and ESP* (»Wissenschaft und ASW«, London, 1967) erwähnt werden. Frau Jaffé, die während der Jahre vor Jungs Tod seine enge Mitarbeiterin war, bemerkt, daß in Jungs Leben »prophetische Träume und Präkognition keine Seltenheit waren«, er sie aber »bei ihrem Auftreten jedesmal mit Überraschung registrierte — ja man ist versucht zu sagen, mit der Ehrfurcht vor etwas Wunderbarem«. Sie betont nachdrücklich, daß, so viele Unklarheiten die frühen Schriften Jungs auch enthalten mögen, die von ihm nach 1946 geäußerten Gedanken von dem grundlegenden

Konzept einer Verschmelzung von Psyche und Materie beherrscht waren (zur Kennzeichnung dieses Prozesses verwandte
er den Ausdruck »psychoid«). Hierzu schreibt sie:

»Er war aber inzwischen durch seine Forschungen zu der Erkenntnis gelangt, daß hinter der Welt der Psyche mit ihren
kausalen Manifestationen in Zeit und Raum eine andere uner-
kennbare Wirklichkeit liegen müsse, in welcher Zeit und Raum
sich relativieren, und das Gesetz der Kausalität ein Ende
nimmt; was von der Psyche als Vergangenheit, Gegenwart und
Zukunft erfahren wird, verbindet sich ›dort‹ zu einer unerkennbaren Einheit der Zeitlosigkeit, und was dem Bewußtsein
als nah und fern erscheint, verbindet sich ›dort‹ zu einer ebenso unerkennbaren Raumlosigkeit.«

Klarer kann Jungs Suche nach Beweisen für die Realität der
Prophetie, die er erlebte, und die wir alle erleben, nicht in
Worte gefaßt werden.

10. KAPITEL

Wahrträume und die Psychoanalyse

Psychoanalytiker führen über die Träume ihrer Patienten Protokoll; schon von berufswegen sind sie damit vertraut, den geheimen Motivationen der Menschen zu begegnen. Was tut ein Psychoanalytiker, wenn ihm ein Patient berichtet, er habe im Traum ein bestimmtes Ereignis gesehen, und dieses dann später tatsächlich eintritt — und vielleicht sogar den Analytiker selbst betrifft? Nun, er kann zumindest versuchen, ehrlich sich selbst gegenüber zu sein, gegenüber seinen Kollegen, in seinen Veröffentlichungen und in der geistigen Auseinandersetzung mit diesen Fragen. Wenn sich das Vokabular der Parapsychologie mit dem der Psychoanalyse verbindet, braucht man einen erfahrenen Führer. Als solchen dürfen wir Dr. Emilio Servadio aus Rom ansehen, den Präsidenten der italienischen psychoanalytischen Gesellschaft. Er hat zum Beispiel die merkwürdige Situation aufgezeigt, in der Träume in überzeugender Weise in »präkognitiver« oder »telepathischer« Verkleidung auftreten. Dabei hat er sich von älteren Analytikern wie Hitschmann und Zulliger weitgehend entfernt, die sich damit zufrieden gaben, Freuds ursprüngliche Charakterisierung der Wahrträume als bloße dramatische Bearbeitung eines verdrängten Wunsches mit nachfolgender retrospektiver Verfälschung zu untermauern.

Servadio und andere unorthodoxe Psychoanalytiker besitzen zu viele Protokolle über offenkundig telepathische und oder präkognitive Träume, um sich noch irre machen zu lassen. Sie haben Freuds Idee einen neuen Sinn gegeben, wonach sich die Bedeutung eines Traums nicht aus dem zu ergeben braucht, was an der Oberfläche liegt (also aus dem »manifesten« Inhalt), sondern unter Umständen sogar viel klarer unter der Oberfläche

(d. h. im »latenten« Inhalt) aufgefunden werden kann. Servadio ist der Ansicht, daß ein offenkundig »normaler« Traum den Eindruck erwecken kann, präkognitiv oder telepathisch (mithin »paranormal«) zu sein. Gleichzeitig neigt er aber der Auffassung zu, daß sich aus so manchem strenggenommen »normalen« Traum in Wahrheit »paranormale« Elemente aufdecken lassen, wenn man ihn nur sorgfältig genug untersucht. Im *International Journal of Parapsychology* (Bd. IV, Nr. I, 1962) schreibt er, daß ein scheinbar alltäglicher Traum, psychoanalytischer Deutung unterzogen, »zur Anerkennung eines telepathischen — und vielleicht sogar präkognitiven — Kommunikationsvorgangs führen kann, wo auf den ersten Blick und bei isolierter Betrachtung des manifesten Inhalts niemand etwas Derartiges vermutet hätte.« Servadio ist darum bemüht, diesen Standpunkt »noch auszuweiten und im einzelnen zu untermauern«, gibt aber gleichzeitig zu bedenken, daß für zukünftige Forschungsarbeiten »eine vollständige Kenntnis sowohl der dem normalen Traum zugrundeliegenden Mechanismen als auch des angemessenen, der modernen Tiefenpsychologie zur Verfügung stehenden Untersuchungsinstrumentariums« notwendig sein wird. Nur so kann seiner Meinung nach »eine neue, umfassende, mehrdimensionale Psychologie« entstehen.

An Servadios bekanntestem Fall von Präkognition, der sich in der analytischen Situation ergab, sind drei Elemente bedeutungsvoll. Erstens tritt etwas auf, das der italienische Analytiker als »latentes« Material betrachtet, das man aber ebenso gut paranormal nennen könnte. Zweitens sind die auftretenden telepathischen und präkognitiven Aspekte eng miteinander verwoben. Drittens ist der Analytiker selbst Teil des Geschehens und mit den Phänomenen der Übertragung und Gegenübertragung konfrontiert.

Sein Aufsatz »Ein paranormaler Traum in der analytischen Situation« (in: *Parapsychologie: Entwicklung, Ergebnisse, Probleme*, Darmstadt, 1972) handelt von einem Patienten in den

Dreißigern, »der eine Zwangsneurose hat und an den Folgen einer in affektiver Hinsicht ›dürren‹ Kindheit leidet«. Den Traum, der die Aufmerksamkeit des Analytikers hervorrief, hatte er in der Nacht des 27. August 1953. Darin befand sich der Patient in der Nähe des Hauses von Dr. Servadio, aber es war nicht das wirkliche Haus, sondern »ähnelte einer Villa in der Gegend von Kalifornien«. Die Behandlung fand übrigens in Rom statt, wo Servadio seine Praxis hatte.

Der Patient berichtete, daß in seinem Traum die Haushälterin des Analytikers »eine Schüssel mit Nudeln in die Nähe der Gartentüre gestellt« hätte. Er »war im Begriff, diese Schüssel zu holen! Ich hatte Hunger, fror und fühlte mich unglücklich.« Als er sich der Schüssel näherte, sah er ein Auto kommen. Dazu bemerkte der Patient: »Ich wußte, daß Sie und Ihre Frau sich in dem Auto befanden. Ich bekam Angst und machte mich aus dem Staube.«

Der Traum veränderte sich. Der Patient sah sich jetzt im Innern des Hauses, zusammen mit Frau Servadio und »drei Töchtern«. Eine davon hatte der Patient bereits als Tochter Servadios kennengelernt; sie war damals 14 Jahre alt. Die beiden anderen waren hübsche blonde Mädchen, die eine acht-, die andere drei- oder vierjährig. Der Patient fügte hinzu: »Ich fühlte mich dauernd unglücklich und verlassen, und dennoch schien ich zu wissen, daß Ihre Familie freundlich war und gar nichts Besonderes gegen mich hatte.«

Betrachtet man den Traum auf dem Hintergrund der Situation, in der sich Servadio damals befand, dann enthalten beide Teile telepathische und präkognitive Elemente. Der Analytiker war kurz vorher mit seiner Frau Clara aus den Ferien zurückgekehrt, die er im Ausland verbracht hatte. Der Patient konnte nicht wissen, daß Frau Servadio Rom bereits wieder verlassen hatte; zur Zeit seines Traums befand sie sich tatsächlich am Meer, wo sie ein kleines Haus mit Garten bewohnte. Sie hatte nicht nur ihre Tochter mitgenommen, sondern auch ihre beiden kleinen blonden Nichten, von denen die eine acht, die andere dreieinhalb Jahre alt war.

Servadio selbst fühlte sich während dieser Zeit ziemlich einsam; verärgert dachte er daran, daß »es ein Dienstmädchen war und nicht meine Frau«, die für seine Mahlzeiten sorgte. Am Abend des 27. August hatte der Analytiker seinen amerikanischen Kollegen Dr. Ludwig Eidelberg und dessen Frau zu einem Essen eingeladen, das am nächsten Abend stattfinden sollte; er »freute sich ganz besonders, sie eine berühmte Mehlspeise in einem bestimmten Restaurant kosten zu lassen, das wegen dieser Spezialität international bekannt ist.« Zwei Kollegen von der italienischen psychoanalytischen Gesellschaft sollten sich mit ihnen in dem Lokal treffen, das jeder Kenner der römischen kulinarischen Landschaft unschwer als »Alfredos Restaurant« wiedererkennen wird.

Um Zeit für das geplante Essen zu haben, mußte Servadio die mit dem Patienten für den 28. um 8 Uhr vereinbarte Sitzung absagen. Er konnte ihn telefonisch nicht erreichen und sah sich schließlich gezwungen, seine Haushälterin mit der Nachricht zu ihm zu schicken, — das einzige Mal übrigens, daß sie einen derartigen Botengang für ihn machen mußte. Im Traum des Patienten war das »ungewöhnliche Auftreten« der Haushälterin als Botin vorweggenommen worden.

Außerdem konnte der Patient zur Zeit seines Traums nicht wissen (und darin liegt das eigentliche präkognitive Element), daß Servadio »im Begriffe war, ihn zu vernachlässigen«, indem er die Sitzung absagte, um, wie er sich ausdrückte, »anderen Leuten eine Mehlspeise vorzusetzen . . .«

Servadio stuft die Kenntnis, die der Patient in seinem Traum von der Abwesenheit seiner Frau, ihrem Aufenthalt in dem Häuschen an der See und von der Anwesenheit der drei kleinen Mädchen hatte, als telepathisch ein, während er das Erscheinen der Haushälterin und der Schüssel mit Nudeln für präkognitiv hält. »Es ist natürlich möglich«, schreibt Servadio, »daß ich in der Nacht des 27. August flüchtig daran gedacht hatte, die Sitzung ... abzusagen. Aber ganz sicher habe ich nicht daran gedacht, es ihn durch meine Hausgehilfin wissen zu lassen«, sondern tat dies nur, »nachdem ich mehrmals vergeblich versucht hatte, ihn telefonisch zu erreichen.«

Der Analytiker bemerkt, daß der Traum vom psychodynamischen Standpunkt her vollständig gerechtfertigt gewesen wäre, hätte der Patient die von ihm geträumten Dinge tatsächlich gewußt. Sein Unmut darüber, wie ein Hund abgefüttert zu werden, während der Analytiker mit seiner Frau unterwegs war und die Hausgehilfin mit dem erbärmlichen Nudelgericht geschickt wurde, war völlig angemessen. Um aber einen Traum daraus zu machen, der »auf diese Weise seinen ganzen Sinn gewinnt«, schreibt Servadio, »scheint das Unbewußte« des Patienten »seine bewußten Kenntnisse durch Material außersinnlicher Art ergänzt zu haben«.

Doch wenn es darum geht, präkognitive und telepathische Informationen aufzugreifen, neigen die Patienten stark — dies ist jedenfalls die Ansicht Servadios, und zahlreiche Kollegen von ihm pflichten ihm darin bei — zur »Demaskierung« dessen, was im Analytiker vor sich geht, um es dann »sozusagen dem Analytiker an den Kopf« zu werfen. Er fügt hinzu: »Unter diesem Gesichtspunkte ist der Traum eine Herausforderung an die Bemühungen des Analytikers, etwas zu verbergen oder zu verdrängen, was unfreundlich oder feindlich in bezug auf den Patienten erscheinen könnte — oder in einem gewissen Maße auch wirklich so ist.« Servadio gibt zu, dem Patienten gegenüber tatsächlich gewisse feindselige Gefühle gehegt zu haben, die dieser aber wiederum überbewertete. Servadio bemerkt, es sei inzwischen unter Analytikern, die in ihrer Praxis mit präkognitiven und telepathischen Phänomenen zu tun haben, eine anerkannte Tatsache, daß »die Komplementarität des affektiven Schemas des Analytikers mit dem des Patienten« — also die »beiderseitig unbewußte dynamische Gestalt« — eine sehr günstige Vorbedingung für das Auftreten paranormaler Träume oder Erscheinungen herzustellen scheint. In der Sprache seines Traums, so faßt Servadio zusammen, hat der Patient folgendes ausgedrückt: »Weiß ich nicht, daß Sie mehr an Ihre Frau denken als an mich? Weiß ich nicht, daß Sie angenehme Speisen Fremden anbieten und nicht mir? Weiß ich nicht, daß Ihre Frau ihre Liebe und ihr Gefühl kleinen Kindern widmet, während ich selbst kein mütterliches Wesen habe, das sich mit mir abgibt oder das ich in Anspruch nehmen kann?

Weiß ich nicht, daß Sie meine Bedürfnisse vernachlässigen, daß Sie mir Ihre Hausangestellte schicken, um mir anscheinend ›irgendetwas zu geben‹, während Sie in Wirklichkeit gegen meine ›Nahrung‹ sind und sie verhindern? Weiß ich nicht, daß dies alles Gefühlen und ähnlichen Reaktionen bei Ihnen entspricht, die aber die *Ihren* sind, und die nicht meine Behandlung durchkreuzen dürften?

Nun wohl, ja: ebenso wie ich als Kind die ›kriminellen‹ Wünsche meines Vaters geprüft habe, so kann ich alle diese Informationen finden und bis ins Einzelne beschreiben; Ihre Feindseligkeit, Ihre Vernachlässigung meiner Person, die emotionellen Abläufe, die geschehen und die die Ihren sind, obwohl Sie versucht haben, sie vor mir zu verbergen. Ja, trotz Ihrer Bemühungen, mich von all diesem ›beiseite zu schieben‹: *Ich weiß!*«

Und er wußte in der Tat über vieles ziemlich gut Bescheid, noch bevor es sich ereignete oder auch nur geplant war. Ein weiterer Psychotherapeut, der über prophetische Träume sorgfältig Protokoll geführt hat, ist Dr. R. K. Greenbank, Professor für Psychiatrie an der Medizinischen Fakultät der Temple Universität. In seinem Aufsatz »A Prophetic Dream« (»Ein prophetischer Traum«), in: *Corrective Psychiatry and Journal of Social Therapy*, März 1966, Bd. 12, Nr. 2) gibt er den Traum einer verheirateten Lehrerin in den Zwanzigern wieder, die während ihrer Schulstunden unter »leichten Angstanfällen« litt. Sie berichtete ihren Traum wie folgt:

»Ich aß mit drei Männern gemeinsam zu Abend, zwei von ihnen konnte ich deutlich sehen und erkennen. Das Gesicht des dritten war nie zu sehen, doch erinnere ich mich genau an seine Statur, seine Größe und seine Sprache. Nach dem Essen sollten wir die Nacht gemeinsam in dem Haus des dritten Mannes verbringen. Ich schlafe ein, wache jedoch mit dem Gefühl auf, daß mein Leben in Gefahr sei, schlafe dann aber wieder ein. Danach wachte ich wieder auf und hatte das deutliche Gefühl, als würde der unbekannte Mann Selbstmord verüben.

In meinem Traum«, fährt die Patientin fort, »stehe ich auf, suche das Zimmer und finde einen angefangenen Abschiedsbrief. Da tritt der Mann ins Zimmer. Ich verberge den Brief, er gibt mir eine 20 Dollar-Note und geht weg. Dann sehe ich im Traum das Schlafzimmer des Mannes. Er will einen Strick haben, den ich aber nicht beschaffen kann. Ich wußte, daß er sich umbringen wollte. Ich gehe auf die Tür zu, bleibe kurz stehen und frage: ›Warum tun Sie das?‹ Er antwortet: ›Weil es zu weh tut!‹«

An dieser Stelle, so erinnert sich die Patientin, wachte sie auf. Sofort kam ihr der Gedanke an einen Freund, einen »Mr. M.«. Sie schlief wieder ein, hielt den Traum aber für wichtig genug, um ihn Dr. Greenbank in der analytischen Sitzung zu erzählen. Eine Woche darauf wußte die Patientin Einzelheiten über einen Selbstmord zu berichten, der tatsächlich geschehen war, und über den auch die Zeitungen berichtet hatten. Sie war bei ihrem Freund gewesen, der dem »unbekannten« Mann im Traum in Statur und Benehmen vollkommen glich. Sie hatten zusammen zu Abend gegessen; im gleichen Raum befanden sich noch zwei andere Männer. Kurz zuvor hatte die Lehrerin ein paar Kleidungsstücke für ihn besorgt, wofür er sie mit einer 20 Dollar-Note entschädigte. An seinem Benehmen war nichts Auffälliges, das auf einen Wechsel seiner sonstigen Stimmung schließen ließ. Am Abend darauf verübte dieser Mann zum Erstaunen seiner Freunde Selbstmord, indem er aus dem Schlafzimmerfenster sei-

ner New Yorker Wohnung sprang. Nach Aussage von Greenbank »trat sein Tod genau am gleichen Wochentag und zur gleichen Morgenstunde ein, in der die Patientin eine Woche zuvor
von ihrem Traum erwacht war.« Die Lehrerin konnte sich nicht
erinnern, je zuvor einen Traum ähnlichen Inhalts gehabt zu haben, ebenso keinen, der sie derart stark psychisch belastet hatte.
Wie alle übrigen Freunde von M. hatte sie von seinen Selbst-
mordplänen überhaupt nichts gewußt. Greenbank fügt hinzu:
»Der Traum und die darin enthaltene Selbstmordabsicht wurden dem Betroffenen niemals verbal oder bewußt mitgeteilt. Ja,
der Traum wurde absichtlich geheimgehalten und niemand anders als dem Analytiker mitgeteilt. Die Patientin wollte auch
gar nicht mit anderen darüber sprechen, da sie in Beherzigung
der analytischen Regel wohl wußte, daß über in der Analyse be-
sprochenes Material möglichst nicht mit Außenstehenden geredet werden soll.«
In dem Kommentar, den Greenbank zu diesem Fall abgibt, ist
er sich der Gegenargumente wohl bewußt, mit denen bei der
Präsentation eines solchen prophetischen Traums immer gerech-
net werden muß. Er gibt zu, daß der Zufall immer im Spiel sein
kann, sieht aber die Möglichkeit als ziemlich gering an, daß der
Traum und der Selbstmord »in derselben Woche rein zufällig«
aufgetreten sein sollen. Er untersucht daher auch die Möglichkeit
eines »Betruges um des sich daraus ergebenden (sekundären
Krankheits-) Gewinns willen«; dabei berichtet der Patient etwas
Falsches, nicht, um daraus finanzielle Vorteile für sich zu ziehen,
sondern um dem Analytiker vor allem dann einen Gefallen zu
tun, »wenn die Behandlung gut vorangeht, wie in diesem Fall«.
Er meint, daß ein »solcher sekundärer Krankheitsgewinn dann
nicht vollständig auszuschließen gewesen wäre, wenn der Patient allein nur alle Einzelheiten gewußt hätte.« Der Traum
wurde dem Analytiker aber vor dem Selbstmord erzählt; das
Datum und weitere Einzelheiten konnten später durch Zeitungs-
berichte bestätigt werden.

Greenbank wendet sich als nächstes einem oftmals kritischen Punkt zu: der bekannten Unzuverlässigkeit von Zeugenaussagen. Er bemerkt dazu: »Es mag richtig sein, daß es sich bei dem Traum, so wie er berichtet wurde, gar nicht mehr um den tatsächlichen Traum handelte. Hierbei handelt es sich um ein Problem, das wir gegenwärtig noch nicht lösen können. Wenn eine Entstellung erfolgt, dann wird sie vom Träumer selbst vollbracht. Außerdem ist eine solche Entstellung auch nicht mit letzter Sicherheit auszuschließen, wenn der Analytiker den Traum aufschreibt. Die Tatsache seiner relativ geringeren gefühlsmäßigen Beteiligung sowie seine größere Übung sprechen aber vielleicht eher gegen eine derartige Ungenauigkeit.«

Am 4. Dezember 1959 berichtete Greenbank auf einer in New York stattfindenden Konferenz der amerikanischen psychoanalytischen Gesellschaft über zwei weitere Träume, die »psychosomatische« Vorgänge anzukündigen schienen. Seine Darstellung wird unten ungekürzt wiedergegeben, da sie eine geglückte Verbindung zwischen einer ins einzelne gehenden Erzählung und psychologischen Eindrücken darstellt.

»Eine 42jährige intelligente Hausfrau unterzog sich einer psychiatrischen Behandlung wegen einer Neurose, die sich in Depressionen und gastrischen Symptomen äußerte. Letztere beschrieb sie als ein Gefühl von ›Schmetterlingen‹ und ›Nervosität‹ im Magen. Sie sprach gut auf eine relativ kurze psychoanalytisch orientierte Psychotherapie an und war symptomfrei.

Die Patientin war ein Zwilling und im Ausland geboren Als sie sechs Wochen alt war, bot ihre Mutter — wohl aus finanziellen Gründen — einer kinderlosen 44jährigen Frau an, sie könne sich einen der Zwillinge aussuchen. Die Patientin wurde adoptiert und kam nach Amerika. Nach dem Willen der strengen, besitzergreifenden und herrschsüchtigen Stiefmutter sollte die Patientin ›ein liebes Mädchen‹ werden. Böse Gefühle mußte sie ›hinunterschlucken‹ und durfte ihren Ärger nie äußern, vor allem nicht älteren Menschen gegenüber.

Ansonsten verlief ihre Entwicklung offenbar normal. Nach dem Abitur arbeitete sie kurzfristig als Bankangestellte. Dann heiratete sie einen Flugzeugingenieur. Ihre Zwillingsschwester, die in Europa geblieben war, starb eine Woche nach der Heirat der Patientin. Innerhalb der folgenden paar Jahre starben auch ihre beiden Pflegeeltern. Damit war die Patientin ohne eine eigene und ohne Pflegefamilie.

Die auf der folgenden Seite aufgeführte Tabelle gibt eine Übersicht über die Abfolge der Ereignisse.

Fünf Monate vor Aufnahme ihrer psychotherapeutischen Behandlung begab sie sich in die Klinik, um ein stark blutendes Magengeschwür behandeln zu lassen. Die bei solchen Fällen übliche Therapie führte zu einer Milderung der Symptomatik.

Nach ihren eigenen Aussagen war das Magengeschwür ganz plötzlich durch den Besuch ihrer Schwiegermutter ausgelöst worden, die genau wie ihre Pflegemutter eine aggressive und anspruchsvolle Frau war. Die Patientin fühlte sich dadurch stark verärgert, war aber nicht imstande, diesem Gefühl Ausdruck zu verleihen, da sie fürchtete, ihren Mann dadurch zu verletzen.

Einen Monat vor ihrer ersten Klinikaufnahme und noch vor dem schwiegermütterlichen Besuch träumte sie Traum A. Damals und in der Zeit davor hatte die Patientin nie über Beschwerden an Magen oder Darm geklagt.

›Ich saß auf der Toilette im Bad, und ganz plötzlich war der Fußboden voller Blut. Es quoll mir aus Mund und Nase.‹ In ihrem Traum hatte die Patientin ein rosa Nachthemd an und saß auf der Toilette wie auf einem Stuhl. Sie war allein. Durch den lebhaften Traum wurde sie wach.

Am darauffolgenden Morgen: ›Beim Erwachen fand ich den Traum verrückt; deswegen erzählte ich ihn meinem Mann, der darüber lachte; ich lachte mit, weil der Traum so albern war.‹

Die Patientin kann sich an keine anderen Träume erinnern, in denen Blut oder ähnliches vorkam. Einen Monat nach dem

Traum wurde die Patientin von einem Schmerz im Unterleib
geweckt. Sie hatte das Gefühl, sich erbrechen zu müssen und
wurde beim Aufstehen ohnmächtig. Danach ging sie ins Bade-
zimmer; sie trug das einzige rosa Nachthemd, das sie besaß,
schloß die Tür und setzte sich auf die Toilette. Als nächstes erinnert sie sich, daß der Fußboden auf sie zukam; sie wurde wieder ohnmächtig. Als sie das Bewußtsein wiedererlangte, fand sie
den Badezimmerfußboden voller Blut, das ihr aus Nase und
Mund quoll. Als sie der Ohnmacht nahe gewesen war, hatte sie
einen Schrei ausgestoßen, der ihren Mann und später auch einen
Arzt herbeirief. Sie wurde ins Krankenhaus überführt und dort
mit Medikamenten behandelt. Erst in der Klinik fiel der Patientin und ihrem Mann der Traum wieder ein.

Ein andermal verlebte die Patientin gerade einen recht erhol-
samen Urlaub, als sie träumte (Traum B), sie ›müsse wegen
einer Operation ins Krankenhaus‹. Drei Tage später merkte
sie, daß eine ältere Infektion der Bartholinischen Drüsen wieder aufgeflammt war. Etliche Jahre lang hatten sie sich nicht
gerührt. Beim Auftreten der ersten Infektion war sie zuhause
behandelt und gewarnt worden: wenn die Infektion wieder
auftritt, müssen Sie ins Krankenhaus und sich operieren lassen.
Der mit der Entzündung verbundene Schmerz war derart, daß
sie nach Hause fahren und sich in die Klinik begeben mußte, wo
sie mit Erfolg operiert wurde. Als die Infektion wiederkam,
sagte sie: ›Ojeh, mein Traum ist wahr geworden; ich wünschte,
es wäre nicht so.‹«

Tabelle

	Wochen nach Traum A
Traum A	0
Besuch der Schwiegermutter	3
Klinikaufenthalt wegen Magengeschwür	4
Beginn der psychiatrischen Behandlung	28
Traum B	50
Drüsenoperation	51

Nach Meinung Greenbanks konnte die Patientin aus einer Täuschung des Analytikers »einen nur geringen Gewinn« ziehen, denn ein solches Manöver »hätte auf ihre Behandlung überhaupt keinen Einfluß gehabt«; außerdem »wußte sie überhaupt nicht, daß sich der Therapeut gerade für diese Art von Träumen interessierte«. Auch der Ehemann erinnerte sich noch deutlich an den Traum. Greenbank meint, vom analytischen Standpunkt aus gesehen: »Möglicherweise hatte die Patientin eine unbewußte Kenntnis davon, daß gastrointestinale Erkrankungen später meistens zu Blutungen führen. Immerhin zeigte das Röntgenbild Narben, die darauf schließen ließen, daß die Patientin schon früher einmal Magengeschwüre gehabt haben mußte, bevor es zu dieser Blutung kam.« Der Psychiater bemerkt, daß diese Patientin mit Sicherheit »keine Ahnung davon hatte«, daß sich Magengeschwüre durch Blutungen äußern können, und daß sie auch zu dem Zeitpunkt, als sie das Blut erbrach, nicht ein Magengeschwür für die Ursache hielt. Sie sagte: »Ich war ganz schön erschrocken, denn ich weiß ja, daß Blutungen in der Weise nur auftreten, wenn wirklich etwas Ernsthaftes vorliegt. Obwohl ich mir nicht vorstellen konnte, was es wohl wäre, hatte ich Angst um mein Leben.«

Die innerhalb eines Patient-Analytiker-Verhältnisses auftretenden prophetischen Erscheinungen zeichnen sich durch eine besondere Eigenschaft aus; sie scheinen nämlich irgendwie eingeengt und außerhalb des Bereichs menschlicher Erfahrung zu liegen. Ganz sicher besteht zwischen dem Analytiker und dem Analysanden ein ganz spezifischer Rapport oder eine Feindlichkeit, für die es außerhalb der analytischen Situation keine Parallele gibt, — auch nicht im Eltern-Kind-Verhältnis. Der Laie empfindet den in der analytischen Situation aktivierten Erlebensbereich als noch beschränkter. Tatsächlich stellt die analytische Situation eine eigene Welt dar, ist jedoch gleichzeitig dem ganzen Druck ausgesetzt, der von der kulturellen und sozialen Umwelt ausgeht.

Greenbanks Bericht über einen von einem japanischen Chirurgen
erlebten Fall von Präkognition ist jedoch bemerkenswert genug
und so gut dokumentiert, um auch für den informierten Laien
von Interesse zu sein, dem es ja sicher darum geht, einige der
kaum zu definierenden Schwierigkeiten zu erfahren, denen prophetische Erfahrungen ausgesetzt zu sein scheinen. In diesem
Fall wurde ein in der Klinik wohnender Chirurg von einem an
psychiatrischen Problemen interessierten Internisten befragt.
Der Zimmergenosse des japanischen Chirurgen hatte nämlich
verlauten lassen, daß dieser sehr deprimiert sei und sich seltsam
benehme: zum Beispiel hätte er »auf seinem Schrank einen mehrere Zentimeter hohen Stapel aus winzigen Papierschnitzeln
aufgeschichtet«.

Der psychiatrisch orientierte Internist schloß daraus bei dem japanischen Chirurgen auf das Vorliegen einer akuten paranoischen Reaktion, also auf Schizophrenie. Er befürchtete zwar,
daß er vielleicht anderen etwas antun könnte, dachte aber nicht
an die Möglichkeit eines Selbstmords. Einige hinzugezogene
Fachkollegen waren der Ansicht, er litte wohl ganz einfach unter
»Heimweh«. Es schien also nicht nötig, einen Psychiater zu
konsultieren.

Am Abend nach dem Interview bat der Chirurg, alleingelassen
zu werden. Er sagte: »Ich möchte noch einen Brief zu Ende
schreiben.« Aus dem japanisch geschriebenen Brief ging folgendes hervor: »Ich bin eine Schande für meinen Beruf. Wiederholt
habe ich ordinäre, abfällige Bemerkungen über mich über die
Sprechanlage der Ärzte gehört; es gibt daher für mich keinen
anderen Ausweg, der meine Ehre retten würde, als zu sterben.«
Daraufhin beging er Selbstmord, indem er sich beide Hauptschlagadern an den Oberschenkeln aufschlitzte. Er verblutete in
seinem Bett.

Greenbank bemerkt, »es habe zwar niemand bewußt an Selbstmord gedacht, doch scheint sich zumindest bei zwei Menschen,
die mit ihm zu tun hatten, eine Ahnung von seinem Plan tief

im Unterbewußtsein niedergeschlagen zu haben.« Der Zimmergenosse berichtete nämlich von einem Traum, der ihn aus dem Schlaf riß, und dabei war er eigentlich gar nicht der Typ, dem so etwas je passierte: »Ich träumte von einem Küken, dessen Kopf abgeschnitten war und das im Zimmer umhertorkelte; das Blut spritzte nur so. Ich habe mich furchtbar erschrocken.«

Dem Internisten, der sich wegen des Japaners Sorgen gemacht hatte, ging der Fall auch während der Nacht noch nach. Um 4 Uhr morgens wurde er von einem telefonischen Notruf der Wache geweckt. Er dachte nicht bewußt an den Japaner, als er an einem großen, leuchtend roten Coca Cola-Automaten in der Halle vorbeikam und ihm dabei ganz plötzlich einfiel: »Was ist, wenn ich nun den Japaner in einer Blutlache vorfinde?« Er hatte die Tür des Zimmers, in dem der Japaner wohnte, noch nicht erreicht; als er daran vorbeikam, stellte er fest, daß sie etwas offen stand und im Zimmer Licht brannte. Bewußt dachte er: »O je, sicher konnte er die ganze Nacht vor lauter Kummer nicht schlafen.« Er ging zurück, um »Guten Morgen« zu sagen. Er öffnete die Tür und fand das Bett voller Blut und den Japaner tot darin liegend. Greenbank meint, daß »zwei Ärzte eine unbewußte Kenntnis von der genauen Methode hatten, die er bei seinem Selbstmord anwenden wollte (Verbluten), keinem aber kam bewußt der Gedanke daran oder auch nur an die Möglichkeit eines Selbstmords.«

Ein zweiter Selbstmordfall weist ähnliche Aspekte auf. Dabei spielt ein Gemälde sozusagen als fortlaufendes Protokoll eine wesentliche Rolle, denn es gibt Aufschluß über die Phantasien des Betroffenen, die für den Fall von Bedeutung sind. Wie so oft ist auch hier eine Trennung zwischen Telepathie und Präkognition nur schwierig zu vollziehen. Greenbank, dem alle Einzelheiten vertraut waren, stuft ihn als »prophetisch« ein.

Die Situation selbst ist dramatisch. Daran beteiligt war eine junge College-Studentin, die sich aufgrund einer Depression in psychotherapeutische Behandlung begab. Ihre Mutter litt an einer paranoiischen Schizophrenie, ihr Vater hatte Selbstmord verübt, als die Patientin zwei Jahre alt war. Ein noch junger Onkel hatte sich im Haus gegenüber erhängt, als das Mädchen im Teenageralter war. Die achtzehn Monate Therapie waren, wie sich Greenbank erinnert, »stürmisch« verlaufen. Mitten darin wurde das Mädchen Zeuge, als sich eine Frau unter eine U-Bahn warf; danach fühlte sie sich »besser« — wohl, weil sich ihr durch diesen Selbstmord ein Weg aus ihrem Dilemma eröffnete.

Das Mädchen hatte ihre psychotische Mutter verlassen, aber »ungeheuer viele seelisch stark belastende Erlebnisse« gehabt. Die Besuche beim Psychotherapeuten mußten eingeschränkt werden. Gerade während dieser Zeit drang auch noch ein bewaffneter Mann, den Greenbank als »einer anderen Rasse zugehörig« beschreibt, in die Wohnung des Mädchens ein und erwürgte sie bei einem Vergewaltigungsversuch um ein Haar, konnte aber abgeschreckt werden. Ihre Mutter wurde wegen eines erneuten schizophrenen Schubes wieder in die Klinik eingeliefert. Mit der üblichen Härte machte die Familie dem Mädchen Vorwürfe: »Wärst du zuhause geblieben, wäre das nicht passiert.« Hinzu kamen noch Probleme finanzieller und sozialer Art, und so war auch das für sie wichtigste, nämlich ihr Erfolg am College, durch das Chaos um sie her bedroht.

Als das Mädchen daraufhin wieder zu einer Analysenstunde erschien, hatte sie ein Rasiermesser in der Tasche. Da sie völlig durcheinander war, bot Greenbank ihr eine zusätzliche Stunde an, falls sie warten wollte, bis ein anderer Patient fertig wäre. Sie nahm den Vorschlag an, schloß sich jedoch während dieser Stunde in der Toilette ein und schnitt sich die Pulsadern auf. Da die Wunden nur oberflächlich waren, verlor sie ungefähr einen halben Liter Blut. Nachdem sie aufgefunden worden war, versorgte der Therapeut ihre Schnittwunden und führte danach die Therapiestunde mit ihr durch; diese verlief »zufriedenstellend«.

Kaum zuhause, erhielt das Mädchen einen Anruf von einer jungen Kunststudentin, die wissen wollte: »Was ist heute abend um sieben passiert? Mich beschlich plötzlich so ein merkwürdiges Gefühl, das ich in einem Bild verarbeitet habe.« Die junge Kunststudentin hatte in ihrem Wohnzimmer gesessen und eine Illustrierte gelesen, als sie plötzlich etwas wie einen Zwang fühlte zu malen; ihr Bild zeigt eine gespannte, durchsichtige Menschenhand, die sich gegen einen vielfarbenen Hintergrund aufreckt; die lebhaften Farbflecken sind von unregelmäßigen, dünnen Linien umrahmt. Das Handgelenk war durchschnitten. Aus der Wunde strömte leuchtend rotes Blut. Einige winzige menschliche Figuren waren so gezeichnet, als kletterten sie die Hand hinauf.

Die Künstlerin sagte dazu: »Die Hand stellt einen Menschen dar, der Selbstmord begehen will.« Über die kleinen Figuren sagte sie, die wären menschliche Wesen, die »sich darüber lustig machen, daß jemand das Leben so ernst nimmt, anstatt es so zu nehmen, wie es ist.« Von den dünnen Linien sagte sie, in ihnen sei »das Leben als Rätsel oder wie Glas zerbrochen« ausgedrückt.

Greenbank hielt die Künstlerin für »im klinischen Sinne normal« und konnte bei ihr auch »keine besonderen psychiatrischen Kenntnisse« entdecken. »Eine gewöhnliche Art der Kommunikation«, wie Greenbank sich ausdrückt, hatte zwischen den beiden jungen Frauen zwei Wochen vor Beendigung des Gemäldes zum letzten Mal stattgefunden. Weder die Patientin, noch ihr Therapeut, noch die Künstlerin konnten vorher wissen, daß die Patientin eben an dem bestimmten Tag und zu eben jener Stunde in Behandlung sein würde; denn die Termine waren recht unregelmäßig und wurden immer nur eine Woche im voraus verabredet. Was nun das Bild von dem Selbstmordversuch betrifft, so hatte die Patientin immer damit gedroht oder sich ausgemalt, sich vor einen Zug zu werfen oder eine Überdosis Schlaftabletten zu nehmen.

Nach einem Vergleich des Selbstmords des Japaners mit dem versuchten Selbstmord der Studentin kommt Greenbank zu dem Schluß, daß der erste Fall »zu verstehen ist, wenn man unterstellt, daß es eine nonverbale und unbewußte Übermittlung von Gefühlszuständen zwischen Individuen gibt«; dies wird heute jedenfalls, so fügt er hinzu, »vernünftigerweise angenommen«.

Er meint, es sei schwierig, »die Phänomene nur als reinen Zufall zu erklären«, was besonders bei dem zweiten Fall kaum möglich sei, »weil die Künstlerin niemals vor oder nach dem beschriebenen Aquarell etwas gemalt hatte, was mit Gewalt zu tun hatte.« Als »außerordentlich beeindruckend« hebt Greenbank »das Wissen um den genauen Augenblick der Selbstmordhandlung sowie der dabei angewandten Methode« hervor. Er hält »die Zuverlässigkeit der Information in beiden Fällen für ausreichend« und meint, es sei schwierig, einen »sekundären Krankheitsgewinn« zu ermitteln, den die Beteiligten daraus hätten ziehen können.

Greenbank nimmt an, daß »eine durch das Gedächtnis bewirkte Entstellung wahrscheinlich gering sein dürfte, da die Ereignisse sofort nach ihrem Auftreten berichtet wurden.« Allerdings finden sich — wenigstens bei diesen beiden Fällen — möglicherweise ziemlich ausgeprägte telepathische Elemente. Akzeptiert man die These, daß Präkognition einem mit Absicht unternommenen telepathischen Kommunikationsvorgang entspricht, dann kann unterstellt werden, daß der Internist sich auf das besondere Vorhaben des japanischen Chirurgen — nämlich, sich die Hauptschlagadern aufzuschlitzen — gleichsam »eingestellt« haben kann; ebenso könnte sich auch die junge Künstlerin um 19 Uhr auf die Absicht der Studentin eingestellt haben, sich die Pulsadern aufzuschneiden und zu verbluten.

Die Klassifizierung prophetischer Bekundungen ist nur in der Theorie eindeutig zu vollziehen. Zu häufig verbindet sich Hellsehen mit Telepathie und Telepathie mit Präkognition, als daß man eindeutige Grenzen zwischen ihnen ziehen könnte. Es geht im Leben nun einmal nicht so ordnungsgemäß zu; denn es hat ja eher die Tendenz, sich chaotisch und launenhaft zu geben und widersetzt sich damit ganz sicher akademischer Kategorisierung.

Unter Einbeziehung des zusätzlichen Wissens, über das wir seit Freud verfügen, ist Greenbank der Meinung, daß »wir heute über viel mehr Erklärungsmöglichkeiten prophetischer Träume verfügen als früher«. Er bemerkt, daß die inzwischen vorliegende Fülle von Informationen »unsere wissenschaftliche Erfahrung und Objektivität erweitert« und »die Zahl nicht erklärter Ereignisse verringert hat«. Da sich das über Präkognition zusammengetragene Material inzwischen häuft, haben auch die Analytiker angefangen, es sich zunutze zu machen, um ihr Verständnis für unbewußte psychische Abläufe zu vertiefen.

11. KAPITEL

Über Freud hinaus: Die neuen Forschungsergebnisse

Die Psychoanalyse befaßt sich mit abnormen Erlebens- und Verhaltensweisen des Menschen. Ihr Beruf bringt es mit sich, daß die Analytiker täglich mehrere Stunden mit Patienten oder Kollegen zubringen; ihre Hauptaufgabe besteht in der Behandlung emotional labiler Menschen. Wenn Analytiker auf Ahnungen oder telepathische Erlebnisse stoßen, dann sind diese meist aus dem Patient-Analytiker-Verhältnis hervorgegangen. Wie wir gesehen haben, sah auch Freud — während er noch um die Anerkennung seiner therapeutischen Ideen und Methoden zu kämpfen hatte — Berichte über paranormale Phänomene lediglich als Ausdruck einer besonderen neurotischen Symptomatik an, während Jung in dieser Beziehung aufgrund eigener Erlebnisse etwas toleranter war.

Während aber die Beziehung zwischen Patient und Analytiker die Wahrnehmung offenkundigen prophetischen Wissens einschränkt, gibt es doch bestimmte Mittel zur Dokumentierung solcher Erlebnisse. Verantwortungsbewußte Analytiker führen über das von ihren Patienten Berichtete sorgfältig datierte Protokolle. Bewahrheitet sich also eine zunächst scheinbare Prophezeiung, dann können sie das tatsächliche Ereignis mit den Einzelheiten und dem Datum des Wahrtraums vergleichen. Wie Hitschmann bemerkt, gelingt es ihnen auf diese Weise manchmal, das prophetische Hochgefühl eines Patienten zu entlarven; ein andermal sind die Protokolle für die Feststellung der Abfolge der Ereignisse überaus nützlich. Die parapsychologisch orientierten Psychoanalytiker sind sich hinsichtlich dreier grundlegender Faktoren, die das Auftreten paranormaler Phänomene in der analytischen Situation betreffen, überraschend einig:

1. Beim Patienten scheinen sich dann präkognitive oder telepathische Erlebnisse einzustellen — und zwar zunächst im Traum —, wenn er sich vom Analytiker vernachlässigt oder abgewiesen fühlt. Es scheint, daß Patienten manchmal besondere Anstrengungen machen, um die Aufmerksamkeit auf sich und von anderen abzuziehen — so von der Familie des Analytikers, von anderen Patienten usw. — und sich dabei bemerkenswerter paranormaler Ereignisse als einer Art Hilfsmittel bedienen.

2. Fände nicht die zeitliche Umkehrung statt, dann wäre das vom Patienten berichtete Traummaterial oft ganz gewöhnlich und von keiner besonderen Bedeutung. In vielen derartigen Fällen paßt sich das Material der analytischen Situation, ihrem Fortgang und den übrigen Gegebenheiten ganz gut an — bis auf den peinlichen Umstand, daß der Traum zuerst auftritt und das Ereignis, auf das er »gegründet« scheint, erst später nachfolgt.

3. Die einem präkognitiven Traum zugrundeliegenden psychodynamischen Abläufe entsprechen bei vielen berichteten Fällen dem klassischen Muster. Freudianer stoßen bei präkognitiven Träumen häufig auf einen Ödipuskomplex. Jung hat berichtet, daß mit einem Wahrtraum gewöhnlich ein Archetypus zum Durchbruch kommt. Im gleichen Maße, wie von beiden Richtungen auf ein emotionsgeladenes, unbewußtes Modell psychischer Abläufe verwiesen wird, stimmen sie auch in bezug auf die in präkognitiven Träumen herrschende Psychodynamik miteinander überein.

Entsprechend jedem Traum, den der Patient dem Analytiker berichtet, gibt es vom gleichen Analysanden sicher Tausende, die außerhalb der analytischen Situation bleiben, an die er sich nicht erinnert, die er nicht berichtet, und die mithin auch nirgends erfaßt werden. Bemerkt aber ein Patient, daß der Analytiker an derartigen Phänomenen interessiert ist, so scheint bei ihm eine Tendenz zu bestehen, dem Analytiker damit einen Gefallen zu tun, daß er ihm sozusagen ein paranormales Erlebnis anbietet, als wenn ein Schulkind seinem Lehrer einen Apfel mitbringt.

Dr. Jan Ehrenwald aus New York ist über diese Hypothese noch einen Schritt hinausgegangen, indem er das Konzept vom »telepathischen Leck« und »doktrinären Induktionseffekt« entwickelte. Dabei geht es unter anderem darum, daß ein Patient die Interessen des Analytikers auf telepathischem Wege in Erfahrung bringen kann; ebenso kann der Patient die besondere »Doktrin«, d. h. Lehrmeinung, übernehmen, der der Analytiker folgt (Freud, Jung, Adler usw.), indem er etwas erlebt und Erlebnisse danach auswählt, ob sie in das Konzept vom »Ödipuskomplex«, vom »Archetypus« oder anderer Modelle hineinpassen. Freud und seine unmittelbaren Nachfolger verfügten über nur geringes parapsychologisches Fallmaterial. In den Jahren zwischen 1940 und 1950 wurden auf diesem Gebiet ungeheuer viele Krankenberichte von Analytikern zusammengetragen, die geographisch weit voneinander entfernt lebten — so in Rom oder in Denver/Colorado. Einer der wagemutigsten Pioniere in diesem Bereich ist zweifellos Dr. Jule Eisenbud aus Denver, der Autor des Buches *The World of Ted Serios* (»Die Welt des Ted Serios«, New York, 1967), das von der scheinbar paranormalen Fähigkeit des Mr. Serios handelt, vorgestellte Bilder auf einen fotografischen Film zu projizieren.* Während seiner jahrzehntelangen Analytikertätigkeit zuerst in New York und dann in Colorado sammelte Eisenbud Informationen über eine Reihe bedeutender Fälle. Sein erster größerer Artikel über präkognitive Träume, »Behavioral Correspondences to Normally Unpredictable Future Events« (»Die Beziehung zwischen Verhalten und auf normalem Wege nicht voraussagbaren zukünftigen Ereignissen«), erschien in zwei Teilen im *Psychoanalytic Quarterly* (Bd. 23, 1954).

Gleich zu Anfang des Artikels bemerkt Eisenbud, die Para-

---

* sog. ›Gedankenphotographie‹, d. Übers.

psychologie habe unter Wissenschaftlern zu einem tiefen Miß-
trauen geführt, und zwar wegen des »von ihr erhobenen außer
gewöhnlichen Anspruchs, wonach etwas nach Art eines echten
Vorauswissens — also mehr oder weniger zutreffende Prophetie oder ›Vorausschau‹ — der normalerweise unbekannten
Zukunft möglich sei«. Präkognition ist, wie er sagt, »für das
Gros der Angehörigen des westlichen Kulturbereichs derart un-
annehmbar«, daß sogar die sonst gegenüber Wundern tolerante
Kirche der Prophetie gegenüber »eine negative Haltung« eingenommen hat. Er bemerkt, daß Freud sich trotz seiner bekannten Wißbegier, Fairness und Toleranz nicht von einer »voll-
ständigen und bedingungslosen Ablehnung« des Vorauswissens
abhalten ließ. Nach einigem Hin und Her, schreibt Eisenbud,
hat Freud sich 1925 wieder zu seiner ursprünglichen Ansicht
bekannt, daß »es derartige Dinge wie echte prophetische Träume
einfach nicht gibt«.

Eisenbud erinnert an die Bemühungen Hitschmanns und Zulligers, Freuds Meinung zu folgen und aufzuzeigen, daß sie
»statt auf eine echte Ahnung im Traum oder Wachzustand«
auf »einen aus der Vergangenheit stammenden unbewußten
Wunsch« stießen. Er erwähnt, daß diese Analytiker »die sich
manchmal zeigende außergewöhnliche Übereinstimmung mit
zukünftigen Ereignissen« stets auf »Zufall, unbewußte Selbsttäuschung oder Selbsterhöhung« zurückführen, »wobei Narzißmus und ein fast magisches Gefühl geistiger Omnipotenz als
Motive stark wirksam sind«. Nun übersieht aber Eisenbud
sicher nicht solche »normalen Fehlerquellen« wie diese, die dazu
angetan sind, pseudo-prophetische Erlebnisse hervorzubringen;
es geht ihm nur um Vorurteilslosigkeit dort, wo ein echtes Ereignis wirklich auftritt.

Eisenbud ist sich der Grenzen der Protokollierung oder des
Nachweises von Präkognition wohl bewußt, da ja »gerade die
Spontanität und das Unerwartete« des Erlebnisses eine Kon-
trolle der Methoden und personaler wie zufälliger Faktoren

praktisch unmöglich machen. Man kann, wie er meint, kaum be-
haupten, daß es einen unangreifbaren Fall gibt, weil »selbst
diesem stets eine eigene und unlösbare Doppelsinnigkeit anhaftet, die Anlaß zu Einwendungen abgeben kann«. Unter Berücksichtigung all dieser Faktoren berichtet Eisenbud über zwei
Fälle aus seiner Sammlung. Der erste ereignete sich, als er noch
in New York praktizierte; hier die Darstellung:

»Ein Patient träumte, er hätte eine Auseinandersetzung mit
seiner Schwiegermutter, die ihn mit aller Kraft davon abhalten
wollte, schwimmen zu gehen. Danach sah er sich in Badehose
und Bademantel in der Hotelhalle des ›Pennsylvania Hotels‹
oder des ›Wellington‹. Er fuhr mit dem Fahrstuhl ins oberste
Geschoß; als er ausstieg, befand er sich anscheinend in der Per-
sonaletage. Ihm wurde ängstlich zumute, dort gestrandet zu
sein.«

Eisenbud bemerkt, daß der Patient seinen Traum um ungefähr
10 Uhr morgens berichtete, aber nicht in der Lage war, die Zeit
anzugeben, zu der er in der vorangegangenen Nacht aufgetreten
war. Er sagte, er sei wie gewöhnlich ungefähr um 7.30 Uhr
aufgewacht. Nun ereignete sich wenigstens eine Stunde, nachdem
sein Traum überhaupt noch aufgetreten sein konnte, im »Hotel
Pennsylvania«, dem jetzigen an der Siebten Avenue 33. Straße
in Manhatten gelegenen »Statler-Hilton«, ein merkwürdiger
Vorfall. Als Arbeiter das Innere eines Fahrstuhls neu anstrei-
chen wollten, explodierte ein Behälter mit Reinigungsflüssig-
keit auf der Höhe des obersten Stockwerks, auf dem es keine
Gästezimmer mehr gab.

Durch die Explosion wurde niemand verletzt, doch verursachte
der Druck einen Wasserrohrbruch in einem der unteren Stock-
werke, wodurch sich wiederum in der Hotelhalle rund 15 cm
Wasser ansammelten. *The New York Times* berichtete über
diesen Vorfall (28. April, 1944) folgende Einzelheiten: »Eine
Gruppe von Hotelgästen schien die Überschwemmung besonders
zu amüsieren. Einer von ihnen drückte dem Hotelpersonal ab-

wechselnd die Hand und sagte ›Cornell 44‹, — denn es handelte sich um den Schwimmclub der Cornell-Universität.« Ein in der Zeitung abgebildetes Photo hatte folgende Unterschrift: »Säuberung der Halle, die durch den Rohrbruch überschwemmt worden war.« Auf dem Bild zeigte die Uhr in der Hotelhalle gerade 11.05 Uhr.

Eisenbud bemerkt dazu: der Träumer hatte sich in seinem Traum in der Tat im »Hotel Pennsylvania« oder im »Wellington« befunden; obwohl das Hotel kein Hallenbad besaß, kam die Hotelhalle wenige Stunden später bestimmt einem Schwimmbecken gleich. Ein Schwimmclub einer Universität machte sich einen Spaß aus dieser Situation; der Unfall, der das Ereignis ausgelöst hatte, ereignete sich im obersten Stockwerk des Hotels, auf dem sich der Träumer in einem Zustand unerklärlicher Angst befunden hatte. (Der Träumer verband keine besonderen Assoziationen mit dem Hotel »Pennsylvania«.)

Eisenbud bemerkt, daß der Träumer sich für wissenschaftliche Fragen außerordentlich interessierte; obwohl er weitgehend Autodidakt war, hatte er eine Entdeckung auf dem Gebiet der physikalischen Chemie gemacht, die ihm ein gutes Auskommen sicherte. Am Abend zuvor hatte er in der analytischen Sitzung ehrgeizige Pläne über eine grundlegende, bahnbrechende Erfindung auf dem Gebiet der Röntgentechnik geäußert. Er verließ die Sitzung in einem ziemlich gespannten Zustand, da ihn der Therapeut in bezug auf die Durchführbarkeit des Projekts nicht beruhigen konnte. In der Nacht darauf hatte er dann den Traum von dem Schwimmbecken.

Eisenbud nähert sich als Analytiker solchen Träumen vom Inhalt her — obwohl sie etwas über die Zukunft aussagen —, als handle es sich dabei um Bruchstücke vergangener Erlebnisse, Tagesreste oder Erinnerungen. Der von ihm eingenommene psychoanalytische Standpunkt läßt ihn gegenüber der zeitlichen Umkehrung gleichgültig. Er behandelt die Explosion im Hotel, als handle es sich dabei um einen »typischen Tagesrest« und interpretiert nur den latenten Inhalt. Daraus ergab sich eine Verflechtung zwischen den Kindheits- und aktuellen Familienbeziehungen des Träumers und einem beim Analytiker vermuteten Ressentiment.* Darüber hinaus erinnert Eisenbud daran, daß sich in der Analyse einstellende präkognitive Träume fast immer sich »auf ein Problem beziehen, mit dem der Analytiker gegenwärtig zu kämpfen hat, auf ein Problem, auf das er mit unbewußter Angst reagiert«.

Worin bestanden die Ängste Eisenbuds, die der Traum des Patienten widerspiegelt? Was versuchte der Patient seinem Analytiker mitzuteilen? Im vorliegenden Fall hatte Eisenbud am gleichen Abend, an dem der Patient seinen Traum hatte, nur einige Stunden früher, einen Hypnoseversuch mit jemandem durchgeführt, bei dem es um »Präkognition« ging. Dabei versetzte er die in Hypnose befindliche Versuchsperson zunächst in deren Kindheit zurück und ließ sie dann bis in die Gegenwart voranschreiten in der Hoffnung, »daß auf diese Weise eine zeitliche Verschiebung nach vorn« stattfinden werde. Natürlich, so erinnert er sich, »hatte ich mich damit ziemlich weit vorgewagt und war deswegen recht nervös. Mir fiel nichts ein, was ich tun könnte, um meine Versuchsperson dazu zu bringen, ›die Zeitgrenze zu überspringen‹ und war im Hinblick auf den Ausgang des Experiments nicht besonders optimistisch.«

Nachdem Eisenbud die Versuchsperson in der Hypnose zunächst in der Zeit zurückgehen ließ, um ihr damit so etwas wie einen »Sprung mit Anlauf« auf die Zukunft zu ermöglichen, stellte ihr Eisenbud eine ganz bestimmte Aufgabe. Er sagte der Versuchsperson, sie halte die erst in zwei Tagen erscheinende *New York Times* in der Hand und lese die Schlagzeilen. Was sehe sie? Wie lauteten die Schlagzeilen? Die hypnotisierte Versuchsperson wurde unruhig und erfand, um dem Hypnotiseur

---

* Der Traum vom Bruch der Hauptwasserleitung ist ein Äquivalent für das Bettnässen, zu dem der Träumer als Kind in ähnlichen Situationen Zuflucht nahm.

einen Gefallen zu tun, eine ziemlich alltägliche Schlagzeile. Eisenbud beendete enttäuscht das Experiment. Als einen Tag darauf der erste Patient mit einem präkognitiven Traum über etwas aufwartete, das bald darauf durch einen Artikel in der *New York Times* bestätigt wurde, hatte Eisenbud das Gefühl, »daß mein Analysand meiner Versuchsperson die ihr gestellte Aufgabe sozusagen ›geraubt‹ und sie — aus welchen Gründen auch immer — auf ganz ausgezeichnete Weise ausgeführt hatte.«

Auf seine Art hatte der Analysand dem Analytiker das gegeben, wonach dieser verlangte: »Sie möchten gern Schlagzeilen, zwei Tage im voraus? Hier sind sie ... Geben Sie mir aber jetzt die Sicherheit, die ich brauche; sagen Sie mir, daß ich mit *meiner* revolutionären Art zu ›sehen‹ weitermachen soll.«

Lag hier aber nun tatsächlich Präkognition vor? Es gibt natürlich die »einfachere« Erklärung, wonach unter Umständen nur Telepathie im Spiel war! Bei diesem Gedanken hebt Eisenbud flehentlich die Hände; denn dies würde eine komplexe Hypothese erfordern, die zunächst einmal die gewöhnliche Telepathie und gleichzeitig die Annahme miteinbeziehen müßte, daß sich der Patient in bezug auf Zeit und Schauplatz seines Traums vollständig getäuscht hat — eine Alternative, mit der alle jene einverstanden wären, die sich »lieber vergleichsweise für ein Lamm — Telepathie — aufhängen lassen würden als (um die Metapher fortzuführen) für den großen, bösen Wolf, repräsentiert im paranormalen ›Vorauswissen‹ der Zukunft«.

Ein weiterer präkognitiver Traum weist ebenfalls auf Rivalität als möglichen Grundzug hin, mithin auf den Wunsch des Patienten, die Zuwendung des Analytikers von jemand anders abzulenken. In diesem Fall sah eine Patientin ihre Mutter im Traum in einem neuen Auto, als ein unmittelbar hinter ihr fahrender Wagen Feuer fing: »Ich bin außer mir vor Angst, daß er vielleicht explodiert und meine Mutter verletzt wird, wenn es ihr nicht gelingt, dort wegzukommen.«

Kurz nachdem sie den Analytiker verlassen hatte, stieß die Frau auf eine Menschenmenge, die durch Polizisten im Zaum gehalten wurde. Kleinste Teile und Stücke eines Taxis lagen über die Straße verstreut. Man sagte ihr, ein Auto sei explodiert, da sein Tank Feuer gefangen habe. Als sie das nächste Mal zum Analytiker kam, sagte sie triumphierend: »Ich glaube, diesmal habe ich wirklich etwas Paranormales erlebt.« In Wirklichkeit aber bekam Eisenbud von der Feuerwache die Auskunft, daß das Taxi nicht explodiert war, sondern daß die Feuerwehrleute bei dem Versuch, ein Übergreifen des Feuers auf den Benzintank zu verhindern, das Auto vollständig zerstört hatten.

Abgesehen von diesen äußerlichen Elementen des Traums erinnerte sich der Analytiker, sich einige Tage zuvor mit einer anderen Frau über einen *telepathischen* Traum unterhalten zu haben. In dieser Diskussion war er besonders aus sich herausgegangen, indem er über seine Vergangenheit und Episoden aus seinem gegenwärtigen Leben sprach, die diese Frau bereits auf telepathischem Wege in Erfahrung gebracht und in ihren Traum hineinverwoben hatte. Eisenbud schreibt: »Vielleicht hatte ich so viel und mit soviel Wärme von mir gegeben, weil ich fühlte, daß diese Patientin eigens für mich einen der schönsten PSI-bedingten (= parapsychologischen) Träume hervorgebracht hatte, die mir je zu Ohren gekommen waren.« Die Träumerin hatte mit ihrem präkognitiven Traum ihre Rivalin ausgestochen und damit deren »simple Telepathie« übertrumpft.*

Nach Eisenbuds Meinung wechselt die »dem unerklärbaren Phänomen der ›Präkognition‹ gegenüber eingenommene Haltung von Person zu Person und besonders mit der jeweils vorherrschenden Stimmung«. Er bemerkt, daß zeitgebundene Ansichten »wie in bezug auf die Haltung gegenüber Autoritäten

---

* Ihr Traum ließ auch darauf schließen, daß der Grund für ihr Rivalitätsgefühl in ihrer Kindheit lag; die »Explosion des Benzintanks«, die sie in ihrer Einbildung als Waffe benutzte, deutete auf die anale Phase hin.

oder sich selbst gegenüber, nicht völlig statisch« seien. Dennoch kommt er in diesem Artikel zu dem Schluß: »Dem Gedanken, der uns bis ins Innerste aufwühlt, daß es unter Umständen mit der ›Präkognition‹ tatsächlich etwas auf sich haben könnte, muß immer wieder von neuem begegnet werden, und der sich auf vielfältige Weise äußernde Widerstand gegenüber einem derartigen Gedanken muß immer wieder als solcher erkannt und durchgearbeitet werden . . .«

Mit seinem Artikel »Time and the Oedipus« (»Die Zeit und der Ödipuskomplex«, in: *The Psychoanalytic Quarterly*, Bd. 25, 1956) leistete Eisenbud einen weiteren Beitrag zu diesem Problem. Indem er zunächst die Auffassung kritisiert, wonach Prophetie ein »bloßes Relikt des infantilen magischen Denkens« sei, fragt er nach einer eventuellen Nutzbarmachung der Präkognition im Rahmen der Psychoanalyse. Bei der Darstellung seines Materials bedient er sich eines »Kunstgriffs«, indem er so tut, als »sei die Fähigkeit eines paranormalen Vorauswissens der Zukunft unbestritten, und als würde sie bereits von jedermann als selbstverständlich vorausgesetzt«, um dann »zu sehen, wohin uns diese Annahme im Einzelfall führt«.

In diesem Zusammenhang bringt er zunächst das Beispiel einer jungen Patientin, die — vielleicht in einer von ihr geträumten Radiosendung — »gehört« hatte, daß das aus Philadelphia kommende Flugzeug, in dem ihre Zimmergenossin saß, um zu ihrem Verlobten in den Mittleren Westen zu fliegen, abgestürzt und sie dabei ums Leben gekommen sei. Nun flog die Zimmergenossin am nächsten Tag tatsächlich mit einem solchen Flugzeug, stürzte jedoch nicht ab. Aber ein anderes Flugzeug, das etwas später, aber auch am gleichen Tag von Philadelphia startete, stürzte ab; dabei kamen viele Menschen ums Leben. Eisenbud bemerkt dazu: »Der Absturz erfolgte mehrere Stunden, nachdem meine Patientin mir ihren Traum berichtet hatte.«

Warum wich dieses Mädchen von der ihr sonst eigenen Art — und damit zugleich vom normalen zeitlichen Ablauf — ab, um ihren Gefühlen hinsichtlich der Zukunft Ausdruck zu verleihen? Eisenbud schreibt: »Wir können als gegeben annehmen, daß hier nicht irgendwelche Bruchstücke der Realität hastig zusammengeflickt werden, die sich gerade so ergeben und aus Mangel an etwas Besserem als angemessenes Ausdrucksmittel latenter Vorstellungen ausreichen, wobei dann die zeitlichen Faktoren vollkommen belanglos sind.« Im Gegenteil, so meint er, hätte die unmittelbare Vergangenheit dem Mädchen sicherlich »zahlreiche Stützen von gleicher symbolischer Kraft bieten können, wäre es nur darum gegangen, einen Tagesrest bereitzustellen, der beiden Bedingungen gleichermaßen genügte: dem von der Träumerin gegenüber ihrer Zimmergenossin gehegten Todeswunsch sowie ihrer sexuellen Rachsucht. Darüber hinaus ist es doch so, daß ein Stück Zukunft nicht rein zufällig ausgewählt wird, sondern gegen einen spürbaren Widerstand und mit dem schmerzhaften Erlebnis, damit zugleich eine der geheiligten unbewußten Regeln zu durchbrechen, auf denen die Gesellschaft mit der ihr eigentümlichen Realitätsauffassung beruht; die Regel nämlich, daß das Geheimnis von der Fähigkeit des Menschen, etwas über die Zukunft in Erfahrung zu bringen, niemals verraten werden darf.«

Die sich im Verlauf der Analyse ergebenden Hinweise veranlaßten Eisenbud, seinen Aufsatz mit dem Titel »Die Zeit und der Ödipuskomplex« zu versehen. Im vierten Monat der mit dieser Patientin durchgeführten Analyse war er in der Lage, ihre ödipale Fixierung an ihren vierzig Jahre älteren Vater zu deuten: durch die unveränderbare und immer nur in eine Richtung verlaufende Zeit blieb ihr der Vater für immer unerreichbar. »Von allen Konflikten«, schreibt Eisenbud, »trägt der von uns als Ödipuskomplex bezeichnete ganz unverkennbar den besonderen, scheinbar unabänderlichen und unausweichlichen Stempel des Schicksals. Auch im Altertum — wie die alte Sage bezeugt, nach der dieser Konflikt benannt ist — wurde der in verschiedenartigen Erscheinungsformen auftretende Ödipuskomplex mit dem

Phänomen der Prophetie in Beziehung gebracht (z. B. Cassandra in der Sage von Agamemnon). Der Grundzug prophetischen Verhängnisses und des heroischen Kampfes gegen das Schicksal, der sich in Mythen und Sagen, aber ebenso in der ernstzunehmenden modernen Literatur findet, die aus diesem anscheinend unerschöpflichen Reservoir hervorgegangen sind, ist zu bekannt, als daß es der Wiederholung an dieser Stelle bedürfte. Hier zeigt sich aber die ganze Kehrseite der Medaille. In zahlreichen Mythen, Sagen und Märchen, die der Mensch aus seinen geheimen Phantasien geschöpft hat, wurde der entsprechende Wunsch, die Bande des Schicksals zu lösen und ihnen zu entfliehen und durch Zauberei oder ein erhofftes Wunder eine Aufhebung der Entscheidung zu erwirken, in den Vordergrund gerückt.« Eisenbud schreibt über diese Patientin: »Nur in ihren prophetischen Träumen, so jedenfalls hatte es den Anschein, konnte sie die Illusion erlangen, das Unmögliche möglich zu machen und, wenn auch nur für den Augenblick, das überwältigende Hindernis zu überwinden, ›zu spät‹ geboren worden zu sein.«

In dem letzten Fall Eisenbuds, den wir hier wiedergeben wollen, bemerkt er, daß die parapsychologische Literatur unzählige Berichte über Eisenbahnunglücke, Luftschiffabstürze, Feuersbrünste und andere Katastrophen enthält, die sich in Träumen oder anderweitig ankündigten. Die meisten dieser Protokolle, so bemerkt er, lassen jedoch Hinweise auf ein hintergründiges psychologisches Drama vermissen, dessen Schlußszene sozusagen »die gleiche Bühnenwirkung erforderte wie das Phänomen der ›Präkognition‹ selbst.« Er hält viele Fälle von Präkognition für »so außerordentlich trivial, daß man über die Anzahl derartiger Erscheinungen, die völlig unbemerkt an uns vorüberziehen, nur Spekulationen anstellen kann.«

In einem äußerlich belanglosen Fall träumte eine Frau um die vierzig, die die Suche nach dem »Richtigen« schon lange aufgegeben und sich »etwas geziert und recht weinerlich klagend in ihr Mittelalter gefügt hatte«, sie läge mit einem Geschäftskollegen im Bett, von dem sie unlängst einen Brief bekommen hatte. Im Traum behielten die Patientin und der Mann die Kleider an, und es war ihr bewußt, daß er »seine sexuellen Betätigungen nicht fortführen« wollte, da er verheiratet war.

Der Schauplatz des Traums wechselte, und sie befand sich mit demselben Mann in einer Küche, in der eine Frau (»sie könnte meine oder seine Mutter gewesen sein«) einen braunen Napfkuchen mit Nüssen aus der Speisekammer hereinbrachte. Die Frau erinnert sich: »Sie entschuldigte sich dafür, daß der Kuchen sehr alt sei, vielleicht Monate oder Jahre, und womöglich nicht mehr in Ordnung sei; andererseits sollte dieser Kuchen gerade wegen der Nüsse, die darin waren, besonders gut sein, wenn er schon älter wäre. Sie holte ein Messer und schnitt ein Stück für mich ab. Ich schmeckte es und fand es sehr gut. Da bemerkte ich, wie spät es war. Ich sah eine ziemlich kleine Uhr mit dunklem Zifferblatt; die Zeiger wiesen auf 7 Uhr. Ich sagte irgend so etwas wie: ›Es ist sieben, ich muß jetzt aufstehen.‹« An dieser Stelle erwachte die Patientin und sah, daß es genau 7 Uhr war, fünfzehn bis dreißig Minuten später, als sie sonst aufzuwachen pflegte.

Eisenbud stellt im Hinblick auf die in dem Traum verborgene Bedeutung Vermutungen an, desgleichen über die in dem Stück Kuchen ausgedrückte Erlaubnis der Mutter, ihre »sehr alten« Wünsche — also vermutlich ihr auf den Vater gerichtetes sexuelles Verlangen — zu befriedigen. Aber dann enden die phantastischen Vorstellungen auch schon: »Aschenputtel muß sich von ihrem Traum losreißen und zur deprimierenden Realität zurückkehren, wo die Zeit wieder einmal unerbittlich jede Möglichkeit der Erfüllung ihrer Wünsche durchkreuzt.«

Einige Tage nach dem Traum besuchte die Frau eine Freundin, die mit ihrem verheirateten Bruder in einer »sublimierten inzestuösen Beziehung lebt, die schon des öfteren Anlaß zu Gerede gegeben hatte«. Obendrein hatte die Frau des Bruders noch derart viel Ähnlichkeit mit der Freundin der Patientin, daß die beiden immer für Schwestern gehalten wurden. Während des Besuchs, bei dem man sich in der Küche aufhielt, war die Patientin überaus gehobener Stimmung, was sie, wie sie sagte, früher noch nie an sich erlebt hatte. Zum Tee reichte die Freundin ein mit Nüssen gefülltes Bananenbrot und sagte: »Möchte jemand ein Stück? Es ist schon schrecklich alt. Ich habe es schon wer weiß wie lange im Kühlschrank liegen; aber eigentlich soll es gut sein, wenn es alt ist.«

Eisenbud fügt rasch hinzu, daß »hier genau der Grenzfall einer Übereinstimmung vorliegt, den man sonst ohne Zögern als zufälliges Ereignis unbeachtet lassen würde«; immerhin findet er es sehr bedeutungsvoll, daß auch hier wie im Fall davor »der vorgestellte Triumph der Träumerin über die Zeit zu ihrer eigenen Geschichte gehört, in der ein früherer vom Schicksal gefällter Urteilsspruch aufgehoben wird und das verbotene Liebesobjekt beibehalten werden darf.«

An dieser Stelle bemerkt der Analytiker nun selbst gleichsam wie Aschenputtel, er »müsse der Tatsache wieder ins Gesicht sehen, daß der Gedanke an ein paranormales Vorauswissen der Zukunft allgemein für wissenschaftlich widersinnig gehalten wird«. Trotzdem kommt er zu dem Schluß, daß ein menschliches »Bedürfnis danach, sich im Widerspruch zu der natürlichen Ordnung der Dinge in die Zukunft zu versetzen«, anerkannt werden müßte und man »die Möglichkeit« ernst nehmen sollte, »daß Phänomene, die allgemein als präkognitiv bezeichnet werden, tatsächlich auftreten können«. Er fährt fort: »Ohne eine solche Einstellung verliert unser Versuch, eine gewisse Art zeitlichen Erlebens als Funktion des ungelösten Ödipuskomplexes zu erklären, ihren ganzen Sinn; denn er ist vollständig von der Annahme abhängig, daß die Beziehung zwischen den hier dargestellten Träumen und den dazugehörigen nachfolgenden ›Tagesresten‹ keine zufällige war.«

Einer der am besten dokumentierten Fälle offenkundiger Präkognition wurde vom Institut für Grenzgebiete der Psychologie

und Psychohygiene an der Universität Freiburg i. Br. veröffentlicht. Das der Studie zugrundeliegende Material bildete ein
»Traumjournal« der Schauspielerin Christine Mylius*, die ihre
Traumberichte und die dazugehörigen Assoziationen seit 1954
mehrere Jahre lang an das Freiburger Institut schickte. Zehn
Jahre lang wurden im Institut rund 1500 Träume von ihr archi-
viert.

Im Jahre 1959 wurde Frau Mylius für die Verfilmung von
»Nacht fiel über Gotenhafen« als Schauspielerin verpflichtet.
Mehrere Vorfälle, die sich während der Dreharbeiten ereigneten, schienen Ereignissen zu entsprechen, die Frau Mylius vorher
geträumt hatte; vor allem zwölf Träume von ihr schienen zahlreiche Entsprechungen zu später in Wirklichkeit eintretenden
Ereignissen zu enthalten. Der Gotenhafen-Film beinhaltet eine
Kriegstragödie und handelt von dem Schicksal ostpreußischer
Flüchtlinge auf dem KdF-Dampfer »Wilhelm Gustloff«; sie
ertranken fast alle, nachdem das Schiff torpediert worden
war.

Im gleichen Studio, das für den Gotenhafen-Film benutzt
wurde, und teilweise auch unter Verwendung der gleichen Einrichtungen stellte die Produktionsgesellschaft eine Komödie her:
»Drillinge an Bord«. Einige von Frau Mylius' Träumen scheinen sich auch auf diesen Film zu beziehen. Die Außenaufnah-
men zu dem Schiffsunglück wurden vom 14. bis 17. September
1959 in der Nähe Helgolands gedreht. Professor Hans Bender,
Direktor des Freiburger Instituts, hat den »Fall Gotenhafen«
unter dem Titel »›Präkognition‹ in Traumserien — Dokumentation und Strukturanalyse sinnvoller Koinzidenzen im
›Fall Gotenhafen‹« (in: *Zeitschrift für Parapsychologie*, Bd.

---

* Den hier zitierten »Fall Gotenhafen« sowie viele andere eindrucksvolle,
offenkundig präkognitive Träume hat Christine Mylius in einem Buch dargestellt. Derzeitiger Arbeitstitel: *»Vorgriff auf die Zukunft — Bilanz eines
Traumjournals«*, Deutsche Verlags-Anstalt, Stuttgart, Herbst 1974

IV, 1960/61 u. Bd. V, 1961/62) dargestellt und interpretiert.
Die mit den Filmarbeiten über den Schiffsuntergang verbundenen Einzelheiten werden dort wie folgt dargestellt:
Die Produktionsgesellschaft charterte einen alten Fischdampfer, der von allen Zeugen als »alt und sehr schmutzig« bezeichnet wird. Kurz vorher hatte er Kohlen aufgenommen, und es war keine Zeit mehr gewesen, um ihn zu reinigen. Dieses Schiff benötigte allein mehrere Stunden, um Bremerhaven zu verlassen. Die Mannschaft war recht verwahrlost, und die, die gerade frei hatten, becherten so ausgiebig mit einer Gruppe männlicher und weiblicher Amateurtaucher, die für die Schiffsuntergangsszenen engagiert worden war, daß der Erste Steuermann vom Kapitän streng verwarnt werden mußte. Es war sehr warm, und die Filmleute lagen in Liegestühlen oder auf Matratzen auf dem Deck. Frau Mylius lag ebenfalls dort neben einem Freund, einem Schauspieler, der sie im Verlauf der Reise mit seinem Freund, dem Koch, bekanntmachte, der sich später sehr um sie kümmerte. Er betreute sie, wenn sie vom stundenlangen Umherschwimmen und Tauchen im Meer erschöpft war.
Der Kapitän und die Hauptdarsteller hatten sich auf das oberste Deck des Schiffes zurückgezogen; man konnte nur über eine sehr steile Leiter dorthin gelangen. Frau Mylius wurde aufgefordert, auch dorthin zu kommen, nahm die Einladung jedoch nicht an. Am Tag nach ihrer Ankunft auf Helgoland probierten die Schauspieler neuartige Schutzanzüge aus, in denen man nicht ertrinken konnte. Die Amateurtaucher hatten sie gerade entwickelt und erprobt. Man konnte sie nur unter Verwendung von Talkum anziehen.
Die Taucher vertrieben sich die Zeit mit dem Hummerfang, wobei es ihnen schließlich auch gelang, ein Riesenexemplar von fast zwölf Pfund zu fangen. Am Abend gab es ein großes Hummeressen. Frau Mylius nahm daran teil und half bei der Zubereitung der Delikatesse. Die hübscheste Taucherin war Evelyn, die besonders schönes langes Haar hatte. Ihr Bild ist im Vor-

spann des Gotenhafen-Films zu sehen, der damit beginnt, daß man sie mit aufgelöstem Haar im Wasser treiben sieht.

Bender verglich Teile dieses Berichts mit früheren Träumen von Frau Mylius. Das verwahrloste Schiff und das Benehmen der Besatzung waren in einem Traum vom 22. Mai 1959 vorweggenommen worden, den Frau Mylius wie folgt protokolliert hatte: »Fahre in einem uralten, dreckigen Dampfer, der kaum mehr manövrierfähig ist und der schon stundenlang braucht, um aus dem Hafen zu kommen. Auch die Mannschaft sieht ziemlich verwahrlost aus und steht unter Alkohol.« Der erste Satz enthält eine Entsprechung zu der verspäteten Abfahrt von Bremerhaven.

Ein Jahr vorher, am 29. April 1958, hatte Frau Mylius von einem Schiffskoch geträumt, ebenso von einer Leiter, die sie nicht erklimmen konnte, sowie anderen Dingen, die sich auf die Helgolandreise zu beziehen scheinen. Hier einige Ausschnitte aus dem Traum vom Jahre 1958:

»Es ist gegen Abend auf einem kleinen Ozeandampfer. Ich unterhalte mich sehr nett und angeregt mit einem Angestellten, einem Maschinisten oder Koch, der im unteren Teil des Schiffes zu tun hat. Dort bin ich allein, gehe etwas herum und fühle mich wohl. Ich möchte an die frische Luft und sage: ›Ich gehe mal aufs obere Deck, obwohl da viele Menschen sind, die ich nicht sehen mag.‹

Die Passagiere liegen in Deck-Chairs oder stehen paarweise an der Reeling in der Dämmerung. Es ist fast Nacht ... Ich muß über manche ausgestreckten Beine klettern ... Dann möchte ich noch aufs oberste Deck, um ganz unter freiem Himmel zu sein, aber alle Leitern da hinauf sind etwas schief und hochgebunden, so daß man sie nicht besteigen kann. Eine einzelne Dame liegt einsam, durch eine Tür getrennt, an Deck. Sie wird von einem jungen Offizier abgeholt und steigt die einzig gangbare Treppe hoch, aber die ist privat und führt auf die Kommandobrücke. Dorthin kann ich nicht nach.«

Beim Lesen eines am 5. Januar 1959 protokollierten Traums, der Bezüge zu den Taucherschutzanzügen zu enthalten scheint, muß man wissen, daß die Hamburger Malerin Eva Hagemann häufig Frauengestalten in schwarzen Trikots malte, die wie Taucheranzüge aussehen. Ebenso hatte sich der große Hummer, den die Taucher gefangen hatten, in einem der Kraterseen längs der Mole befunden; diese Kraterseen sind durch Bombardierungen der auf der Insel befindlichen Befestigungsanlagen während des Krieges entstanden. Der Traum vom 5. Januar hatte folgenden Inhalt: »Ich schlage vor, zu Sport-Münzinger zu gehen und Asbest-Anzüge zu kaufen und dabei immer zu erwähnen, daß wir noch einen für den Mondseekrater brauchen ... Eva Hagemann, die Malerin, ist auch dabei. Sie hat ein Bild oder eine Plastik von einer Frau und auch einer Art Kratersee, der mit einer weißen, kalkigen Masse ausgefüllt ist.« Außerdem besteht eine deutliche Ähnlichkeit zwischen den Namen Eva und Evelyn.

Frau Mylius hat zwei Träume über Hummer berichtet, einen im Februar und den zweiten im Juli 1958. In dem einen erwähnte sie »einen riesigen Hummer mit großen Scheren«; es fand ein großes Festessen statt, »eine Einladung mit vielen Menschen«.

Eine merkwürdige Beziehung bestand weiterhin zwischen einem Traum, in dem ein Baby vorkam, und einer tatsächlichen Filmszene, bei der ein Baby im Mittelpunkt stand. Am 15. September 1957 hatte Frau Mylius folgende Aufzeichnungen gemacht: »Ich schwimme in Gesellschaft mit mehreren mir unbekannten Mädchen und mit einigen Babies. Das Baby von S. ist angekommen. Ein süßes Mädchen mit schönen, dunklen Augen. Auch sie schwimmt und besonders lang unter Wasser. Man spielt Unter-Wasser-Begegnung und ich bekomme es mit der Angst, wie lange sie drunter bleibt.« Fast genau zwei Jahre später, am 14. September 1959, schrieb Frau Mylius, dies sei der erste Drehtag auf Helgoland. Die Schauspieler verbrachten die meiste Zeit bei ziemlichem Seegang in einem Rettungsboot. Sie fügte hinzu:

»Die Szene ›Wo ist mein Baby‹ wird zweimal aufgenommen.«

Fünfundzwanzig Tage nach dem Baby-Traum, am 10. Oktober 1957, träumte Frau Mylius, wie sie schrieb, von »einem Stück, das wir schwimmend spielen«. Dabei »will mich jemand fotografieren. Aber ich winkte ab, es lohne sich nicht bei sowas.«

Bei der tatsächlichen Filmaufnahme sollte die Schauspielerin während des »Ertrinkens« gefilmt werden. Eine Unterwasserkamera wurde ins Wasser gelassen, während Frau Mylius von einem Taucher in die Tiefe gezogen wurde. Diese Szene war so anstrengend, daß sie danach den Koch in der Kombüse aufsuchte, um sich ein bißchen zu erholen. Schließlich stellte sich heraus, daß sich alle diese ermüdenden und risikoreichen Unternehmungen »nicht gelohnt« hatten, da die Szene über das Ertrinken aus der endgültigen Filmfassung herausgeschnitten wurde.

Im Zuge der Auswertung der hier aufgezeigten Beziehungen zwischen Träumen und aktuellen Lebenssituationen bemerkt Bender, daß die Produktionsgesellschaft zu der Zeit, als der Traum über den alten Dampfer auftrat, überhaupt noch nicht daran gedacht hatte, irgendein Schiff zu chartern — ja, daß sie noch nicht einmal entschlossen war, den Gotenhafen-Film überhaupt zu drehen; auch war das Manuskript noch gar nicht geschrieben. Bender meint daher, daß Frau Mylius »in keiner Weise zur Erfüllung ihres eigenen Traums beigetragen haben konnte«.

Die einer derartigen unerklärlichen Übereinstimmung — wie hier zwischen den Träumen der Frau Mylius und den Ereignissen bei den Filmarbeiten — zugrundeliegenden psychodynamischen Abläufe veranlassen Bender, nach der »motivationalen Basis« zu forschen. Eine genaue Durchsicht des Materials ermöglicht ihm die Schlußfolgerung, daß die Lebensgeschichte der Schauspielerin ziemliche »Schwankungen ihres schwach ausgeprägten Selbstbewußtseins« sowie eine Ichschwäche erkennen lasse, die sich zusammen in Unentschlossenheit äußern: »Sie möchte Leiden aus dem Wege gehen und leidet doch mehr als in einer gesünderen Situation.« Als sie von dem schmutzigen Dampfer träumte, lebte Frau Mylius im Hause ihrer Schwiegermutter und war recht gedrückter Stimmung. Ein Freund lud sie zu einem Ferienaufenthalt an einem italienischen See ein. In ihren Anmerkungen zum Traum vom alten Dampfer schrieb Frau Mylius: »Keine Ahnung (was er bedeutet). Es ist die erste Nacht hier am Gardasee. Die Dampfer, die ich hier am Abend noch zu sehen bekam, waren strahlend weiß und gepflegt.« Der Traum stellt in anderen Worten den Kontrast zur Realität dar, wie sie sich bei Tageslicht zeigt. Ein Schiff ist das Symbol für Bewegungsfreiheit — besonders, wenn die Träumerin sich selbst überaus eingeengt und frustriert fühlt; und so kann man im Falle der Frau Mylius von einer dreifachen Flucht sprechen: in den Traum, auf das symbolträchtige Schiff und schließlich in die Zukunft ...

Jan Ehrenwald, dessen Konzepte vom »telepathischen Leck« und »doktrinären Induktionseffekt« ich bereits erwähnt habe, hat in *The Psychoanalytic Review* (Januar 1951) über »einen offenbar präkognitiven Traum eines Patienten« berichtet, »der sich wegen einer schweren Angstneurose in Psychoanalyse begeben hatte.« In seinem Artikel »Precognition in Dreams?« (»Gibt es präkognitive Träume?«) berichtete er über seinen Patienten, der im unteren Stockwerk eines Warenhauses die Aufsicht führte und an Angstanfällen in U-Bahnen, Bussen, beim überqueren von Straßen, in Restaurants und an der Erfrischungsbar des Warenhauses gelitten hatte. Durch die Analyse wurde aufgedeckt, daß diese Ängste »als Abwehrmechanismus gegen unbewußte homosexuelle Triebregungen« auftraten, die in diesen Situationen auftauchten.

Offenbar sprach der Patient auf die Behandlung gut an, nachdem er die unbewußten Regungen erst einmal verstehen gelernt hatte. Am 5. November 1947 — nach etwa viermonatiger Therapie — träumte er, er wäre in dem Warenhaus, während sich

»ein junger Mann, der offenbar auch bei uns angestellt war«, so benahm, »als sei er hinter irgendetwas her und plane einen Überfall«. Er erinnert sich auch der Ereignisse, die in dem Traum dann folgten:

»Er hatte ein großes Springmesser, und wie er es so heraus- und wieder zurückspringen ließ, hatte man den Eindruck, daß er ein ganz gefährlicher Bursche sein müsse. Ich bekam Angst und rief nach Herrn X und Y, um den Mann gefangen nehmen zu lassen. Ich selbst zog mich in eine Telefonzelle zurück, um die Polizei anzurufen, die ihn abholen sollte.

Ganz plötzlich schien die ganze Situation irgendwie aufgehoben zu sein. Der Bursche saß da, ich sprach mit ihm. Die Unterhaltung verlief sehr freundlich. Er holte das Messer hervor und ließ es aus der Scheide springen. Es war nun überhaupt nicht mehr groß — vielleicht nur ein bis zwei Zentimeter lang. Ich dachte, wie dumm es doch wäre, vor dem Messer Angst zu haben. Es war überhaupt nicht mehr so gefährlich. Es war sehr klein.«

Die psychoanalytische Bedeutung des Traums war ziemlich eindeutig. Ehrenwald war der Ansicht, daß »das Messer als phallisches Symbol« keiner genaueren Darstellung mehr bedürfe. Aufgrund dessen aber, was danach geschah, könnte man doch zu dem Schluß kommen, daß es sich um Ereignisse handelte, die — wären sie vor dem Traum aufgetreten — vollkommen alltäglich gewesen wären; als sie aber eintraten, wiederholten sich die Traumereignisse in umgekehrter Reihenfolge.

Zwei Tage nach dem Traum, am 7. November, kam der Patient etwas verspätet zur Analyse. Im Bus hatte ein Mann neben ihm gesessen, der ein Messer hervorgeholt hatte; und obwohl es sich dabei — wie im zweiten Teil des Traums — nur um ein kleines Federmesser handelte, »fühlte sich der Patient ziemlich beunruhigt und fürchtete, jeden Moment in Panik zu geraten«. Der Mann holte aber nur einen Apfel aus der Tasche und benutzte das Messer beim Essen.

Der Patient war von der zwischen dem Traum und dem aktuellen Ereignis bestehenden Ähnlichkeiten überrascht: »Das Messer sah genau aus wie das aus meinem Traum. Glauben Sie aber nun bitte nicht, daß ich unter Halluzinationen leide. Ich habe noch nie so etwas erlebt.«

Am 17. berichtete der Patient über ein zweites tatsächliches Ereignis, bei dem ein Messer vorkam. Diese offenkundige Übereinstimmung machte ihn ziemlich bestürzt. Hier Ehrenwalds Bericht über die Aussage des Patienten:

»Als ich gestern auf dem unteren Stockwerk des Warenhauses war, kam so ein Typ herein. Mit seinem zerbeulten Hut, dem schäbigen Hemd und seinen durchlöcherten Schuhen sah er wie ein richtiger Landstreicher aus. Er sah richtig wild aus, wie ein Verrückter. Ich kannte ihn schon. Er war bereits früher drei- oder viermal bei uns gewesen. Ich paßte dann immer auf, ob er nicht vorhätte, etwas zu stehlen. Aber gewöhnlich kaufte er immer eine Kleinigkeit: Briefpapier, Bleistifte oder Seife.

Diesmal strebte er geradewegs der Messerwaren-Abteilung zu. Ich stand nur zwei Tische davon entfernt und beobachtete, wie er ein großes, etwa zehn bis zwölf Zentimeter langes Küchenmesser nahm und etwas zu dem Mädchen am Ladentisch sagte; seine Worte konnte ich aber nicht verstehen. Da drehte er sich nach mir um, schaute mich an und setzte das Messer mit einer schwungvollen, wütenden Gebärde drohend an seinen Hals.

Ich fühlte mich ziemlich unbehaglich. Ja, ich rannte ins Kellergeschoß hinunter. Nach einiger Zeit riß ich mich zusammen und ging zu dem Mädchen von der Messer-Abteilung. ›Was war denn mit Ihrem Freund los?‹, fragte ich scherzend. ›Hat er das Messer gekauft?‹ Das Mädchen bejahte und fügte, immer noch irgendwie verblüfft, hinzu: ›Er hat gesagt: Wenn der Bursche mich belästigt, dann schneide ich ihm die Kehle durch. Dann bezahlte er und ging mit seinem Schälmesser davon.‹«

Ehrenwald wollte jeden abergläubischen Gedanken bei seinem Patienten verscheuchen. So meinte er, die beiden realen Vorfälle

mit dem Messer seien vielleicht auf dessen besondere Aufmerksamkeit zurückzuführen, mit der er solchen Gegenständen momentan begegne. Doch fragte der Analytiker sich selbst und
seine Fachkollegen: reicht diese Erklärung wirklich für die hier
gegebene Abfolge von Ereignissen aus? Ein Blick auf die verschiedenen, in den wirklich erlebten Vorfällen enthaltenen Elemente läßt Ehrenwald zu dem Schluß kommen, daß sie genauso
zusammenpassen »wie zwei sich ergänzende Platten, deren Auf-
drucke einander überlagern und so einen zweifarbigen Druck
ergeben.« In dem Traum war das Messer erst groß und dann
klein; bei den Vorfällen, die sich im realen Leben abspielten,
verhielt es sich gerade umgekehrt. Auf jeden Fall aber ist Ehrenwald der Meinung: »Vergleicht man den Inhalt des Traums mit
den beiden getrennten Ereignissen, die in umgekehrter Reihenfolge verzeichnet wurden und mit einem Zwischenraum von
zehn Tagen auftraten, dann widerspricht das unserer rationalen
Denkart.«
Dennoch läßt Ehrenwald, wie wir ja bereits gesehen haben, das
»an sich Unwahrscheinliche« nicht außer acht — er ist schon
bereit, »einige der uns vertrauten Begriffe über das unveränderbare Gesetz chronologischer Ordnungsprinzipien oder von der
starren und nicht umkehrbaren Aufeinanderfolge von Vergangenheit, Gegenwart und Zukunft« fallen zu lassen. Er ist der
Meinung, daß die wirklich bedeutungsvollen Ereignisse praktisch miteinander übereinstimmen: die unterschiedliche Größe
des Messers, die an einer Stelle in der Luft liegende Gefahr
und das plötzliche Nachlassen der Spannung in einer anderen.
Ehrenwald hält es für vielleicht »genau so angemessen, die Abfolge der Ereignisse zu untersuchen, die auf den Traum eines
einzelnen Träumers folgen, wie in die Erlebnisse einzudringen,
die dem Traum vorausgingen.« Der Psychoanalytiker kann
keine statistischen Experimente durchführen; er kann, wenn er
gewissenhaft ist, aber genau so wenig Anzeichen übergehen, die

für das Vorliegen eines präkognitiven Traums sprechen, wie solche, die auf irgendeinen pathologischen Prozeß hindeuten.

Bei seinem Vergleich zwischen dem Traum und den nachfolgenden Ereignissen stieß Ehrenwald auf zahlreiche erkennbare Besonderheiten, die beiden gemeinsam waren. Obgleich ein Wahrscheinlichkeitsgrad nicht abgeschätzt werden kann, sind die Chancen, die gegen ein rein zufälliges Auftreten solcher Merkmale sprechen, seiner Ansicht nach enorm. Wie oft essen Menschen im Bus einen Apfel und benutzen dabei ein kleines Taschenmesser? Wie oft kommt es vor, daß sie in Warenhäusern drohend größere Messer schwingen? Und weiter: hat der Patient gelogen? Hat der Analytiker die Vorfälle richtig protokolliert? Ehrenwald untersucht alle diese Möglichkeiten und kommt zu dem Schluß, daß »die auffallende Übereinstimmung zwischen Traum und realem Ereignis doch nicht bloß rein zufällig war«. Hat der Patient den Mann im Bus oder den Landstreicher in der Messer-Abteilung vielleicht telepathisch beeinflußt? »Eine telepathische Interpretation«, so schreibt Ehrenwald, »wird kaum der Materialisation des Traumes mit all ihrem Drum und Dran Rechnung tragen, desgleichen nicht der Erscheinung des großen und dann des kleinen, sozusagen auf die rechte Größe gebrachten Messers.«

Wie der Leser bereits weiß, und wie auch Ehrenwald an dieser Stelle feststellt, »ist es nicht möglich, eine klare Grenze zwischen den sich auf Gegenwärtiges, Vergangenes oder Zukünftiges beziehenden Formen der Telepathie zu ziehen.« Man muß dabei stets das Patient-Analytiker-Verhältnis mit berücksichtigen. Bei dem Mann, der von den Messern träumte, war eine Abnahme der Angst festzustellen. Gleichzeitig gewann er mehr Einsicht in sein Problem. Nachdem dem Patienten die therapeutische Bedeutung seines Traums klar war, machte er schnelle Fortschritte; eben bei dieser Busfahrt ereignete sich der Vorfall mit dem Messer und dem Apfel. (C. G. Jung wäre von diesen Ereignissen fasziniert gewesen, obwohl sie sich während einer freudianisch orientierten Analyse zutrugen; denn hier war ohne Zweifel »Synchronizität« gegeben.)

Während sich alles dies abspielte, korrigierte Ehrenwald gerade die Fahnenabzüge eines Artikels über Telepathie. Daher machte er sich über die Präkognition besonders viele Gedanken. Gerade während dieser Zeit erzählte ihm ein Freund einen gut dokumentierten präkognitiven Traum. Er schreibt: »Meine damals noch immer unentschiedene Haltung gegenüber der Präkognition verlagerte sich dadurch eindeutig zu deren Gunsten. Drei Tage später hatte mein Patient den hier zitierten Traum.« Hat der Patient damals auf die »gefühlsgeladenen Wünsche und Erwartungen« des Analytikers geantwortet? Hat er damit — aus Dankbarkeit für die erfolgreiche Behandlung — »dem Lehrer einen Apfel« auf einem Forschungsgebiet überreichen wollen, das das Interesse des Analytikers vollkommen in Anspruch nahm? Ehrenwald meint dazu: »Man könnte sagen, daß der Traum an dem genauen Schnittpunkt zweier Kräftelinien auftrat, die innerhalb zweier sich überschneidender affektiver Felder festgestellt werden können: die eine betraf meinen Patienten, die andere mich selber.«

Ehrenwald schloß daraus, »daß der in einem Traum auftauchende präkognitive Aspekt auf einer tieferen Ebene geistiger Funktionen eine wesentliche Rolle zu spielen scheint« und fügt hinzu: »Es kann gut sein, daß Beobachtungen wie diese (vorausgesetzt natürlich, daß sie der wissenschaftlichen Nachprüfung standhalten) einen Einblick in die Werkstatt der Natur erlauben, dorthin, wo Zukunft im Werden ist, — wenn sie auch keineswegs dazu angetan sind, die Barrieren zu durchbrechen, die uns von einem unmittelbaren Bewußtsein des Zukünftigen trennen.«

Diese Gedanken entwickelte er auf der Konferenz, die im Dezember 1959 in New York stattfand und dem Thema »The Study of Precognition, Evidence and Methods« (»Das Studium der Präkognition, ihrer Ergebnisse und Methoden«) gewidmet war. Bei diesem Anlaß formulierte Ehrenwald seine diesbezüglichen Vorstellungen in einem Artikel: »A Psychiatrist Looks at Precognition — and Discovers a ›Syndrome‹« (»Ein Psychiater beschäftigt sich mit Präkognition — und entdeckt ein ›Syndrom‹«). Als »Syndrom« bezeichnete er dabei einfach »etwas gemeinsam Auftretendes«. Aber was tritt denn nun, genauer gesagt, »gemeinsam auf«, wenn Präkognition plötzlich im täglichen Leben erscheint? Nach Ehrenwalds Ansicht stellen solche seltenen, aber dennoch »in ihrer Psychodynamik völlig eindeutigen Umstände in bezug auf die herkömmlichen Kategorien von Zeit, Raum und Kausalität Anomalien« dar. »Im klinischen Sinne«, so legt er dar, »kann ein solches Erlebnis als Syndrom beschrieben werden.« Er hält es für ziemlich willkürlich, einen speziellen Aspekt, wie zum Beispiel Präkognition, »aus dem Kontext einer komplexeren menschlichen Erfahrung herauszuheben«. Ehrenwald meint, daß uns unsere persönlich, wissenschaftlich oder kulturell bedingte Neigung dazu veranlaßt, diese oder jene Erlebniskategorie auszuwählen. Er vermutet, daß außer dem Ereignis, das das Naturgesetz scheinbar aus den Fugen geraten läßt, noch vieles andere daran teilhat. Ehrenwald vergleicht solche ungewöhnlichen Ereignisse mit denen, die sich »im mikrophysikalischen Bereich« der Quantenphysik abspielen. Ich nehme an, er möchte damit unseren Schock mildern, wenn wir entdecken, daß alles anscheinend Ungewöhnliche, wie zum Beispiel die Prophetie, sich nach Regeln verhält, die für größere Bereiche Geltung haben, als wir wissen oder uns auch nur vorzustellen vermögen. Ist Präkognition oder irgendein anderes parapsychologisches Ereignis nur einfach Ausdruck verschiedener Gesetze, die in unserer »mikrophysikalischen Welt« vorherrschen?

Ehrenwald drängt uns, die »klassischen« Konzepte von Ursache und Wirkung, »die kausal-deterministischen Gesetze geistiger Funktionen beiseite zu lassen«. Er steht dem intellektuellen Gärungsprozeß geistig nahe, der heute in der theoretischen Physik im Gange ist. Dennoch braucht man sich nach seiner Ansicht gewisser ehrfürchtiger Gefühle angesichts prophetischer oder anderer, nicht alltäglicher Ereignisse, die sich in unserem Leben abspielen, nicht zu schämen. Unsere Neigung, uns starr ablehnend zu verhalten, wird einfach durch die Angst und den Unglauben verstärkt, mit denen wir »den zeitweiligen Durchbruch organisch oder kulturell verdrängter (oder bislang unentwickelter) anomaler Erlebnismuster betrachten«. Für ihn ist ein Wahrtraum nicht irgendetwas, das aus dem Nichts kommt, in unser Leben einbricht und sich über alles hinwegsetzt, was wir als unsere normale Existenz betrachten. Er hält ihn vielmehr für einen integralen Bestandteil eines »nicht euklidischen, mikrophysikalischen und non-deterministischen« Lebensbereichs, der innerhalb der alles umfassenden Welt existiert, die William James das »pluralistische Universum« genannt hat. Einfacher gesagt sieht Ehrenwald die Präkognition lediglich als einen Teil einer Welt an, die jenseits unserer gegenwärtigen Erkenntnisse und Sinne liegt und die sichtbar wird, wenn wir von ihr in jenen unwahrscheinlichen Augenblicken einer »flüchtigen Berührung und gegenseitigen Durchdringung« zweier Räume einen Blick erhaschen. In jenem Moment der Berührung läßt jenes »Syndrom« sozusagen einen Blick auf eine Existenzweise zu, die sich gründlich von der »schablonenhaften Vorstellungsweise unterscheidet, die dem Angehörigen des heutigen westlichen Zivilisationsbereichs vertraut ist ...«

An dieser Stelle findet sich der Psychologe und ganz besonders der Psychoanalytiker mit dem Philosophen und dem Physiker in ein Dreiergespräch verwickelt, wobei es allen darum geht, eine Welt zu erkunden und zu verstehen, auf die unsere relativ primitiven Vorstellungen von Zeit und Raum nur partiell zutreffen, und die wir in unserer begrenzten Kenntnis nicht umfassen, sondern von der wir im Vorbeigehen nur einen flüchtigen Blick erhaschen können.

12. KAPITEL

»Die Zukunft sehen«:
Auswertung Präkognitiver und
telepathischer Erlebnisse

Die American Society for Psychical Research mit Sitz in New York hat annähernd zweitausend Fälle über »spontane Phänomene« gesammelt, darunter besonders ausführliche präkognitive und telepathische Erlebnisse. Da sich die dortigen Forscher besonders für die diesen Fällen zugrundeliegende psychische Dynamik interessieren, ist es ihnen besonders um gute Dokumentation zu tun. Aus diesem Grunde überprüfen sie die eingehenden Briefe, die Schilderungen persönlicher Erlebnisse enthalten, ganz besonders sorgfältig und versuchen, Zeugenaussagen, Bestätigungen durch andere Quellen wie z. B. Zeitungen sowie umfassende unabhängige Belege beizubringen. Auf diesem Hintergrund führen sie Befragungen der betroffenen Personen und deren Familien durch und versuchen, Aufschluß über deren »Anfälligkeit« für paranormale Erlebnisse zu gewinnen.

Der folgende Fall ist ein typisches Beispiel für dieses Vorgehen.

Im November des Jahres 1956 träumte Mrs. G. Zabriskie aus Bergenfield in New Jersey, ihr Mann sei durch einen Unfall erheblich verletzt worden. Wie sie sich erinnert, schien er sich in ihrem Traum »in irgendeinem Durcheinander zu befinden, das nicht allzu klar wurde«, und so konnte sie »nicht feststellen, um was für einen Unfall es sich denn eigentlich handelte«. Eines aber trat deutlich hervor: »In der Nähe sah ich ganz klar ein kleines Boot, doch es schien für die ganze Szene oder für seine Verletzung ohne Bedeutung zu sein.« Als er am nächsten Morgen von diesem Traum erfuhr, bemerkte Mr. Zabriskie scherzend: »Was soll ich nun damit anfangen?« Seine Frau antwortete: »Ich kann ihn nicht vergessen. Sei bloß vorsichtig.«

Ungefähr anderthalb Wochen später machte sich Mrs. Zabriskie eines Abends Sorgen um ihren Mann, der stets einen Bus von der New Yorker Innenstadt über die George Washington Brücke benutzte und diesmal nicht — wie sonst — um 18.15 Uhr zu Hause angekommen war. Als er um 19.10 Uhr immer noch nicht da war, rief Mrs. Zabriskie die Polizeistation von Bergenfield an und fragte, ob sie von einem Unfall des Busses etwas wüßten, der diese Strecke befuhr. Sie erhielt eine positive Auskunft: es sei tatsächlich ein Unfall passiert, sie möge sich aber keine Sorgen machen, nur ein Passagier, eine Frau, sei ernsthaft verletzt worden, etliche andere aber ebenfalls ins Krankenhaus von Englewood eingeliefert worden. Man riet Mrs. Zabriskie, sich an die Landespolizei von Hackensack zu wenden, da diese für den Unfall zuständig sei, der sich auf der von der George Washington Brücke nach New Jersey führenden Bundesstraße 4 ereignet hatte. Auch die Landespolizei beruhigte Mrs. Zabriskie. Danach entschloß sie sich, das Krankenhaus anzurufen. Zunächst aber ging sie noch einmal an die Haustür. Im selben Augenblick kam ihr Mann den Weg entlang, der zum Hause führte. Die nun folgende Szene schildert sie so:

»Seine Lippe war ziemlich zerschnitten und fast auf Eigröße angeschwollen. Unser Arzt behandelte die Lippe und meinte, er stünde noch immer unter einem Schock. Vier Zähne waren locker . . . Zwar waren wir wirklich dankbar, daß er nicht schwer verletzt war, aber es war trotzdem schlimm genug.

Mein Mann sagte: ›Warum hast du die Polizei angerufen und gefragt, ob ein Unfall passiert wäre?‹ Ich sagte, ich hätte eben so das Gefühl gehabt.

Später, als sich die Lage einigermaßen beruhigt hatte, fragte ich ihn, an welcher Stelle der Straße sich der Unfall nun ganz genau abgespielt hätte. Er sagte, genau gegenüber der Ausstellungshalle für Motorboote. Dies bezog sich auf den Teil meines Traums, dessen Bedeutung ich nicht verstehen konnte. Die Halle stand mit dem Unfall in keiner weiteren Beziehung, als daß sie der Unfallstelle genau gegenüberliegt.«

Das mit der Untersuchung befaßte Forscherteam der Society erfuhr später von Mrs. Zabriskie noch so manche Einzelheit. Dieser Traum war besonders deutlich gewesen. Wenn Träume ihr besonders realistisch erschienen, hatte sie ihrem Mann gelegentlich ihre Träume erzählt. In dem Jahr vor dem Traum war er in keinen Unfall verwickelt gewesen. Als sie die Polizei von Bergenfield anrief, und selbst als er zu Hause ankam, hatte sie sich nicht an den Traum erinnert. Nur hatte sie, nachdem der Arzt gegangen war und ihr Mann seinen Schock überwunden hatte, ihn über die Unfallstelle befragt und die Antwort erhalten: genau gegenüber dem Motorboot-Ausstellungsgelände. Eben an dieser Stelle, so erinnert sich Mrs. Zabriskie, »traf mich der Gedanke an meinen Traum wie ein Blitz«, und so fragte sie: »Das Ausstellungsgelände für Motorboote?« Ihr Mann bejahte. Dann forschte sie weiter: »Erinnerst du dich an meinen Traum über deinen Unfall und daran, daß ich ganz in der Nähe ein kleines Boot sah, das für das ganze Bild irgendwie so gar keine Bedeutung zu haben schien?« Mr. Zabriskie erinnerte sich in der Tat und gab der Society gegenüber später die folgende schriftliche Aussage ab:

»Ja, ich erinnere mich noch sehr gut daran, daß mir meine Frau ihren Traum von Anfang November erzählte, also anderthalb Wochen vor dem Unfall des Busses, in dem ich am 14. November 1956 saß. Der Unfall wurde durch ein plötzliches Bremsmanöver eines vorausfahrenden Autos verursacht, und es gab viele Verletzte. Die Unfallstelle lag ganz sicher in Sichtweite des Motorboot-Marktes, d. h. direkt gegenüber.«

Die Lokalzeitung, *The Bergen Evening Record*, brachte in der Ausgabe vom 15. November 1956 den folgenden Bericht:

»Das plötzliche Anhalten eines Autos auf der vielbefahrenen Bundesstraße 4 verursachte gestern um 18.30 Uhr einen Zusammenstoß zweier Omnibusse; fünf Personen mußten mit leichten Verletzungen in das Krankenhaus von Englewood eingeliefert werden ... Sämtliche Verletzten befanden sich in dem Bus nach

Bergen und waren auf der Heimfahrt von New York. Der Zusammenstoß brachte den Verkehr auf der Bundesstraße für eine Weile zum Erliegen.«

Es könnte sein, daß sich Psychologen verschiedener Schulen im Rahmen ihrer Feldforschung mit derartigen Fällen auseinandersetzen. Freudianer würden vielleicht Todeswünsche hineinprojizieren, Jungianer den Fall wahrscheinlich auf »Synchronizität« untersuchen und eine bedeutungsvolle Übereinstimmung feststellen. Natürlich spielt bei einem solchen prophetischen Traum unter Umständen die zwischenmenschliche Dynamik eine Rolle. Eine Frage wird aber ganz sicher noch für einige Zeit unbeantwortet bleiben: Wie kam das Motorboot in Mrs. Zabriskies Traum?

Selbst in telepathischen Träumen, in denen der Tod eine wesentliche Rolle spielt, kann er sich auf Personen beziehen, zwischen denen keine besondere persönliche Verbindung besteht. Ein aus Louisiana stammender Fall der American Society for Psychical Research mag dies verdeutlichen. In dem Kommentar, der dazu in dem von der Society herausgegebenen *Journal* publiziert wurde, heißt es: »Obwohl sich alles um den Tod dreht, wird er im Traum dennoch nur indirekt behandelt.«

Der Fall ist Mrs. Roy J. Segall aus Metairie, Louisiana, zu verdanken; sie berichtete, daß sie, ihr Mann und ihre kleine Tochter am 4. Juni 1954 New Orleans mit dem Auto verließen, um ihre in New York lebenden Eltern zu besuchen. Mit ihnen im Auto befand sich noch eine Freundin, die sie in ihrem Bericht Mrs. Blair nennt; sie hatte sich ihnen lediglich für die Fahrt angeschlossen, um eine Tante zu besuchen. Am 7. kamen sie in New York an; in der Nacht des 11. träumte Mrs. Segall, sie führen gerade durch Alabama, »als ich plötzlich wie vom Blitz getroffen war«, denn es kam ihr in ihrem Traum plötzlich der Gedanke, daß »wir Mrs. Blair ganz vergessen hatten«. In ihrem Traum sagte sie dies ihrem Mann, »aber er meinte, es wäre jetzt zu spät, um nochmal umzukehren, und ich zerbrach mir den

Kopf darüber, wie es nur hatte geschehen können, daß wir sie vergessen hatten, und wie sie nun mit all ihrem Gepäck — ungefähr dreißig Pfund — wohl nach Hause kommen sollte —, wo sie doch wieder arbeiten mußte.«

Am nächsten Morgen erzählte Mrs. Segall ihrem Mann den Traum, ebenso ihren Eltern und am Nachmittag Mrs. Blair, die »schrecklich lachte und sagte, wir sollten sie ja nicht vergessen — und damit vergaß ich das ganze«.

Am darauffolgenden Mittwoch waren die Segalls bei Mrs. Blairs Tante zu Besuch, bei der Mrs. Blair während ihres New Yorker Aufenthaltes wohnte. Außerdem waren Mrs. Blairs Bruder und Schwägerin anwesend, die die Segalls kurz vorher in New Orleans bereits kennengelernt hatten. Es war ein netter Abend. Die Schwägerin, die wir hier Alice nennen wollen, klagte über Kopfschmerzen, als die Segalls aufbrachen.

In der darauffolgenden Montagnacht träumte Mrs. Segall noch einmal das gleiche: »Wir waren auf der Heimfahrt, und wieder stellte ich wie vom Blitz getroffen fest, daß wir Mrs. Blair vergessen hatten. Ich erlebte das so stark und als so unangenehm, daß ich aufwachte und meinem Mann davon erzählte. Das war morgens um 5.30 Uhr. Ich konnte nicht wieder einschlafen, der Traum ging mir einfach nicht aus dem Kopf, bis um 8 Uhr das Telefon klingelte. Es war Mrs. Blair, und ich erzählte ihr schnell noch einmal meinen Traum, worauf sie mit tränenerstickter Stimme antwortete: ›Ihr müßt ohne mich fahren. Meine Schwägerin ist heute nacht gestorben. Ich werde bis Sonntag hierbleiben.‹«

Es ergaben sich noch folgende weitere Einzelheiten: Mrs. Segall träumte zwar oft, aber dieser Traum hatte sie ziemlich außer Fassung gebracht. Sie erzählte ihre Träume »fast immer, sofern ich mich an sie erinnere«. Die Schwägerin war vierzig Jahre alt, als sie völlig unerwartet und wahrscheinlich aufgrund einer Gehirnblutung starb.

Im Jahre 1960 bestätigte Mr. Segall die einzelnen Vorfälle mit der folgenden Aussage:

»Soweit ich mich erinnern kann, berichtete mir meine Frau ihren ersten Traum kurz vor dem 12. Juni 1954, dem 75. Geburtstag meines Schwiegervaters. Sie erzählte mir, sie hätte geträumt, daß wir New York verlassen und Mrs. Blair dort zurückgelassen hätten. Ich weiß noch, daß sie Mrs. Blair diesen Traum am Nachmittag des 12. Juni erzählte. Es kam mir komisch vor, als mir meine Frau ein paar Tage später denselben Traum noch einmal erzählte —, daß wir New York verlassen hätten, im Auto führen und sie sich zum Rücksitz umwandte und feststellte, daß wir Mrs. Blair vergessen hätten. Sie schien ziemlich durcheinander. Eine Stunde später rief Mrs. Blair an und teilte uns mit, daß wir ohne sie fahren müßten, weil ihre Schwägerin, mit der wir ein paar Tage vorher zusammengewesen waren, gestorben war.«

Auch Mrs. Blair erinnert sich an das Ereignis: »Mrs. Segall rief mich eines Morgens an und berichtete, sie hätte geträumt, daß ich nicht mit ihnen zusammen zurückfahren würde. Wir lachten darüber, und ich ermahnte sie, mich bei der Rückreise ja nicht vergessen. Ein paar Tage später starb meine Schwägerin völlig unerwartet; ich rief daher Mrs. Segall an, die mir am Telefon aber gleich sagte: ›Ich wollte dich gerade anrufen, weil ich wieder geträumt habe, daß du nicht mit uns heimfährst.‹ Ich berichtete, was passiert war, und daß ich bei meinem Bruder bleiben müsse. Ihr Traum war tatsächlich eingetroffen.«

Die Wissenschaftler der American Society fügten diesen Berichten einen vorsichtig formulierten psychologischen Nachtrag bei, der besagt, daß Mrs. Segall »die Tatsache, daß ihre Freundin nicht an der Heimfahrt teilnehmen würde, richtig vorhergesehen hatte, aber den wahren Grund dafür nicht erfahren konnte.« Warum, fragen die Forscher, herrscht in dem Traum diese besondere Atmosphäre von Schuld? Warum blieb sie aber sozusagen auf den leeren Rücksitz des Autos begrenzt? Ihre Vermutungen gehen dahin, daß Mrs. Segall in ihrem prophetischen Traum den wahren Grund dafür vielleicht deswegen nicht selbst erkennen

konnte, »weil es sich bei der Schwägerin nicht um eine ihr nahe-
stehende Freundin oder Verwandte handelte«. Daher »setzte ihr
Traumbewußtsein voraus, daß sie selber und ihre Familie die
Schuldigen seien. Handelt es sich hierbei möglicherweise um eine
typische Reaktion des Träumers und, falls dies zutreffen sollte,
pflegen Voraussagen in einem Bezugssystem verankert zu sein,
das die Annahme einer solchen charakteristischen Persönlich-
keitsdynamik gestattet? Es scheint fast, daß wir, um besser verstehen zu können, warum etwas außersinnlich wahrgenommen
wird und anderes nicht, mehr über die beim Perzipienten
(= Empfänger) vorhandenen Triebe und Bedürfnisse wissen
müssen.«

In den Archiven der American Society for Psychical Research
befinden sich auch Protokolle über einen Traum, der in bezug
auf die darin enthaltenen Einzelheiten über Leiden und Tod von
fast schmerzlicher Konkretheit ist. In dem präkognitiven
Traum, den eine Tochter vom Tod ihres Vaters hatte, sind Elemente enthalten, die ganz sicher »niemand gewußt haben
konnte«, bevor sie sich ereigneten.

Mrs. Antoinette Terlingo aus Clifton Heights in Pennsylvania
hat der Society den Fall am 25. Februar 1957 brieflich mitgeteilt; sie schildert einen Traum, den sie im Dezember 1953 gehabt hatte. Mrs. Terlingo sah in ihrem Traum ihren Vater in
einer Kiste oder in einem Sarg liegen; um seinen Hals war ein
weißes Handtuch gebunden. Nur sein Oberkörper, sein Kopf
und die Schultern, waren sichtbar. Sie schrieb: »In diesem
Traum war Papa tot; eine Frau in einem Ärztemantel wandte
sich an uns und sagte, es wäre besser, ihn jetzt einbalsamieren zu
lassen. Meine Mutter trat in dem Traum auf, und sie und ich
waren damit einverstanden, daß er, bevor er nach Hause käme,
einbalsamiert und angezogen werden sollte.«

Weinend und schluchzend wachte Mrs. Terlingo auf. Ihr Mann
Jerry versuchte sie zu beruhigen, als sie ihm den Traum erzählte. Aber sie sagte nur immer vor sich hin: »Es stimmt; Papa

ist tot, Papa ist tot.« Mr. Terlingo versuchte ihr einzureden, daß es doch nur ein Traum gewesen sei; wenn ihrem Vater, der seit sieben Jahren krank in einem Altersheim in Martinsburg, West-Virginia, lebte, wirklich etwas passiert wäre, hätten sie es doch sicher schon erfahren. Trotzdem war Mrs. Terlingo in den nächsten Tagen fast krank vor Angst. Drei Tage nach dem Traum erhielt sie einen Brief von ihrem Vater, aus dem hervorging, daß es »ihm gut gehe; er sei zwar ein bißchen müde, aber sonst völlig in Ordnung.« Ein paar Tage später kam ein Paket von ihrem Vater mit Weihnachtsgeschenken für alle Familienmitglieder.

Mrs. Terlingo ärgerte sich nun über sich selbst und schimpfte über solche »dummen Träume, die einen verrückt machen, wenn man daran glaubt.« Kurze Zeit später, am 13. Dezember, erhielten sie die Nachricht, daß der Vater einen Schlaganfall erlitten habe und es sehr schlecht um ihn stehe. Die Terlingos fuhren nach West Virginia, wo sie den Vater unter einem Sauerstoffzelt vorfanden. Um seinen Hals war ein weißes Frottierhandtuch gebunden.

Mrs. Terlingo schrieb später, daß sie ihren Traum »meiner Mutter und jedem, der ihn hören wollte«, erzählt hatte, und daß ihre Mutter, als sie vor dem Sauerstoffzelt stand, rief: »O, Nanette, sieh doch nur!« Sie war von dem weißen Handtuch auch ganz betroffen. Der Vater starb am Tag darauf; Mrs. Terlingo führte noch folgendes an: »Die Familie hatte angenommen, daß Papa von einem Arzt behandelt würde. Das war tatsächlich wenige Monate zuvor noch der Fall gewesen, bis eine Ärztin seine Behandlung übernahm. Sie sah sehr gut aus, sprach mit meiner Mutter, meinen beiden Schwestern und mit mir und wurde uns als seine behandelnde Ärztin vorgestellt. Also paßte auch dieser Teil in den Traum. Es war unheimlich.«

Nanette Terlingo berichtete weiter:

»Als wir unsere Fassung wiedererlangt hatten, kümmerte sich Jerry um Gerald (ihren Sohn), während Mutter, meine Schwestern und ich mit den Vorbereitungen für die Überführung der

Leiche begannen. Man riet uns, ihn in der Klinik einkleiden zu lassen. Da es sich um ein Altersheim handelte, waren diese Vorbereitungen dort möglich. Ich wußte allerdings nicht, daß es ein Gesetz gab, demzufolge man eine Leiche nur in einbalsamiertem Zustand über die Staatsgrenze bringen durfte. Wieder etwas, das in den Traum hineinpaßte.

Als nächstes mußten wir einen Sarg und Kleider für ihn aussuchen. Papa war Kriegsveteran, er hatte am Ersten Weltkrieg teilgenommen. Daher entschied sich Mutter dafür, daß Vater in einem Militärsarg zur letzten Ruhe gebettet werden sollte. Ja, und damit hatten wir auch alle Teile in dem Mosaik beisammen. Deswegen hatte ich in meinem Traum nur den Oberkörper meines Vaters gesehen — der Sarg ließ nämlich nur den Blick auf den Oberkörper frei. Die andere Hälfte war von der Flagge der Vereinigten Staaten bedeckt. Ich habe seither nie wieder von meinem Vater geträumt... Wie Sie sehen, habe ich den Traum nicht vergessen, und das wird auch nie der Fall sein.«

Der Fall Terlingo wurde sehr genau überprüft. Zunächst stellte die Society Antoinette Terlingo zahlreiche Fragen: »Unterschied sich dieser Traum in irgendeiner Form von Ihren sonstigen Träumen, d. h. war er vielleicht lebhafter, realistischer usw.?« Nanette antwortete hierzu: »Dieser Traum war sehr lebhaft, sehr real; denn selbst als ich aufgewacht war und mich ein bißchen beruhigt hatte, glaubte ich immer noch, der Traum wäre Wirklichkeit.«

Danach wollte die Society wissen, ob sie jemals zuvor oder danach schon einmal »schreiend und schluchzend aus einem Traum erwacht sei«. Mrs. Terlingo verneinte die Frage. Als nächstes fragte die Society, ob es sich bei der Krankheit des Vaters um ein chronisches Leiden gehandelt und Mrs. Terlingo vielleicht einen besonderen Grund zu der Befürchtung gehabt habe, »daß er um die Zeit, als Sie Ihren Traum hatten, vielleicht sterben würde«? Nanette Terlingo antwortete: »Sie haben ganz recht mit Ihrer Annahme, daß das Leiden meines Vaters ein chroni-

sches war. Er lag seit fünf Jahren krank darnieder (im Krankenhaus). Zur Zeit meines Traums hatte ich keinen Grund zu
befürchten, daß er sterben würde, obwohl ich besonders nach
dem Traum das Gefühl hatte, daß dies bald der Fall sein würde.«
Im Rahmen der von der Society for Psychical Research durchgeführten Befragung wurden noch weitere Nachforschungen angestellt: »Hatten Sie Ihren Vater je in dem Martinsburger Altersheim besucht? Wenn ja, wann fand Ihr letzter Besuch vor
Auftreten Ihres Traumes statt?« Mrs. Terlingo antwortete darauf: »Ich hatte meinen Vater sechs Monate lang nicht mehr gesehen; zum letzten Mal am 13. Juni 1953, als er uns daheim
besuchte.«
Die nächste Frage lautete: »Hat Ihr Vater jemals in seinen Brie-
fen an Sie oder an andere Familienangehörige erwähnt, daß er
von einer Ärztin behandelt würde?« Die Antwort: »Nein, weder mir, noch gegenüber jemand anders hat er jemals eine Ärztin
erwähnt.«
Die Society legte auf die Abklärung eines speziellen Punktes
besonderen Wert: »In dem Traum machte Ihnen die Ärztin den
Vorschlag, Ihren Vater einbalsamieren zu lassen. Wurden Sie in
der aktuellen Lebenssituation von der Ärztin oder jemand anders darüber informiert, daß Ihr Vater aufgrund des bestehenden einzelstaatlichen Rechts einbalsamiert werden müsse?« Sie
antwortete: »Es war die Ärztin, die uns sagte, wohin und an
wen wir uns wenden müßten und was wir, die Bestattung und
Einbalsamierung betreffend, unternehmen sollten. Sie schickte
uns zu einer Beamtin in einem anderen Teil des Gebäudes. Diese
nahm alles in die Hand und informierte uns auch über das in
diesem Staat bestehende Gesetz.«
Die Society stellte noch zwei weitere Fragen: »Hatten Sie vor
dem Traum schon einmal jemanden in einem Militärsarg liegen
sehen, in dem nur der Oberkörper sichtbar bleibt?« Nein, Mrs.
Terlingo hatte noch nie zuvor »Särge mit darüber drapierten
Fahnen gesehen«. Die zweite Frage war: »Haben Sie noch an-

dere paranormale Erlebnisse gehabt oder stellt dieses ein einmaliges Vorkommnis in Ihrem Leben dar?« Sie antwortete: »Ich habe in bezug auf bestimmte Dinge Ahnungen und Gefühle gehabt, die sich dann später als richtig erwiesen. Aber dieses Erlebnis ist mein erstes und einziges.«

Der Ehemann Jerry Terlingo gab der Society gegenüber einen schriftlichen Bericht ab; hier sein Inhalt: »Hiermit bestätige ich, daß alles, was meine Frau Ihnen über die den Traum betreffenden Ereignisse berichtet hat, wahr ist; sie trugen sich so zu, wie sie sie mir und anderen Familienangehörigen erzählt hatte. Selbst nach dreieinhalb Jahren ist sie in der Lage, sie noch genau so klar wiederzugeben, als hätte sie erst gestern davon geträumt.«

Die Mutter, Angelina Amato, gab folgende Informationen zu Protokoll: »Ich möchte ihren Traum in der Form bestätigen, wie sie ihn Ihnen berichtet hat. Mit dem Handtuch, das mein Mann um den Hals trug, hatte es folgendes auf sich: als sie das Sauerstoffzelt über ihm aufspannten, sagte er, daß ihm kalt sei; daher holte der Arzt ein Handtuch und legte es ihm um den Hals. Ich redete sie mit ›Schwester‹ an, und da sagte sie: ›Nein, ich bin seine behandelnde Ärztin!‹ Ich fragte sie, wie das käme, und da erzählte sie mir, sie sei erst vor kurzem von einer anderen Station auf die meines Mannes gekommen. In den fünf Jahren, in denen mein Mann in der Martinsburger Klinik lag, konnte ich bei jedem meiner Besuche dort mit seinem Arzt über sein Befinden sprechen, und immer war es ein Arzt und keine Ärztin.

... An dem Morgen, als er gestorben war, verwies uns diese Ärztin an die für die Bestattung zuständigen Stellen. Ich wurde dieser Beamtin vorgestellt, die sagte, es sei gesetzlich vorgeschrieben, daß eine Leiche nur in einbalsamiertem Zustand über die Staatsgrenze gebracht werden dürfe. Die Beamtin führte uns auch in einen Raum, in dem wir die Bekleidung und den Sarg für ihn aussuchen konnten. Mein Mann hatte mir immer gesagt, daß, wenn er je vor mir stürbe, er ein militärisches Begräbnis wünsche. Dieses Wunsches eingedenk hielt ich den Halb-Sarg für eine gute Lösung — doch bin ich dabei *wirklich nicht eine Sekunde lang* entsprechend dem Traum meiner Tochter verfahren, noch habe ich an ihn auch nur gedacht. Später stellte sich dann heraus, daß alles ihrem Traum entsprechend verlaufen war.

Nachdem alle Vorbereitungen getroffen und alles abgewickelt war, fuhren wir heim; und als wir uns so über alles unterhielten, kam uns der Traum zu Bewußtsein, und wie unheimlich das ganze war . . ., daß sie diese Dinge zwei Wochen vor seinem Tode geträumt hatte! Zu der Zeit ging es ihm noch gut; denn sie hatte gerade in der Woche einen Brief von ihm bekommen, in dem er das mitgeteilt hatte. Alles, was sie Ihnen berichtet hat, entspricht der Wahrheit und genau dem, was sie geträumt hat.«

Laura A. Dale, Rhea White und Gardner Murphy haben über den Fall Terlingo in dem von der American Society for Psychical Research herausgegebenen *Journal* (Januar 1962) berichtet. Mrs. Dale ist die Herausgeberin des *Journal*, Miss White Leiterin der Informationsabteilung und eine bekannte Parapsychologin; Dr. Murphy ist einer der renommiertesten amerikanischen Psychologen und ehemaliger Forschungsdirektor der Memminger-Stiftung mit Sitz in Topeka, Kansas, sowie Präsident und Vorsitzender des Forschungskomitees der ASPR (American Society for Psychical Research).

Im Rahmen der Auswertung des Falles Terlingo bemerken die Autoren, daß »zwischen den Schilderungen, die Mutter und Tochter über das Traumerlebnis oder die bei seiner Erfüllung beteiligten Ereignisse abgaben, keinerlei Widersprüche bestehen, außer einem, der sich auf die verschiedenen Aussagen der Perzipientin, die Dauer des Klinikaufenthaltes des Vaters betreffend, bezieht. In ihrem ersten Bericht spricht sie von sieben Jahren, bei der Beantwortung der Frage Nr. 3 jedoch von fünf. In dem Bericht der Mutter ist von fünf Jahren die Rede.«

Die Wissenschaftler der Society waren von diesem besonderen Fall beeindruckt, weil hier nicht nur der Tod des Vaters antizipiert wurde, sondern weil der prophetische Traum »mehrere unerwartete Einzelheiten in bezug auf die Bestattungsformalitäten enthielt, Einzelheiten, die sie — auch wenn sie vom Tode des Vaters gewußt hätte — dennoch nicht hätte voraussagen können, da es sich dabei um Sachverhalte handelte, von denen sie keine bewußte Kenntnis gehabt haben konnte.« Es wird angeführt, daß »er erstens von einer *Ärztin* behandelt wurde, wohingegen die Perzipientin glaubte, daß er von einem Arzt behandelt wurde. In anderen Worten durchbrach der Traum an diesem Punkt den üblichen Gang der Assoziationen, was Mrs. Terlingo allerdings erst hinterher bemerkte. Außerdem hatte sie vorher weder gewußt, daß ihr Vater vor Verlassen des Krankenhauses einbalsamiert werden müßte, noch daß bei der Bestattung in einem Militärsarg der untere Teil des Körpers nicht sichtbar ist.«

Der Fall Terlingo ist einer der wenigen, bei denen eine solch detaillierte Verifizierung möglich war. Die von der Society gestellten Fragen illustrieren die von ihr bei derartigen Fällen angewandte Dokumentationstechnik. Diese Methoden werden nicht nur bei Fällen von im Wachzustand, im Traum oder einem Zwischenstadium auftretender Präkognition angewandt, sondern bei allen spontanen Phänomenen.

Diese Methoden der Sammlung und Auswertung von Fällen sind von der Vorgängerin der American Society entwickelt worden, der berühmten Society for Psychical Research, die im Jahre 1882 in London gegründet wurde. Vier Jahre danach veröffentlichte die britische Gesellschaft ein riesiges bahnbrechendes Werk in Form einer Sammlung spontaner Fälle, die von Edmund Gurney unter dem Titel *Phantasms of the Living* (»Trugbilder der Lebenden«) herausgegeben wurde. Eine andere Untersuchung, die im Jahre 1890 unter dem Titel *Census of Hallucinations* (»Zensus der Halluzinationen«) veröffentlicht

wurde, enthielt ähnliche Fälle. In den *Proceedings* und in dem
Journal der britischen und amerikanischen Gesellschaften ist
über Tausende von Fällen, darunter viele Fälle von Prophetie,
berichtet worden. Auch im *Journal of Parapsychology* und im
International Journal of Parapsychology kann man viel Material darüber finden.

Der Autor dieses Buches hat im Sommer 1955 als Repräsentant
der New Yorker Parapsychology Foundation an einer internationalen Konferenz teilgenommen, die in Cambridge (England)
stattfand und die spontanen Phänomene zum Gegenstand hatte.
Das Treffen war von den britischen und amerikanischen parapsychologischen Forschungsgesellschaften gemeinsam angeregt
worden und wurde auch von Vertretern aus ganz Europa besucht.

Auf dieser Konferenz wurde ein Beschluß über die Aufstellung von allgemeingültigen Forschungs- und Auswertungs-
kriterien gefaßt. Dieser verlangt »die Ermittlung, sorgfältige
Prüfung, Beglaubigung und intensive Untersuchung einer großen Anzahl von Fällen, um die Entwicklung grundlegender Hypothesen sowie die Überprüfung von Hypothesen durch Experimente und andere Methoden« zu ermöglichen.

Auf den anschließenden Tagungen ging es um eine Aufteilung
der überall in der Welt auftretenden Fälle unter die verschiedenen Gesellschaften; dabei wurde George Zorab aus Den Haag
als Vorsitzender des Internationalen Komitees für Spontane
Paranormale Phänomene mit der europäischen Forschung be-
traut. Einige Fachgrößen, besonders Dr. Emilio Servadio, der
spätere Präsident der italienischen psychoanalytischen Gesellschaft, regten an, wann immer möglich auch die den spontanen
Phänomenen zugrundeliegenden psychodynamischen Vorgänge
zu erforschen. Eine Folge von Artikeln, die sich mit der Sammlung von PSI-Fällen beschäftigte und von Murphy in der Sonntagsbeilage von *This Week* publiziert wurde, war der American
Society eine große Hilfe. Aufgrund dieser Fortsetzungsserie, die

im Februar und März 1957 erschien, gingen bei der ASPR ungefähr 1200 Leserbriefe ein, in denen Menschen ihre telepathischen, präkognitiven, hellseherischen oder ähnliche Erlebnisse
schilderten. Die Society sonderte alle Fälle aus, die »hoffnungs-
los vage oder bruchstückhaft waren bzw. nur Berichte über persönliche Erlebnisse ohne offenkundigen paranormalen Bezug
oder direkte Hinweise auf Geisteskrankheit enthielten, die es
unwahrscheinlich erscheinen ließen, daß eine Korrespondenz
sich lohnen würde.« Großer Wert wurde dabei auf unabhängige Bestätigung gelegt.

Ein gutes Beispiel für die Art und Weise der hier betriebenen
Dokumentation war ein Fall, der der Society aus Alabama berichtet wurde. Er betraf Mrs. Velma C. Vann, ihren Sohn und
das Kind ihrer Tochter, Mrs. R. B. Storrs, alle wohnhaft in Birmingham. Es begann mit einem Traum, den die Großmutter
im November 1952 hatte. Sie träumte, sie hätte ihren Enkel
Bobby aus dem Bett in seinem Zimmer aufgenommen und ihn
in einem Schaukelstuhl auf ihren Schoß gesetzt. Was dann in
ihrem Traum passierte, beschreibt sie folgendermaßen:

»Ich küßte ihn auf die Stirn, und sein Gesicht glühte fiebrig. Er
schien sehr geschwächt und erkannte mich nicht. Während ich
Bobby sanft schaukelte, weinte ich, weil es schien, als wäre er
schon fast tot.«

Mrs. Vann schildert weiter, daß ihr Sohn Bud im Traum an die
Tür kam, sich an den Türrahmen lehnte, seinen Kopf mit der
Hand faßte und sagte, er wäre von einem Telegraphenmast gefallen Mrs. Vann hatte sich seinetwegen Sorgen gemacht, seit
er bei der Southern Bell Telefon-Gesellschaft als Leitungsleger
beschäftigt war. In dem Traum sagte er: »Ich bin heruntergefallen und fühle mich etwas unwohl in der Magengegend«; als
er die Hand von seiner Stirn nahm, floß Blut aus einer Wunde
über seinem Auge. Mrs. Vann erinnert sich, daß sie im Traum
aufschrie und ihr Sohn sagte: »Ich glaube, es geht mir jetzt
besser.« Aber sie erwachte mit einem großen Schrecken, der

auch im Wachzustand andauerte. Am nächsten Morgen schrieb
sie darüber:

»Ich schlief nicht mehr, stand am nächsten Morgen sehr früh auf
und kehrte nach Hause zurück. Mein Traum spielte sich vor
meinen Augen nochmals vollständig ab. Ich ging geradewegs zur
Wohnung meiner Tochter in der Hoffnung, daß die ganze Sache
nur ein Traum gewesen sei; trotzdem ging ich in Bobbys Zimmer und nahm ihn hoch. Ich küßte ihn auf die Stirn, er glühte
vor Fieber und erkannte mich nicht wieder. Während sich meine
Tochter anzog, damit wir Bobby zum Arzt bringen konnten,
fragte ich nach Bud; sie sagte, es ginge ihm gut.«

Es war unfaßlich: »Bud war inzwischen während der Arbeit
von einem Mast gefallen und nach Hause gebracht worden.
Seine Frau bekam bei seinem Anblick einen großen Schrecken.
Da sie wußte, daß wir heimgekehrt waren, lief sie über den Hof
und rief nach mir; mein Sohn folgte ihr. Als sie ins Haus kamen, bemerkte ich, daß der zweite Teil meines Traums eingetroffen war.«

Nun war allerdings Mrs. Vanns Bericht in zwei Punkten nicht
ganz klar: Wo war sie gewesen, als sie den sie erschreckenden
Traum hatte, und was meinte sie, als sie sagte, sie sei »nach
Hause zurückgekehrt«? Der Bericht ihrer Tochter, Mrs. Storrs,
klärt diese Punkte auf. Im Jahre 1954 schrieb sie, daß ihre Eltern zwei Jahre davor kurz in Urlaub waren und daß der
kleine Bobby gleich nach ihrer Abreise extrem hohes Fieber bekommen hätte. Sie fährt fort:

»In aller Frühe am nächsten Morgen war ich überrascht, meine
Mutter und meinen Vater durch die Einfahrt kommen zu sehen.
Mutter stürzte herein und sagte: ›Ich hatte einen schrecklichen
Traum. Ich träumte, ich küßte Bobby, und er glühte vor Fieber,
und als ich mich umdrehte, stand Bud da mit einer großen Kopf-
wunde, aus der Blut floß.‹ Ich erzählte ihr, daß Bobby sehr
krank sei, daß mein Bruder Bud aber wie gewöhnlich an jenem
Morgen zur Arbeit gegangen sei und es ihm gut gehe. Kaum eine

Stunde später wurde mein Bruder, der bei der Southern Bell
Telefon-Gesellschaft als Leitungsleger beschäftigt war, von sei-
nem Vorarbeiter nach Hause gebracht; er hatte eine große
Wunde über dem linken Auge und blutete sehr stark.«

Zusätzlich ergab sich, daß Mrs. Vanns Sohn Bud und dessen
Frau nach der Geburt ihrer Tochter im Oktober auf einen Monat zu Besuch zu Mrs. Vann gekommen waren und Bud während dieser Zeit eine Stelle als Leitungsleger angenommen hatte.
Die Tochter von Mrs. Vann, Mrs. Storrs, bewohnte ein Apparte-
ment gleich hinter dem Haus der Vanns. Vor dem Traum hatten
sich die Vanns auf einen fünftägigen Urlaub begeben. Die erste
Urlaubsnacht, die Nacht also, in der der präkognitive Traum
auftrat, verbrachten sie 122 Kilometer entfernt im Hause der
Eltern von Mrs. Vann, die kein Telefon besaßen. In ihrem Bericht an die ASPR gibt Mrs. Storrs an, ihre Mutter habe noch
nie zuvor ihre Ferien aufgrund eines Traums oder einer Ahnung
unterbrochen; außerdem schien Bobby, als sie ihn kurz vor ihrer Abreise zuletzt sah, bei guter Gesundheit.

Bobby wurde an dem Tage nachmittags krank, an dem die
Vanns abgereist waren. Er fing an, sich zu übergeben, bekam
40,5° Fieber, und es stellte sich heraus, daß das Kind an einer
schweren Mandelentzündung litt. Die Wissenschaftler der Society fragten die Mutter des Kindes, ob sie, als das Kind krank
war, ihre Mutter herbeigewünscht hätte. Sie antwortete; »Zunächst nicht, aber in der Nacht stieg sein Fieber immer höher,
und ich konnte mit allen Mitteln, von denen ich je gehört hatte,
nichts dagegen tun: da wurde ich sehr nervös. Denn zu der Zeit
wußte ich noch nicht, daß er eine Mandelentzündung hatte. Als
junge Mutter mit nur einem Kind fürchtete ich das Schlimmste.
Ich war ganz verzweifelt; mein Mann und ich gingen die ganze
Nacht über nicht zu Bett. Ich betete inständig, und es ist schon
möglich, daß ich an meine Mutter dachte, aber ich bin dessen
nicht sicher. Ich weiß aber, daß ich mich bei allen Krankheiten
Bobbys immer sehr auf die Erfahrung verließ, die meine Mut-

ter mit Kindern hatte, sowie auf ihre Zuversicht, daß sie nichts
Ernsthaftes hätten.«

Es gelang Mrs. Vann nur mit Mühe, ihre Familienangehörigen
davon zu überzeugen, daß es sich bei ihrem Traum um »etwas
Wirkliches« handelte. Ihre Tochter erinnert sich daran, daß sich
ihr Vater gegen die Rückkehr nach Birmingham wegen eines
Traums sträubte, ebenso der Großvater, bei dem sich die Vanns
aufhielten. Ja, Mrs. Vann mußte erst damit drohen, das Auto zu
nehmen und allein heimzufahren, Mr. Vann könne ja mit dem
Bus zurückfahren. Mrs. Storrs schrieb hierzu:

»Die Verwandten meines Vaters, bei denen sie sich aufhielten,
hielten das ganze für ziemlich lächerlich. Meine Großmutter
glaubte, daß irgendjemand meine Mutter verletzt hätte; da sie
nun aber schon über zwanzig Jahre lang in der Familie lebte
und sich nie zuvor so benommen hatte, wurde ihnen bald klar,
daß sie wirklich das Gefühl hatte, daß irgendetwas nicht
stimmte, und so fuhr mein Vater sie heim. Sie sagte, die auf der
Heimfahrt im Wagen herrschende Stille sei recht bedrückend gewesen. Wenn das Gefühl nicht so intensiv gewesen wäre, hätte
sie ganz sicher eine derart mißliche Situation weder herbeige-
führt, noch darauf beharrt.«

In derartigen Fällen versuchen die Wissenschaftler den präkognitiven Gehalt mit recht anspruchsvollen Begriffen zu definieren. So dienen zum Beispiel die an Mrs. Vann und Mrs. Storrs
gerichteten Fragen offenbar der Klärung der Frage, ob hier
»nur« Telepathie beteiligt war — reagierte die Mutter auf einen
ihr von der Tochter telepathisch übermittelten dringenden
Wunsch? —, oder ob ganz eindeutig auf das Vorliegen von
Präkognition geschlossen werden konnte. Was die Krankheit
Bobbys betrifft, so käme für die Sorgen, die sich Mrs. Vann in
der Nacht vor ihrer Rückkehr nach Birmingham um die Gesundheit des Kindes machte, wohl Telepathie in Frage. Hingegen konnte sie die besondere Art der Verletzung, die Buddy
über dem linken Auge erlitten hatte, nur aufgrund einer pro-

phetischen Schau erfahren haben. Natürlich sind sich die Wissenschaftler der Tatsache bewußt, daß überängstliche Menschen zu Unglücksvisionen neigen, und sich im Laufe des Lebens eben einige davon durch puren Zufall bewahrheiten. Diese Frau fiel aber nicht in jene Kategorie.

Unter den von ihr sorgfältig ausgewählten Fällen hat die ASPR einen publiziert, der ihr von Mrs. Paul H. McCahen aus Inglewood in Kalifornien berichtet worden war. Sie bezeichnete ihn als ihr einziges paranormales Erlebnis, das sie übrigens im Wachzustand hatte. Inhaltlich handelt es sich dabei nicht — wie üblicherweise bei diesen Fällen, ganz gleich, ob sie nun verifiziert werden konnten oder nicht — um die dramatische Darstellung einer Krisensituation. Schon allein dadurch, daß es sich in der freien Landschaft des amerikanischen Westens abspielt, gewinnt es eine Qualität, die sich vollkommen von der Atmosphäre des Unheimlichen unterscheidet, die die meisten Fälle dieser Art umgibt.

»Mr. und Mrs. McCahen statteten dem Grand Canyon im September 1956 einen Besuch ab. Am ersten Abend, den sie dort verbrachten, sah Mrs. McCahen in der Dämmerung des 4. September eine Frau auf eine der Hütten zugehen. Sie war in Begleitung eines Mannes und eines Jungen, die ihr Gepäck trugen. Mrs. McCahen wandte sich zu ihrem Mann um und sagte: ›Sieh mal, dort ist Mrs. Nash, die Dame, mit der zusammen ich voriges Jahr als Geschworene aufgetreten bin. Ihr Mann hat nur noch einen Arm. Aber ich will sie lieber erst morgen früh begrüßen, jetzt ist sie wahrscheinlich müde.‹

Am nächsten Tag sah ich sie auf der Veranda sitzen, und ich ging zu ihr, um ein paar Worte mit ihr zu wechseln. Unsere Männer lernten sich auch kennen, und wir hatten eine sehr angenehme Unterhaltung, bis ich erwähnte, sie schon am Abend vorher gesehen, aber nicht angesprochen zu haben. Mr. und Mrs. Nash schauten erstaunt drein und sagten, sie seien erst soeben mit einem Bus voller Touristen angekommen. Er selbst fährt wegen seines Arms nicht weit.«

Mrs. McCahen hatte Mrs. Nash nur ein einziges Mal davor getroffen und Mr. McCahen hatte die beiden noch nie gesehen. Mrs. McCahen hatte sie vor einem Jahr zum letzten Mal gesehen, und es war ihr auch nicht bekannt gewesen, daß die Nashs gerade zu der Zeit den Grand Canyon besuchen würden. Paul McCahen bestätigte das Ereignis: »Meine Frau sagte mir am Abend vorher, daß es sich bei der Dame, die ungefähr drei bis vier Meter von uns entfernt war, um Mrs. Nash handelte. Am Tag darauf, um die Mittagszeit, traf meine Frau Mrs. Nash und sagte ihr, sie hätte sie bereits am Abend davor gesehen. Mrs. Nash meinte aber, das sei unmöglich, da sie erst an jenem Morgen angekommen wären.«

Das Erlebnis von Mrs. McCahen hat viel Ähnlichkeit mit einem seit alters her bekannten paranormalen Phänomen, dessen Name und eigentümliche Erscheinungsweise bereits besagen, daß es gewöhnlich nur in Norwegen beobachtet wird; und selbst dort ist es recht selten geworden. Es heißt *Vardøgr* — die Bezeichnung ist im modernen Norwegisch nicht mehr gebräuchlich, ihre linguistischen Wurzeln scheinen auf einen altertümlichen Teufelskult zurückzugehen. Norwegische Einwanderer führten das Phänomen in Schottland ein, wo es jedoch heute auch nur noch selten beobachtet wird. Wiers Jensen legte im *Norwegian Journal of Psychical Research* dar, daß sich die Berichte über *Vardøgr*-Erscheinungen praktisch alle gleichen. Sie enthalten in etwa folgendes: Auf einer Treppe werden Schritte gehört, man hört Geräusche, als würde die Haustür aufgeschlossen; jemand zieht seine Überschuhe aus und lehnt seinen Handstock gegen die Wand — öffnet man aber die Innentür, dann ist niemand da. Die Geräusche stammen vom *Vardøgr*, dem »menschlichen Doppelgänger«, sozusagen dem Vorläufer des tatsächlichen Besuchers, der vielleicht fünf oder zehn Minuten später eintrifft. Man könnte diese Geräusche am Treppenaufgang zur Tür »beabsichtigt« nennen. Derartige Fälle scheinen ungefähr dann aufzutreten, wenn ein Mann sein Büro verläßt; möglicherweise wird dadurch seine glückliche Heimkehr an einem bitter kalten norwegischen Winterabend vorweggenommen.

Im Sommer 1965 besuchte der Autor dieses Buches Thorstein Wereide, den Großen Alten Mann der norwegischen Parapsychologie, in seiner Osloer Wohnung. Der damals 85jährige Wereide, emeritierter Physikprofessor an der Universität Oslo, ist der Meinung, daß das Phänomen des *Vardøgr* nur in Norwegen vorkommt, da die auf dem Lande und in den Bergen lebenden Menschen isolierter gelebt haben als die Menschen anderer europäischer Länder. Noch bis vor kurzem — und hier zitiere ich ihn — »war die Kommunikation zwischen den einzelnen Menschen schwierig, und so scheint sich die Natur ›übernatürlicher‹ Mittel bedient zu haben, um diese Isolation zu kompensieren.« Professor Wereide meint, daß Stadtbewohner, die noch vor ein bis zwei Generationen selbst auf dem Lande lebten, das Phänomen — eine Art »physikalischer Prophetie« — übernommen und »die Gabe der *Vardøgr*-Wahrnehmungen mitgebracht haben, obwohl die in der Stadt herrschenden Bedingungen das Phänomen nicht so notwendig machen wie die auf dem Lande«.

Die von Professor Wereide zum *Vardøgr*-Phänomen gegebene Interpretation fügt sich gut in die weitverbreitete Hypothese ein, daß Telepathie und Prophetie psychologischen Bedürfnissen entsprechen, Zeit und Raum überspringen und eine Art und Weise der Kommunikation schaffen, die es sonst nirgendwo gibt. Man kann leicht einwenden, daß zwei ungeduldig wartende Eheleute mitten im norwegischen Winter einen paranormalen Rapport unterhalten, der sich hörbar ausdrückt, also mit Geräuschen, wie wir sie von den Spuk-Erscheinungen her kennen. Doch entzieht sich der von Mr. und Mrs. McCahen am Abend des 4. September 1956 außerhalb einer Berghütte am Grand Canyon erlebte *Vardøgr* derartiger Erklärung. Immerhin gibt es in der Parapsychologie noch viele andere Fälle dieser Art; will man sie mit einer korrekten parapsychologischen Bezeich-

nung belegen, dann fallen sie unter die »präkognitiven Erscheinungen«.

Mrs. McCahen wäre in arger Bedrängnis, sollte sie nach den
bei ihr als Perzipientin — wie die Forscher der ASPR sagen
würden — »zugrundeliegenden Trieben und Bedürfnissen« forschen. Fühlte sie sich einsam in der über die Berge fallenden
Dämmerung? Hatte sich zwischen ihr und Mrs. Nash ein Rapport entwickelt, der ihr nicht einmal bewußt war — und
drängte sich ihre Seele einen kurzen Augenblick lang diesen
Freunden entgegen, die zu der Zeit schon unterwegs waren, um
sie in Form »wahrscheinlich müder«, Gepäck schleppender prophetischer Erscheinungen schon einen halben Tag eher ins Gebirge zu versetzen?

Erst seit kurzem werden präkognitive Erlebnisse systematisch
gesammelt und ausgewertet. Man geht sicher nicht fehl in der
Annahme, daß viele tausend solcher Fälle nicht mitgeteilt werden oder nicht einmal als solche von denen erkannt werden, die
sie erleben. Außerdem werden die Menschen durch die in unserer
westlichen Zivilisation herrschenden soziokulturellen Verhaltensmuster eher davon abgehalten, sogar vor sich selbst zuzugeben, daß sie die »Zukunft sehen« können — geschweige denn,
anderen etwas davon zu sagen.

13. KAPITEL

Kann man das Schicksal beeinflussen?

Ein in East Orange im Staat New Jersey lebender Mann stand eines Morgens sehr früh auf, weil er und seine Frau hofften, dadurch dem Verkehr auf der Jersey-Autobahn zuvorzukommen. Sie hatten vor, in die Berge zu fahren. Um 5 Uhr erhielt er einen Anruf von seiner in Detroit lebenden Schwester. Sie hatte geträumt, er wäre unterwegs, sein Auto hätte sich überschlagen und ihn unter sich begraben. Der Traum erschreckte sie dermaßen, daß sie das Ferngespräch führte. Der Mann aus New Jersey entschloß sich, auf die Reise zu verzichten.

Wenn nun seine Schwester den Traum nicht gehabt hätte, wenn sie ihn nicht beachtet hätte, wenn sie trotz des Drucks, unter dem sie stand, den Anruf nicht getätigt hätte, wenn der Anruf zu spät gekommen wäre — hätte der Mann aus New Jersey die Fahrt dennoch unternommen und dann einen vielleicht schrecklichen Unfall gehabt? Natürlich kann das niemand sagen. Es gibt einfach zu viele »Wenns«. Philosophen und Theologen messen solchen Fragen in ihren Diskussionen großes Gewicht bei; denn sie drängen sich bei grundlegenden religiösen Vorstellungen wie zum Beispiel bei der vom »Willen Gottes« auf oder bei fatalistischen Gedanken, wie: »Der für mich bestimmten Kugel kann ich nicht entgehen«, — aber auch bei der ganz konkreten Frage: Kann Prophetie Unglück verhüten?

Weitab von den von Philosophen geführten Disputen hat eine überaus praktisch veranlagte Frau versucht, diese Fragen zu lösen. Es handelt sich um die weißhaarige, großmütterlich wirkende Dr. Louisa Rhine, die Frau von J. B. Rhine, die mit ihrem gesunden Menschenverstand hochtrabenden Erörterungen mit erfrischender Einfachheit zuvorkommt.

Mrs. Rhine bewahrt in ihren Arbeitsräumen im Parapsychologischen Institut in Durham, North Carolina, Protokolle über annähernd 14 000 Spontanfälle auf. Mehr als irgendjemand anders verfügt sie über Material, das bei den Antworten auf die Frage zugrundegelegt werden könnte, welcher Wert prophetischen Bekundungen als einer Art Vorwarnung beizumessen ist.

Nach mehr als zwanzigjähriger intensiver Beschäftigung mit Tausenden von Spontanfällen vermutet Mrs. Rhine, daß »sie dasselbe Gewicht haben wie andere Warnungen auch«. In ihrem Buch *Hidden Channels of the Mind* (»Verborgene Kanäle des Geistes« New York, 1961), dem der Fall aus New Jersey entnommen wurde, schreibt sie, daß »sofern entsprechende Vorsichtsmaßnahmen getroffen werden, diese erfolgreich sind«. Oft ist der prophetische Eindruck aber nur vage, und es ist nicht eindeutig klar, welche Gegenmaßnahmen ergriffen werden sollen. Es kann auch vorkommen, daß sich die Maßnahmen als inadäquat oder außerhalb des Einflußbereichs einer Einzelperson liegend erweisen, wie zum Beispiel im Fall eines Erdbebens. Mrs. Rhine bemerkt dazu: »Der theoretische Aspekt vorhergesehener und vermiedener Ereignisse ist sehr kompliziert. Selbst wenn man nur ganz eindeutig präkognitive Fälle in Betracht zieht, kann man nie mit letzter Sicherheit sagen, daß ein Ereignis eingetreten wäre, hätte es der menschliche Wille nicht verhindert.«

Die Tausende von präkognitiven Fällen, die in Durham gesammelt worden sind — übrigens zum größten Teil Träume — werden von Mrs. Rhine hauptsächlich deswegen kategorisiert und analysiert, um daraus möglicherweise Aufschluß über neue Bedingungen für die experimentelle Arbeit zu gewinnen. Die von ihr in Untergruppen unterteilten spontanen Phänomene enthalten auch Fälle von Telepathie (von Person zu Person), Hellsehen (direkte Wahrnehmung eines Gegenstandes oder Ereignisses), »intuitive« oder »halluzinatorische« Eindrücke, die im Wachzustand auftreten, »unrealistische Träume« (Phantasiegebilde) und »realistische Träume« (die in ihrer Deutlichkeit dem realen Leben entsprechen).

In die Gruppe der intuitiven Eindrücke fallen undeutliche Gefühle wie zum Beispiel von Unruhe begleitete oder tiefe Angst, aber keine spezifischen Visionen. Eine Frau teilte Mrs. Rhine mit, sie habe sich am Abend des 31. Oktober 1947 »plötzlich heftige Sorgen« um ihre Schwester gemacht, die in derselben Stadt lebte. Bis 3 Uhr morgens ging sie ruhelos in der Wohnung auf und ab. Am nächsten Tag versuchte sie, ihre Schwester anzurufen, nahm den Hörer zweimal auf und konnte die Nummer nicht zu Ende wählen. Sie schrieb: »Eine Stunde verging, da läutete das Telefon. Meine Schwester war soeben durch einen Autounfall ums Leben gekommen. Als sie nur noch drei Straßen von ihrer Wohnung entfernt war, wurde sie von einem Kieslastzug erfaßt. Ich wurde fast verrückt bei dem Gedanken, daß ich den Unfall hätte verhüten können, wenn ich nur mit ihr gesprochen hätte, anstatt den Hörer wieder aufzulegen.«

Natürlich konnte niemand diese Frau damit beruhigen oder ihr sagen, daß das Schicksal ihrer Schwester »vorherbestimmt« gewesen sei. Manchmal haben Menschen, wie Mrs. Rhine bemerkt, einfach die Gewißheit einer drohenden Gefahr, wissen aber nicht, in welcher Form sie auftreten oder wer bei dem traurigen Anlaß das Opfer sein wird. Eine Frau schildert, sie hätte »das Gefühl von irgendetwas Tragischem gehabt, das zwischen unserem neuen Haus und dem meines Schwagers schwebte, fast als hinge etwas wie eine abgrundtiefe Traurigkeit zwischen uns.« Sie dachte, daß dieses Gefühl irgendwie mit ihrer Tochter zu tun haben müsse — eine verständliche mütterliche Sorge —, bis sie eines Abends wieder das Gefühl hatte, »daß irgendetwas nicht in Ordnung sei, begleitet von einem Kribbeln in den Fingerspitzen, Frösteln, Aufrichten der Haare und übergroßer innerer Spannung.« Sie weinte, woraufhin ihr ihr Mann drei Aspirintabletten eingab und sie zu Bett brachte, wo sie sich in den Schlaf weinte. Das Telefon klingelte, und sie erhielten die Mitteilung, daß die Tochter ihres Schwagers, die genau so alt war wie ihre eigene, bei einem Autounfall ums Leben gekommen sei.

Die in diesen präkognitiven Erlebnissen enthaltenen falschen Zielvorstellungen, aber zutreffenden Gefühle, lassen eben darauf schließen, daß eine prophetische Vision zum Durchbruch kommen möchte, aber durch bestimmte Faktoren daran gehindert wird — wie zum Beispiel durch die Angst einer Mutter um ihre eigene Tochter, anstatt um die von jemand anders. In ihrem Artikel »Subjective Forms of Spontaneous Psi Experiences« (»Subjektive Formen spontaner PSI-bedingter Erlebnisse«, in *Journal of Parapsychology*, Bd. 17, Nr. 2, 1953) berichtet Mrs. Rhine den folgenden Fall, der ihr von einem Musiker mitgeteilt wurde:

»Vor nicht ganz einem Jahr begann ich mit der Planung meiner beiden jährlich stattfindenden Schülerkonzerte. Irgendwann im Frühjahr beschlich mich ein vages, unbehagliches Gefühl im Hinblick auf den Gesundheitszustand eines meiner Brüder. Beide Brüder hatten im Jahr davor schwere Operationen an sich vornehmen lassen müssen, sich aber gut davon erholt. Mein unbehagliches Gefühl betraf aber nur den einen, der rund 800 km von mir entfernt lebte. Weder von ihm noch von seiner Frau hatten wir irgendeine Nachricht erhalten, außer, daß er als Lehrer tätig sei.

Doch das Gefühl der Unsicherheit blieb. Ich wollte ihn nicht direkt fragen, wie es ihm ginge, da beide die Post zu öffnen pflegten, und deshalb konnte jeder kleine Brief an seine Frau von ihm zuerst geöffnet werden und ihm Sorgen bereiten. Mit der Zeit trat die Unruhe immer deutlicher zutage und bezog sich auf die beiden Konzerte, die am 25. April und 2. Mai stattfinden sollten. Irgendetwas sagte mir, daß ich an dem ersten Konzert nicht teilnehmen würde. Im stillen hatte ich sogar vorgehabt, einen Freund zu bitten, mich zu vertreten, teilte dies aber niemandem mit. Jedesmal, wenn die Sängerin, die uns bei dem

Konzert unterstützen sollte, zu den Proben kam, verstärkte sich dieser Eindruck, bis mich am Abend vor dem Konzert, als ich mich hinsetzen wollte, um sie zu begleiten, ein Gedanke fast wie von einer Stimme gesprochen durchfuhr: ›Diese Proben haben keinen Zweck. Du wirst sie doch nicht begleiten, sondern Mrs. S.‹ Dennoch machte ich weiter, um sie nicht nervös zu machen.

In dem Moment, als sie fortging, kam die Nachricht, daß mein Bruder um 7 Uhr gestorben sei, also gerade in dem Augenblick, als ich zu spielen anfangen wollte. Ich besuchte das Konzert nicht, statt meiner übernahm Mrs. S. die Leitung und begleitete auch die Sängerin.«

Dieses Ereignis zeigt eine Verschmelzung von Präkognition und Telepathie. Mrs. Rhine bemerkt, daß bei derartigen Erlebnissen die Unterscheidungsmerkmale zwischen der Gegenwart und der Zukunft oft verwischt sind und Vergangenheit und Zukunft manchmal wahrgenommen werden, als handle es sich um etwas Gegenwärtiges, so daß »die außersinnliche Wahrnehmung dieser verschiedenen Situationen sie einfach alle wie in einer zeit- und raumlosen Sphäre zu umschließen scheint«.

Um zu der zuvor gestellten Frage zurückzukehren: kann Unglück verhindert werden? Hier nun ein Fall, bei dem das Unglück selbst zwar eintrat, aber aufgrund einer Ahnung ein Leben gerettet wurde. Dabei geht es um eine jung verheiratete Frau, die gegenüber ihrem Mann Billy darauf bestand, daß sie »nach Hause gehen müsse«. Er regte sich darüber zwar etwas auf, gab aber schnell nach, bestellte das einzige Taxi, das es in der kleinen Stadt gab, damit sie mit dem üblichen Morgenzug zu ihren Eltern fahren konnte. Die junge Frau faßte ihre Erinnerungen an den Vorfall in dem folgenden Bericht zusammen:

»Ich erinnere mich noch, wie froh ich war und wie ich in Erwartung des Taxis im Haus herumtanzte. Billy und der Taxifahrer neckten mich, aber ich kümmerte mich vor lauter Glück nicht darum. Nur als er die Fahrkarten kaufte, wurde ich von einer kalten Angst erfaßt. Ich fing an zu weinen. ›Gib die Fahrkarten zurück‹, sagte ich, ›bitte Billy, wir können diesen Zug nicht nehmen.‹ Billy geriet wieder einmal in Wut, aber der Fahrkartenverkäufer langte nach den Fahrkarten und nahm sie an sich: ›Tun Sie, was sie sagt. Tun Sie überhaupt immer, was sie sagt.‹ Wir stiegen ins Taxi, und auf dem Weg zum Hotel fragten sie mich ständig, warum dies alles denn nun sein müsse. Ich wußte es nicht.

Beim Essen gab es eine Aufregung. Der Taxifahrer kam auf mich zu, indem er die Leute einfach zur Seite drängte und Stühle umstürzte. Er rief: ›Woher wußten Sie, daß Sie nicht mit dem Zug fahren durften? Er ist in der nächsten Stadt verunglückt. Der Waggon, in dem Sie sonst immer sitzen, ist umgekippt und alle Menschen wurden getötet‹.«

Wie Mrs. Rhine in ihrer wissenschaftlichen Terminologie feststellt, »scheint bei Fällen wie dem eben zitierten ein Bewußtsein irgendeiner Situation zu bestehen, die mit dem als Stimulus wirkenden Ereignis verbunden ist oder darauf hindeutet, doch bleibt das Ereignis selbst unbekannt.« Natürlich war das Ereignis auch noch gar nicht eingetreten.

Zukünftige Ereignisse werfen ihre Schatten nicht einfach nach rückwärts — sie scheinen sich auch jeder nur bestehenden Möglichkeit zu bedienen, um ins Bewußtsein zu gelangen. Ein Beispiel dafür ist vielleicht das sympathetische Schmerzempfinden, das der folgende Fall einer ebenfalls jung verheirateten Frau verdeutlichen möge. Ihr Mann arbeitete auswärts. Als sie eines Abends zu Bett ging, hatte sie in einem Arm und einem Bein ein taubes Gefühl. Sie erinnert sich: »Völlig grundlos kam mir plötzlich der Gedanke, daß meinem Mann etwas passiert sei. Ich war überhaupt nicht aufgeregt, was ich unverständlich finde, da ich immer nervös und leicht erregbar war und es noch bin. Am Tag darauf wurde mein Mann nach Hause gebracht; sein Arm war zerquetscht und gebrochen. Ich regte mich immer noch nicht auf, da ich das Gefühl hatte, es schon Stunden vorher ge-

wußt zu haben, wenn sich der Unfall auch einige Stunden nach
Auftreten meines Gefühls ereignete.«

Andere präkognitive Erlebnisse stimmen vielleicht nur teilweise
mit dem aktuellen Ereignis überein. So schilderte ein Mann
einen Traum, den er hatte, als sich seine Familie in Köln befand. Wie Mrs. Rhine mitteilt, waren sie alle gerade auf einem
Fest gewesen und bei ihrer Heimkehr alles andere als morbider
Stimmung. Dennoch hatte er in jener Nacht einen Traum voll
böser Ahnungen: er sah einige Männer einen kleinen, mit einem
schwarzen Tuch bedeckten Sarg eine riesige Treppe hinunter-
tragen. Zugleich hörte er — im Traum — eine Stimme ganz
deutlich sagen: »Nimm dies als Zeichen, daß jemand aus deiner
Familie bald sterben wird.«

Der Mann träumte all dies in einer Dienstagnacht. Am darauffolgenden Samstag mußte sich sein 16jähriger Sohn ganz plötzlich einer Blinddarmoperation unterziehen. Wie der Vater berichtet, »fiel er während des Klinikaufenthalts aufgrund eines
unglücklichen Umstandes Sonntagnacht aus dem Fenster auf
die Straße. Irgendjemand, der gerade vorbeikam, trug den
Sterbenden ins Hospital zurück.«

Wie wir gesehen haben, kann sich Präkognition auf so entscheidende Dinge wie Leben und Tod beziehen, aber auch ins völlig
Nebensächliche abschweifen. Die Prophezeiung kann augenblicklich engste Familienangehörige wie entfernte Bekannte
miteinander vereinigen. Es kann sich in ihr eine klare Bedeutung oder scheinbar überhaupt keine Bedeutung ausdrücken.
Nichts wäre einfacher, als aus der Fülle des vorhandenen Materials die beeindruckendsten, persönlich relevantesten und wichtigsten Fälle herauszusuchen. Zur Verdeutlichung des Gesagten
möchte ich jetzt einen Fall einer zwar symbolisch verhüllten,
aber möglicherweise psychologisch bedeutungsvollen Prophezeiung auswählen, der aber sonderbar banal ist:

»Als ich jung war, lebten wir in einem sehr waldreichen Teil im
nördlichen Maine. Wir wohnten dort, bis ich siebzehn war; da-

mals gab es dort viel Großwild wie Rotwild, Elche und Bären. Wir lebten zum Teil von der Jagd und vom Fischfang. Mit sechzehn Jahren träumte ich eines Nachts, ich hätte mit meiner Flinte Menschen getötet. Am Tag darauf schoß ich auf der Jagd ebenso viele Karibus, wie ich in der Nacht davor in meinem Traum Menschen getötet hatte. Danach ging ich immer, wenn ich geträumt hatte, ich hätte Menschen erschossen, auf die Jagd und konnte sicher sein, ein Stück Großwild zu erlegen. Eines Nachts träumte ich, ich hätte zwei kleine Mädchen erschossen. Sie waren gleich gekleidet und sahen auch sonst gleich aus. Offensichtlich waren es Zwillinge. Am nächsten Tag ging ich auf die Jagd und schoß zwei kleine Rehkitze. Sie sahen völlig gleich aus und waren sicher Zwillinge. Diese Träume bewahrheiteten sich stets.«

Ein präkognitiver Traum wird von der Frau eines Soldaten berichtet, der zwei Jahre lang nicht mehr zuhause gewesen war. Eines Nachts träumte seine Frau, ihr kleiner Sohn würde sich heiß und fiebernd im Bett herumwerfen; dabei war sein einer Arm in einem Gipsverband. In dem Traum fühlte sich die Mutter des Jungen »von dem Äthergeruch einer Ohnmacht nahe«. Am Tag darauf brach sich der Junge das Handgelenk. Die Mutter berichtete: »Der einzige Unterschied bestand in dem Geruch, denn sie gaben ihm Lachgas und keinen Äther, als sie den Gips anlegten.«

Merkwürdigerweise empfand die Mutter nicht die in dem Traum enthaltene Prophezeiung als das wichtigste, sondern die Tatsache, daß der von ihr vorweggenommene Äthergeruch bei dem aktuellen Ereignis fehlte. In der Laboratoriumssituation, über die ich im nächsten Kapitel sprechen werde, kommen bei der außersinnlichen Wahrnehmung kleine Irrtümer und Verschiebungen vor. Bei Spontanfällen können gefühlsmäßige oder andere Vorlieben den Ereignissen in die Quere kommen, sie behindern, verdrehen, einfärben oder sie in unrichtiger Weise aufbauschen. Ich habe bereits einen Teil der Leistungen des berühmten holländischen Hellsehers Gerard Croiset beschrieben. Er kann zahlreiche »Treffer« für sich in Anspruch nehmen, doch scheint mir einer seiner »Versager« die kaum definierbare Beschaffenheit von ASW (= außersinnliche Wahrnehmung) überaus eindrucksvoll zu illustrieren. Er machte diesmal keine Platzexperimente, sondern beteiligte sich als Hellseher an der Suche nach einem englischen Touristen, der an der Nordseeküste als vermißt gemeldet worden war. In einem Waldstück erhielt Croiset den starken Eindruck, daß sich der Engländer genau an der Stelle »erhängt« hätte. Aber es stellte sich heraus, daß ein Wilderer genau dort ein Stück Rotwild mit einer Schlinge gefangen und erdrosselt hatte. Ganz sicher erhielt Croiset hierdurch den Eindruck des Erdrosselns oder Erhängens, den er jedoch gemäß dem von ihm Gesuchten interpretierte.

Eine solche relativ treffende Erklärung paßt nicht auf jede Form von Prophetie. Ja, es sieht fast so aus, als beinhalte jeder Fall eine eigene Konstellation, und obwohl einige Muster immer wiederkehren, lassen die Abweichungen endgültige Schlußfolgerungen nicht zu. Hier nun ein Fall, bei dem, wie Mrs. Rhine sich ausdrückt, »das Bild zutrifft, aber die Bedeutung« des aktuellen Ereignisses »nur flüchtig berührt wird«.

»In der ersten Nacht, die wir in dem neuen Haus verbrachten, hatte meine Mutter einen Traum. Sie sagte, sie hätte etwas weiter unten auf der Straße ein Begräbnis gesehen. Das Haus, bei dem sie es sah, war von Italienern bewohnt. Der Flur war so eng, daß man den Sarg durch das Fenster herausheben mußte. Doch der Traum war ziemlich sinnlos, denn was konnte er schon bedeuten, vorausgesetzt, er bedeutete überhaupt etwas? Aber in den ersten Märztagen kam tatsächlich eine Begräbnisprozession an unserem Haus vorbei. Später erfuhren wir, daß man den Sarg durch das Fenster des kleinen Hauses hatte heben müssen. Auf der anderen Straßenseite wartete ein Postbote die Vorbeifahrt des Leichenwagens und der Wagen ab. Sowie er durchkommen konnte, eilte er auf unser Haus zu und gab Mutter ein Telegramm. Ihre Lieblingscousine war bei einem Unfall ums Leben gekommen.«

Wie gesagt sind der Tod und wichtige Dinge, aber auch alltägliche Bagatellen Inhalte von Prophezeiungen. Mrs. Rhine verfügt über eine Reihe von Fällen, die im Hinblick auf das darin ausgedrückte Grauen derart eindrucksvoll sind, daß sie es bewußt vermieden hat, viele davon zu veröffentlichen. Einige Menschen, die telepathische oder prophetische Erlebnisse haben werden von tiefem Erschrecken ergriffen. Manchmal glauben sie sogar, nicht mehr normal zu sein. In anderen Fällen hinterläßt das Ereignis ein psychisches Trauma, eine seelische Wunde, die nicht heilen will. Hier liegt einer der Gründe, warum die Menschen solche Erfahrungen lieber nicht machen, auch lieber erst gar nicht davon hören oder sie anderen Leuten mitteilen möchten.

Eine Frau schilderte ein erregendes Erlebnis dieser Art, das sie als neunjähriges Mädchen in Neu-Schottland in Kanada hatte. Später, als Erwachsene, erinnert sie sich an ihren prophetischen Traum noch wie folgt: »In einer Ecke unseres Wohnzimmers stand ein Sarg. Als ich mich ihm näherte, sah ich darin das Gesicht meiner geliebten Großmutter. Ich wachte, von Kummer wie erschlagen, auf. In jener Nacht schlief ich nicht mehr. Ich konnte mich nicht überwinden, irgendjemand von dem Traum zu erzählen, der mich so verfolgte — nicht einmal meiner Großmutter. Nach einigen Tagen war ich wieder guter Dinge, und der Traum war fast vergessen.« Dann ereignete sich folgendes:

»In den darauffolgenden vierzehn Tagen starb mein Großvater ganz plötzlich an einer Herzattacke. Am Begräbnistage wurde ich in das Zimmer geführt, das in meinem Traum eine Rolle gespielt hatte. Da stand der Sarg, genau wie ich ihn gesehen hatte. Der einzige Unterschied war, daß das kalte, stille Gesicht — das meines Großvaters war und nicht, wie in meinem Traum, das meiner Großmutter. In meinen Kummer mischte sich jetzt eine merkwürdige packende Angst, ja fast Entsetzen. Ich sprach aber trotzdem mit niemandem über den Traum. In meiner kindlichen Vorstellung fürchtete ich, damit den Kummer einer ohnehin schon schwer betroffenen Familie noch zu vermehren.

Jahre später erzählte mir meine Großmutter, mein Großvater habe ihr am Morgen seines Todestages gesagt: ›Vergangene Nacht habe ich geträumt, daß alle hier in der Stadt tot wären — nur ich lebte noch.‹ Sie erzählte mir, daß er sie dabei scharf ansah, so als würde er sie fragen, ob sie auch verstanden habe, was er gerade dachte. Dann ging er hinaus und winkte noch einmal in der ihm eigenen unbeschwerten Art zurück. Eine Stunde später war er bereits tot. Damals erzählte ich auch meiner Mutter von dem Traum, den ich vor fast zwanzig Jahren gehabt hatte. Jahrelang hatte ich ihn wie den Griff einer eiskalten Hand gefühlt, und wie ich dies hier schreibe, bricht der alte Kummer beim Erzählen wieder über mich herein, als wären mir diese Wunden erst gestern geschlagen worden.«

In dem Kommentar, den Mrs. Rhine in ihrem Buch zu diesem Fall abgibt, spricht sie sich dafür aus, solche Erlebnisse lieber zu erzählen, als sie zurückzuhalten: »Innerhalb von zwanzig Jahren sollte eine ganz gesunde ›Wunde‹ so geheilt sein, daß die alten Gefühle auch durch das Wiedererzählen nicht mehr so lebendig werden. Zweifellos war dies nur deshalb der Fall, weil die Frage, die da aufgeworfen worden war, die ganze Zeit hindurch unbeantwortet geblieben war. Hätte das Mädchen über seinen Traum ganz normal mit seinen Eltern sprechen können, dann hätte er viel von seiner erschreckenden Rätselhaftigkeit eingebüßt, die Spannung hätte sich gelegt und die ganze Episode wäre als das hingenommen worden, was sie war: als völlig normales präkognitives Erlebnis, das nur deswegen bemerkenswert ist, weil es bei einem Kind auftrat.«

Natürlich kann das eine Wissenschaftlerin sagen, die Tausende und Abertausende prophetischer Träume untersucht hat, in denen fade, bezaubernd schöne, alltägliche oder erschreckende Erlebnisse vorhergesagt wurden. Wenn ein präkognitives Erlebnis durch die Ereignisse bestätigt wird, fühlt sich der Durchschnittsmensch fast wie vom Blitz getroffen und wird von einer solchen Erfahrung bis ins Innerste erschüttert. Wenn selbst die Zeit nicht mehr stabil ist, wie unzutreffend ist dann unsere gesamte Schau der Welt, in der wir leben? Wenn die Ereignisse nicht mehr in einer bestimmten Reihenfolge ablaufen, wenn sie vom menschlichen Bewußtsein Tage, Monate oder Jahre vor ihrem Auftreten wahrgenommen werden, was bedeuten dann eigentlich noch solche Begriffe wie Vergangenheit, Gegenwart und Zukunft?

Vielleicht sind sie tatsächlich bedeutungslos. Vielleicht handelt es sich dabei nur um eine menschliche Erfindung wie Kalender und Uhren. Man sollte bei der Vorstellung nicht in Erstaunen geraten, daß unsere übliche sinnesorientierte Auffassung von Zeit und Raum unter Umständen die hinter diesen Konzepten liegende Realität nicht mit umfaßt — also die menschliche Geschichte, die Erde als Kugel und die Schwerkraft im Grunde genommen mißverstanden und rein dogmatisch erfaßt wurden.

Wenn die Zukunft bisweilen in die Gegenwart einbricht, kann das sowohl Erstaunen wie einen Schock bewirken. Hier backt eine Frau zum Beispiel einen Kuchen. Während sie den Teig anrührt und die Gewürze beimischt, ist sie hellwach. Plötzlich zwingt sich ihr ein inneres Bild auf: ihr Mann in einem Autounfall, sein Kopf blutet, sein Körper wirkt von der Taille abwärts wie verdreht, so daß er auf der rechten Seite zu liegen scheint, während er von der Taille aufwärts flach auf dem Rücken liegt und die Arme über seinem Kopf verschränkt hat. Hier in ihrer Küche, bei hellem Tageslicht, »weiß« diese Frau einfach, daß ihr Mann einen Autounfall hatte, und daß er bewußtlos ist, obwohl sie kein Auto »sieht«.

Der Eindruck ist so stark, so überwältigend, daß die Frau zu weinen anfängt. Nach kurzem aber fällt ihr ein, daß sie sich womöglich alles nur eingebildet hat; vielleicht hat ihr die Hitze des Herdes zu schaffen gemacht. Es muß eine einfache, alltägliche Erklärung dafür geben.

Es gab eine zwar einfache, aber tragische Erklärung. Sieben Tage später stand ihr Mann an einem geparkten Auto, als er von einem vorbeirasenden Fahrzeug zur Seite gestoßen wurde und blutend, verdreht und bewußtlos zu Boden fiel.

In unserer heutigen westlichen Gesellschaft teilt man nicht jedem solche Erlebnisse mit. Wie Mrs. Rhine sehr weise bemerkt, ist die Tatsache, daß außersinnliche Eindrücke auch »von völlig normalen und gesunden Menschen erlebt werden können, noch fast völlig unbekannt«.

Es gibt noch einen überaus wichtigen Faktor, der viele Menschen davon abhält, anderen Menschen gegenüber oder sogar sich selbst gegenüber prophetische Erlebnisse einzugestehen: die oft überaus intime Natur dieser Phänomene. Wo tiefgründige Emotionen eine Rolle spielen, sind selbstverständlich auch sexuelle Aspekte wesentlich beteiligt. Ein Mrs. Rhine von einer erwachsenen Frau mitgeteilter Fall zeugt von ungewöhnlicher Freimütigkeit; das Ereignis spielte sich ab, als sie auf dem College war. Aus dem — übrigens anonymen — Bericht ging hervor, daß sie einmal zuhause anrief, um ihrer Mutter mitzuteilen, sie könne am kommenden Wochenende nicht heimkommen, da sie am Samstagnachmittag noch ein Experiment zu Ende führen müsse.

»Da«, schrieb sie, »traf ich am Samstagabend auf dem Rückweg zum Studentenwohnheim einen Mann, den ich Billy nennen möchte; er fragte mich, ob ich Lust hätte, mit ihm auf ein von seiner Verbindung am nächsten Tag veranstaltetes Picknick zu gehen. Es sollte an einem etwa 80 km entfernten See stattfinden. Ich war vorher schon ein paarmal mit Billy ausgegangen, so sagte ich zu.

Ich machte mir keine weiteren Gedanken mehr über die Sache, bis mich meine Mutter am nächsten Morgen um ungefähr 10 Uhr anrief. Sie war wirklich ganz durcheinander und bat mich eindringlich, das Studentenheim an dem Tag nicht zu verlassen, sondern in meinem Zimmer zu bleiben; was all dies zu bedeuten hätte, würde sie mir am nächsten Wochenende sagen, wenn ich nach Hause käme. Ich beruhigte sie, indem ich sagte, ich würde ihrem Wunsch entsprechen; kaum aber hatte ich den Hörer aufgehängt, fing ich an, meine Sachen für das Picknick, einschließlich meines Badeanzuges, zusammenzusuchen. Dennoch machte ich mir wegen des Anrufs ein bißchen Sorgen, da meine Mutter sonst nicht leicht aufzuregen ist und es so gar nicht zu ihr paßte, daß sie sich um mich solche Sorgen machte.

Ungefähr zur gleichen Zeit kam Bill mit seinem Auto, und wir fuhren zu dem See. Dort waren wir die einzigen, die an dem Tag überhaupt badeten; als wir aus dem Wasser kamen, gingen wir nicht sofort zu den Kabinen, um trockene Sachen anzuziehen, da es ziemlich heiß war und die Kabinen fast fünf Kilometer entfernt am anderen Ende des Parks lagen. Als die Sonne unterging, fuhren wir aber dann doch zu den Kabinen und wechselten die Sachen. Der Rückweg führte durch zwei Waldstücke, wo keine Menschen mehr waren — und hier passierte es denn auch. Der langen Rede kurzer Sinn — mir fällt kein erträglicheres Wort ein — ich wurde vergewaltigt. Dazu ist zu bemerken, daß Billy sonst gar nicht der Typ eines Rohlings war. Er stammte aus einer gut situierten Familie, war Sprecher seiner Verbindung und war auf dem Campus wohl gelitten. Ich hatte einen zu großen Schock erlitten und schämte mich zu sehr, um irgendjemand von dem Vorfall zu erzählen; und bis auf den heutigen Tag weiß noch niemand davon, obwohl man in dem kleinen College bald merkte, daß Billy und ich Streit hatten und nicht mehr miteinander ausgingen.

Am darauffolgenden Wochenende fuhr ich nach Hause, und sobald wir allein waren, fragte meine Mutter, ob ich am Sonntag im Wohnheim geblieben wäre. Ihres Telefonats eingedenk versicherte ich ihr, ich wäre zuhause geblieben, denn ich wollte an das, was an dem Tag passiert war, nicht mehr denken. Ich fragte

sie, warum sie das gewollt habe, worauf sie lachte und sagte, sie
hätte nur ganz sicher sein wollen, daß ich auch lernte, sie sagte
nach einigem Drängen aber die Wahrheit. Samstagnacht hatte
sie einen Traum gehabt, in dem sie mich in Begleitung eines jungen Mannes, auf den Billys Beschreibung gut paßte, an dem See
gesehen hatte; der übrige Traum stimmte praktisch Wort für
Wort mit dem überein, was sich auf dem Rückweg von den Ba-
dekabinen abgespielt hatte. Mutter sagte, sie wüßte, daß alles
Unsinn sei, doch sei der Traum so deutlich gewesen und habe
sie dadurch so erschreckt. Es gelang mir, meinen Schock zu verbergen und sie so gut wie möglich zu trösten und damit zu beruhigen, daß nichts dergleichen passiert sei.
Ich bin jetzt überaus glücklich verheiratet und habe einen Sohn;
aus diesem Grunde ist es nötig, meinen Namen geheimzuhalten.
Ich hoffe, daß Sie damit etwas anfangen können, da es für mich
nicht leicht ist, mich an diesen Vorfall zu erinnern.«
Hier haben wir nun einen Fall, der überaus stark mit Gefühls-
inhalten befrachtet ist und bei dem der präkognitiv Träumende
nie davon erfahren hat, daß sich der Traum auf derart schok-
kierende Weise bewahrheitet hatte. Mündliche Mitteilungen sowie eine begrenzte Anzahl von Protokollen lassen darauf schließen, daß die Zahl der den ganzen sexuellen oder gefühlsmäßigen Erlebnisbereich umfassenden präkognitiven Erlebnisse, die
im Traum oder Wachzustand auftreten, um einiges höher anzu-
setzen ist, als das bereits veröffentlichte Material indiziert.

14. KAPITEL

J. B. Rhine: Präkognition im Laboratorium

Ein weißes, dreistöckiges, vom gegenüberliegenden Campus der Duke Universität von Durham, North Carolina, nur durch eine Straße getrenntes Gebäude ist seit 1966 der Sitz der »Foundation for Research on the Nature of Man«, von der das Parapsychologische Institut wiederum ein Teil ist. Der Direktor beider Institutionen ist J. B. Rhine, dessen Name mit der Parapsychologie als Wissenschaft praktisch identisch ist. Nach seiner Emeritierung im Jahre 1965 erweiterte der knochig wirkende, weißhaarige Rhine seine Forschungspläne. In dem weiten Bereich dessen, was er als »die fundamentale Frage nach der Beziehung des menschlichen Seins zum physikalischen Sein, dessen Teil der Mensch ist«, bezeichnet, ist die Präkognition für ihn weiterhin ein vorrangiges Problem geblieben. Einmal müssen alle Einzelfälle von Prophetie protokolliert, klassifiziert und auf ihre Bestätigung hin überprüft werden; auf der anderen Seite aber müssen Laboratoriumsexperimente entwickelt werden, bei denen sich die schwer faßbaren Kräfte niederschlagen, die bei den — wie wir wissen — Zeit und Raum überschreitenden Phänomenen beteiligt zu sein scheinen.

Rhine und seine Mitarbeiter, die mit dem angesehenen Parapsychologischen Laboratorium der Duke Universität schon seit fast vier Jahrzehnten verbunden sind, kamen bei der Suche nach etwas ganz anderem zur Untersuchung der Präkognition: es ging ihnen um einen Beweis für die Unsterblichkeit des Menschen, seinerzeit auch als »post-mortem-survival«* oder »Weiterleben der menschlichen Persönlichkeit nach dem Tode« be-

---

* dieser Ausdruck wurde unübersetzt in die deutsche Fachterminologie übernommen; d. Übers.

zeichnet. Im Jahre 1927 begann Professor William McDougall am Psychologischen Institut der Duke Universität mit parapsychologischen Forschungsarbeiten. Endlich ließen an Datenmaterial von Medien durchgeführte Untersuchungen in großen Teilbereichen erkennen, daß es sich bei den sich »als Geist manifestierenden Entitäten«, die sich durch das Medium auszudrücken schienen, ebensogut um erregende, dem Unbewußten des Mediums entstammende Projektionen handeln konnte, in die auf außersinnlichem Wege wahrgenommene Informationen einfließen.

Unter McDougall war es Rhine, der sich von allen Mitarbeitern am Psychologischen Institut am meisten für dieses Forschungsgebiet interessierte. Er konnte jede nur denkbare Hypothese überprüfen. Rhine erinnert sich an jene Zeit: »Wir waren uns der an Sicherheit grenzenden Möglichkeit schon bewußt, wonach das Medium vielleicht selbst über Fähigkeiten verfügt, auf außersinnlichem Wege Informationen aus lebendigen irdischen Quellen zu schöpfen. Wir untersuchten alle möglichen außersinnlichen Kanäle, und zwar nicht nur Telepathie und Hellsehen, sondern auch Präkognition.«

Die Gruppe an der Duke Universität bestand aus J. B. Rhine und seinen Schülern. Er veröffentlichte 1934 eine epochemachende Monographie unter dem Titel *Extrasensory Perception* (»Außersinnliche Wahrnehmung«), doch enthielt dieser Band nicht einen einzigen Hinweis auf die Präkognitionsforschung, die sich doch überaus vielversprechend angelassen hatte. »Wir machten ständig Experimente«, erinnert sich Rhine, »und bald stellte sich die Präkognitionsforschung als Teil eines völlig anders gelagerten — oder besser: gegenhypothetischen — Zugangs zum Problem der Kommunikation mit Geistern heraus.« Die damalige Situation beschreibt er so:

»Niemand kümmerte sich um Präkognition. Die wissenschaftliche Welt war dazu noch nicht bereit, denn sie wollte sich ihre herkömmlichen Hypothesen nicht über den Haufen werfen lassen. Damals konnten jene Stellen, die post-mortem-Forschung finanziell förderten, sehen, daß sich im Rahmen der ASW-Forschung eine Erklärung für Phänomene finden ließ, die sie mit Geistern in Verbindung brachten. Von keiner Seite erhielten wir irgendeine Unterstützung, um es milde auszudrücken. Außerdem kamen wir schnell zu der Einsicht, daß die ganze damals herrschende Stimmung und die traditionelle Wissenschaft, die um uns herum betrieben wurde, den Dingen, die wir zu entdecken begannen, kühl, wenn nicht feindlich gegenüberstanden.«

Der Durchbruch der Prophetie erfolgte im Dezember 1933. Die berühmten ASW-Testkarten hatten sich bereits beim Hellsehen bewährt. Doch suchten die Forscher nach einer Verbesserung ihrer Methoden, um die dabei anscheinend beteiligten Wahrnehmungsfähigkeiten noch tiefer zu erkunden. Die Karten enthielten, wie immer, fünf Zeichen: Kreuz, Kreis, Welle, Quadrat und Stern. Damals sollten die Testpersonen dann die Reihenfolge nennen bzw. raten, in der die ASW-Karten in dem Packen Karten lagen.

Eine Schlüsselfigur bei den Experimenten, die schließlich zum Durchbruch führten, war Hubert E. Pearce, damals Student der Theologie an der Theologischen Fakultät der Duke Universität, heute Methodisten-Pfarrer in Arkansas. Pearce hatte eine Vorlesung Rhines gehört, ihm danach über das seit langem in seiner Familie herrschende Interesse an paranormalen Fähigkeiten erzählt und sich zögernd damit einverstanden erklärt, bei Experimenten mitzumachen. Pearce erzielte bei der ersten Probesitzung durchschnittlich zehn Treffer bei 25 Karten, die fünf verschiedene Zeichen enthielten — also doppelt soviele Treffer als der Zufallserwartung entsprochen hätte.

Rhine und sein Assistent J. G. Pratt testeten Pearce bis zum Sommer des Jahres 1933, als Pearce auswärts Seelsorgearbeit leisten mußte. Nach seiner Rückkehr schlug Rhine Distanz-Versuche und die Versuchsanordnung vor, die Pratt in seinem Buch *Parapsychology: An Insider's View of ESP* (»Parapsychologie: ASW aus der Sicht eines Eingeweihten«, New York, 1964) beschreibt; er hatte einen Platz im Psychologischen Laboratorium, das seinerzeit noch in einem zur Physik gehörigen Gebäude im Westen des Campus der Duke Universität untergebracht war, während Pearce »ein kleines, in Schlaf-, Wohn- und Arbeitsraum unterteiltes Zimmer im Hauptmagazin hatte, das an der dem Physikgebäude abgewandten Seite der Bibliothek lag«. Er erinnert sich: »An den Tagen, an denen wir arbeiten wollten, fand sich Hubert kurz vor der für den Test vereinbarten Zeit bei mir ein. Wir verglichen unsere Uhren, indem wir sie gegeneinander hielten und sogar den Abstand der Sekundenzeiger mit berücksichtigten. Dann beobachtete ich, wie Hubert über den Campus ging und in der Bibliothek verschwand.« Pratt beschreibt das Vorgehen folgendermaßen:

»Ich wählte ein Spiel ASW-Karten aus, mischte es gründlich, ordnete es und legte es mit dem Gesicht nach unten rechts neben mich auf den Kartentisch, an dem ich Platz genommen hatte. Um die Zeit, die wir als Testbeginn ausgemacht hatten, nahm ich die oberste Karte von dem Stapel und legte sie — ohne daraufzuschauen — umgekehrt auf ein Buch, das in der Mitte des Tisches lag. Nach einer Minute nahm ich die Karte und legte sie, immer noch umgekehrt und mir unbekannt, in die äußerste linke Ecke des Tisches und legte sofort die im Stapel nächstfolgende Karte auf das Buch.

Auf diese Weise legte ich die fünfundzwanzig ASW-Karten nacheinander auf das in der Mitte des Tisches befindliche Buch. Nachdem alle Karten einmal auf dem Buch gelegen hatten, schrieb ich die Reihenfolge auf, in der ich sie aufgenommen hatte.«

Dies also war der bei den Distanz-Versuchen zugrundeliegende Ablauf. Bei einer zweiten Folge von Experimenten wurde die Entfernung zwischen Pearce und Pratt erweitert; dabei saß Pratt in einem Gebäude der Medizinischen Fakultät, während Pearce in der Bibliothek blieb. Bei der ersten Serie betrug die

Entfernung zwischen ihnen rund 90 Meter, beim zweiten Versuch rund 230 Meter. Die von Pearce erzielten Ergebnisse waren deutlich überzufällig, wobei sie manchmal über und manchmal unter der Zufallserwartung rangierten. Die Experimentatoren zogen daraus den Schluß, daß eine größere oder geringere Entfernung nicht ausschlaggebend sei. Alles in allem berichten die Forscher der Duke-Universität, daß in den 74 Durchgängen des Experiments, das dann als Pearce-Pratt-Serie bekannt wurde, man eine Wahrscheinlichkeit gegen Zufall von 1:10 000 000 000 000 000 000 000 berechnen kann (s. *Journal of Parapsychology*, September 1954).

Hier ging es aber um Hellseh-Distanzversuche und nicht um Präkognition. Nachdem sich ergeben hatte, daß die Entfernung auf die von Pearce erzielte Trefferzahl keinen Einfluß hatte, entschlossen sich die Versuchsleiter, den Zeitfaktor außer acht zu lassen und damit einen statistisch erfaßbaren Faktor der Prophetie in die Experimentalsituation einzuführen. Rhine erinnert sich: »Zu unserer Expedition in diese unentdeckten Gebiete wurden wir durch die zahlreichen präkognitiven Spontanfälle ermuntert, die sich allein in der menschlichen Geschichte finden lassen. Wir waren jung und mutig, hatten aber zugleich weise Vorbilder, vor allem den Franzosen Professor Charles Richet und den Engländer H. F. Saltmarsh, die riesige Sammlungen von offenkundigen prophetischen Erlebnissen angelegt hatten, darunter viele Wahrträume sowie einige prophetische Erlebnisse im Wachzustand. Sie unterstrichen das Problem und ließen die Notwendigkeit weiterer Untersuchungen klar erkennen. Diese Fälle waren als solche nicht geeignet, um aus ihnen einen eindeutigen Beweis für die Existenz der Prophetie abzuleiten. Was man brauchte, waren gut durchgeplante Experimente, deren Ergebnisse der statistischen Analyse unterworfen werden konnten.«

Doch der Weg, den man bei der quantitativen Forschung einschlagen muß, ist voller Hinterhalte, verschlungen und mit Felsen übersät. Rhine und Pratt forderten Pearce auf, die Reihenfolge der im Kartenspiel befindlichen Karten zu notieren, *nachdem* sie gemischt sein würden — und immer wieder erzielte er genau so viele Treffer, als hätte er seine Fähigkeit der außersinnlichen Wahrnehmung auf die Gegenwart angewendet und nicht auf eine zukünftige Situation. Dennoch plagten die Versuchsleiter sorgenvolle Zweifel. Übersahen sie ständig irgendetwas? Immerhin mißachteten sie die vermeintlichen natürlichen Gesetze von Ursache und Wirkung — dieser Mann sah nämlich die Wirkung, noch bevor irgendetwas ausgelöst worden war!

Die Schwierigkeiten waren zum Teil dadurch bedingt, daß sie bei ganz anderen Experimenten, nämlich Psychokinese- oder PK-Experimenten, zu viele Erfolge erzielt hatten. Hier wird gewöhnlich ein Würfeltest gemacht. Dabei versucht die Testperson, den Würfel mit ihrem Willen dahingehend zu beeinflussen, die Anzahl von Punkten zu zeigen, die sie sich wünscht. Jeder Testdurchgang wird, wie beim Würfelspiel üblich, protokolliert. Das erzielte Ergebnis ließ darauf schließen, daß ein Faktor gegeben sein muß, der es ermöglicht, die Materie geistig zu beherrschen und die Gesetze des Zufalls zu durchbrechen.

Die Wissenschaftler der Duke Universität fragten sich: »Beeinflußt Pearce, wenn er seine Rateergebnisse notiert, vielleicht den Mischvorgang auf psychokinetische Weise? Erzielt er deswegen so viele signifikante Ergebnisse?« Rhine denkt noch immer amüsiert daran, wie sich die Experimentatoren »eine Zeitlang einer ungeheuren Misch-Orgie hingaben«. Ein Spiel Karten mischten sie einige tausendmal in der »Absicht«, es zur Übereinstimmung mit einem anderen Spiel Karten oder mit einer Liste zu bringen, auf der die 25 ASW-Karten aufgeführt waren. Dann wiederum dachten sie an die Möglichkeit eines »paranormal beeinflußten Mischvorgangs« — wirkten sie vielleicht geistig auf den Mischvorgang selber ein? Diesen Faktor konnten sie nicht ausschließen, und es mußte daher ein Weg gefunden werden, ihn zu umgehen. Bei derartigen Zweifelsfällen empfiehlt sich der Einsatz von

Maschinen. Da sie etwas Nicht-Menschliches sind, muß man annehmen, daß Maschinen gegenüber außersinnlichen Stimuli immun sind — jedenfalls bis zu dem Tage, an dem es einen mit paranormalen Fähigkeiten ausgestatteten Computer geben wird. Man benutzte zwei mechanische Methoden: einmal einen elektrischen Mischapparat, zum anderen eine Würfelmaschine, die sechs Würfel auswarf, nach deren Gesamtpunktzahl dann die Abfolge der Karten bestimmt wurde. Obwohl dadurch die Möglichkeit ausgeschaltet war, den Mischvorgang paranormal zu beeinflussen, wurden bei den ASW-Kartenexperimenten doch weiter signifikante Ergebnisse erzielt, die für das Vorliegen von Präkognition sprachen.

Allerdings konnte so ein möglicher Einfluß des Menschen auf Karten oder Würfel (Psychokinese) nicht vollständig ausgeschlossen werden; deswegen wurde ein noch raffinierterer Weg erarbeitet, um den psychokinetischen Einfluß auszuschalten. Die Experimentatoren wandten sich hilfesuchend an die Meteorologie. Sie »landeten« sozusagen dabei, die Zahl der mechanisch vorgenommenen Mischvorgänge und den Punkt der Beendigung des Mischvorgangs nach der an einem bestimmten Tag — der immer zwei bis zehn Tage im voraus bestimmt wurde — herrschenden maximalen oder minimalen Temperatur auszurichten. Nach Rhine »ließ dieses Vorgehen für die Präkognitionshypothese keine Alternative offen — außer der Möglichkeit, daß sogar das Wetter von den Experiment-Teilnehmern beeinflußt wurde...«

Man kann leicht nachvollziehen, daß Experimente dieser Art bisweilen wirklich aufregend sein müssen und fast so etwas wie ein wissenschaftliches Abenteuer darstellen; sie können aber auch fürchterlich langweilig, frustrierend und irritierend und fast »abwegig« sein — außer für den natürlich, der sie durchführt. Im Grunde spielte die Duke-Gruppe eine unmögliche Hypothese — »Psychokinese« — gegen eine andere — »Präkognition« — aus und machte sich Gedanken darüber, ob das eine auf das andere einwirkte oder nicht, wobei sie zugleich immer bemüht war, ihre Forschungsmethoden weiter zu untermauern und zu verfeinern.

Später fanden sie so etwas wie eine Bestätigung durch die von Dr. S. G. Soal — damals Mathematikdozent an der Londoner Universität — und Mrs. K. M. Goldney, die dem Forscherteam der Society for Psychical Research angehörte, in England durchgeführten Experimente. Soal hatte jahrelang Kartenexperimente mit verschiedenen Personen durchgeführt. Seine Bemühungen konzentrierten sich, wie er in seinem Buch *Modern Experiments in Telepathy* (»Moderne Telepathie-Experimente«, New Haven, 1954) gewissenhaft beschreibt, auf eine recht ungewöhnliche Versuchsperson, einen gewissen Mr. Basil Shackleton. Dieser, ein Studiofotograf, der später nach Südafrika auswanderte, war Soal nach Jahren fruchtlosen Experimentierens über den Weg gelaufen. Schon 1936 machten sie Telepathie-Experimente miteinander. Da aber hatte er keine besonderen telepathischen Fähigkeiten gezeigt und — soweit aus einer weitreichenden Abfolge von Experimenten zu entnehmen war — nur Zufallstreffer erzielt.

Soal war ganz deprimiert. Hier war nun endlich jemand, der sich ihm mit großem Vertrauen in die eigenen Fähigkeiten zur Verfügung gestellt hatte — wobei zu bemerken ist, daß der Glaube an die Realität von ASW und an die eigenen Fähigkeiten bei Experimenten einen positiven Einfluß zu haben scheinen —, und trotzdem waren die Resultate gleich Null. Ende des Jahres 1930 hatte ein Kollege Soals, Whately Carington, den sogenannten »displacement-Effekt«* entdeckt; danach trifft eine Versuchsperson regelmäßig eine Zielkarte, die *neben* der von ihr zu Ratenden liegt. Dieses Phänomens eingedenk, überprüft Soal noch einmal alle Protokolle: Shackleton hatte immer wieder eine Karte geraten, die gerade vor oder hinter der Zielkarte gelegen hatte. Was ging hier vor?

---

* Verschiebungseffekt. Unübersetzt ins Deutsche übernommen; d. Übers.

Auf keinen Fall handelte es sich dabei um Prophetie. Wenn man
so will, handelte es sich aber auf jeden Fall um eine Art Vision,
denn wenn Shackleton seine Treffer erzielte, waren die Karten
ja vorhanden und lagen aufgereiht da. Er riet demnach nichts,
was nicht bereits da war, und zwar auch dann nicht, wenn er die
Karte wählte, die genau neben der Zielkarte lag. Daraufhin
entwickelten Soal und Goldney inmitten der auf London nieder-
gehenden deutschen Luftangriffe eine neue Technik. Sie ersetz-
ten die Standard-ASW-Karten durch Karten mit Tierbildern,
darunter auch Zebras und Giraffen. Mit Hilfe einer Liste, auf
der die Durchschnittstrefferzahlen vermerkt waren, bestimmten
sie die Lage der Karten. In dem Moment, wo der Versuchsleiter
dem Sender die Zahl für einen bestimmten Versuch anzeigte,
hob der Sender die entsprechende Karte auf und betrachtete sie.
Kurz darauf erhielt Shackleton ein Signal, woraufhin er den
Namen des Tiers niederschrieb, von dem er annahm, daß der
Sender es gerade betrachtete. Auf diese Weise vermieden die
Experimentatoren eine festgelegte Ordnung der Karten, innerhalb derer sich Shackleton bei seinen Rateversuchen zu bewegen
hatte. Auf dem Tisch waren keine Karten aufgereiht, die dann
nacheinander dran kamen, sondern es gab nur die Liste mit den
Durchschnittszahlen. Nun wurde Shackleton wahrhaft zum Propheten. Er ließ weiterhin die Karte aus, die Soal oder Goldney
gerade betrachteten, schrieb aber auch nicht die Karte auf, die
davor lag. Statt dessen fuhr er fort, immer wieder die Karte zu
nennen, die als nächste an die Reihe gekommen wäre.
Dies war nun genauso verwirrend oder noch schlimmer als das,
was mit Pearce in Durham passiert war. Was tat Shackleton
nur? Zapfte er den Sender an und wußte er daher im voraus,
was dieser als nächstes sehen würde, der aber selber in dem Moment noch gar keine Ahnung davon hatte, was er sehen würde?
Oder las er auf hellseherischem Wege die Liste mit den Durchschnittstrefferzahlen und riet dann die richtige Tierkarte, noch
ehe sie gewählt bzw. angeschaut worden war?

Soal und Goldney waren in bezug auf Shackleton genauso befriedigt, verwirrt und besorgt wie Rhine und Pratt zuvor mit Pearce. Sie gestalteten die Versuchsbedingungen für ihre Präkognitionsexperimente ebenfalls zunehmend schwieriger. Wie konnten sie die hier möglicherweise vorliegende »präkognitive Telepathie« bzw. das »abschweifende Hellsehen« umgehen? Sie schafften die Liste mit den Durchschnittstrefferzahlen ab, die ja in der Tat im voraus konzipiert worden war. Statt dessen benutzten sie ein Säckchen mit bunten Chips, dem sie jeweils erst im Augenblick jedes einzelnen Kartenexperiments ein Chip entnahmen. Dabei stand immer eine bestimmte Farbe für die Lage einer bestimmten Karte. Bei jeder Wahl eines Chips bzw. einer Karte fand sich Shackleton einer völlig neuen Situation gegenüber. Sogar mittels Telepathie und Hellsehen gab es nun keinerlei vorhergegebene Anhaltspunkte mehr, die er hätte anzapfen können.

Natürlich gelang es Shackleton doch wieder. Chips und Zahlenlisten spielten bei seiner prophetischen Gabe, mit der er das richtige Tier riet, keine Rolle. Bei 25 Versuchsdurchgängen erzielte er *durchschnittlich* ungefähr sieben Treffer (fünf hätten der Zufallserwartung entsprochen), die sich auf jeweils vor der tatsächlichen Zielkarte liegende Karten bezogen.

Es ist schwierig, die Bedeutung dieses Erfolges klar zu umreißen. Man muß sich mit der ganzen, einem zur Verfügung stehenden Phantasie einmal vorstellen, daß Shackleton bei seinen Wahlen nicht irgendwelche momentan ablaufenden Gedankengänge aufgegriffen haben *konnte*. Es handelte sich hier ja nicht um einen dieser »einfachen« Spontanfälle, bei denen sich eine sensible Frau, sagen wir, über eine Entfernung von vielen Kilometern hinweg bewußt ist, daß sich ihr Mann in einem Zustand der Verwirrung hinter das Steuer seines Wagens gesetzt hat und daher mehr als gewöhnlich unfallgefährdet ist — und sie damit tatsächlich den Unfall voraussieht, der sich da gerade erst psychologisch anbahnt.

Nein, für Mr. Shackleton gab es dieses schwer Faßbare, aber
immerhin doch Gleichzeitige nicht, an das er sich mit seiner paranormalen Gabe klammern konnte. Soal und Goldney variier-
ten ihr Experiment, indem sie es beschleunigten. Dadurch trat
das prophetische Element nur noch deutlicher zutage, denn nun
riet Shackleton jeweils zwei Karten, die vor der tatsächlichen
Zielkarte lagen. Jetzt aber konnte er den Chip, der als *näch-
ster* gewählt werden würde, nicht einmal mehr hellseherisch erfaßt haben. Nur eine einzige Hypothese blieb noch übrig: daß
Shackleton — und damit ergab sich eine völlig entgegengesetzte
Bedeutung — den Experimentator bei der Wahl des Chips be-
einflußte.

Eine weitere Alternative war natürlich die, daß sie alle mogel-
ten. Dies war zwar von allen möglichen Hypothesen die
plumpste, doch wurde sie einige Jahre später von G. R. Price
in einem von ihm in der Zeitschrift *Science* veröffentlichten
Aufsatz aufgegriffen. Ein derart raffiniert kaschierter Plan kann
nicht mit letzter Sicherheit ausgeschlossen werden. Ein weiterer
strenger Kritiker ist Dr. C. E. M. Hansel, der in seinem Buch
ESP: A Scientific Evaluation (»ASW wissenschaftlich betrachtet«, New York, 1966) bei so mancher in der Parapsychologie
verwendeten Forschungsmethode zahlreiche Fehlerquellen entdeckte. Am Ende wurde Shackleton bei seinen prophetischen Experimenten von 22 Personen beobachtet; die Einzelheiten dieser
Experimente und die dabei verwandten Methoden wurden in
den *Proceedings* der Londoner Society for Psychical Research im
Dezember 1943 und später in Soals Buch publiziert. Rhine ist
bis heute damit einverstanden, den Vorgang der Entnahme der
Chips aus dem Säckchen mit möglicher »rückläufiger Telepathie«
zu erklären — also von Shackleton zu Soal —, daß aber, »sofern man diesen Vorgang vor dem Hintergrund des anderen
Befundes sieht, der für eine prophetische Fähigkeit spricht, die
Präkognitionshypothese für Soals Arbeit in diesem Fall angemessener zu sein scheint.«

Am 12. Oktober 1965 hielt Rhine auf Einladung der British Association for the Advancement of Science einen Vortrag in der Londoner Guildhall, in dessen Verlauf er seine Ansichten zur Präkognitionsforschung sehr zurückhaltend darlegte. Er sagte nämlich:

»Der Präkognitionstest ist in den letzten Jahren mehr oder weniger zu einem Routineverfahren unter den PSI-Tests geworden und wird ab und zu auch bei anderen Forschungsvorhaben eingesetzt. Er hat gewisse Vorteile: zum Beispiel wäre eine Durchlässigkeit für Empfindungen unmöglich und ebenso jede von einer Versuchsperson versuchte Täuschung. Durch die Anwesenheit zweier Experimentatoren auch bei der Kontrolle der Versuchsprotokolle entspricht die Zuverlässigkeit dieses Verfahrens ungefähr der in der Psychologie üblichen Höhe. Präkognitionstests sind auch bereits erfolgreich mit maschinellen Methoden durchgeführt worden.«

Heute setzt sich J. B. Rhine als Direktor der Foundation for Research on the Nature of Man immer wieder mit der weitreichenden Bedeutung auseinander, die prophetische Erlebnisse für den Menschen haben. Präkognition bedeutet für ihn nur eine aus einer Vielzahl von Erfahrungen, die eine radikale Neubewertung wissenschaftlicher Konzepte verlangen. Dennoch hat er das deutliche Gefühl, daß »die Erforschung der präkognitiven Fähigkeit noch nicht dazu geführt hat, sie unter Kontrolle zu bringen; die auf diesem Gebiet geleistete Arbeit war relativ begrenzt, und noch ist es zu früh, um eine definitive Erklärung dafür geben zu können.« Nun gut, wenn man auch keine definitive Erklärung geben kann, so kann man doch wenigstens den Versuch machen, denn wir verfügen ja über recht gutes Beweismaterial. Wenn der Mensch überhaupt zu einer prophetischen Vorausschau in der Lage *ist*, wohin führt dann diese Gabe, und worin besteht ihre spezifische Problematik? Rhine, ein in den Endsiebzigern stehender Ex-Marineinfanterist, der zu seiner Erholung Holz hackt und zur Entspannung die Mundharmonika spielt, ist der Ansicht, daß Präkognition in eine moderne Richtung weist, und daß ihre Bedeutung sowohl von der Wissenschaft als auch von der Kirche erkannt werden muß.

Rhine hat einmal gesagt, Präkognition trüge wesentlich zur Vervollständigung unseres »außerordentlich unvollständigen Bildes bei, das wir von der Natur haben«. Seiner Ansicht nach ist »die Bestürzung, die sich gewöhnlich beim Auftreten von Präkognition breitmacht, nicht allein der Fremdartigkeit ihrer Wirkung, sondern gleichermaßen dem begrenzten Wissen zuzuschreiben, das Psychologie und Neurologie zur Frage nach dem Wesen der menschlichen Persönlichkeit beigesteuert haben«.

Rhine übernimmt nicht das Pseudo-Selbstbewußtsein, mit dem ein Großteil des heute in der Wissenschaft herrschenden Unbehagens kaschiert wird, da, wie er sagt, »wir über das Bewußtsein als solches genau so wenig wissen wie über die Präkognition.«

Nach Rhines Meinung wäre die Psychologie reif für einen totalen Umsturz. Er sagt ganz offen, daß »man sich auf dem Gebiet der Psychologie und unter ihren Vertretern niemals vollständig darüber im klaren gewesen ist, worin denn eigentlich ihr grundlegendes Untersuchungsgebiet wirklich bestehen sollte«.

Die Psychologie wird sich, fordert Rhine, »mit der unabhängigen Realität von etwas vertraut machen müssen, das jenseits des geistigen Systems liegt, auf das sich die psychologische Forschung derzeit weitgehend konzentriert«. Seiner Meinung nach sollte »man sich bei der Betrachtung des Menschen nicht mehr so sehr auf dessen Gehirnfunktionen konzentrieren als vielmehr auf seine innerseelischen Abläufe«.

Die moderne Physik zeigt sich in ihrem Denken gegenüber der Parapsychologie und deren Phänomenen in vieler Hinsicht aufgeschlossen. Nach der Meinung Rhines könnte die Anerkennung der Präkognition der Physik bei der Erkenntnis behilflich sein, wonach parapsychologische Phänomene in einem spezifischen Sinn »energetisch« sind und »die Energie nicht die alleinige Domäne der Physik ist«. Er drückt diesen Gedanken folgendermaßen aus:

»Wir wissen jetzt zumindest in der Parapsychologie, daß Raum und Zeit, so wie sie allgemein begriffen werden, nicht das gesamte Universum umfassen, und daß die Raum-Zeit-Struktur des physikalischen Universums eine Folgeerscheinung der mit den Sinnen wahrgenommenen und der sich daraus ergebenden Erfahrung von einer sich wandelnden physikalischen Ordnung ist. Der Mensch projiziert sein Erfahrungssystem natürlich in die physische Welt, von der er mit seinen Sinnesorganen Reize aufnimmt — und er projiziert es folgerichtig auch auf alle jene Erscheinungen, die in irgendeiner Weise das anerkanntermaßen Charakteristische der Raum-Zeit-Erfahrung verändern.«

Nach Rhines Ansicht »ist die Physik heute die einzige Wissenschaft, der allein durch die in der Natur bestehende Ordnung Grenzen gesetzt werden; folglich gehört der Mensch einem umfassenderen Universum an, als ihm bislang bewußt war«. Die außerordentliche Komplexität dieser Gedankengänge — die selbst demjenigen ein wiederholtes Lesen abverlangt, der mit diesem Gebiet wohlvertraut ist — beweist gleichzeitig ihre Neuartigkeit und ihre Bedeutsamkeit, die das Herkömmliche bei weitem übersteigen. Rhine will damit eigentlich schließlich nichts anderes sagen, als daß der Mensch die Angewohnheit hat, alles — auch seine eigenen, schwer faßbaren Fähigkeiten — nach einem überholten Vorstellungssystem zu beurteilen. Der Mensch und selbst der Mensch als Wissenschaftler hat Schwierigkeiten, sich selbst von einem Punkt aus zu betrachten, der außerhalb der bequemen Symbolik von Zeit und Geographie liegt, wo ein Ereignis auf das andere folgt und mit zunehmender Entfernung an Bedeutung verliert.

Wenn Rhine den Menschen in ein »umfassenderes« Universum hineinversetzt, so bedeutet das auch — und darauf weist er ergänzend hin —, daß es nicht darauf ankommt, »um wieviel umfassender« dieses sein könnte, denn »bei der außerhalb des

Raum-Zeit-Universums herrschenden Größe handelt es sich um nichts Vergleichbares«, weshalb Wörter wie größer oder kleiner, höher oder tiefer in diesem Zusammenhang »ohne Bedeutung« sind.

Die Akzeptierung solcher Einsichten ist von einem innerhalb der Wissenschaft sich vollziehenden Reifungsprozeß sowie von neuen kulturellen und geistigen Entwicklungen abhängig. Rhine setzt seine Hoffnung auf eine Zeit, in der »die Parapsychologie in einem Maß im Brennpunkt wissenschaftlichen Interesses stehen wird, das ihrer Bedeutung für die Menschheit besser entspricht«. Man konnte es bereits früher erleben, daß die Wissenschaft auf sich in der Gesamtgesellschaft vollziehende Entwicklungen reagiert hat. Das heute in bezug auf prophetische Phänomene weitverbreitete Interesse führt die moderne Wissenschaft vielleicht dahin, sich selbst im Zeitalter des Supercomputers in ein neues Licht zu rücken.

Bemühungen, die relativ große Zahl angeblich prophetischer Erlebnisse einer Überprüfung mit straffen Kontrollmethoden zu unterziehen, werden gegenwärtig auch vom New Yorker »Central Premonitions Registry« (CPR) unternommen, bei dem jährlich annähernd achthundert Berichte über prophetische Erlebnisse eingehen. Das bedeutet — grob geschätzt — durchschnittlich zwei Voraussagen pro Einsender. Die Registrierstelle befaßt sich nicht mit präkognitiven Erlebnissen, die sich auf Ereignisse im Leben von Einzelpersonen beziehen, sondern beschränkt ihre Berichte auf Voraussagen über öffentliche Ereignisse, die nicht durch rationale Rückschlüsse antizipiert werden können.

Zwei Voraussetzungen müssen jeweils erfüllt sein: einmal muß das präkognitive Erlebnis schriftlich fixiert und einer anderen Person übergeben worden sein, noch bevor das nachfolgende aktuelle Ereignis eingetreten ist und die Voraussage damit verifiziert werden konnte; des weiteren muß die Voraussage ausführlich genug und im ganzen ungewöhnlich sein, um zufällige Übereinstimmungen auszuschließen. Je präziser eine Voraussage ist —

und dies ist besonders dann der Fall, wenn die Zeit des Eintritts des aktuellen Ereignisses genau vorausgesagt wird —, als desto größer wird ihre Stichhaltigkeit eingeschätzt.

Die Art von Voraussagen, die vom Premonitions Registry angenommen werden, charakterisiert am besten ein Brief von Mr. Thomas Casas, der in New York wohnt und unter dem 12. Mai 1969 schrieb:

»In meinem Traum sah ich ein Flugzeug, das ich für eine Piper halte. Das Seitenruder war blau angestrichen und die Kennummer des Flugzeuges war N 129 N, N 429 N oder N 29 N ... Ich sah, wie das Flugzeug holperig landete und sich dabei überschlug. Die Tür ging auf und der Pilot lag, alle Viere von sich gestreckt, auf der Erde. Er schien verletzt zu sein.«

Drei Monate später, am 31. August 1969, kam Boxweltmeister Rocky Marciano bei einem Flugzeugunglück in Iowa ums Leben. Er flog eine kleine, leichte Piper-Maschine. An einer farbigen Stelle des Flugzeugs — es ist nicht bekannt, ob sie blau war — stand die Zahl N 3149 X. Bei seiner Analyse bemerkte Robert D. Nelson, der Leiter des Central Premonitions Registry, daß außer der Ziffer »3« alle Zahlen, die in Mr. Casas' Traum vorgekommen waren, in der Numerierung des Flugzeugs festgestellt werden konnten. Nelson sagt dazu, »diese ungewöhnliche Übereinstimmung« zwischen Traum und realem Ereignis »lasse darauf schließen, daß Casas vielleicht den tatsächlichen Absturz vorausgesehen hat — oder das Foto, das eine New Yorker Zeitung darüber veröffentlichte —, daß das Ereignis im Traum jedoch entstellt gewesen sei«.

Eine ähnliche Entstellung enthält ein Brief, der unter dem 23. Juni 1969 bei der CPR von einer anonymen Absenderin aus, Pennsylvania einging. Sie schrieb: »Es handelt sich um die Familie Kennedy ... Es wird eine Explosion auf dem Wasser geben und Feuer ausbrechen. Kleine Kinder, vor allem Jungen, werden verbrannt und ins Wasser fallen. Dabei scheint Ted Kennedy eine Rolle zu spielen. Dieses Ereignis wird sehr bald eintreten und kann abgewendet werden, wenn man sich der Gefahr bewußt wird ... Es handelt sich nicht um einen Sabotageakt, sondern um einen Unfall aus Mangel an Vorsicht ... Diese Gefahr besteht nur in diesem Sommer.«

Tatsächlich verursachte in jenem Sommer Senator Edward (»Ted«) Kennedy aus mangelnder »Vorsicht« den Tod einer jungen Begleiterin, Miss Mary Jo Kopechne, die in den Gewässern bei Chappaquidick im Staat Massachusetts ertrank. In einer Analyse, die Nelson in der in San Francisco erscheinenden Zeitschrift *Psychic* (März-April 1970) veröffentlichte, äußerte er die Vermutung, daß die Frau, die die Voraussage mitgeteilt hatte, ihre persönliche Sorge — z. B. um ihre eigenen Kinder — in »einen Wahrtraum einfließen ließ, in dem Ted Kennedys Auto ins Wasser stürzte«. Er fügte hinzu: »Die Wirkung eines assoziativen Prozesses konnte bereits bei telepathischen Träumen nachgewiesen werden und kann logischerweise auch bei präkognitiven Träumen erwartet werden.«

Wahrträume über tragische Ereignisse treten in der Mehrzahl auf. Am 10. Juni 1969 sandte jedoch der Schulbuch-Händler Rex Cole der CPR eine Voraussage, in der er den Sieg der New Yorker Mannschaft »Mets« beim nationalen Baseball-Wettkampf, den sogenannten »World Series«, prophezeite. Damals wurde allgemein angenommen, daß die »Mets« überhaupt keine Chancen hätten, den Wettkampf zu gewinnen, die Wahrscheinlichkeit für ihren Sieg stand 1:100. Als sie den Wettkampf tatsächlich zur Freude der New Yorker gewannen, hatte sich Mr. Coles Voraussage voll bewahrheitet.

Es gibt allerdings nur wenige Ereignisse, die für die ganze Gesellschaft von Bedeutung sind, und deren Chancen statistisch berechnet werden können. Um eine solche Analyse zum Beispiel über den Flugzeugabsturz von Marciano vornehmen zu können, wäre es nötig gewesen, alle Nummern aller Flugzeuge zu überprüfen, die im Zeitraum zwischen dem Wahrtraum und dem tatsächlichen Absturz verunglückten.

Das Central Premonitions Registry hat festgestellt, daß die anteilmäßig größte Anzahl von Voraussagen aus ganz bestimmten geographischen Gebieten eingeht, nämlich aus Kalifornien und den Staaten des Mittelwestens (einschließlich Ohio und Indiana). Die relativ niedrigste Zahl von Berichten über präkognitive Erlebnisse kommt aus den Ost- und Südstaaten der USA.

Die von der CPR registrierten Voraussagen werden jeweils einer von insgesamt dreizehn Kategorien zugeordnet. Die meisten Zugänge sind bei der Kategorie »Prominente Persönlichkeiten — Verletzung oder Tod« zu vermerken, bei der es eine besondere Unterabteilung für die Familie Kennedy gibt. Die zweite Kategorie heißt »Naturkatastrophen — Erdbeben, Überschwemmungen usw.«. In den Jahren 1971 und 1972 gingen besonders viele Voraussagen über ein Erdbeben in Kalifornien ein. Andere Kategorien sind überschrieben: »Krieg und internationale Beziehungen«, »Der Wettlauf im All«, »Politik«, »Gesellschaftliche Spannungen und Unruhen« und »Flugzeug- und Schiffsunglücke«. Gewöhnlich kann die Kategorie »Wirtschaft« nur wenig Eingänge verzeichnen, nur in Zeiten vermehrter Nachrichten über Inflation und Finanzkrisen gehen mehr Voraussagen ein.

Die CPR ist mit Aussagen über Voraussagen, die sich bewahrheitet haben, vorsichtig. Wahrträume, die in bezug auf darin enthaltene Zeitangaben und Ereignisse sehr ausführlich sind, kommen zugegebenermaßen selten vor. Ein Fall von Präkognition war jedoch besonders eindrucksvoll.

Er ist Mrs. Katherine Sabin aus San Diego zu verdanken, die ein bestimmtes System ausgearbeitet hatte, aufgrund dessen sie anhand von Karten die Zukunft voraussagen konnte. Und zwar ordnet sie jeder Karte ein bestimmtes Symbol zu, legt sie offen hin und schickt an sich selbst ein Telegramm, das die von ihr anhand der Karten gemachten Voraussagen enthält. Am 5. Oktober 1968 schrieb sie in einem dieser Telegramme: »In San Diego findet ein großer Kampf oder eine Schlacht statt. Dies spielt sich höchstwahrscheinlich in der Zeit um den Oktober oder November ab ... Es scheint sich um irgendeinen Angriff ausländischer Mächte zu handeln.«

Obwohl San Diego eine kalifornische Hafenstadt ist und dort ein starkes Kontingent der US-Marine stationiert ist, schien irgendein »feindlicher Angriff« geradezu abwegig. Doch berichtete im November 1968 eine Zeitung aus San Diego, daß ein amerikanisches Fischerboot beim Thunfischfang im Gebiet um San Diego angegriffen worden sei. Aus den Presseberichten ging hervor, daß »sich ein mexikanisches Schiff dem Rumpf des Bootes vom Heck her näherte und — wie sich dann herausstellte — 50kalibrige Geschosse über dessen Bug abzufeuern begann«. Sowohl der Zeitfaktor (»Oktober-November«) als auch die Herkunft des Angriffs (von einer »ausländischen Macht«) erwiesen sich als zutreffend.

15. KAPITEL

Prophetie und Jugend:
Präkognitionstests mit Jugendlichen

Zwischen 1940 und 1950 arbeiteten die Forscher der Duke Universität weiter an der Verfeinerung ihrer Methoden. Im Rahmen eines überaus interessanten Versuchs wurden über ein Jahr Präkognitionsexperimente über den Atlantik hinweg durchgeführt. Die Idee, einmal ein derartiges Experiment zu machen, entstand im März 1956, als Rose Hynes, die damals ihr zweites Studienjahr an der Duke Universität absolvierte, in Rhines Laboratorium an ASW-Versuchen teilnahm. Bei ihrem ersten ASW-Kartenexperiment erzielte sie bei fünf Testdurchgängen und 125 Karten 37 Treffer, wobei 25 Treffer der Zufallserwartung entsprochen hätten. Sie wurde bis zum Ende des Semesters getestet, und es konnten weiterhin ermutigende Ergebnisse erzielt werden.

Dr. Margaret Anderson, die seinerzeit dem Durhamer Forscherteam angehörte und später als Lehrerin in Pittsburgh tätig war, entdeckte, daß Miss Hynes sich gleichermaßen stark für Präkognition interessierte wie sie selber. Wie Dr. Anderson im *Journal of Parapsychology* (Juni 1959) mitteilte, verbrachten die beiden jungen Frauen den ganzen Sommer mit der Planung eines Experiments, das zeigen sollte, ob »ein Mensch einen Zeitraum von einem Jahr in einem Präkognitionstest überbrücken könne«.

Als Miss Hynes nach Paris ging, um dort ein Jahr lang zu studieren, nahm sie einen großen Vorrat standardisierter ASW-Protokollbogen mit. Das Experiment erstreckte sich über neun Monate und endete im Mai 1957. Miss Hynes machte allmonatlich ihre Präkognitionstests und trug die Ergebnisse in zwei Protokollbogen ein, die sie an Dr. Anderson nach Durham schickte. Insgesamt absolvierte sie 90 Testdurchgänge.

Miss Hynes war sich bewußt, daß sie ASW-Symbole raten mußte, die erst später »zufällig bestimmt und auf ihren Protokollbogen in die für die Karten bestimmte Spalte eingetragen werden würden, also neben die Spalte, die ihre Rateergebnisse enthielt«. Um einen Vergleich zwischen kurz- und langfristigen Ergebnissen zu ermöglichen, wurden ihr ihre in den ersten fünf Testdurchgängen erzielten Resultate sofort mitgeteilt, wohingegen die übrigen fünf monatlichen Testdurchgänge erst zwölf Monate später überprüft werden sollten. In anderen Worten, die endgültigen Ergebnisse sollten erst im Juni 1958 feststehen.

Die Protokollbogen, auf denen die bei fünf Testdurchgängen erzielten 125 Einzelergebnisse — jedes Kartenspiel besteht aus 25 Karten — vermerkt waren, wurden per Post an die Duke Universität geschickt. Sobald die Bogen da waren, bestimmte Miss Rhea White, die damals ebenfalls noch dem Forscherteam angehörte, welche Testdurchgänge sofort und welche erst nach einem Jahr überprüft werden sollten. Dr. Anderson berichtet: »Um sicherzugehen, daß diese Teilung nicht von ihr selber subjektiv beeinflußt würde, verwandte Miss White eine komplizierte, aber in allen Einzelheiten vorgeschriebene Methode«, indem sie die erste Ziffer aus einer Zufallszahlentabelle wählte, um so »zu einer Zahlenfolge zu kommen, nach der die Versuchsdurchgänge dann in solche unterteilt werden konnten, die sofort, und solche, die erst ein Jahr später überprüft werden sollten«. Eine Abfolge von Ereignissen kann dann als »zufällig« betrachtet werden, wenn sie keine Trends oder Regelmäßigkeiten erkennen läßt, die irgendeinen Schluß zulassen, daß zwischen einem Ereignis und einem anderen oder mehreren Ereignissen aus einer Abfolge ein Zusammenhang besteht.

Anderson und White überprüften die Protokollbogen unabhängig voneinander, und danach »wurden die in den einzelnen Durchgängen erzielten Ergebnisse der Versuchsperson mit einigen ermunternden Worten und einer Stellungnahme übermittelt«. Nach Beendigung des gesamten Experiments — im Mai

1957 — überprüfte ein drittes Mitglied des Teams die 45 sofort durchgesehenen Versuchsdurchgänge noch einmal unabhängig von den beiden ersten Prüfern.

Von Oktober 1957 bis Ende Juni 1958 wurden dann am Ersten eines jeden Monats jene Versuchsdurchgänge überprüft, die ein Jahr zurückgestellt worden waren. Inzwischen war Miss Hynes zur Absolvierung ihres letzten Studienjahres an die Duke Universität zurückgekehrt. Die sich über eine kurze Zeit erstreckenden Rateergebnisse (der zwischen Paris und Durham über fünf Tage vorgenommene Präkognitionsversuch) erwiesen sich als statistisch nicht signifikant, doch lagen die ein Jahr im voraus vorgenommenen Rateversuche deutlich über der Zufallserwartung.

Es war Miss Hynes — anders ausgedrückt — gelungen, die Wahrscheinlichkeit gegen Zufall mit ihren ein Jahr im voraus, jedoch nicht mit ihren fünf Tage im voraus vorgenommenen Rateversuchen zu überbieten. Bei einer Addition der in beiden Versuchen insgesamt erzielten Trefferzahl von 496 »konnte eine über der Zufallserwartung liegende positive Abweichung von 46 Treffern vermerkt werden«. Bei den fünf Tage im voraus vorgenommenen Rateversuchen wurden nur 230 Treffer erzielt; sie lagen damit mit nur 5 Treffern, die ein Jahr im voraus vorgenommenen Rateversuche aber immerhin mit 41 Treffern über der Zufallserwartung. Dr. Anderson vermerkte, daß Rose Hynes offenbar in der Lage war, einen Zeitraum von einem Jahr in einem Präkognitionstest zu überbrücken, »vielleicht weil sie sich durch einen langfristigen mehr als durch einen kurzfristigen Test gefordert fühlte«. Wie sie hinzufügte, würde dies bedeuten, daß »sie über ein präkognitives Wissen in bezug auf die Testdurchgänge verfügte, die erst nach einem Jahr ausgewertet wurden.«

Als die Experimente ihrem Ende zugingen, erhielt das ganze noch eine romantische Note. Miss Hynes hatte ihre Rateversuche in verschiedenen Stimmungen unternommen. Während sie zeitweilig »von einem tiefen philosophischen Interesse an dem Problem der Präkognition beseelt war«, fiel ihr die Anpassung an die sozialen und universitären Verhältnisse in Frankreich zu gewissen Zeiten schwer. Diese Schwierigkeiten schlugen sich in relativ schlechteren Resultaten vor allem zu Beginn der Experimente nieder.

Dr. Anderson bemerkt jedoch, daß sowie sich Rose Hynes »an ihre neue Lage gewöhnt hatte, die Ergebnisse zunehmend besser wurden«. Außerdem berichtet sie mit angemessener wissenschaftlicher Objektivität: »Im Dezember schrieb sie über ihre Zuneigung zu einem jungen Franzosen, und die folgenden Briefe ließen ihre Aufregung und ihr Glücksgefühl über die sich anbahnende Romanze erkennen. Man kann nicht sagen, daß dieser Umstand eine zwingende Erklärung für die größere Abweichung ist, die sich im letzten Teil des Experiments ergab, doch wäre dies zumindestens eine einleuchtende Möglichkeit. Wenn diese Interpretation richtig ist, darf man aus den Ergebnissen wohl schließen, daß die psychische Verfassung der Versuchsperson einen wichtigen Faktor bei Präkognitions- und anderen PSI-Experimenten darstellt.«

Mit der Klärung der Frage nach der Rolle, die psychologische Faktoren bei erfolgreich verlaufenen ASW-Versuchen spielen, hat sich vor allem Dr. Gertrude R. Schmeidler vom Psychologischen Institut des College of the City of New York beschäftigt; denn sie war es, die den Begriff »sheep« (= Schafe) für Versuchspersonen einführte, die gegenüber der außersinnlichen Wahrnehmung eine positive Einstellung zeigen, während von ihr alle jene als »goats« (= Ziegen)* bezeichnet wurden, die ASW kritisch gegenüberstehen. Bei einem ihrer besonders interessanten Präkognitionstests — sie hat eine ganze Reihe durchgeführt — wurden die Versuchspersonen in zwei Gruppen ein-

---

* Die amerikanischen Bezeichnungen wurden in die deutsche Fachterminologie übernommen; an ihrer Stelle spricht man auch von »Gläubigen« und »Ungläubigen«; d. Übers.

geteilt: in die Gruppe der Dynamisch-Hastigen und in die der Natürlich-Passiven. Diese Kategorien wurden von Dr. R. H. Knapp und Dr. J. T. Garbutt, den Autoren des Time Metaphor Tests, erarbeitet. Nach ihren metaphorischen Kategorien erleben dynamisch-hastige Menschen die Zeit als »sich überstürzenden Wasserfall« oder als »rasche Bewegung«, wohingegen sie von der natürlich-passiven Gruppe als »ein sich weit dehnender Himmel« oder wie »ein ruhiges, bewegungsloses Meer« erlebt wird. Knapp und Garbutt bezeichnen als dynamisch-hastig solche Menschen, die anstehende Aufgaben gern sofort erledigen und in hohem Maße wettbewerbs- und leistungsbezogen sind. Natürlich-passiv steht für eine »orientalische oder mystische Zeitauffassung«, mithin für ein vollkommen passives Zeiterleben. Das Anliegen von Gertrude Schmeidler bestand nun darin, herauszufinden, welche Ergebnisse diese beiden verschiedenen Gruppen im Präkognitionstest erzielen würden. Als Versuchspersonen dienten 75 in den Anfangssemestern stehende Studenten des City College; in den Gesamtablauf des Präkognitionsexperiments wurde der Time Metaphor Test mit eingebaut.

Hier nun das Vorgehen im einzelnen. Die Studenten wurden aufgefordert, anhand fünf farbiger ASW-Karten drei Rateserien zu absolvieren, bei denen es um Präkognition ging. Eine Serie bestand aus jeweils 50 Rateversuchen. Die Zielkarten wurden von einem Computer ausgewählt, der auch die Treffer aufzeichnete, so daß das Experiment in dieser Beziehung jedenfalls vom Menschen unbeeinflußt blieb. Zunächst zeigten sich die Studenten erschreckt darüber, sich nun plötzlich als Propheten betätigen und Zielkarten nennen zu sollen, »die noch nicht ausgewählt worden waren«, und so reagierten sie mit einer Mischung von Skepsis und Protest. Dr. Schmeidler beruhigte sie, indem sie ihre Rateversuche mit »dem Einsatz bei einem Glücksrad« auf dem Jahrmarkt verglich. Zwischen zwei voneinander getrennten Serien von Präkognitions-Rateversuchen wurde mit jedem Studenten der Time Metaphor Test durchgeführt.

Eine Versuchsserie, die unter dem Motto »Versuchsperson sieht« stand, würde später — so sagte man den Studenten — kopiert und ihnen zusammen mit einer Abschrift der Zielkarten und einem Brief, der eine Stellungnahme zu den von ihnen erzielten Treffern und Versagern enthalten würde, per Post übersandt werden. Eine andere Serie — Motto: »Versuchsleiter sieht« — sollte vom Experimentator überprüft werden, wobei die Zielkarten- und Trefferabfolgen den Versuchspersonen jedoch nicht gezeigt werden sollten. Bei einer dritten Serie wurden die Zielkarten vom Computer nicht ausgedruckt.

Der Experimentator nahm die Untersuchung der Ergebnisse nach verschiedenen Gesichtspunkten vor. Ein Grundzug trat deutlich zutage: die als dynamisch-hastig eingestuften Versuchspersonen erzielten bei der mit »Versuchsperson sieht« überschriebenen Serie deutlich bessere Resultate als die anderen. Augenscheinlich ging es ihnen darum zu erfahren, wieviel Treffer sie erzielt hatten, und ihr Rate-»Mechanismus« funktionierte besser. Vielleicht war das Experiment durch den Eindruck, daß es sich dabei gleichsam um ein Spiel mit dem Glücksrad handele, für die dynamisch-hastige Gruppe besser geeignet als für die andere Gruppe, die dadurch völlig aus dem Konzept geriet. Hinterher fragte sich Dr. Schmeidler, ob die natürlich-passive Gruppe nicht möglicherweise besser abgeschnitten hätte, wenn ihnen gesagt worden wäre, »präkognitive Eindrücke würden auf eine Verbindung zwischen der vorbeiziehenden Gegenwart und der Zukunft hinweisen, auf eine Einheit des Universums, auf ein Einssein mit dem Strom der Ereignisse«.

In anderen Präkognitionstests, die Dr. Schmeidler durchführte und bei denen ein Computer eingesetzt wurde — über alle wurde im *Journal of Parapsychology* (Februar und Juni 1964) berichtet —, ging es um die Frage, ob die Kreativität des Menschen unter Umständen mit seinen präkognitiven Leistungen korreliere. Einfacher gesagt war das Experiment darauf ausgerichtet, die folgende Frage zu beantworten: »Verfügt ein mit besonders viel schöpferischer Phantasie begabter Mensch auch gleichzeitig über besonders ausgeprägte prophetische Fähigkeiten?«

Der Faktor Kreativität wurde mit den von Dr. F. Barron — Autor von *Creativity and Psychological Health* (»Kreativität und Normalität«, Princeton, 1963) — entwickelten Tests gemessen, bei denen Feststellungen mit »stimmt« oder »stimmt nicht« beantwortet werden sollen. Die Versuchspersonen wurden außerdem mit einem etwas »offeneren«, von Dr. J. P. Guilford entwickelten Kreativitätstest untersucht. Dabei wurden sie zum Beispiel gebeten, so viele Verwendungsmöglichkeiten für einen Ziegelstein oder einen metallenen Kleiderbügel anzugeben, wie ihnen einfielen. Die Kreativitätstests waren abgeschlossen, bevor die Ergebnisse der mit den üblichen Kartentests durchgeführten Präkognitionsversuche feststanden. Außerdem wurde der Time Metaphor Test gegeben.

Den meisten Außenstehenden mag es angesichts der vielen Faktoren, die in diese Tests eingingen, so vorkommen, als seien hier zu viele Ingredienzien in einen Experimentiertopf geworfen worden, als daß sich noch ein bestimmtes Gericht zusammenbrauen ließe. Als die verschiedenen Elemente entwirrt worden waren, trat ein Faktor jedoch deutlich hervor: alle jene, die bei den Kreativitätstests sehr gute Ergebnisse erzielt hatten, hatten in der Kategorie »Versuchsperson sieht« unter der Zufallserwartung gelegen, gleichsam als ob, wie Dr. Schmeidler vermutete, diejenigen, die von ihrer Persönlichkeit her »bessere Ergebnisse in den Kreativitätstests erzielten, sich unter Umständen gegen die Restriktionen des Testablaufs zur Wehr gesetzt haben«. Immerhin hatte man von ihnen »verlangt, eine Zielkarte auszuwählen, die eine nicht denkende und nicht fühlende Maschine dann später aufs Geratewohl auswerfen würde«, und so zeigten sie sich vielleicht deshalb an den Endergebnissen weniger interessiert.

Von den Chicagoer Schlachthöfen wurde behauptet, sie verar-

beiteten ein Schwein so weit, daß nur noch »sein Quieken unge-
nutzt bliebe«. Ähnlich sparsam geht Dr. Schmeidler mit ihren
Versuchspersonen um. Die 75 Studenten, die am Time Metaphor
Test und an den Kreativitätstests teilgenommen hatten, sollten
noch eine weitere Auskunft liefern: Welche Beziehung besteht
zwischen einem »Erfolgsgefühl« und im Präkognitionstest erzielten Ergebnissen?

Während der Präkognitionstests sagte man den Versuchspersonen: »Und noch etwas. Bei diesen Rateversuchen hat man
manchmal so das Gefühl, das Richtige getroffen zu haben, vor
allem dann, wenn einem ein spezieller Versuch klarer, lebendiger und irgendwie anders als die übrigen vorkommt. Wenn Sie
bei einem Rateversuch ein besonders sicheres Gefühl haben, so
vermerken Sie dies bitte auf dem Protokollbogen gleich daneben. Sollten Sie außerdem irgendeinen Unterschied in der Art
feststellen, wie Ihnen Ihre Ideen kommen, so vermerken Sie dies
bitte auch neben Ihrer Antwort, sofern noch Platz ist. Sollten
Sie noch mehr Raum benötigen, so benutzen Sie bitte dies andere
Blatt Papier. Vielleicht ist es interessanter, die endgültige Trefferzahl später auszuzählen und nachzusehen, ob sich dann zwischen Ihren richtigen und den übrigen Antworten ein Unterschied ergibt.«

Der Experimentator fand heraus, daß jene Versuchspersonen,
die in bezug auf ihre Rateversuche nur undeutliche Gefühle
hatten, genau so viele falsche wie richtige Antworten gaben.
Dagegen hatten die anderen, die jeweils das bestimmte Gefühl
hatten, viele oder nur wenige Treffer erzielt zu haben, »viel
mehr Treffer als Versager«. Aber auch jene Versuchspersonen
trafen »daneben«, die sich über ihr Erfolgs- oder Mißerfolgs-
gefühl nur sehr *allgemein* äußerten, wohingegen jene, die ihren
Erfolg als *besonders hoch* einschätzten, den Sachverhalt ganz
genau trafen.

Die Beziehungen zwischen Lehrern und Schülern sind psychologisch gesehen in vieler Hinsicht von ebenso grundlegender Be-

deutung wie die zwischen Müttern und ihren Kindern, vor allem dann, wenn die Kinder noch kleiner sind. Dieser Tatbestand — über den eine Reihe von ASW-Tests Aufschluß gibt, die mit Lehrern und Schülern durchgeführt wurden — führte Dr. Rhine zu der Schlußfolgerung, daß — soweit man ein psychologisches Experiment überhaupt als »wiederholbar« ansehen kann — die ASW-Tests, »und vor allem jene, die in den letzten Jahren in Schulen durchgeführt wurden, sich als methodisch wiederholbar erwiesen haben, sofern die gleichen Versuchsbedingungen reproduziert werden«.

Umfassende Experimente, die Aufschluß über die ASW-Leistungen von Kindern geben sollten, wurden von 1957 bis 1959 an der Hawthorne Elementary School in Wheaton, Illinois, durchgeführt. Im Zentrum dieser Versuche stand eine besonders beliebte und tüchtige Lehrerin, eine Mrs. Elsie Gregory. Von der Duke Universität wurden die mit dem 6. Schuljahr durchgeführten Experimente als ganz hervorragend bewertet.

Margaret Anderson, selbst Lehrerin, hatte die Hypothese aufgestellt, daß, wenn es einer Lehrerin gelänge, ihre Schüler über die zehn Monate eines Schuljahres hinweg an dem Grundschulstoff gleichmäßig interessiert zu halten, sie mit gleich gutem Erfolg auch deren Interesse an ASW-Tests aufrechterhalten könne.

Margaret Anderson berichtete im *Journal of Parapsychology* (September, 1959), daß sich Mrs. Gregory, eine vortreffliche Lehrerin, für Parapsychologie interessierte und an der Arbeit mit Kindern soviel Freude hatte, daß »sie all die Jahre von ihren Klassen mit wahrer Begeisterung aufgenommen worden war«. Anderson und Gregory hatten nach und nach ein Experiment ausgearbeitet, das innerhalb eines Schuljahres in zwei Schritten durchgeführt werden sollte. Mrs. Gregory war Klassenlehrerin beim 5. Schuljahr und erteilte dem 5. und 6. Schuljahr Musikunterricht.

Zunächst wurden 1957 mit dem 5. Schuljahr Hellseh-Tests durchgeführt. Als dieselben Schüler, die nun eine Klasse weiter waren, um eine Fortsetzung der ASW-Tests baten, »wurde das Experiment für das zweite Jahr als erweiterter Präkognitionstest geplant«. Dr. Anderson meinte, daß der Wechsel zur Präkognition etwas Neues und damit »für die Kinder einen besonderen Anreiz« bedeuten und zugleich vielleicht neue Einsichten zur Frage der Präkognition erbringen würde, »die von allen PSI-Phänomenen doch am rätselhaftesten ist«.

An dem im ersten Jahr stattfindenden Hellseh-Test nahmen 32 Schüler der 5. Klasse teil; dabei wurden 4479 Treffer erzielt oder, anders ausgedrückt, 119 Treffer mehr als nach der Zufallserwartung. Wie Dr. Anderson berichtet, »lagen die von den Kindern erreichten Resultate über dem 5%-Signifikanzniveau.« (Übrigens sank die Trefferzahl, als bei dem einen Experiment leise Hintergrundmusik gespielt wurde, und obwohl die Schüler die Musik zunächst gewollt hatten, schrieben sie, daß sie sie nicht mehr wünschten.)

Die neuen Präkognitionstests, die dann folgten, wurden mit 27 der ursprünglich 32 Schüler durchgeführt, die in das 6. Schuljahr aufgerückt waren; hinzu kamen noch fünf neue Schüler. Sie trafen sich während des von 1958 bis 1959 gehenden Schuljahrs viermal wöchentlich in den von Mrs. Gregory abgehaltenen Musikstunden. Von November bis April durchliefen die Kinder den Präkognitionstest. Sie waren darauf hingewiesen worden, daß die Fähigkeit zur ASW nur gelegentlich vorkäme, und »auch als Präkognition eingeführt wurde, nahmen sie dies gleichermaßen, ohne viel zu fragen, hin«. Die Tests waren auf ein musikalisches Thema abgestimmt, um die schöpferische Phantasie der Kinder anzuregen und — wie Dr. Anderson schrieb — »um sie geistig von der Unlogik und Irrationalität der Präkognition abzulenken«.

Das Programm bestand aus einem »musikalischen Ausflug in den Weltraum«. Dabei fungierten die Schüler als Orchester von Morgen. Es wurden die üblichen ASW-Symbole benutzt, indem aber die Zufallszahlentabelle als »Code für die Erdzeit« bezeichnet und noch weitere farbige Begriffe aus dem Zeitalter der Raumfahrt benutzt wurden, brachten die Experimentatoren die Schüler dazu, in den Plan freudig einzuwilligen. Abgesehen von der ganzen Aufmachung, die dazu dienen sollte, um die Aufmerksamkeit zu fesseln, wurde die Durchführung des Tests im ganzen straff gehandhabt. Die Ergebnisse wurden am Original und an den Durchschlägen überprüft, so daß die Tabellen jedes Schülers geprüft und gegengeprüft wurden. Die endgültigen Resultate erbrachten 3808 Treffer bzw. 148 Treffer über Zufallserwartung.

69 Prozent der Schüler, die an dem Präkognitionsexperiment teilgenommen hatten, zeigten eine »positive Abweichung« von der bei zwölf Sitzungen gegebenen Zufallserwartung; 31 Prozent zeigten eine »negative Abweichung«, bzw. lagen mit ihrer Trefferzahl unter der Zufallserwartung. Im allgemeinen waren die Rateergebnisse von Jungen und Mädchen gleich gut. Ein Mädchen erzielte in der ersten Sitzung eine hohe Trefferzahl im Präkognitionstest. Wo fünf Treffer der Zufallserwartung entsprochen hätten, erzielte sie vierzehn.

Während des gesamten Experiments, doch besonders während der Präkognitions-Phase, konnte die begeisterte Stimmung unter den Schülern aufrechterhalten werden. Dr. Anderson neigte zu der Ansicht, daß, obgleich es hier im Grunde genommen nur um die Vermehrung statistischer Unterlagen ging, das psychologische Klima für den Testerfolg weitgehend verantwortlich war. Sie schloß daraus, daß ein Versuchsleiter, der die während eines Tests herrschende Atmosphäre nicht beachtet, »ein erhebliches Risiko eingeht, dem unter Umständen auch die Phänomene zum Opfer fallen, die er zu erfassen sucht«.

Eine ganze Reihe von Präkognitionstests mit Kindern wurde von Dr. John A. Freeman vom Parapsychologischen Institut (der Foundation for Research on the Nature of Man) durchgeführt bzw. angeregt. Er hat unter anderem herauszufinden versucht, ob oder ob nicht und, wenn ja, wie und warum sich Mädchen und Jungen bei ASW-Tests voneinander unterscheiden. Die Ergebnisse scheinen ziemlich zu schwanken, was die Experimentatoren einigermaßen verwirrt hat. Einmal wurden bei Mädchen bessere Ergebnisse erzielt als bei Jungen, als diese von einem männlichen Versuchsleiter getestet wurden; bei derselben Gruppe ergab sich unter einem weiblichen Versuchsleiter eine Umkehrung der Resultate. Freeman war hoch erfreut, als eine Lehrerin mit geistig retardierten Kindern nach einem Besuch des Parapsychologischen Instituts der Duke Universität bat, mit ihrer Klasse einen ASW-Test durchzuführen.

In seinem Bericht über dieses Experiment führt Freeman im *Journal of Parapsychology* (September 1963) an, daß bereits vorliegende Erfahrungen darauf schließen ließen, daß »das Geschlecht des Versuchsleiters unter Umständen einen Faktor darstellt, der zu den bei Mädchen und Jungen erzielten unterschiedlichen Ergebnissen beiträgt, jedoch gleichzeitig vom Alter der getesteten Gruppe abhängig ist«. Er vermutete, daß eine Lehrerin vielleicht »bei Jungen bessere Ergebnisse erzielt als bei Mädchen«. Der Test wurde mit einem kunstvoll gezeichneten und vervielfältigten Büchlein durchgeführt, das Freeman selbst ersonnen hatte und das aus ungeheuer vielen Zeichnungen von Tieren, Kindern und Früchten bestand. Es war auf die von den Durhamer Experimentatoren entwickelte und praktizierte Form quantitativer Auswertung und Analyse zugeschnitten.

Freemans Präkognitionsexperiment ist auf die kindlichen Interessen ausgerichtet. Die Bilder in dem Büchlein werden von einer Geschichte über ein kleines Mädchen oder einen kleinen Jungen begleitet, die mit Tieren spielen, Frühstück essen usw. Die Kinder zählten ihre liebsten Beschäftigungen auf. In diesem speziellen Fall bestand die Klasse aus dreizehn Jungen und vier Mädchen, unter die mit den Zahlen eins bis siebzehn numerierte Bücher aufs Geratewohl verteilt wurden. Die Zielbilder wurden eine Woche danach anhand der Ziffern 0 bis 9 nach einer Zufallszahlentabelle bestimmt. Nach zwei Testabfolgen wurde die

Lehrerin gebeten — und dies machte sie einigermaßen verlegen —, eine Liste über die Kinder anzulegen und sie gleichzeitig unter Berücksichtigung der für sie gehegten Gefühle in eine Rangreihe zu bringen. Wie sich herausstellte, standen die vier Mädchen ganz am Ende der Liste (was vielleicht ein Grund dafür ist, daß die Schule und der Schulort in dem Bericht des Experimentators diplomatisch verschwiegen wurden). Die Ergebnisse des Experiments — in die übliche Form von 25 Versuchen transponiert — ergaben, daß in der ersten Serie die Mädchen mit ihrer Trefferzahl weit unter der Zufallserwartung lagen und die Jungen darüber; im zweiten Versuchsdurchgang waren die Resultate nicht so eindeutig, doch konnte wieder ein Unterschied zwischen den Geschlechtern festgestellt werden, der — nach Freeman — »wahrscheinlich nicht nur rein zufällig war«. Er fand es »schwierig zu sagen, ob der anhand der Ergebnisse zwischen Jungen und Mädchen ermittelte Unterschied auf die Tatsache zurückging, daß die Lehrerin eine Frau war oder daß sie die Jungen vorzog«. Nach seiner Meinung ist es möglich, daß hier beides zusammenkam.

Bei einem anderen Experiment, das Freeman mit einer Gruppe männlicher und weiblicher High-School-Schüler durchführte, versuchte er, einige ihrer Persönlichkeitsvariablen mit ihren Leistungen im Präkognitionstest in Beziehung zu setzen. Anhand eines Wort-Reaktionstests versuchte er zunächst ein Bild von ihren Einstellungen zu gewinnen. Dabei sollten die Schüler eine Wortliste — darunter auch gefühlsbesetzte Wörter wie Wurm, Bonbon, Erbrochenes, Adler, Magnolie, Gefängnis und Amor — durchgehen und hinter jedes entweder ein »V« für Vorliebe oder ein »A« für Abneigung setzen; die Liste enthielt insgesamt 25 Wörter.

Freeman führte diesen Test zusammen mit dem Standard-ASW-Kartentest mit den Mitgliedern eines Wissenschafts-Clubs bei dessen allmonatlichem Treffen durch. Zunächst sprach er über die in der parapsychologischen Forschung üblichen Maßstäbe, und nach einer Fragestunde wurde dann das Experiment durchgeführt. Ein Bericht über diesen Versuch ist unter dem Titel »A Precognition Test with a High-School Science Club« (»Ein Präkognitionstest mit Mitgliedern eines Wissenschafts-Clubs einer High-School«, in: *Journal of Parapsychology*, September, 1964) erschienen. Darin schreibt Freeman, er habe kurz über Präkognition gesprochen, doch »stellte sie für die Zuhörer offenbar kein Problem dar, denn sie stellten keine weiteren Fragen«. Freeman teilte ihnen nicht mit, daß der einzige Präkognitionstest, der bis dahin veröffentlicht worden war, der von Anderson und Gregory an Schülern des 6. Schuljahrs durchgeführte Versuch gewesen war, der in diesem Kapitel bereits referiert wurde. Die ASW-Zielkarten wurden durch zwölfmaliges Würfeln mit einem zehnseitigen Würfel ausgewählt; die Leerräume, die als Ziele dienen sollten, wurden durch Zufallszahlen ermittelt.

Unter den 40 Schülern waren 22 Mädchen und 18 Jungen. Entsprechend ihren im Wort-Test gegebenen Antworten wurden sie in eine V-(Vorliebe) oder A-(Abneigung)Gruppe unterteilt. Etliche der von ihnen erzielten Ergebnisse wurden tabellarisch erfaßt, darunter das folgende: von insgesamt 17 antizipierte die V-Gruppe 13 V-Antworten, die A-Gruppe nur vier. Umgekehrt erzielte die V-Gruppe bei 23 A-Antworten nur sechs Treffer, die A-Gruppe hingegen 17. Freeman bemerkte dazu, daß »die mit der dominierenden Einstellung übereinstimmende individuelle Reaktion — ganz gleich, ob es sich dabei um einen Angehörigen der V- oder A-Gruppe handelte — mit einer positiven Abweichung verbunden ist, während der umgekehrte Fall auf ein Versagen der ASW-Leistung hindeutet (d. h. unter der Zufallserwartung liegt).« Mit anderen Worten bedeutet dies, wenn Freeman es auch anders formuliert: Die Angehörigen der A-Gruppe antizipieren das, wogegen sie eine Abneigung haben. Aufgrund dieser und anderer Präkognitionsexpermimente kann man schließen, daß die Ergebnisse wahrscheinlich durch eine ganze Reihe psychologischer Faktoren beeinflußt werden. Allerdings kann man aus ihnen wohl auch den überaus bemerkenswerten Schluß ziehen, daß es in bezug auf die Existenz der Prophetie genau so wenig Zweifel mehr geben kann wie über die von Telepathie und Hellsehen. Experimentatoren benutzen bei vielen Gelegenheiten Präkognitionstests, da sie weniger Möglichkeiten für »Pannen« bieten — so könnte eine Versuchsperson zumindest theoretisch heimlich nach einer Karte »schielen«, die während ihrer Rateversuche irgendwo sichtbar ist; wie aber sollte dergleichen mit etwas Zukünftigem möglich sein?

16. KAPITEL

Präkognition bei Tieren?

Am Nachmittag des 17. August 1959 erhoben sich Tausende Seeschwalben, Möven und andere Wasservögel, die sich einige Monate lang auf dem Hegben-See in Montana niedergelassen hatten, vom Wasser und flogen davon. Bei Sonnenuntergang kräuselte die Wasserfläche praktisch keine kleinste Welle mehr. Innerhalb weniger Stunden wurde der gebirgige Westen Montanas von mehreren Erdbeben verwüstet. Durch den Druck der Erdbewegungen brach der Hegben-Damm. In der Überschwemmung kamen Anwohner und Touristen ums Leben, die sich im nahen Yellowstone-Park aufhielten, die Vögel aber waren in Sicherheit.

Wodurch waren die am Hegben-See lebenden Vögel gewarnt worden? Man kann darüber viele Hypothesen aufstellen, angefangen bei »reiner« Prophetie oder einem tatsächlichen Wissen um die Erdbebengefahr bis hin zu einem überaus feinen Empfinden, mit dem Bewegungen unter der Erdkruste frühzeitig erspürt werden. Aus Berichten, die der Jagd- und Fischereiverwaltung im Innenministerium sowie der Abteilung für Jagd und Naturschutz des Landwirtschaftsministeriums zugingen, ging hervor, daß die Forstbeamten in dem Erdbebengebiet keinerlei Tierkadaver gefunden hatten. Dr. John W. Aldrich vom Innenministerium erinnerte sich damals, daß Gänse und Pfauen ein überaus feines Gehör haben sollen — bzw. irgendeine Fähigkeit der sinnlichen oder außersinnlichen Wahrnehmung —, die es ihnen ermöglicht, Geräusche über große Entfernungen aufzunehmen. Dr. Aldrich bemerkte, daß Vögel Veränderungen des atmosphärischen Drucks deutlich wahrnehmen, die einen Wetterumschwung anzeigen, und daß der Sinnesapparat der Zugvögel vielleicht auch auf die vorzeitige Wahrnehmung nahender Gefahr und auch von Waldbränden eingerichtet ist.

Die Erforschung der ASW-Leistungen von Tieren ist bislang noch ziemlich begrenzt. Es gibt zahlreiche Berichte über Haustiere, die große Entfernungen in unbekannten Gegenden überwanden, um zu ihren Herren zu gelangen. Das Parapsychologische Institut in Durham hat anhand mehrerer derartiger Fälle Untersuchungen über das sogenannte »PSI-trailing«* durchgeführt. Bei diesen Fällen spielt Präkognition keine deutliche Rolle. Die offensichtliche Überschneidung von scheinbar prophetischen Eindrücken mit telepathischen bzw. hellseherischen Gesichten ist ein allseits bekanntes Forschungsproblem. Die Massenflucht der Vögel vom Hegben-See läßt vermuten, daß sie die Erdbebengefahr auf irgendeine Weise »vorausgesehen« haben, nur kann man über die bei diesem Vorauswissen eingesetzten Mittel und dessen Einordnung überhaupt nichts sagen. J. B. Rhine schrieb 1951 (*Journal of Parapsychology*, Bd. 15, Nr. 4), daß es unter den Berichten über »ungewöhnliches Verhalten von Tieren eine Reihe von Fällen gebe, in denen die gezeigte Reaktion als Warnverhalten gedeutet werden könne.«

Robert Morris schrieb in einem Artikel über »Precognition in Laboratory Rats« (»Präkognitionsversuche mit Ratten«) anläßlich der im Winter 1967 stattfindenden Konferenz der Foundation for Research on the Nature of Man, daß man aufgrund zahlreicher, im Parapsychologischen Institut der Stiftung eingegangener Spontanfälle auf das Vorliegen von ASW-Fähigkeiten bei Tieren, speziell bei Haustieren, schließen könne; wie er weiter bemerkte, »ist oft irgendeine zwischen Mensch und Tier bestehende emotionale Beziehung der Auslöser bei den von Tieren gezeigten PSI-Leistungen«.

Morris berichtet einen Vorfall, der ihm von einem Besucher der Stiftung mitgeteilt wurde, dessen jüngerer Bruder das Eltern-

---

* Von Rhine eingeführter Terminus technicus für die Phänomene der Orientierung, Heimkehr und des Aufspürens des weggezogenen Herrn; d. Übers.

haus verlassen hatte, um für längere Zeit aus der Stadt fortzugehen. Weder er noch seine Familie wußten, wie lange seine Reise dauern würde. Einige Tage, die auf die Abreise des Jungen folgten, machte sein Hund einen überaus traurigen Eindruck: er fraß kaum noch und lag die meiste Zeit »vor dem Zimmer des Jungen«. Mit der Zeit gewöhnte sich der Hund schließlich an die Abwesenheit des Jungen und benahm sich wieder ganz normal. Eines Tages war er jedoch sehr aufgeregt: er rannte zur Tür des Zimmers des Jungen und schlug mit den Pfoten dagegen; danach raste er die Treppe hinunter, zur Tür hinaus und den Weg zur Hauptstraße hinauf, wo er hin- und herschaute, um dann wieder nach Hause zurückzuhetzen. Diesen Vorgang wiederholte er — offenbar mit Vergnügen — mehrmals an jenem Tag. Ungefähr eine Stunde nach Einsetzen dieses erregten Verhaltens kehrte der Junge — zur Überraschung aller, außer des Hundes — heim.

Morris zog aus diesem und anderen Fällen den Schluß, daß sich Präkognition bei Tieren vielleicht vorrangig in »leicht faßbaren Gefühlsäußerungen« manifestiere. Die Forschergruppe an der Duke Universität, die sich mit der Erforschung von PSI bei Tieren beschäftigte, machte sich mit Konsequenz daran, ein Experiment zu ersinnen, aufgrund dessen Gefühle in einem Laborversuch mit Tieren meßbar gemacht werden konnten. Da sich die Labyrinth-Versuche mit Ratten als bislang ausgereifteste Versuchsanordnung erwiesen hatten, beschäftigten sich die Forscher nun mit den Fallberichten, um daraus geeignete Hinweise für andere mögliche Versuchsanordnungen zu erhalten. Ein oft berichteter Fall war der über einen Jagdhund, der emsig zu seinem Herrn lief, sobald dieser seine Flinte schulterte — bis auf den Tag, an dem er, nun alt und gebrechlich geworden, mit derselben Flinte von seinem Elend erlöst werden sollte. Morris bemerkte, man könne »bei derartigen Anlässen beobachten, wie Hunde sich irgendwo unter ihrer Hütte verkriechen und sich winselnd und wimmernd weigern hervorzukommen«.

Dabei erinnerte sich Morris, wie die Ratten am Ende seiner Versuche aus ihren Käfigen genommen wurden, um getötet zu werden, und »sich dann aggressiver und widerspenstiger verhielten als sonst«. Wie aber konnte man die sinnlich wahrgenommene oder telepathische Verbindung im Experiment aufzeigen, die zwischen einer Ratte, die sterben sollte, und einem Experimentator besteht, dem dies widerstrebt und dem »das Töten von Ratten einfach zuwider ist«, und der deswegen am Vorabend des Tages, an dem sie getötet werden sollen, »weniger ungezwungen mit ihnen umgeht?« Wie kann man außerdem die emotionale Verfassung einer Ratte messen, und handelt es sich überhaupt um ein paranormales Phänomen, wenn sich die Nervosität des Experimentators ganz einfach auf die Ratte überträgt?

Es wurden einige Versuchsmöglichkeiten erprobt, die die Feststellung erbringen sollten, ob eine Ratte in nervöse Spannung versetzt wurde oder nicht und ob sie ihren Tod fühlen konnte. Bei einer Methode wurde eine »offene Fläche« verwendet, eine quadratische Kiste von 2,50 m, deren Boden wiederum in kleine Quadrate unterteilt war. Die Ratte wurde in eine Ecke der Kiste gesetzt, und dann wurde unter anderem »genau vermerkt, wieviele Vierecke das Tier überquerte«. Morris legte folgendes dar: »Wie bei dem Hund, der sich unter seine Hütte verkriecht, nahmen wir an, daß eine Ratte, die bald sterben soll, innerhalb der offenen Fläche — verglichen mit einer Ratte, die nicht getötet werden sollte — eine beschränktere Aktivität zeigen und die meiste Zeit in der Ecke verharren würde, in die sie gesetzt worden war.« Er fügte hinzu:

»Das tatsächliche Vorgehen bestand darin, einige Ratten zu nehmen, die getötet werden sollten, und sie einzeln zwei Minuten lang auf die offene Fläche zu setzen. Gleich darauf wurde jede einem Mitarbeiter übergeben, der sie gemäß einem Zufallsplan, der dem Versuchsleiter, der die Experimente an der offenen Fläche durchführte, nicht bekannt war, entweder tötete oder zu ihrer Kolonie zurückbrachte. Daher wußte der an der offenen

Fläche befindliche Experimentator nicht, welche Ratten sterben und welche weiterleben würden, desgleichen wußte der Mitarbeiter nicht, wie sich die Ratte im offenen Feld verhalten hatte. Nachdem diese Versuchsserie abgeschlossen war, wurden alle über das Verhalten der Ratten protokollierten Daten zusammengetragen und mit denen der noch lebenden oder getöteten Tiere verglichen.

Das mit sechzehn Tieren durchgeführte Kontrollexperiment war nach Morris sehr aufschlußreich: »In der kurzen, zweiminutigen Beobachtungsperiode zeigte sich die Hälfte der Ratten, die am Leben blieben, so aktiv, ihr ursprüngliches Viereck zu verlassen, während von jenen, die sterben sollten, keine einzige diese Aktivität bewies.« Obwohl hierin nur ein erster Schritt in Richtung auf statistisch begründete Laboratoriumsuntersuchungen über Präkognition bei Tieren zu erblicken ist, berichten wir hier darüber, weil er, wie Morris sagt, einen Weg zur Einschätzung »des emotionalen Verhaltens von Tieren in Situationen weist, die entweder noch nicht bestehen oder gegeben sind, doch von dem Tier nicht bewußt wahrgenommen worden sein können«.

Präkognition, bei der Tiere eine Rolle spielten, hat besonders alle jene fasziniert, die die Ergebnisse von Pferderennen im voraus träumten. Mr. A. S. Jarman, ein englischer Schriftsteller, der durch seine lebendigen Prosaschriften sowie seine gelegentlichen heftigen Angriffe gegen Betrug und Naivität hervorgetreten ist, hat von einem überaus deutlichen Wahrtraum berichtet. Jarman schrieb in *Tomorrow* (Winter 1959), wie er gegen Ende des Zweiten Weltkrieges angefangen habe, seine Träume aufzuzeichnen. In der Nacht des 9. November 1947 träumte er, er stünde in einer flachen Heidelandschaft zwischen der Meeresküste und einem grünen, mit Gras bewachsenen Weg, einer Rennbahn, die sich »fast ins Unendliche erstreckte«. An der Strecke stand »eine große Menschenmenge, die angespannt den Weg hinunterblickte«. Langsam kamen — zunächst als bloße Punkte am Horizont erkennbar — Pferde in Sicht; aber wie sie sich näherten, machten alle außer einem einen Schwenk nach links und galoppierten auf das Meer zu. Das einzige Pferd, das zurückgeblieben war, raste durch die Kette der Zuschauer, ohne irgend jemand zu berühren. Mr. Jarman fährt fort:

»Alle wandten sich um, um seinen Lauf zu verfolgen, und dann sah ich eine große Tribüne voller Menschen, die ebenfalls voller Begeisterung winkten. Mit dem Gesicht den Tribünen zugewandt stand eine riesige, weiße, von Pfosten gestützte Tafel, und auf ihr erschienen nacheinander die Zahlen 2-0-2-0. Pferd und Reiter waren inzwischen verschwunden, hatten das Rennen aber offenbar gewonnen, und das war der Sieg des Tages. Ich fühlte mich gehobener Stimmung und beteiligte mich an den erregten Gesprächen der Zuschauer.«

Am folgenden Morgen rief Mr. Jarman den Direktor einer Baufirma an, einen Mr. Michael B. Campbell, und in der Unterhaltung mit ihm erwähnte er auch den Traum. Die beiden Männer fragten sich, ob es sich bei den Zahlen 2-0-2-0 wohl um statistische Zahlen handeln könne, die sich auf ein Pferd bezögen, meinten aber dann, daß dies unwahrscheinlich sei. Sie fragten bei der Renn-Abteilung des *Daily Telegraph* an, um zu erfahren, ob die Ziffern sich unter Umständen auf die für den Tag vorgesehenen Plazierungen der Pferde bezögen. Jarman überlegte auch, ob sich die geträumten Zahlen vielleicht auf Alter und Gewicht eines Pferdes beziehen könnten; aber das konnte nicht sein, denn dann wäre das Pferd entweder sehr alt oder unerhört schwer gewesen, und so »verwarfen wir«, wie Jarman schreibt, »diese Möglichkeit wieder, und ich kam zu dem Schluß, daß es sich hier wohl um einen der vielen Träume gehandelt habe, die bedeutungslos sind.« Doch kaufte er am gleichen Abend auf dem Heimweg ein Exemplar der *Evening News*, in denen die Ergebnisse des Rennens von Leicester enthalten waren, das um 15.45 Uhr stattgefunden hatte. Jarman sagt: »Es war von einem Pferd mit dem unwahrscheinlichen Namen Zwanzig-Zwanzig gewonnen worden, von dem ich natürlich nie vorher gehört hatte.« Er fügt hinzu: »Es war ein flaches Rennen und hieß Stoughton Plate; der Jockey war Gordon Richards. Zwanzig-Zwanzig war ein brauner Wallach, der von Rosewell und Thirteen abstammte, und dies war erst das zweite Rennen, das er überhaupt jemals gewonnen hatte. Warum das Meer in meinem Traum auftauchte, weiß ich nicht; Leicester liegt so weit von der Küste entfernt wie in England nur möglich. Als wir uns am Morgen das Rennprogramm angeschaut hatten, hatten wir nicht auf die Namen der Pferde, sondern nur auf die angegebenen Zahlen geachtet. (Ich gebe zu, den Namen unter den aufgeführten Rennpferden gesehen zu haben, und es wäre daher besser gewesen, trotz meiner Abneigung gegen Wetten doch einen beträchtlichen Einsatz zu riskieren.) Ich habe seither nie wieder einen derartigen Traum gehabt, und vielleicht geschieht so etwas auch nur einmal im Leben.«

Der von Jarman abgegebene Bericht wurde durch einen Brief von Mr. Campbell, dem Direktor von Campbell & Co. in Richmond in Surrey, bestätigt; hieraus ging hervor, daß er am Morgen des 10. November mit Jarman über den Traum sowie über die mögliche Bedeutung des Traumbildes mit den Zahlen 2-0-2-0 gesprochen, »doch die Namen der Rennpferde nicht berücksichtigt« hatte.

Ein weiterer Fall, in dem es um Pferderennen ging, wurde der Society for Psychical Research in London von einer Frau berichtet und in den von ihr herausgegebenen *Proceedings* (Bd. 53, Teil 191, 1960) unter dem Titel »Report (1959) on Enquiry into Spontaneous Cases« (»Bericht über die Untersuchung von Spontanfällen«) veröffentlicht. Der Vorfall wurde unter der laufenden Nummer E. 71 wie folgt dargestellt:

»Es begann in der Nacht von Montag, dem 17. Dezember. Ich erwachte aus dem Tiefschlaf durch einen Namen, der sich wie von selbst und wie auf einer beschädigten Schallplatte immerzu wiederholte. Cabalist-ie-Cabalist-ie-Cabalist-ie. Als ich völlig wach war, wiederholte ich diesen Namen immer noch und buchstabierte ihn daher vor mich hin, um ihn meinem Gedächtnis einzuprägen.

Am nächsten Morgen war es meine erste Tat, ihn aufzuschreiben. Dann fragte ich meinen Mann, ob er ein Pferd mit Namen Cabalistie kenne. Er verneinte, denn wir interessierten uns beide nicht für Pferdewetten.

Am Weihnachtstag, den wir bei Freunden feierten, sah ich im Kaminfeuer ganz deutlich eine pferdeähnliche Gestalt mit Jokkey, Steigbügeln und mit vorgestrecktem Hals in vollem Lauf. Ich machte meine Freunde darauf aufmerksam, sie sahen es auch, und mein Mann sagte: ›Morgen, am Zweiten Weihnachtsfeiertag, findet im Kempton Park ein großes Rennen statt.‹ Ich gab meinem Gedächtnis einen Stoß. Ich sagte: ›Bitte sieh nach, ob eine Cabalistie am Rennen teilnimmt.‹ Er sah nach und verneinte.

Ich nahm ihm die Zeitung ab, und der erste Name, auf den mein Blick im ersten Rennen fiel, war Cabalist, ein Außenseiter ohne Jockey, 10 zu 1. Ich brauche nicht erst zu sagen, daß meine Freunde und wir auf diesen Tip setzten und 25 zu 1 gewannen. Ich habe noch den Wettabschnitt vom Buchmacher, um dies zu beweisen, ebenso meine Freunde, die an dem kleinen Fest teilnahmen und sich an der Wette beteiligten.«

Der Bericht der Society enthielt auch einen präkognitiven Traum eines irischen Jockeys (Fall Nr. 423), der in der Nacht vor einem in Wirklichkeit stattfindenden Rennen, bei dem er ein Pferd namens Phönicia auf der Rennbahn von Manchester reiten sollte, träumte, er hätte »nicht das Pferd geritten, das schließlich gewann«. In seinem Traum las sein in Irland lebender Vater »in der Abendzeitung, daß Phönicia gewonnen, ich sie aber nicht geritten hatte«. Am nächsten Tag, als er sich für das Rennen umkleidete, wurde dem Jockey ein Telegramm ausgehändigt, in dem der Besitzer des Pferdes mitteilte, daß ihn ein anderer Jockey vertreten würde. Phönicia gewann das Rennen. Als der Jockey nach Irland zurückgekehrt war, erzählte ihm der

Besitzer, daß der Vater des Jockeys zu ihm gekommen sei und ihn böse beschimpft habe, weil er seinen Sohn Phönicia nicht habe reiten lassen. (Diese Auseinandersetzung war im Traum auch bis zu einem gewissen Grade antizipiert worden, doch kam sie durch die Angst des Jockeys, daß die Beschwerde des Vaters die Schwierigkeiten mit dem Besitzer noch vergrößern würde, nicht voll zum Ausdruck; der Besitzer entschuldigte sich dann bei dem Jockey.)

Älteren, in England durchgeführten Untersuchungen sind ähnliche Fälle zu entnehmen. In den *Proceedings* (Bd. 14, Teil 251) wird von Professor Haslam berichtet, der beim Einschlafen an ein demnächst stattfindendes Pferderennen dachte. Dabei sah er einen Jockey im scharlachroten Sattel, der sein Pferd hart am Zügel nahm und das Rennen gewann. Während er überlegte, daß »rot sehr häufig vorkäme«, zog noch einmal das Bild des Jockeys an ihm vorüber. Er erzählte einigen Freunden von diesem traumartigen Eindruck. Haslam ging zu dem Rennen; er begab sich zum Sattelplatz, um dort nach einem dunkelrot gekleideten Jockey Ausschau zu halten. Er fand tatsächlich einen solchen Mann und setzte einiges Geld auf das Pferd. Der Jockey nahm das Pferd tatsächlich hart dran — und gewann das Rennen. Dieser von H. F. Saltmarsh in *Foreknowledge* (London, 1938) berichtete Fall konnte durch ausreichende unabhängige Bestätigungen« abgesichert werden.

Für den »eindrucksvollsten« Fall von allen, die über »gewonnene Rennen« berichtet wurden, hält Saltmarsh den folgenden, der von Mr. John H. Williams mitgeteilt und bereits früher im *Journal* der Society for Psychical Research veröffentlicht wurde. Mr. Williams war über 80 Jahre alt und als Quäker strikt gegen das Wetten eingestellt. Am 31. Mai 1933 erwachte er um 8.55 Uhr nach einem Traum, in dem er eine Radioübertragung über das Derby gehört hatte, das am Nachmittag um 14 Uhr stattfinden sollte. In seinem Traum hatte Williams die Namen der ersten vier Pferde gehört, darunter Hyperion und König

Salomon; an die beiden anderen konnte er sich nicht mehr erinnern. Bei einem Ausgang, den er später an jenem Morgen unternahm, erzählte Williams einem Nachbarn im Bus von dem Traum. Außerdem erwähnte er ihn gegenüber jemandem, den er im Bus kennenlernte. Trotz seiner Abneigung gegen das Wetten und seines Desinteresses an Pferderennen trieb Mr. Williams die Neugier dazu, sich die Rundfunkübertragung über das Derby anzuhören, in deren Verlauf er genau die Namen und Dinge vernahm, die in seinem Traum vorgekommen waren. Saltmarsh fügt hinzu, daß »der Bericht von den beiden Herren, denen er seinen Traum an jenem Morgen erzählt hatte, weitgehend bestätigt werden konnte«.

Saltmarsh vermerkt recht betrübt, daß »es doch überaus unwahrscheinlich sei«, daß gerade einem Menschen, der »dermaßen strikt gegen Rennen und Wetten eingestellt sei«, ein derart eindrucksvolles präkognitives Erlebnis zuteil werde. In diesem Fall sollte man Saltmarsh doch wohl an die zugrundeliegenden entgegengesetzten Gefühle aufmerksam machen, die Williams sich alle Mühe gab zu unterdrücken. Jeder Party-Psychologe würde daraus den Schluß ziehen, daß allein die »Verdrängung« seiner von ihm als ungehörig empfundenen Instinkte den Quäker zu einem prophetischen Erlebnis, in dessen Mittelpunkt ein Pferderennen steht, veranlassen könnte ...

Edith Lyttelton, von 1933 bis 1934 Präsidentin der Society for Psychical Research (London), erhielt im Anschluß an eine von der BBC ausgestrahlte Sendefolge sehr viele Briefe über prophetische Erlebnisse. Eine Auswahl dieser Fälle wurde von ihr unter dem Titel *Some Cases of Prediction* (»Einige Fälle von Voraussagen«, London, 1937) veröffentlicht, darunter ein Brief von Phyllis Richards aus London W. 2, 3/32 London Gardens vom 25. Februar 1934, in dem diese ihre Überfahrt von Belfast nach Liverpool in der Nacht vom Donnerstag, dem 23. März 1933 schilderte, die sie zwecks Teilnahme an einem der berühmtesten Rennen Englands, dem Grand National, unternahm. Auf dem

Schiff träumte Mrs. Richards, daß »ein Pferd mit dem Anfangsbuchstaben K und der Endsilbe Jack das Rennen gewonnen
hätte, obwohl es nicht als erstes durchs Ziel kam«.

Vor dem Rennen erwähnte Mrs. Richards den Traum während
eines Essens, das sie bei Freunden einnahm, und erfuhr zunächst,
daß es sich um ein Pferd namens Pelorus Jack handeln könne.
Doch sie bestand darauf, daß der Name mit einem »K« anfinge.
Dann erfuhr sie, daß Kellsboro Jack im Rennen war, und zog
daraus den Schluß, daß es sich um dieses Pferd handeln müsse.
Sie fürchtete allerdings für ihre Vorhersage, da es in ihrem
Traum »stark geregnet hatte«, während an dem Tag des Rennens »himmlisches« Wetter war. Kellsboro Jack gewann das
Rennen tatsächlich, obwohl er nicht als erster durchs Ziel kam;
das Pferd vor ihm hatte seinen Reiter abgeworfen.

Der Traum wurde der Society von Major A. Kent Lemon unter
dem 15. März brieflich bestätigt; er schrieb: »Mrs. Richards hat
in der Tat im vergangenen Jahr mit uns zusammen das Grand
National besucht und uns, als wir uns auf der Rennbahn trafen,
ihren Traum erzählt, demzufolge Kellsboro Jack das Rennen
gewinnen würde. Ich glaube mich zu erinnern, daß sie und
meine Frau auf das Pferd setzten und etwas Geld gewannen.«
In der *Times* vom 25. März wurde berichtet, daß Kellsboro
Jack »ein schönes Rennen mit drei Längen gewann . . . .«

Davor hatte ein bekannter polnischer Parapsychologe, Dr. Ju-
lian Ochorowicz, berichtet, daß einem Medium — das nur als
Mrs. S. bezeichnet wurde — mit verbundenen Augen überaus
treffende Angaben über Veränderungen der Startplazierungen
sowie über die tatsächlichen Rennresultate gelungen waren. In
seinem Buch *Zjawiska Mediumiczne* (»Mediumistische Phänomene«, Warschau, 1913) berichtet er über einen Besuch bei der
Sensitiven, den er am 31. Mai in Begleitung seines Vetters unternommen hatte. Mit verbundenen Augen »las« Mrs. S. das gesamte Programm etlicher zukünftiger Rennen, über die in der
Zeitschrift *Jezdziec i Mysliwy* (»Reiter und Jäger«) berichtet

wurde, und sagte dabei Veränderungen voraus, »die erst am
nächsten Tag vorgenommen wurden«, wobei sie die Namen von
annähernd dreißig Pferden nur so herunterspulte.

Für das erste Rennen sagte Mrs. S. ein Pferd namens Kartuz
als Sieger und ein weiteres namens Alina als Zweiten voraus,
bei dem tatsächlichen Rennen ergab sich am nächsten Tag die
umgekehrte Reihenfolge. Im zweiten Rennen, an dem sieben
Pferde teilnahmen, sollte Sylfida der Sieger sein. Diese Voraussage stellte sich als zutreffend heraus, obwohl sie angegeben
hatte, daß »Bonboniere als Zweite durchs Ziel gehen werde«;
sie wurde aber Dritte. Zweiter wurde Rubin. Im dritten Rennen, an dem vier Pferde teilnahmen, wies das Medium Sesam
richtig den ersten Platz zu, nannte für den zweiten Platz jedoch
Lisa, was nicht zutraf, da ein Pferd namens Hector als zweites
durchs Ziel ging.

Für das vierte Rennen nannte das Medium richtig Emtral und
Galatea für den ersten und zweiten Platz. Beim fünften Rennen
tippte sie daneben, indem sie als die zwei Ersten Remus und
Tumry angab, zwei andere Pferde, Konfetka und Aspazja,
wurden Sieger. Beim sechsten Rennen machte Mrs. S. in bezug
auf das Siegerpferd, Aquila, wiederum richtige Angaben. Ochorowicz faßt die Ergebnisse zusammen und führt hierzu aus:
»Bei sechs Rennen riet sie die vier Siegerpferde richtig und
nannte einmal die umgekehrte Reihenfolge.« Danach, am 8.
Oktober, erzielte sie weniger zufriedenstellende Ergebnisse;
Ochorowicz merkt an, daß »sie einen Teil des Rennprogramms
richtig las« — wahrscheinlich mit verbundenen Augen — und
»ein Rennen richtig, vier Rennen teilweise richtig und zwei
falsch voraussagte«.

Die Schauspielerin Jan Sterlin nahm einmal — wie von Jess
Stearn in *This Week* (27. März 1966) berichtet — ihren drei-
jährigen Sohn Adam mit auf einen Rennplatz in Denver. Als
das erste Pferd aufgerufen wurde, erklärte Jan Adam die Reihenfolge; dieser hörte ihr aufmerksam zu und sagte: »Setze auf

sechs und vier, Mammi.« Nun, die sechs kam zuerst und danach die vier. Beim nächsten Rennen waren nur zehn Pferde am Start, doch der kleine Adam beharrte auf »Elf, Mammi!« Wenig später kam die Nummer elf an den Startplatz Nr. 10A. Aus dem Bericht geht nicht hervor, ob Jan Sterling selbst auf das elfte Pferd setzte; doch hatte dies ein Zuschauer, der neben ihnen stand und von Adams richtigem Tip beim ersten Rennen beeindruckt war, offenbar getan, denn er rief laut: »Ihr Sohn hat gerade ein Monatsgehalt für mich gewonnen!«

17. KAPITEL

Was wird im Jahre 2000 sein?

Die wissenschaftliche Prophetie, die sich mit Voraussagen über sozio-ökonomische Ereignisse beschäftigt, hat in den Vereinigten Staaten durch die von der American Academy of Arts and Sciences unter Vorsitz von Dr. Daniel Bell, Professor für Soziologie an der New Yorker Columbia Universität, gebildete »Kommission für das Jahr 2000« einen formellen Anstrich erhalten. Methoden und Ergebnisse der Kommission wurden in der von der Akademie herausgegebenen Zeitschrift *Daedalus* (Sommer 1967) veröffentlicht. Nach Bell werden in der Gesellschaft in vier Bereichen Veränderungen eintreten, über die Voraussagen gemacht werden können: auf technologischem Gebiet, das uns die Mittel zur Beherrschung der Natur und zur Umgestaltung von Ressourcen sowie von Zeit und Raum in die Hand gibt auf dem Gebiet der Verteilung von Gütern und gesellschaftlicher Positionen; weiter werden sich Veränderungen in der Gesellschaftsstruktur der Vereinigten Staaten ergeben sowie in den Beziehungen der USA zu den Ländern der übrigen Welt.

Die von der Kommission geprüften technologischen Voraussagen beziehen sich u. a. auf Veränderungen, die aus den in der Biomedizin verwandten neuen technischen Verfahren, dem Computer und der künstlichen Wetterbeeinflussung resultieren. Auf dem Gebiet der Medizin versprechen Organtransplantationen, genetische Modifikationen und Krankheitsvorsorge eine erhebliche Zunahme der Lebenserwartung. Auf ökonomischem Gebiet sieht die Kommission eine gleichmäßigere Verteilung aller Erzeugnisse und Dienstleistungen voraus. Die Kommission weist darauf hin, daß es ihr mehr darum gehe, in vielen Fällen Alternativen zu antizipieren bzw. zu vermerken, als einzelne und spezifische Voraussagen zu machen. Bell betont, daß »es im Jahr 2000 nicht so sehr auf die Mittel ankommen wird, mit denen — zunächst die ernstere Seite — der menschliche Körper mit Ersatzgliedern oder -organen ausgestattet oder — die lustigere Seite — Silikon zur Beseitigung von Falten verwendet werden kann, sondern auf die sozialen Übereinkommen, die sich mit den Problemen, denen wir dann gegenüberstehen, adäquat auseinandersetzen. Er fügt hinzu:

»Die einzige Voraussage, die man im Hinblick auf die Zukunft mit Sicherheit machen kann, ist die, daß die öffentliche Hand sich mit mehr Problemen auseinanderzusetzen haben wird als je zuvor in der Geschichte. Dies resultiert aus einigen einfachen Tatbeständen: die sozialen Probleme sind auf immer kompliziertere Weise miteinander verwoben, da sich die Bedeutung jeder größeren Veränderung schnell im nationalen oder sogar internationalen Bezugssystem bemerkbar macht. Individuen und Gruppen, die diese Probleme als solche bewußter sehen, verlangen Taten und wollen ihr Schicksal nicht einfach so hinnehmen. Da immer mehr Entscheidungen auf der politischen Ebene und nicht auf dem Markt getroffen werden, wird es zu einem offeneren Interessenkonflikt kommen. Der politische Bereich ist ein offener Kampfplatz, auf dem Entscheidungen sichtbarer werden als auf dem anonymen Markt; verschiedene Gruppen werden direkter aufeinanderprallen, da es ihnen allen um Vorteile oder Widerstand gegen gesellschaftlichen Wandel geht.«

Überaus spezifische Voraussagen wurden der Kommission von Dr. Hermann Kahn, dem Direktor des Hudson Instituts und vom Leiter der Forschungsabteilung des gleichen Instituts, Anthony J. Wiener, vorgelegt. Sie sehen langfristige Trends in Richtung dessen voraus, was sie »zunehmend sensualistische Kulturen« nennen. »Sensualistisch« definieren sie als »empirisch, weltlich, diesseitig, humanistisch, pragmatisch, utilitaristisch, auf Verträgen beruhend, epikureisch, hedonistisch«. Sie erwarten eine stärker werdende bürgerliche, bürokratische, »meritokra-

tische« (= leistungsorientierte), demokratische und möglicherweise nationalistisch eingestellte Oberschicht. Sie sehen weiterhin Entwicklungen in Richtung auf eine Vermehrung wissenschaftlicher und technologischer Kenntnisse voraus, des weiteren
die Institutionalisierung der Veränderungen, vor allem in der
Forschung und bei der Entwicklung und Verbreitung neuer Methoden, weltweite Industrialisierung und Modernisierung, wachsenden Wohlstand und mehr Freizeit, Bevölkerungszunahme,
abnehmende Bedeutung der Berufe des primären Sektors, Verstädterung und Entstehung riesiger Stadtlandschaften, Bildung
und Erziehung, Zunahme der Möglichkeiten zur Massenvernichtung, beschleunigtes Tempo der Veränderungen und schließlich
wachsende Universalität des komplexen Trends.

Im einzelnen sagen Kahn und Wiener die folgenden hundert
technischen Innovationen noch vor dem Jahr 2000 voraus (zit.
n. H. Kahn u. A. J. Wiener: *Ihr werdet es erleben — Voraussagen der Wissenschaft bis zum Jahre 2000*, Zürich, 1968):

1. Vielseitige Anwendungsmöglichkeiten von Lasern und Masern für Peilen, Messungen, als Kommunikationsmittel, zum
   Schneiden und Schweißen von Metallen, zur Beheizung,
   Energieübertragung, Beleuchtung, zur Vernichtung (Verteidigung) und für andere Zwecke.
2. Werkstoffe, die gegen Belastung und hohe Temperaturen besonders widerstandsfähig sind.
3. Neue oder verbesserte Hochleistungsgewebe (aus Papier, Fasern und Kunststoff).
4. Neue oder verbesserte Werkstoffe für Ausrüstungsgegenstände und Geräte (Kunststoff, Glas, Legierungen, keramische Stoffe, intermetallische Verbindungen und Cermets*).

---

* Cermets (aus Keramik und Metall): ein Verbundwerkstoff aus Keramik
und metallischen Substanzen (z. B. Oxiden und Boriden), der pulvermetallurgisch hergestellt wird. Cermets vereinigen hohe Temperaturbeständigkeit mit einer im Vergleich zu rein keramischen Werkstoffen erhöhten Wärmeleitfähigkeit und befriedigenden Festigkeitseigenschaften.

5. Neue Luftfahrzeuge (Luftkissenfahrzeuge, Kurz- und Senkrechtstarter, Riesenhelikopter, Großraum- und Überschalldüsenflugzeuge).

6. Erweiterte kommerzielle Anwendung von Sprengstoffen mit Richtungseffekt.

7. Verläßlichere und langfristigere Wettervorhersagen.

8. Intensive und/oder extensive Ausweitung der tropischen Land- und Forstwirtschaft.

9. Neue Energiequellen für Dauerinstallationen (z. B. magnetohydrodynamische, elektronische und thermoelektrische, radioaktive usw.).

10. Neue Energiequellen für Bodentransporte (Batterien, Brennstoffzellen, elektromagnetische Felder als Antrieb oder als Antriebshilfe, Düsenmotoren, Turbinen usw.).

11. Extensive und intensive weltweite Anwendung von Höhenflugkameras zur Herstellung von Landkarten, für Schürfuntersuchungen, Volkszählungen, Landgewinnung und geologische Untersuchungen.

12. Neue Methoden des Wassertransports (Riesenunterseeboote, flexible »Container-Schiffe« für besondere Zwecke, häufigere Anwendung von großen, automatisierten Einzweckschiffen für Schüttgut usw.).

13. Weitgehende Verminderung vererblicher und angeborener Gebrechen.

14. Extensive Anwendung von Cyborgmethoden (mechanischen Hilfs- oder Ersatzmitteln für menschliche Organe, Sinne, Gliedmaßen oder sonstige Körperteile).

15. Neue Methoden zur Erhaltung und Verbesserung der Umwelt.

16. Relativ wirksame Appetit- und Gewichtskontrolle.

17. Neue Methoden und Institutionen der Erwachsenenbildung.

18. Neue, nützliche Tier- und Pflanzenarten.

19. »Winterschlaf« des Menschen für kurze Zeiträume (Stunden oder Tage) für medizinische Zwecke.

20. Billige Herstellung und billige Beschaffung von Einzelgegenständen auf Bestellung mit Hilfe von Datenverarbeitungsanlagen und automatisierter Produktion.
21. Gesteuerte und hoch wirksame Entspannungs- und Schlafzustände.
22. Eine verfeinerte und komplizierte Architektur (z. B. geodätische Kuppeln, Phantasiebauten, Häuser aus »aufgeblasenen« Kunsthäuten und eigenartigen Werkstoffen).
23. Neue oder bessere Ausnützung der Weltmeere (Gewinnung von Bodenschätzen und Mineralien, planmäßiger »Ackerbau« auf dem Meerboden, Energiequellen usw.).
24. Dreidimensionale Fotografie, Illustrationen, Filme, Fernsehen.
25. Automatisierte oder stark mechanisierte Haushaltung und Instandhaltung der Wohnungen.
26. Allgemeine Anwendung von Atomkraftwerken.
27. Verwendung atomarer Sprengstoffe für Erdaushebungen und im Bergbau, zur Energie-, Hochdruck- und Hochtemperaturerzeugung und als Lieferant von Neutronen oder anderen Strahlungsarten.
28. Allgemeine Anwendung der Automation und Kybernetik in Management und Produktion.
29. Erweiterte, intensive Zentralisation (oder automatische Zwischenverbindung) von gegenwärtigen und vergangenen, persönlichen und geschäftlichen Informationen in besonders schnellen Datenverarbeitungsmaschinen.
30. Andere neue und möglicherweise weit verbreitete Methoden der Überwachung, der Steuerung und sonstiger Kontrollen von Einzelpersonen oder Organisationen.
31. Gewisser Einfluß auf Wetter und Klima.
32. Andere (dauernde oder vorübergehende) Veränderungen — oder Experimente — mit der Umwelt (z. B. »permanente« Erhöhung des C 14 und vorübergehende Schaffung einer anderen Art der Radioaktivität durch Atomexplosionen, vermehrte Bildung von CO_2 in der Atmosphäre).

33. Neue und verläßlichere »Erziehungs«- und Propagandamethoden zur Beeinflussung des menschlichen Verhaltens im Privatleben und in der Öffentlichkeit.

34. Praktische Anwendung direkter elektronischer Kommunikation mit dem Gehirn und dessen künstliche Reizung.

35. Menschlicher Winterschlaf, der sich über relativ lange Perioden (Monate oder Jahre) erstreckt.

36. Billige und allgemein verfügbare Waffen und Waffensysteme für einen möglichen zentralen Krieg.

37. Neue und relativ wirksame Methoden der Bekämpfung von Aufstandsbewegungen (vielleicht auch Entwicklung neuer Revolutions- und Guerillakriegstechniken).

38. Neue, billige, bequeme und verläßliche Methoden der Geburtenkontrolle.

39. Neue, verschiedenartigere und verläßlichere Drogen zur Bekämpfung von Ermüdungserscheinungen, zur Entspannung, Wachsamkeit, für Veränderungen der Persönlichkeit, der Wahrnehmungen, von Phantasievorstellungen und anderen seelischen und körperlichen Zuständen.

40. Die Möglichkeit, das Geschlecht von ungeborenen Kindern auszusuchen.

41. Verbesserte Methoden, das Geschlecht von Kindern und Erwachsenen zu »ändern«.

42. Andere Arten der Vererbungskontrolle und des Einflusses auf die »grundlegende Konstitution« eines Menschen.

43. Neue Methoden und Institutionen für die Erziehung von Kindern.

44. Allgemeine beträchtliche Zunahme der Lebenserwartung, Aufschub des Alterungsprozesses, teilweise Verjüngung.

45. Verbesserte und konkurrenzfähige synthetische Nahrungsmittel und Getränke (z. B. Kohlehydrate, Fette, Eiweißstoffe, Enzyme, Vitamine, Kaffee, Tee, Kakao und alkoholische Getränke).

46. »Hochqualifizierte« ärztliche Betreuung für unterentwickelte

Gebiete (z. B. Einsatz von medizinischen Assistenten und Technikern, Überweisungsspitäler, Breitbandantibiotika, künstliches Blutplasma).

47. Gestaltung und allgemeine Verwendung speziell angepaßter, genau kontrollierter Anlagen für private und öffentliche Zwecke (für Freizeitgestaltung, Allgemein- und Berufsbildung).

48. Physiologisch unschädliche Methoden für unmäßigen Genuß.

49. Einfache Methoden für weitgehende und dauerhafte kosmetische Veränderungen (Gesichtszüge, »Figur«, vielleicht Hautbeschaffenheit, Hautfarbe, sogar Körperbau).

50. Immer weitgehendere Anwendung der Verpflanzung von menschlichen Organen.

51. Dauernd bemannte Satelliten- und Mondstationen, interplanetarische Reisen.

52. Anwendungen von im Weltraum erprobten Lebensmöglichkeiten und ähnlicher Methoden im irdischen Bereich.

53. Dauernd bewohnte Unterseestationen, vielleicht sogar Unterseekolonien.

54. Automatisierte Lebensmittelgeschäfte und Kaufhäuser.

55. Weitgehende Verwendung von Robotern und Maschinen als »Sklaven« der Menschen.

56. Neue Verwendungsarten von Untergrundtunnels für privaten und öffentlichen Verkehr und andere Zwecke.

57. Verschiedene automatisierte, universale Kredit-, Wirtschaftsprüfungs- und Banksysteme.

58. Chemische Methoden zur Verbesserung des Gedächtnisses und der Lernfähigkeit.

59. Vermehrte Verwendung von unterirdischen Bauten.

60. Neue und verbesserte Materialien und Einrichtungen für Bauten und Innenräume (z. B. Glas mit verschiedenem Lichtbrechungswinkel, Beheizung und Kühlung mit Thermoelektrizität, Beleuchtung mit Leuchtstoffröhren und phosphoreszierendem Licht).

61. Weitverbreitete Anwendung der Unterkühlung (Kälteschlaf, Kältechirurgie usw.).
62. Verbesserte chemische Kontrolle über manche Geisteskrankheiten und bestimmte Formen der Vergreisung.
63. Mechanische und chemische Methoden zur mehr oder weniger direkten Verbesserung der Denkfähigkeiten des Menschen.
64. Billige und schnelle Techniken zur Aushebung von Tunnels und Höhlen in Erde und Fels.
65. Große Verbesserungen bei Geräten für Erdbewegungen und Baumaschinen im allgemeinen.
66. Neue Methoden zum Körpertraining und zur Erlernung körperlicher Fertigkeiten.
67. Kommerzielle Gewinnung von Öl aus Ölschiefer.
68. Mehrfach verwendbare Raketen für die Raumfahrt.
69. Individuelle Plattformen zum Fliegen.
70. Einfache und billige Methoden des Aufnehmens und Sendens von Heimfernsehfilmen.
71. Billige, leistungsfähige, global anwendbare, regionale und lokale Kommunikationsmittel für private und geschäftliche Zwecke, vielleicht mit Hilfe von Satelliten, Lasern und lichtempfindlichen Röhren.
72. Fernsehtelefon für private und geschäftliche Zwecke (möglicherweise mit Wiedergabe von auf Band aufgenommenem Material aus Bibliotheken und anderen Quellen), schnelle Übertragung, schneller Empfang von Bildfunk (möglicherweise Nachrichten, Bibliotheksmaterial, kommerzielle Ankündigungen, sofortige Postzustellung, sonstiges Material).
73. Entsalzung des Meerwassers in großen Mengen.
74. Im Geschäftsleben allgemeine Verwendung von Computern für Aufbewahrung, Verarbeitung und Wiedergabe von Informationen.
75. Allgemeinzugängliche Datenverarbeitungsanlagen (öffentliches Verbundnetz?), welche von vielen Teilnehmern gleich-

zeitig zu Hause benützbar und nach Zählerzeit zu mieten sind.

76. Anderweitige allgemeine Verwendung von Datenverarbeitungsanlagen als geistige und berufliche Hilfsmittel (für Übersetzungen, Unterricht, Literaturforschung, medizinische Diagnosen, Verkehrsüberwachung, Aufdecken von Verbrechen, Berechnungen, Entwürfe, Analysen und bis zu einem gewissen Grad als geistige Mitarbeiter im allgemeinen).

77. Transurane und andere seltene Elemente, allgemein zugänglich und billig.

78. Weltraumverteidigungssysteme.

79. Billige und relativ wirksame Boden-Luft-Raketenabwehr.

80. Sehr billig herstellbare Bauten für private und geschäftliche Zwecke.

81. Persönliche »Rufsysteme« (vielleicht mit Hilfe von Taschensende- und Empfangsgeräten) und andere elektronische Vorrichtungen für individuelle Kommunikation und Datenverarbeitung.

82. Direkte Funkverbindung von Satelliten zu Heimempfängern.

83. Billige (weniger als 20 Dollar), langlebige, sehr kleine batteriebetriebene Fernsehempfänger.

84. Heimcomputer, welche den Haushalt »führen« und Verbindung mit der Außenwelt haben.

85. Pflegefreie, langlebige elektronische und andere Geräte.

86. Heimunterricht durch Fernsehen, programmierter Unterricht mit Computern.

87. Künstlich angeregte und geplante, vielleicht programmierte Träume.

88. Billige (weniger als 1 Cent pro Seite), schnelle, hochwertige Schwarzweißreproduktion; später farbige und scharf detaillierte fotografische Reproduktion — vielleicht für private und geschäftliche Zwecke.

89. Allgemeine Anwendung von verbesserten flüssigen Verstärkern.

90. Konferenzfernsehen (sowohl für private als auch für öffentliche Übertragungen).
91. Flexibles Strafrecht ohne unbedingte Anwendung von Gefängnissen (mit modernen Methoden der Überwachung, der Steuerung und der Kontrolle).
92. Allgemeine Verwendung (langlebiger?) einzelner Energiequellen für Beleuchtung, Haushaltsgeräte und Maschinen.
93. Billige weltweite Transportmittel für Menschen und Fracht.
94. Fast kostenloser Transport ohne Weg- und Frachtkosten.
95. Neue Methoden zur raschen Erlernung von Fremdsprachen.
96. Weitgehende Vererbungskontrolle für Pflanzen und Tiere.
97. Neue biologische und chemische Methoden für Polizei und Militär zum Identifizieren, Aufspüren und Überwältigen von Personen.
98. Neue und vielleicht sehr einfache Tötungsmethoden in der biologischen und chemischen Kriegsführung.
99. Künstliche Monde und andere Techniken des Beleuchtens von großen Flächen bei Nacht.
100. Erweiterte Anwendung von »biologischen Prozessen« bei der Gewinnung und Verarbeitung von Mineralien.

Ganz allgemein sieht Kahn eine Stabilisierung des nationalstaatlichen Systems voraus, keine größere Wirtschaftsflaute, eine verbürgerlichte Sowjetunion, Japan als aufstrebende Wirtschaftsmacht, ein schwaches China und die Vereinigten Staaten zwar reich, doch in einem »angenehmen Verfall« begriffen, in dessen Verlauf der in Muße gebadete Mensch nach der Bedeutung und nach dem Sinn seines nutzlosen Lebens suchen wird.

Kahn macht seine Voraussagen natürlich stets mit einem Auge auf die Vergangenheit. Wenn er über Japan spricht, so blickt er auf die Anstrengungen zurück, die diese Nation seit Mitte des 19. Jahrhunderts gemacht hat, um den Westen einzuholen. Er bezeichnet das 21. Jahrhundert als ein Jahrhundert Japans und fragt: »Was aber werden die Japaner tun, wenn sie den Westen überholen? Ich kann mir einfach keinen Japaner ohne Ziel vor-

stellen. Könnten sie eines darin finden, die Wirtschaftspolitik
Asiens ganz neu zu organisieren? Oder werden sie sich aus Er-
mangelung einer neuen Zielvorstellung — einem alten Imperia-
lismus zuwenden?«

Für die Vereinigten Staaten sieht Kahn für das Jahr 2000 ein
Bruttosozialprodukt von 3,5 Billionen Dollar mit einem Netto-
einkommen pro Haushalt von 25 000 Dollar voraus. Er erwartet, daß ein Viertel der Gesamtbevölkerung in »Boswash«,
einem riesigen Stadtkomplex, leben wird, der sich von Boston
bis nach Washington erstreckt, daß ein Achtel der Bevölkerung in
»Chipitts«, bzw. dem Gebiet zwischen Chicago und Pittsburgh,
wohnen wird und ein Sechzehntel im Gebiet von »Sansan«, d. h.
zwischen Santa Barbara und San Diego. Kahn erwartet weiter,
daß sich die Amerikaner wie andere Bewohner dieser Erde
immer dringender die ewige Frage stellen werden: »Was hat
dies alles für einen Sinn?«

Auf dem Gebiet der Wirtschaftsvoraussagen scheinen einige
Trends unvermeidlich zu sein. Jahrelang unkte das in Washington herausgegebene Wirtschaftsblatt *Kiplinger Newsletter*: »Es
kommt ein Wirtschaftsboom und eine Inflation«; nur manchmal erschien dieser warnende Ruf in einer Abwandlung: »Es
kommt ein verstärkter Boom und Inflation.« Zwar können
zahlreiche Wall-Street-Börsenanalytiker auf exakte Prognosen
hinweisen, doch wird ihre Arbeit von Jahr zu Jahr schwieriger.
Die wachsende Komplexität der wirtschaftlichen sowie der hin-
zukommenden politisch-militärischen Vorgänge, vermehrt die
von ihnen in ihren Kalkulationen zu berücksichtigenden Faktoren. Am 25. Mai 1966 schrieb der Finanzexperte der *New York
Times*, M. J. Rossant, daß »sich die inzwischen müden Herausgeber von Wirtschaftsprognosen keine Ruhe gönnen dürfen«,
da sie »gezwungen sind, ihre Entwürfe ständig zu revidieren«.
Die Dinge hatten sich ein Jahr später noch um einiges komplexer gestaltet, als das Nationale Institut für Wirtschaftsfor-
schung »eine gründliche Überprüfung seines statistischen Nach-

richtensystems« ankündigte. Das Institut gab am 20. März 1967 bekannt, es werde seine Liste der Konjunktur-Indikatoren auf 88 ausdehnen, um »besseres Material für frühzeitige Aussagen über Wirtschaftsrezessionen und Konjunkturaufschwünge liefern zu können«.

Die Ankündigung des Instituts erfolgte eine Woche nach seiner Feststellung, daß sich die Voraussagen über das US-Bruttosozialprodukt gewöhnlich um durchschnittlich 10 Milliarden Dollar verkalkulieren. Zugleich bemerkte Rossant in der *Times*, daß die Wirtschaftsprognostiker der US-Regierung »mit ihren Zieldaten die Realität weitgehend verfehlt hatten und die Wirtschaftsprobleme eher noch komplizierten als zu deren Lösung beizutragen«. Dieser Artikel nahm auf eine Entscheidung des Weißen Hauses Bezug, eine Stundung der siebenprozentigen Investitionssteuer wiedereinzuführen, die vorher als Gegenmaßnahme gegen inflationäre Tendenzen abgeschafft worden war. Die Wiedereinführung wurde beschlossen, nachdem in den Voraussagen von einer starken Verlangsamung des Wirtschaftswachstums die Rede gewesen war. Rossant räumt ein, daß »es nur wenige Visionäre gibt, die über mehr Fähigkeiten verfügen als die Washingtoner Kristallkugel-Seher«. Er fügt hinzu: »Dennoch steht diese Kunst noch auf einem zu primitiven Niveau, um gute Ergebnisse zu zeitigen. Trotz ausreichender statistischer Information und des Einsatzes der Computertechnik tappen die Analytiker mit ihren Entwürfen noch immer im Dunkeln und übersehen dabei oft vollständig wichtige Wendepunkte.«

Einer der erfahrensten Wall-Street-Analytiker, William F. Butler, Vize-Präsident und Leiter der Abteilung für Wirtschaftstheorie an der Chase Manhattan Bank, gesteht, daß exakte Voraussagen »die Achillesferse der ›neuen Wirtschaftstheorie‹ sind«, durch die erreicht werden sollte, negative Entwicklungen rechtzeitig zu erkennen und durch Gegenmaßnahmen zu steuern. Butler meint, daß, »bis Voraussagen von größerer Zuverlässigkeit als gegenwärtig gemacht werden können, Versuche, sich der Mittel der ›neuen Wirtschaftstheorie‹ zu bedienen, als handle es sich dabei um Mikrosteuerung, zu Resultaten führen können, die tiefgreifenden Schaden anrichten.«

Einer der dynamischsten Propheten innerhalb der Wirtschaft der USA ist Dr. Theodore Levitt, Mitglied der Graduate School of Business der Harvard Universität und Wirtschaftsberater. Levitt, Autor des Buches *Innovation in Marketing* (»Neuerungen im Vertrieb«), liebt als Wissenschaftler den sarkastischen Ton und läßt sich nichts gefallen, ja zögert nicht einmal, seine eigenen Voraussagefähigkeiten in Zweifel zu ziehen. Er machte gegenüber *Business Week* die Bemerkung, daß »man sich in der Akademie nur in seinem Stuhl zurückfallen und sich damit der Verantwortung zu entziehen brauche«, man aber »dennoch als Prophet gelte«. Es sei ganz einfach, »ein Prophet zu sein — man macht fünfundzwanzig Voraussagen und erwähnt dann später nur noch die, die eingetroffen sind. Wenn man aber ein Unternehmen leitet, muß man noch an andere Dinge denken; auf keinen Fall kann man sich verantwortungslos geben.«

Auf internationaler volkswirtschaftlicher Ebene veröffentlichte der bekannte Management-Spezialist Peter F. Drucker einen Artikel in *Harper's* (Juni 1965) unter der folgenden Überschrift: »A Crash Next Year? Why It's a Real Danger, and How It Can Be Avoided« (»Gibt es im nächsten Jahr einen Wirtschaftszusammenbruch? Warum er eine reale Gefahr darstellt und wie er vermieden werden kann«). Seine sich über eine ganz bestimmte Periode von zwölf Monaten erstreckenden Voraussagen konnten rückwirkend überprüft werden. Inwieweit stimmten sie mit den tatsächlichen Wirtschaftsentwicklungen überein, auch wenn man berücksichtigt, daß der Autor sich auf geschickte Weise nie so recht festlegt?

Über die internationale Währungssituation sagte er ganz kategorisch, daß »das amerikanische Defizit in der Zahlungsbilanz auf irgendeine Weise innerhalb von zwölf Monaten behoben sein wird«. Dies war selbst innerhalb von 24 Monaten nicht der Fall. Drucker hatte sich vorsichtig ausgedrückt: »Zumindest wird es erheblich unter der jährlichen Rate von über vier Milliarden liegen, auf die es sich letzten Herbst belief, und sich bei jährlich rund einer Milliarde einpendeln.«

Auch dies traf nicht ein, weder 1966 noch 1967. Tatsächlich blieb der ganze Korb voller Aale, der die Rolle des US-Dollars in der weltweiten Finanzsituation versinnbildlicht, während und nach der Periode unberührt, auf die sich die Voraussage Druckers bezog — ausgenommen bei solchen altehrwürdigen Ritualen wie den internationalen Finanztreffen in Washington, Rio de Janeiro und in etlichen europäischen Hauptstädten. Die Abwertung des englischen Pfund Ende 1967 verschlimmerte nur noch die ständige Unausgeglichenheit der US-Zahlungsbilanz.

So ist es denn kein Wunder, daß das *Wall Street Journal* (25. Mai 1966) folgenden Leitartikel brachte: »Umwölkte Kristallkugel: Die völlig durcheinandergeratene Weltsituation bereitet den Konjunkturanalytikern Sorgen.« In dem dann folgenden Bericht aus New York war zu lesen: »Was spielt sich ab? Nun, eine Baisse auf dem Markt — oder eine Hausse. Wird die Wirtschaftstätigkeit sich ausweiten — oder zurückgehen — oder was wird sonst geschehen?« Das Wesentliche des Artikels bestand darin, daß »sich die Voraussagen auf dem Effektenmarkt« aufgrund politischer und wirtschaftlicher Ereignisse »viel schwieriger gestalteten«.

Den Angehörigen der Computer-Generation, die der Ansicht sein mögen, daß man politische und ökonomische Daten nur richtig in eine komplizierte Maschinerie einzugeben brauche, um korrekte Marktvoraussagen zu erhalten, werden die vom *Wall Street Journal* gezogenen Schlußfolgerungen sicherlich unbefriedigend erscheinen. Immerhin kann man vielleicht einigen Trost in einer nüchtern gehaltenen, unvoreingenommenen Analyse der Wirtschaftstrends finden, die ausgerechnet in *Your Personal Astrology* (»Ihr Horoskop«, Januar bis März, 1966) erschien und von Korvettenkapitän David Williams stammte. Der Autor, ein ehemaliger Geschäftsmann und einer der geachtetsten amerikanischen Astrologen, gab einen Überblick über den Wert der laufenden und projektierten Unternehmensgewinne im Verhältnis zu vergangenen Investitions-Voraussagen; er untersuchte die Relation derzeitiger Aktienkurse zu den laufenden oder vorauszusehenden Gewinnen, statistisches Datenmaterial und verschiedene Systeme automatischer Vorhersagen, wie zum Beispiel die Dow-Theorie.

Nach Abhandlung aller dieser Methoden stellte Williams fest, daß »der Autor dieses Artikels bei Voraussagen über Börsenkurse den astrologischen Zugang für eine positivere, wenn auch — zugegebenermaßen — für keine unfehlbare Methode hält«; er vermerkte, daß der Effektenmarkt ja nicht »nur von statistischen Faktoren beherrscht wird, sondern auch von psychologischen Faktoren«, die vielleicht unter dem Einfluß der Planeten stehen. Williams, Autor des Buches *Astro-Economics* (»Astro-Ökonomie«, New York, 1959), hat sich mit der Untersuchung der Beziehung zwischen dem Planetenzyklus und dem Wirtschaftszyklus der Vereinigten Staaten seit 1761 intensiv beschäftigt. Er gibt an, daß »Neptun — der Planet, der Verblendung, Inflation, Marktmanipulationen, brüchige Wertvorstellungen und Chaos symbolisiert — von wichtiger Bedeutung ist«. Im Jahre 1929 erreichte der Effektenmarktindex am 3. September einen nie erreichten Höchststand von 386,1, »zwei Tage, nachdem Neptun den Punkt überschritten hatte, von dem aus er sich wieder rückläufig verhielt«. Danach kam der Zusammenbruch.

Williams hält die Periode zwischen dem 8. Juli 1932 — dem Tiefpunkt nach dem Zusammenbruch — und 1966 für eine einzige Hausse-Phase, die einsetzte, »zwei Tage, bevor sich Pluto, der Planet der Massenbewegungen, direkt dem dritten Haus des Krebses zuwandte, in dem Neptun, der Planet der Inflation, regiert«. Bei seiner Untersuchung der Planetenzyklen für das Jahr 1966 fand er Anzeichen dafür, daß diese »größte

Hausse aller Zeiten Ende 1966 enden wird«, dies jedoch »ohne
irgendeinen Zusammenbruch, der mit dem Debakel von 1929 -
1932 auch nur im entferntesten vergleichbar wäre, denn der
von der Neptun-Pluto-Konstellation ausgehende inflationäre
Einfluß wird bis Ende dieses Jahrhunderts bestehen bleiben«.
Am Effektenmarkt gab es im Herbst 1966 tatsächlich heftige
Kursrückschläge, im Laufe des Jahres 1967 erholte er sich jedoch
wieder. Rossant, der im Oktober 1967 zum Direktor des
»Twentieth-Century Fund« ernannt wurde, schrieb am 21. Juni
1967 in der *New York Times*: »Das Enttäuschendste an den
von der Geschäftsführung des Investmentfonds unternommenen
Anstrengungen besteht darin, daß es ihr trotz der ihr zur Verfügung stehenden technischen Mittel und ihres Informations-
reichtums nicht gelungen ist, qualitativ gleich gute Voraussagen
zu machen wie einige private Kursanalytiker.« Obwohl Rossant
wahrscheinlich nicht direkt an die Astrologen dachte, könnte die
von ihnen vertretene Ansicht, wonach »die Sterne nur geneigt machen, aber nicht zwingen«, doch leicht auf die überaus raffinierten und unter Einsatz von Computern erzielten Wirtschaftsvor-
hersagen der modernen Wirtschaftsprophetie übertragen werden.

18. KAPITEL

Jeane Dixon: Die »Seherin« von Washington

Die Parapsychologen fühlen sich frustriert, wenn sich Menschen, die offensichtlich über besondere prophetische oder telepathische Fähigkeiten verfügen, nicht für Experimente zur Verfügung stellen. Die bekannteste Prophetin der Gegenwart ist Mrs. Jeane Dixon aus Washington D. C., deren Ruf sich noch weiter ausbreitete, als nach der Ermordung Präsident Kennedys bekannt wurde, daß sie dieses Ereignis mehrere Jahre lang wiederholt vorausgesagt hatte. Seit 1952 hatte Ruth Montgomery zunächst in den New Yorker *Daily News* und später als Berichterstatterin für den Hearst-Konzern über die Prophezeiungen von Jeane Dixon berichtet. In ihrem Buch *Ich sehe die Zukunft. Die Voraussagen der Jeane Dixon* (Hamburg, 1965), schrieb Ruth Montgomery, Mrs. Dixon sei wegen ihrer »unheimlichen Gabe« inzwischen »genau so zu einer Institution geworden wie das Pentagon«.

Mrs. Dixon, eine offene, taktvolle und liebenswürdige Dame, hat an zahlreichen Orten der Vereinigten Staaten ein ihr freundlich gesinntes Publikum gefunden. Einen Eindruck von der ihr entgegengebrachten Ehrfurcht und Wärme gibt ein Bericht des *Cosmic Star* wieder, ein Boulevardblatt, das zweimal monatlich in Hollywood in Kalifornien erscheint. Aus dem von Mrs. Michael Barton verfaßten Artikel (Juni-Juli 1966) geht hervor, daß Mrs. Barton und ihr Mann »um die Mittagsstunde des 7. Mai Jeane Dixon im Hancock Auditorium der Universität von Südkalifornien sehen und hören wollten«. In dem Bericht heißt es, daß der aufgekrempelte weiße Seidenhut, den Mrs. Dixon trug, »ihr liebliches Gesicht wie ein Glorienschein umrahmte«, während »sie mit ihren Händen eine Kristallkugel umfangen hielt und jener große weiße Lichtkreis um sie herum irgendwie mehr zu sein schien als nur das auf sie gerichtete Licht der Fernsehscheinwerfer ...« Wie aus dem Artikel weiter hervorgeht, begrüßte Mrs. Dixon das Publikum »mit bebender, wohlklingender Stimme«. Unter der Vielzahl der Fragen, die sich auf nationale, internationale, ethische und religiöse Probleme bezogen und die die Seherin aus Washington — als solche wird sie von Ruth Montgomery häufig bezeichnet — beantwortete, war auch die folgende: »Wie lange wird der Vietnamkrieg noch dauern?« Dem Bericht des *Cosmic Star* zufolge war die Antwort: »Er wird in neunzig Tagen vorüber sein. Zu Ende, wenn auch nicht in dem Sinne, wie wir dieses Wort verstehen.«

Mrs. Dixon hat verschiedentlich erklärt, daß ihr ihre prophetischen Eindrücke direkt von Gott eingegeben würden, und daß sie sich nur als ein Instrument direkter Übermittlung fühle. Aus dem Bericht über ihr Auftreten in Los Angeles geht hervor, daß Telepathie nur eine ihrer Methoden darstelle und sie sich darüber hinaus noch der »Meditation, der paranormalen Einstimmung auf andere und natürlich der Kristallkugel« bediene; von allen Methoden habe jedoch »die Telepathie den größten Wahrheitsgehalt und gehe am ehesten, bis in kleinste Einzelheiten, in Erfüllung; sie besitzt einen ungeheuren Bedeutungsgehalt und stammt von Gott. Genauso erlebte sie die Vision von der Ermordung Kennedys«.

Während der gewaltsame Tod des Präsidenten unsere Gesellschaft und die ganze Welt in den vergangenen Jahren weiterhin stark beschäftigt hat und sich dabei so manche Kontroverse wie auch geschmacklose Zwischentöne ergaben, scheint die von Mrs. Dixon verkörperte Rolle ihrem eigenen sowie einem bei ihrem Publikum bestehenden Bedürfnis entsprochen zu haben, das anläßlich des Mordes so recht zur Entäußerung kam. Das Ausmaß, bis zu dem sich ihr Publikum an ihre Voraussagen klammerte, die von den Ereignissen bestätigt wurden oder bestätigt zu werden schienen — und wobei dann praktisch solche gelegentlich

falschen Prophezeiungen wie die im Hancock Auditorium abgegebene Prognose über den Vietnamkrieg übersehen wurden —,
ist Ausdruck eines weit verbreiteten Bedürfnisses nach prophetischer Gewißheit. Zweifellos haben eine Reihe von Mrs. Dixons
Voraussagen in aufsehenerregender Weise in nachfolgenden Ereignissen ihre Bestätigung gefunden. Sie ging aber mit ihren
Prophezeiungen auch recht großzügig um. Leute, die sie befragten, konnten sich gewöhnlich darauf verlassen, daß sie im Verlauf irgendeines Radio-, Fernseh- oder Zeitungsinterviews eine,
wenn nicht mehrere Voraussagen machte.

Man braucht nicht übermäßig kritisch zu sein, um festzustellen,
daß es sich bei einigen ihrer Voraussagen um bloße hochgespielte
Projektionen bereits abzusehender Entwicklungen handelte. Den
von ihr in Los Angeles gemachten Äußerungen über Vietnam
hatte sie eine Voraussage vorangestellt, die Ruth Montgomery
in ihrer Kolumne »Washington, das Märchenland« am 2. Januar 1966 angeführt hatte und die besagte, daß Friedensver-
handlungen »Anfang des Jahres« beginnen würden. Natürlich
waren schon seit Jahren irgendwelche Bemühungen um die
friedliche Beilegung des Konflikts unternommen worden; sie
zogen sich über das ganze Jahr 1966 hin und wurden, wenn
auch erfolglos, bis 1967 fortgesetzt. Aber es kam nicht zu Ergebnissen, und Präsident Johnson gab auf einer Pressekon-
ferenz im Februar 1967 bekannt, daß von Hanoi noch keine
ernsthafte Stellungnahme eingegangen sei. Das Regime in Hanoi veröffentlichte einen Notenaustausch mit Washinton, in
dem es keinen Zweifel darüber aufkommen ließ, daß es erst
verhandlungsbereit wäre, wenn die Vereinigten Staaten mit den
Bombenabwürfen auf Nordvietnam aufhören würden. Das
ganze Jahr hindurch gestalteten sich die Ereignisse nicht so, als
daß sie eine realistische Interpretation der von Mrs. Dixon gegebenen Prophezeiung zugelassen hätten.

Ruth Montgomery hat in ihrem Buch angegeben, Jeane Dixon
habe »ein paar Voraussagen« gemacht, die sich nicht bewahr-

heitet hätten. Sie führte eine frühere Voraussage an, wonach »Rotchina die Welt im Oktober 1958 wegen Quemoy und Matsu in einen Krieg stürzen werde«. Angesichts solcher Irrtümer, schreibt Ruth Montgomery, ist Jeane Dixon der Ansicht, daß »ihr schon die richtigen Symbole gezeigt wurden, sie sie aber nur falsch interpretiert habe«.

Weder als völlig falsch noch als bemerkenswert richtig kann die Voraussage Mrs. Dixons angesehen werden, daß »Präsident Sukarno vor Ende des Jahres 1966 sein Amt verlieren wird und die Kommunisten in Indonesien ganz erheblich an Boden einbüßen werden«. Diese Aussage erfolgte nach einer Welle antikommunistischer Krawalle und Exekutionen, die im September 1965 in Indochina begonnen und bereits Hunderttausende das Leben gekostet hatten. Die indonesische kommunistische Bewegung hatte vor dieser Voraussage nicht nur »erheblich« an Boden verloren, sie war vernichtet worden. Was nun Präsident Sukarno betrifft, so war sein Stern nach dem Putschversuch der Kommunisten im Jahre 1965 erheblich im Sinken, doch gelang es ihm, wenn auch mit begrenzter Machtfülle, bis 1967 im Amt zu bleiben. In diesem Falle könnte eine ziemlich laienhafte Übertragung vergangener und gegenwärtiger Ereignisse auf die Zukunft ganz gut die Grundlage für Mrs. Dixons Voraussagen abgegeben haben.

Unter den »Versagern«, an die Ruth Montgomery vielleicht gedacht hat, waren verschiedene Prophezeiungen von Mrs. Dixon, über Ruth Montgomery unter dem 1. Januar 1953 in ihrer Kolumne in den New Yorker *Daily News* berichtet hat. Dort zitiert sie Mrs. Dixon wie folgt: »Präsident Eisenhower weiß es jetzt vielleicht noch nicht, aber er wird in Kürze Fünfsterne-General Douglas MacArthur auf einen überaus wichtigen Posten berufen, wahrscheinlich wird er Botschafter!« Auf der Grundlage eines mit Mrs. Dixon geführten Gesprächs schreibt die Kolumnistin weiter: »Die astrologischen Daten der Generäle A. C. Wedemeyer und Patrick J. Hurley sind deutlich miteinander verwoben. Sie sollten sich zusammentun und das Chinaproblem lösen. MacArthur wird einen wichtigen Posten erhalten — er wird entweder Botschafter oder erhält einen wichtigen Posten als Berater, und als solcher wird er sich als überaus nützlich erweisen ...« Sollte General MacArthur tatsächlich ein solcher Posten angeboten worden sein, dann hat er ihn nicht angenommen, da er bis zu seinem Tode am 5. April 1964 Aufsichtsratsvorsitzender der Remington-Rand-Corporation blieb.

Aus dem Vorangegangenen geht hervor, daß Mrs. Dixon zumindestens in diesem Fall ihre übrigen Voraussagemethoden durch von ihr selbst oder andere vorgenommene astrologische Berechnungen ergänzte. Seither sind aus Mrs. Dixons eigenen oder den Aussagen ihrer Bewundererin und Biographin Ruth Montgomery spürbare Bezüge zur Astrologie nicht mehr zu erkennen. Aufgrund welcher astrologischer Daten die Generäle Albert C. Wedemeyer und Patrick J. Hurley auch immer miteinander verbunden gewesen sein mögen, diese hatten anscheinend doch nicht soviel Einfluß auf sie, um sie in die Lage zu versetzen, die schwierige China-Situation zu lösen. Wedemeyer fungierte nach seiner Pensionierung im Jahre 1951 erfolgreich als Vizepräsident zunächst der Avco-Manufacturing-Corporation und danach bei der Rheem-Manufacturing-Company. Hurley hatte als Alterssitz Santa Fé in New Mexico gewählt; 1952 ließ er sich für die Senatswahlen aufstellen, wurde aber nicht gewählt; er starb am 23. Mai 1963, ohne jemals wieder an die Öffentlichkeit getreten zu sein.

Die bereits zitierte Kolumne enthielt noch einen weiteren Fall, in dem eine vergangene Krisensituation auf die Zukunft übertragen wurde. Nach Ruth Montgomery soll Mrs. Dixon nämlich gesagt haben, »einer von Rußlands Verbündeten« würde sich »gegen Rußland wenden, nachdem die sowjetischen Streitkräfte zunächst in den Iran und dann nach Palästina eingedrungen seien«. Ruth Montgomery führt dazu folgendes an: »Jeane sagt voraus, daß Rußland im Herbst 1953 in den Iran eindringen

wird. Der Bär wird aber erst 1957 weiter nach Palästina vor-
rücken. Dann kommt die Sintflut...« Ende des Zweiten Weltkrieges hielt die Rote Armee zeitweilig Teile des Iran besetzt;
die Truppen wurden aber — wenn auch mit erheblicher Ver-
spätung — gemäß den in der Konferenz von Teheran 1946 ge-
troffenen Vereinbarungen abgezogen. Sie kamen nicht zurück
und unternahmen auch keine Invasion Palästinas.

Man kann sich des Eindrucks nicht erwehren, daß sich Mrs. Dixon gelegentlich von politischen Ängsten beeinflussen ließ. Viele
Jahre lang galt Walter Reuther, der Präsident der Automobil-
gewerkschaft und einer der führenden Funktionäre der
AFL-CIO, in konservativen Kreisen als ein Mann mit Präsi-
dentschafts-Ambitionen. Am 23. Oktober 1954 zitierte Ruth
Montgomery Mrs. Dixon wie folgt: »1963 wird der CIO-Präsi-
dent Walter Reuther vor den Mitgliedern seiner Gewerkschaft
bekanntgeben, daß er sich im kommenden Jahr an der Präsi-
dentschaftswahl beteiligen wird.« Wie Ruth Montgomery unter
dem 31. Dezember 1955 schreibt, soll sie diese Voraussage wiederholt und gesagt haben, daß »Walter Reuther sich 1960 zum
erstenmal um die Präsidentschaft bewerben, sein Herzenswunsch
ihm aber erst 1964 in Erfüllung gehen wird«.

Bei einem Rückblick stellt man fest, daß einige der Voraussagen
von Mrs. Dixon zu der Zeit, als sie gemacht wurden, wohl recht
beeindruckend gewesen sein mögen, jetzt aber ziemlich unge-
reimt erscheinen. Am 23. Oktober 1954 schrieb Ruth Montgomery über die Seherin: »Um das Jahr 1964 — so sagt sie immer
wieder — wird ein Mann — ein dunkelhäutiger Halborientale
— die miteinander vereinigten Länder Rußland und China regieren...« In ihrem Bericht über die Voraussagen für das Jahr
1956 schreibt Ruth Montgomery: »Jeane, die weniger von Politik versteht als der sprichwörtliche neugeborene Säugling, war
ganz verwirrt, als Ex-Gouverneur Thomas E. Dewey so deutlich
in ihrer Kristallkugel erschien. ›Ich verstehe das nicht‹, grü-
belte sie. ›Gibt es jemand innerhalb der Regierung, der zwi-

schen dem Präsidenten und dem Vizepräsidenten steht, aber
noch viel wichtiger ist als letzterer? Es sieht so aus, als würde
Dewey im nächsten Jahr einen mächtigen, neugeschaffenen Posten an Ikes Seite bekleiden.‹«

Ruth Montgomery teilte Mrs. Dixon in diesem Zusammenhang
mit, daß es »Spekulationen hinsichtlich der möglichen Schaffung
eines Regierungspostens oder der Stelle eines Präsidentenbera-
ters gegeben habe«, und bemerkt, daß »Jeane uns ganz aufgeregt
versicherte, daß es sich darum handle«. Nach Ruth Montgomery soll sie gesagt haben: »In meiner Kristallkugel sehe ich,
daß sich Dewey und Senator William Knowland gleichzeitig
darum bewerben, doch wird ihn Dewey bekommen, aber auch
Knowland wird viel wichtiger und berühmter werden.« Wie
die geschichtliche Entwicklung beweist, wurde Dewey aber nicht
»Präsidentenberater«, und der prominente Senator Knowland
kehrte nach Oakland in Kalifornien zurück, um die Geschäfts-
leitung der *Oakland Tribune*, einer der Familie gehörenden Zeitung, zu übernehmen.

Im Sommer 1966 blieb Premier Fidel Castro von Kuba zeitweilig für die Öffentlichkeit unsichtbar. Dieser Umstand führte zu
zahlreichen Spekulationen über seinen Gesundheitszustand,
seine Stellung in der kubanischen politischen Hierarchie sowie
über sein politisches und persönliches Schicksal. Als man Mrs.
Dixon in New York bei der Signierung von Ruth Montgomerys
Buch nach Castros Stellung fragte, sagte sie: »Den von mir ge-
fühlten Schwingungen zufolge ist er hier nirgendwo. Er ist entweder in China oder tot.« Wie die *New York Post* (17. Mai)
schreibt, fügte sie hinzu: »Seit einigen Wochen konnte ich seine
Schwingungen nicht mehr empfangen.« In diesem Falle gab
Jeane Dixon selbstverständlich nicht zu verstehen, daß sie sich
prophetisch, sondern nur, daß sie sich hellseherisch betätigte.
Immerhin tauchte Castro bald darauf — wenn auch weniger
überschwenglich als vorher auftretend — wieder auf. Angesichts
der Unstimmigkeiten, die zwischen seiner Regierung und Peking

wegen der von China vorgenommenen Einschränkung der Zuk-
kerkäufe und Reisexporte bestanden, schien es recht unwahrscheinlich, daß Castro in China gewesen sein sollte. Auf jeden
Fall war er aber noch am Leben.

Ruth Montgomerys Kolumne »Washington, das Märchenland«
enthielt einen zusammenfassenden Überblick über Mrs. Dixons
Voraussagen für das Jahr 1967:

»Geheimnisvolle Satelliten und UFOs, eine ›sechste Kolonne‹,
teuflische Erpressung, eine geheimnisumwitterte Frau im Os-
wald-Fall, schwierige Bewährungsproben für die Republikaner
und Schwierigkeiten für die Demokraten stehen im Zentrum
von Jeane Dixons Voraussagen für 1967, bei denen sie die Kristallkugel zu Rate zog. Sogar William Shakespeare kam dabei
vor.« Sie führte folgende Einzelheiten an:

»Die berühmte Seherin, deren alljährliche Voraussagen mit
ebensoviel Spannung erwartet werden wie die Wiederkehr der
Wahlen, sieht für das unmittelbar bevorstehende Jahr wenig
Grund zur Freude.

Obwohl Rotchinas Mao Tse-tung und Nordvietnams Ho Chi
Minh bald von der ›Weltbühne der Macht‹ verschwunden sein
werden, sagt sie, daß der Vietnamkrieg ›mit unverminderter
Kraft fortgesetzt wird, bis wir auf Rußlands Vorschläge eingehen und unsere eigenen Vorstellungen begraben‹.

Sie sieht beängstigende Erpressungsmittel, die Rußland bereits
in Händen hat; diese werden als Drohung gegen die Vereinigten
Staaten und Westeuropa benutzt, um einen ›plötzlichen Frieden‹ zu erzwingen; es werden aber noch verheerende Kriege
folgen.

Mrs. Dixon sieht — auf paranormale Weise — für einen Sieg
der Republikanischen Partei im Jahre 1968 ›alle Weichen gestellt‹; auf Gouverneur George Romney wird im Spätherbst
(1967) ein unangenehmes Problem zukommen, und Präsident
Johnson wird sich noch großes Kopfzerbrechen machen müssen.

Die berühmte Seherin aus unserer Hauptstadt, die seit der Veröffentlichung des von ihr handelnden Bestsellers *Ich sehe die Zukunft* ... eine halbe Million Briefe und Anrufe erhalten hat, hat auch eine positive Voraussage gemacht: aufgrund von Forschungsarbeiten, die durch den Ersten Weltkrieg unterbrochen wurden, wird ein Mittel gegen die Krebskrankheit gefunden werden.«

Ruth Montgomery kommt im Rahmen ihres Berichts später noch einmal auf die durch den Ersten Weltkrieg unterbrochene Krebsforschung zu sprechen und sagt, Jeane Dixon habe »auf paranormalem Wege vorausgesehen, daß einige europäische Wissenschaftler« an einer Theorie zu arbeiten begonnen hätten, die zu einer Korrektur »der Vibration erkrankter Zellen führen und sie zu einer Harmonie mit dem Ganzen bringen« könne. Vielleicht aber wurden diese Wissenschaftler — so behauptete Mrs. Dixon nun, wie Ruth Montgomery sagt — »während des Krieges getötet, doch wird ihre Theorie bald unserem Land zugänglich gemacht werden«. Ruth Montgomery fügte noch hinzu, daß Mrs. Dixon die Warnung ausgesprochen habe, wonach sich Präsident Johnson »vor schlechtem Rat in acht nehmen solle«, und daß sie »eine echte Bedrohung für unser Land« von Seiten dreier Männer kommen sehe, deren Initialen K, T und H wären, wobei sie gleichzeitig betonte, daß sie dabei nicht auf Kennedy oder Humphrey Bezug nehme. Am zutreffendsten von allen Aussagen, die Mrs. Dixon machte, stellte sich die über das »unangenehme Problem« heraus, mit dem Romney konfrontiert werden würde; denn er machte im September die Bemerkung, er sei wegen der Vietnam-Situation einer »Gehirnwäsche« unterzogen worden und gefährdete damit ernsthaft seine Chancen, Präsident zu werden.

Jahrelang hatte Mrs. Dixon auf eine hochgestellte Persönlichkeit aus der Sowjetunion hingewiesen, deren Name mit einem »S« anfing; es könnte sich, so meinte sie, dabei vielleicht um eine einflußreiche Persönlichkeit handeln, die sich aber im Hintergrund hielte. Zunächst nahm man an, daß sie damit unter Umständen

den sowjetischen Partei-Theoretiker Michael A. Suslow oder seinen Kollegen Alexander N. Schelepin meine. Doch behauptete sie bei ihrer Aussage im Frühjahr 1967, dem Kennedy-Mörder Lee Harvey Oswald sei seine Rolle von einer kleinen, in Rußland lebenden Gruppe zudiktiert worden, die von einem Mann mit dem Anfangsbuchstaben »S« geführt werde, und der weder mit Suslow noch mit Schelepin identisch sei.

Mrs. Dixons Voraussagen sind überall verstreut und vor allem die früheren kaum noch aufzuspüren. Im Herbst 1966 bat eine New Yorker Forscherin, die einige der von Ruth Montgomery über Mrs. Dixon verfaßten Artikel einfach nicht finden konnte, Ruth Montgomery um Fotokopien ihrer maßgeblichen, in vielen verschiedenen Zeitungen veröffentlichten Berichte über Aussagen, die Mrs. Dixon in den vorangegangenen Jahren gemacht hatte. Man teilte ihr aber mit, daß Mrs. Montgomery gerade ein Buch über ihre Erfahrungen mit paranormalen Phänomenen schreibe und daher zu beschäftigt sei, um noch Zeit für eine solche Sucharbeit zu haben. In ihrem Buch *A Search for the Truth* (»Auf der Suche nach der Wahrheit«, New York, 1967) berichtet Ruth Montgomery über eigene Erlebnisse als Medium, die zumeist in dem Empfang von »Botschaften« vermeintlicher Geister bestanden.

Menschen, die im Rampenlicht der Öffentlichkeit stehen — und damit auch die Prophetinnen — sind stets vielen Fragen ausgesetzt, die Licht- und Schattenseiten aufdecken. Mrs. Dixon ist mit Ruth Montgomerys Hilfe eine Mischung aus Ehrfurcht, gutmütiger Duldung, Neugier und viel echter Bewunderung für ihre Prophezeiungen zuteil geworden. Dennoch gibt es nur wenig Material über die Persönlichkeit und die Einstellung der Seherin von Washington. Diese Lücke wurde teilweise durch ein Interview geschlossen, das sie dem Illustrierten-Journalisten Jerome Ellison gegeben hat und das den Titel trägt: »Jeane Dixon Talks About God« (»Jeane Dixon spricht über Gott«, in: *The Christian Herald*, März 1966); darin charakterisiert Ellison die

Hauptfigur seines Artikels als »wahrscheinlich jemand, der von all denen, die die jetzige Generation von Amerikanern jemals zu sehen bekommt, einem echten, doch untypischen alttestamentarischen Propheten am ähnlichsten ist«. Ellison beschreibt Mrs. Dixon als eine »Frau von tiefer Frömmigkeit, aufgeweckt, rasch, zierlich, ungefähr 1,60 Meter groß, mit blauen Augen und braunem Haar« und bemerkt, daß »sie von ihrer prophetischen Gabe niemals aus geschäftlicher oder persönlicher Profitgier Gebrauch mache«, weiterhin erklärt er, daß es »wahrscheinlich innerhalb der gesamten Geschichte keinen anderen Prognostiker gegeben habe, der von einem größeren Schwarm zuverlässiger Zeugen begleitet worden ist«.

Sie wurde 1918 in Medford, Wisconsin, als Jeane Pinckert geboren; sie stammt von einer deutschen Familie ab, die sich, wie Ellison berichtet, wohl in Kalifornien angesiedelt hatte. Nach ihrer Erinnerung las ihr, als sie acht Jahre alt war, eine Zigeunerin aus der Hand und entdeckte dabei in ihrer Handfläche »Schicksals«-Linien; von dieser Frau erhielt sie auch die Kristallkugel. Mit 21 Jahren heiratete Jeane den Inhaber einer großen Automobilvertretung, James Dixon. Als Katholikin wurde ihr dafür von der Kirche ein Sonderdispens erteilt, da Mr. Dixon der Sohn eines Methodistenpfarrers war.

Auf die ihr von dem Journalisten gestellten Fragen antwortete Mrs. Dixon, ihr spirituelles Leben schließe »eine abendliche Selbstprüfung« mit ein; allerdings gehe sie dabei nicht allzu hart mit sich selber ins Gericht: »Ich breite mein Leben und meinen Tageslauf offen vor Gott aus.« Sie hofft auf göttlichen Beistand »gegen alle negativen Einflüsse — Neid und Bosheit und dergleichen«, da »es um mich herum viel Neid gibt, nicht wegen meiner Fähigkeiten — was einem gegeben ist, darf man wohl als eigene Fähigkeit ansehen —, sondern wegen meines Glaubens«.

Auf die Frage nach der Beziehung zwischen ihren Prophezeiungen und Visionen antwortet Mrs. Dixon: »Visionen haben nichts mit außersinnlicher Wahrnehmung oder paranormalen Vorgängen zu tun. Man hat mich gefragt: ›Warum gibt Gott Ihnen Visionen ein und anderen Menschen nicht?‹ Eine Vision kann jeder haben, den Gott dafür ausersieht. Ich halte mich nicht für besonders bevorzugt, andere Menschen haben ja auch Visionen. Der Grund, warum Er mir diese Visionen hat zuteilwerden lassen, so möchte ich jedenfalls annehmen, ist, daß Er mir sie eingibt, weil Er weiß, daß ich wie ein Kind damit herausplatze und aller Welt davon berichte. Ich weiß, daß die Welt eine Botschaft erhalten wird.« Sie betont, daß die von ihr benutzte Kristallkugel »nichts mit Religion zu tun hat«, sondern »nur ein bequemes Hilfsmittel darstellt, das die Konzentrationsfähigkeit bei Telepathie fördert, und nichts anderes. Meditation ist Gebet. Eine Vision ist eine Gabe Gottes.«

In einer Rezension, die Rhea White über das Buch von Ruth Montgomery für das *Journal* der American Society for Psychical Research (Juli 1966) schrieb, bemerkt sie, daß einige der politischen Voraussagen Jeane Dixons »intuitiv, wenn nicht rational erschlossen sein könnten«, andere hingegen »außer durch außersinnliche Wahrnehmung schwer zu erklären« seien. Rhea White, eine erfahrene Parapsychologin, kommt zu dem Schluß, daß Mrs. Dixon höchstwahrscheinlich »über eine paranormale Begabung verfügt und ganz sicher die ernsthafte Beachtung der Parapsychologen verdient«. Sie zitierte auch Ruth Montgomery, die über die Seherin von Washington geschrieben haben soll, daß »sie die parapsychologischen Forscher einfach fasziniert, weil sich ihre präkognitive Begabung auf so viele verschiedene Arten äußert«. Miss White meint, daß dieser Satz »das Bild von Forscher-›Schwärmen‹ heraufbeschwört, die Mrs. Dixon umlagern und über die ihr zur Verfügung stehenden vielen Möglichkeiten außersinnlicher Wahrnehmung in Erstaunen geraten«; dennoch sei wohl zu hoffen, »daß ein qualifizierter Parapsychologe Mrs. Dixon untersuchen und seine Funde veröffentlichen könne«.

Auf Rhea Whites Rezension hin brachte das *Journal* der American Society for Psychical Research in einer späteren Ausgabe einen Brief eines Mr. W. H. W. Sabine aus Hollis in New York, der Miss Whites »Bedauern teilte, daß Mrs. Dixons Gaben bislang noch nicht von Experten untersucht werden konnten«. Er schrieb weiter: »Mrs. Dixons Charakter, der in dem Buch geschildert wird — religiös, mildtätig und selbstlos —, hindert sie sicher nicht daran, das an ihr bestehende wissenschaftliche Interesse sowie das der Öffentlichkeit und ihrer Bekannten zu befriedigen.« Mr. Sabine erinnert sich an eine Voraussage Mrs. Dixons, die in der Sonntagsbeilage von *Parade* (13. Mai 1956) veröffentlicht worden war und lautete: »Zu der im Jahre 1960 stattfindenden Wahl meint Mrs. Dixon, sie werde sehr mühevoll sein, aber dann von einem Demokraten gewonnen werden. Doch wird er während seiner Amtszeit, ›wenn auch wohl nicht in seiner ersten Amtsperiode‹, ermordet werden oder sterben.« Er fügte die folgende recht provokativ klingende Spekulation hinzu: »Die in *Parade* erschienene Veröffentlichung ist nicht nur ein eindrucksvoller Beweis für Mrs. Dixons präkognitive Fähigkeiten; es wird dadurch auch eine wichtige Frage aufgeworfen: Könnte die Veröffentlichung zur Auslösung des Ereignisses beigetragen haben? Wenn ein Ereignis von menschlichen Handlungen abhängig ist und die Publikation ziemlich lange vor der Erfüllung erfolgt ist, dann liegt eine mögliche Erklärung für das Auftreten offenbarer Präkognition in der Verursachung durch den Perzipienten.« Als Beilage zum ·*Baton Rouge Advocate* wurde die Illustrierte *Parade* auch in New Orleans gelesen, wo der 16jährige Lee Harvey Oswald damals lebte (*The New York Times*, 28. September 1964). Wenn der Artikel Oswald zu Gesicht gekommen ist — die darin enthaltene Anspielung auf eine Umgruppierung im Kreml könnte einen jungen Marxisten besonders interessiert haben —, könnte ihm dadurch vielleicht der Gedanke an die Ermordung eines zukünftigen Präsidenten gekommen sein.

Auf jeden Fall ist klar, daß sich der Gedanke an einen solchen Mord und sogar bis zu einem gewissen Grade auch dessen Erwartung bei zahlreichen Menschen im ganzen Land niederschlug; währenddessen wiederholte Mrs. Dixon in Washington, wie Mrs. Montgomery berichtet, ständig ihre Warnung. Daher ist es vielleicht gar nicht nötig, soweit zu gehen und einen telepathischen Einfluß zu vermuten, sondern es genügt die Annahme, daß Mrs. Dixons weithin bekannte Prophezeiung die Ursache der Ereignisse gewesen ist, die dann zu dem Mord führten.

Die von Mr. Sabine geäußerten Gedanken und deren schwerwiegende Bedeutung wirken ernüchternd, wenn man die Wirksamkeit einer Prophezeiung überlegt. Wenn jemand über eine mögliche Gefahr Besorgnis äußert, dann wird dadurch beim Publikum die Phantasie in bezug auf diese Gefahr angeregt; allerdings wird dadurch nicht unmittelbar die Auslösung des gefährlichen Ereignisses bewirkt. Wirtschaftswissenschaftler wissen aus Erfahrung, daß nervöses Gerede über einen Wirtschaftsrückschlag eben zu der Vertrauenskrise führen kann, die dann eine Rezession nach sich ziehen kann. Selbst völlig unbegründete Gerüchte über angebliche Liquiditätsprobleme einer Bank können zu einem Ansturm besorgter Kapitalanleger führen, die ihre Guthaben abheben, was wiederum dazu führen kann, daß der Bank die Barmittel ausgehen.

Dr. Marshall McLuhan, der kanadische Soziologe, der das Konzept entwickelt hat, daß »das Medium selbst die Botschaft sei«, ist der Ansicht, daß die Massenmedien auf eben die Ereignisse einen starken Einfluß ausüben, von denen sie berichten, und die sie analysieren. Der praktizierende Prophet ist heute »Medium« in mehr als einer Bedeutung dieses Wortes. Warnt jemand vor Krawallen, die in einer Stadt während eines »langen, heißen Sommers« auftreten, wenn nichts unternommen wird, um sie zu verhindern oder die aufgeregten Gemüter zu beschwichtigen, dann können eben diese Bemerkungen den Druck noch verstärken und die Unruhen auslösen, die er zu vermeiden hoffte. Als Dr. Martin Luther King, der Friedensnobelpreisträger, im April 1967 vor möglichen »Gewalttätigkeiten auf den Straßen« warnte, die während des Sommers in größeren amerikanischen Städten vorkommen könnten, machten sich zahlreiche Bewohner von Harlem die heikle Wechselbeziehung zwischen Warnung und Ereignis zunutze. In einem Interview mit der New Yorker Wochenzeitung *Amsterdam News* (22. April 1967) bemerkte John D. Silvera, es sei »gefährlich, solche Voraussagen zu machen, weil die Voraussage selber bei potentiellen Störenfrieden vielleicht erst ein entsprechendes Bewußtsein schafft . . .« Ein weiterer Einwohner Harlems, Will George, bezeichnete die Warnungen Kings als »eine jener Prophezeiungen, die schon ihre Selbsterfüllung in sich tragen«. Ein Dritter, Davis Fields, meinte: »Manchmal, wenn man schreckliche Folgen kommen sieht, ist es fast so, als wünsche oder erzwinge man, daß sie eintreten.« Im Sommer 1967 kam es in vielen amerikanischen Städten selbstverständlich immer wieder zu Unruhen.

Obgleich dies nicht mit letzter Sicherheit behauptet werden kann, löst vielleicht doch jede warnende Voraussage die Handlungen aus, die sie vermeiden wollte. Seit alters her bezogen Unglücksprophezeiungen auch den Propheten mit ein. Die Könige im alten Griechenland töteten manchmal Unglücksboten. In der Mythologie schenkte man Cassandra, der trojanischen Schicksals-Prophetin, keinen Glauben, man verabscheute sie und brachte sie schließlich um. Im nationalsozialistischen Deutschland wurde, wie wir gesehen haben, der Astrologe Krafft verhaftet, als er ganz richtig vor einem Anschlag auf Hitlers Leben warnte, da die Gestapo in ihm einen Mitverschwörer vermutete.

Der Prophet lebt nicht im luftleeren Raum, er hat an allem direkt teil. Seine Prophezeiung ist ein Ereignis für sich selbst; sie ist weder zwingend noch aller Wahrscheinlichkeit nach etwas Endgültiges, gleichwohl aber ein Faktor, der nicht übersehen werden kann. Kommen wir noch einmal auf die Ermordung Kennedys zurück. Über sie wurden so viele Spekulationen veröffentlicht und so viele Hypothesen geäußert und wieder verworfen, daß die Meinung Mr. Sabines — derzufolge Oswald den Artikel von Jeane Dixons Prophezeiung in einer in Louisiana erscheinenden Zeitung gelesen haben soll — natürlich nur ein weiteres Stück in diesem gigantischen Mosaik darstellt. Immerhin aber deutet er ausdrücklich an, daß in dem fein ausbalancierten Ablauf öffentlicher Ereignisse die Veröffentlichung einer prophetischen Vision — ganz gleich, ob nun angenommen wird, daß sie von Gott eingegeben wurde oder durch eher weltliche Kanäle drang — eine ernstzunehmende Verantwortung mit sich bringt.

Die Verantwortung Mrs. Dixons ist besonders groß, da ihr ihre anderen, zutreffenden Prophezeiungen eine große Gefolgschaft beschert haben. Jeane Dixon konnte bei ihren Voraussagen aus zwei Hauptgründen Erfolge für sich verbuchen. Einmal dadurch, daß sie ihre Voraussagen immer recht vage formuliert, und zum zweiten dadurch, daß ihre Prophezeiungen immer vieles offen lassen. Außer der großen Zahl von Voraussagen, von denen nur ein paar eintreffen müssen, sind diese beiden Punkte die wichtigsten. Hinzu kommt, daß Mrs. Dixon ihre Voraussagen im Laufe der Jahre sozusagen auf den neuesten Stand zu bringen und sie so zu formulieren pflegt, als handle es sich um etwas ganz Neues.

So äußerte sie zum Beispiel am 8. Juni 1969 bei den Voraussagen, die sie jeweils in der Jahresmitte macht, über König Konstantin und Königin Anne-Marie von Griechenland: »Ich sehe Probleme auf das königliche Paar, das im Exil lebt, zukommen; sie werden schlechte Nachrichten mitzuteilen haben.« Da diese Voraussage für die zweite Hälfte des Jahres 1969 gemacht worden war, aber nicht eintraf, brachte Mrs. Dixon ihre Prophezeiung in dem Buch von René Noorbergen, *Leben und Prophezeiungen der Jeane Dixon* (Bietigheim, 1969), auf den neuesten

Stand und faßte sich dort präziser: »Die Ehe des jungen Königspaares geht nicht gut, sie werden sich scheiden lassen.« Weder trat
ein solches Ereignis ein, noch wurde es angekündigt, jedenfalls
nicht bis Mitte 1973, als das Athener Regime in Griechenland
die Republik ausrief.

Eine weitere spezifische Voraussage bezog sich auf Bischof James A. Pike von Kalifornien, dessen theologische Vorstellungen
und parapsychologischen Interessen ihn in den sechziger Jahren
in den Vereinigten Staaten zum Mittelpunkt des Interesses werden ließen. Als sie die Scheidung des griechischen Königspaares
prophezeite, sagte Jeane Dixon außerdem voraus, daß Bischof
Pike seinen kirchlichen Beruf aufgeben und sich einem anderen
Interessengebiet, wahrscheinlich der Medizin, zuwenden werde.
In Wahrheit kam Pike kurz danach (im September 1969) in der
israelischen Wüste um, als sein Auto mit einer Panne stecken-
blieb und sich nur seine Frau in Sicherheit bringen konnte. In
solchen Fällen behauptet Mrs. Dixon: »Wenn sich eine paranormale Vision nicht, wie erwartet, erfüllt, liegt das nicht daran,
daß das, was ich gesehen habe, etwa nicht stimmt; es kommt daher, daß ich die Symbole nicht richtig interpretiert habe.« Ihre
ohne Bezug auf reale Vorkommnisse abgegebenen Stellungnah-
men zum Tode Pikes lassen darauf schließen, daß ihre »Symbole«
so zu interpretieren gewesen sein könnten, daß der Bischof nach
seinem Tod in eine andere Existenz überwechseln und sich dort
mit geistiger Heilung beschäftigen würde.

Da sie nun einmal in Washington lebt, ist Jeane Dixon oft Fragen über internationale und innenpolitische Vorgänge ausgesetzt sowie über Namen von Persönlichkeiten, von denen in den
Nachrichten die Rede ist; dennoch scheint sie nie recht in Form
zu sein, wenn es um Voraussagen über Weltereignisse geht. Vielleicht kommt das von ihrer persönlichen konservativen Haltung,
die sie sicher eher instinktiv als intellektuell einnimmt. Als sie
einmal in der Fernsehsendung von David Susskind (11. Juni
1967) auftrat und der Interviewer auf die *Nation Review* Be-

zug nahm, eine von dem bekannten konservativen Schriftsteller William F. Buckley jr. herausgegebene Zeitschrift, gestand Mrs. Dixon, noch nie davon gehört zu haben.

In der Sendung mit Susskind sagte Mrs. Dixon auch, daß sie sich aufgrund von »Hellhören« in — wahrscheinlich über Radiotelefon geführte — geheime Gespräche »einschalten« könnte, die zwischen Peking und Moskau geführt wurden. In diesen Gesprächen, so sagte sie, ging es um ein Komplott gegen die freie Welt, das sie aufgrund ihrer paranormalen Gabe abhören konnte. In späteren Interviews gestand sie, daß bei ihrer Fähigkeit, derartige Gespräche mitanzuhören, eine Unterbrechung eingetreten sei und sie das Gefühl habe, daß das »aus guten Gründen« geschehen sei. Aus solchen rätselhaften Bemerkungen muß man schließen, daß Mrs. Dixon annahm, daß entweder Moskau oder Peking oder sogar alle beide ihrer einzigartigen telepathischen Fähigkeit Glauben schenkten und Schritte unternahmen, um ihre Verbindung gegen den von ihr installierten Abhör-Empfang abzuschirmen.

Rußland und China sind in Mrs. Dixons apokalyptischen Visionen von großer Bedeutung, obwohl die Öffentlichkeit dafür nur wenig Interesse aufbringt. Ganz gewiß beurteilte sie die sowjetisch-chinesischen Beziehungen schon am 23. Oktober 1954 nicht zutreffend bzw. »interpretierte die Symbole falsch«, als Ruth Montgomery Jeane Dixon in den New Yorker *Daily News* wie folgt zitierte: Ungefähr im Jahre 1964 werde »ein dunkelhäutiger Halborientale die miteinander vereinigten Länder Rußland und China regieren«. Etwa nach Jahresfrist, am 31. Dezember 1955, sagte sie, daß China »1964 zu einer Bedrohung für die Welt« werden würde. Montgomery fügte hinzu: »Jeane ist vollständig verblüfft von einer Szene, die in ihrer Kristallkugel immer wieder auftaucht. Immer wieder sieht sie, wie sich Tausende von Rotchinesen an der Grenze zur DDR plötzlich gegen die Kommunisten wenden und der Bundesrepublik zu Hilfe eilen.« Am 20. Oktober 1968 enthielten ihre in den Zeitungen veröffentlichten Voraussagen den folgenden Absatz: »Ich sehe eine Bundesrepublik, die von der Sowjetunion eingeschüchtert und abgeschreckt wird. Ein hoher sowjetischer Funktionär, dessen Name mit »Y« anfängt, hat bereits konkrete Pläne für den Einmarsch sowjetischer Truppen in die Bundesrepublik.« Bei ihrer Voraussage für das Jahr 1970 sagte Mrs. Dixon, Bundeskanzler Willy Brandt werde »noch viele Schwierigkeiten haben« und befände sich »unter einer dunklen Wolke wegen seiner früheren Verbindungen und seiner Hoffnung auf Annäherung an einen Feind, der nur zur Vermehrung seiner schwerwiegenden Probleme beitragen wird.«

Wegen der Bedeutung, die sie erhabenen und religiösen Dingen beimißt, gibt Mrs. Dixon täglich in zahlreichen Zeitungen astrologischen Rat und beschäftigt sich in ihren übrigen Voraussagen oft mit der Ehe prominenter Persönlichkeiten wie Mr. und Mrs. Aristoteles Onassis und — wie im Falle des griechischen Königspaares — mit dem Liebesleben gekrönter Häupter. In einer Voraussage für die Jahre 1970 bis 1972 beschäftigte sie sich mit der Eheschließung von Prinzessin Anne von Großbritannien. In ihrer ersten Voraussage sagte sie, sie sehe »eine Königskrone über ihr schweben«, was bedeute, daß »sie keinen Bürgerlichen heiraten wird«. In ihrer zweiten Voraussage faßte sie sich genauer und schrieb, daß die Prinzessin im Mai 1972 »ernsthafte Heiratsgedanken hegen würde«, doch »wird die Königin sich dagegen stellen«. Ein derartiger Aufschub hat, so Mrs. Dixon, »nur sein Gutes, denn würde sie 1972 wirklich heiraten, so ginge das nicht gut«. In Wirklichkeit kündigte Prinzessin Anne ihre Heiratsabsichten im Frühjahr 1973 an — und heiratete einen Bürgerlichen.

Mindestens zweimal sagte Jeane Dixon einen Abhörskandal für Washington voraus. Ihre Prophezeiung gewann viel an Bedeutung, als die Verwaltungsbehörden von Washington in eine komplizierte und lange hinausgezögerte Untersuchung eines am 17. Juni 1972 erfolgten Einbruchs in die Hauptgeschäftsstelle

der Demokratischen Partei im Watergate-Gebäude verwickelt
wurden. Im folgenden Jahr wurden Fälle von illegalem Abhören
und Fotografieren untersucht und führten zu beachtlichen Veränderungen im Weißen Haus und anderen Teilen der Regierung.
Hier nun der Wortlaut von Jeane Dixons Voraussage, die in verschiedenen Zeitungen am 20. Oktober 1968 veröffentlicht wurde:
»Ein von mir bereits vorausgesagter Abhörskandal wird noch
kommen. In ihn wird Richard Nixon verwickelt sein, doch wird
er daraus als ehrenhafter Mann hervorgehen, was die Öffentlichkeit weiter für ihn einnehmen wird. Ich sah eine Kugel, die
sich wie beim Roulette immerzu im Kreis bewegte; die Kugel schien bei einer zweifachen Null stehenzubleiben. Sie schien
auf einen oder mehrere Namen zu deuten, die ich nicht interpretieren konnte. Ein großer, dunkelhaariger Mann schien etwas
damit zu tun zu haben. Das ganze wird für Nixon nur günstig
sein und ihm eine Position schaffen, in der er viel Unrecht wie-
dergutmachen und damit das Ansehen der Vereinigten Staaten
aufwerten kann.«
Bei einem Interview mit dem Sensationsblatt *National En-
quirer* (3. Juni 1973) erinnerte sie sich, daß sich ihre Vorassage
über einen Abhörskandal auf einen Wiederholungstraum grün-
dete, den sie in den Jahren 1969, 1970, 1971 und 1972 gehabt
hatte, und in dem sie eine Gruppe Männer in Drähte verwickelt
gesehen hatte. Obwohl der Watergate-Skandal Mitte 1973 das
Prestige Präsident Nixons bereits stark in Mitleidenschaft gezogen hatte, behauptete Mrs. Dixon weiterhin, ihre ursprüngliche
Voraussage gelte noch immer. Sie sagte: »Ich weiß, daß es momentan schlecht um Präsident Nixon bestellt ist, doch sage ich
voraus, daß er aus der Krise erfolgreich und erstarkt hervorgehen wird. Sein Name wird keinen Schaden nehmen. Im Laufe
der Zeit wird seine Glaubwürdigkeit immer mehr zunehmen.
Die Schwingungen, die ich gespürt habe, gingen niemals von
Präsident Nixon aus, sondern stets in seine Richtung. Das bedeutet, daß er von der Watergate-Affäre nichts gewußt hat.«

19. KAPITEL

». . . und Kennedy getötet werden«

Helden müssen einen gewaltsamen Tod erleiden. Friedlich im hohen Alter zu sterben, gilt als unheroisch, so jedenfalls verlangt es das Heldenbild in der Mythologie, in Märchen und heutzutage. Der Held der Gegenwart par excellence, der ebenfalls einen gewaltsamen Tod erlitt, war Präsident John F. Kennedy. Ähnliche Vorstellungen verbinden sich mit der Ermordung von Präsident Abraham Lincoln und dem Tod den der Generalsekretär der Vereinten Nationen, Dag Hammarskjöld, bei einem Flugzeugabsturz in Afrika fand. In der alten und jüngsten Geschichte finden sich ähnliche Tragödien überall verstreut.

Der Tod Präsident Kennedys löste in der ganzen Welt einen nie dagewesenen Schock aus. Ferner handelte es sich um eines der meist vorausgesagten Unglücke unserer Zeit, von dem eine Einzelperson betroffen wurde. Wir haben gehört, daß Jeane Dixon bereits 1956 in diesem Zusammenhang von einem Mord sprach. Sie wich von dieser Prophezeiung, die sie viele Male wiederholte, bis zum Tage von Kennedys gewaltsamem Tod am 22. November 1963 tatsächlich nicht ab.

Wie Ruth Montgomery in ihrem Buch schreibt, traf sich Mrs. Dixon einige Tage davor mit Mr. John Teeter, dem Verwaltungsdirektor des Damon Runyon Memorial Fund, der Vicomtesse Fournier de la Barre aus Paris und Miss Eleanor Bumgardner in einem Vorstadtrestaurant zum Essen. Miss Bumgardner, die sich später noch gut an die geführten Unterhaltungen erinnerte, sagte, Mrs. Dixon habe auf dem Weg zum Restaurant verwirrt gewirkt und ihr Auto im Schneckentempo gefahren. Auf die Frage, was sie so bedrücke, antwortete sie: »Ich muß immerzu ans Weiße Haus denken. Wo ich gehe und stehe, sehe ich, wie sich eine dunkle Wolke auf das Weiße Haus herabsenkt. Es wird sehr, sehr bald etwas Tragisches geschehen.« Am Tag darauf besuchte Miss Bumgardner Mrs. Dixon in dem Immobilienbüro ihres Mannes. Sie fand sie in sehr erregter Stimmung: »Du lieber Gott, in wenigen Tagen wird der Präsident getötet. Ich sehe, wie man seinen Sarg ins Weiße Haus trägt...«

Bei einem Abendessen, das Mrs. Harley Cope, die Witwe eines Konteradmirals, am 20. November gab, und an dem auch Charles Benter teilnahm, der einstige Gründer des US-Marine-Orchesters (und jetzt nach seiner Pensionierung in Mr. Dixons Immobiliengeschäft tätig), schien Mrs. Dixon wieder völlig in sich versunken, beteiligte sich zeitweilig auch nicht am Gespräch und sagte: »Es tut mir leid, aber ich nehme das, was Sie sagen, gar nicht mehr auf, denn der Präsident wird erschossen werden.« Wie Ruth Montgomery berichtet, fragte Mrs. Cope im Glauben, sie hätte etwas mißverstanden: »Wer, sagten Sie, wird erschossen?« Mrs. Dixon antwortete: »Unser Präsident, Präsident Kennedy.«

Am 22. November traf sie sich mit Mr. Benter nach der Messe in einem Café und sagte zu ihm: »Heute wird es passieren.« Später, beim Mittagessen mit Mrs. Cope und Mrs. Rebecca Kaufmann, rührte Mrs. Dixon ihr Essen nicht an. Als Mrs. Kaufmann sie drängte, doch etwas zu sich zu nehmen, sagte sie: »Mrs. Kaufmann, ich kann einfach nicht. Ich bin zu aufgeregt. Heute wird dem Präsidenten etwas Furchtbares geschehen.« Kurz danach brachten die Nachrichten die Meldung, daß auf Präsident Kennedy geschossen worden sei.

Mrs. Dixon machte auch in bezug auf Dag Hammarskjöld Prophezeiungen. Wieder kann dies Miss Bumgardner teilweise als Zeugin bestätigen. Jess Stearn zitiert Miss Bumgardner in seinem Buch *The Door to the Future* (»Das Tor zur Zukunft«, New York, 1963); wie er schreibt, erinnerte sie sich, daß sie kurz vor Hammarskjölds Flugzeugabsturz nach Übersee fliegen wollte und ihr Mrs. Dixon den Rat gab: »Tun Sie, was Sie wollen, aber nehmen Sie nicht das gleiche Flugzeug wie Dag Hammarskjöld.« Stearn interviewte den Vizepräsidenten der American Security and Trust Company, der bestätigte, daß Mrs. Dixon ihn damals ebenfalls gewarnt habe, nicht das gleiche Flugzeug zu nehmen wie Hammarskjöld.

Stearn fragte den Bankpräsidenten:

»Wie drückte sie sich aus?«

Er antwortete: »Sie sagte mir, ich solle in den nächsten zwei Wochen nicht dasselbe Flugzeug benutzen wie Hammarskjöld.«

»Wie lange ist das her?«

»Das war vor zwei Wochen.«

»Hat sie Ihnen irgendeinen Grund angegeben?«

»Sie sagte, es würde meiner Gesundheit schaden und — ich glaube, sie hatte recht . . .«

Die Prophezeiung Jeane Dixons über den Tod Präsident Kennedys stimmte ganz genau. Doch teilte sie objektiv oder subjektiv die Sorge um Kennedys Leben mit Millionen Menschen. Dallas war am Vorabend von Kennedys Fahrt durch die Stadt spannungsgeladen. Kurz vorher war Adlai Stevenson, der Vertreter der USA bei den Vereinten Nationen, von einer Menschenmenge bedroht worden. Menschen aus vielen verschiedenen sozialen Schichten in der ganzen Welt machten sich um den Präsidenten und seine außerordentlich beliebte Familie Sorgen.

Seit dem Mord hat es zahlreiche Anzeichen dafür gegeben, daß Kennedy wegen der Lebensgefahr, in der er schwebte, schon beunruhigt war, die Dinge jedoch fatalistisch auf sich zukommen ließ. Schon vor der Dallas-Reise herrschte eine unbeschreibliche Atmosphäre der Spannung. Voraussagen über seinen gewaltsamen Tod — in denen eine Mischung von echter Besorgnis und Sensationshascherei zum Ausdruck kam — hatten auch viele Menschen gemacht, die weniger berühmt und mit nicht so guten Beziehungen ausgestattet waren wie Mrs. Dixon. Zwei Telefonistinnen, die in Oxnard in Kalifornien bei der General Telephone Company tätig waren, erinnerten sich, zwanzig Minuten

vor dem Mord eine unbekannte Frauenstimme gehört zu haben:
»Der Präsident wird getötet werden.«

Dieser Vorfall wurde später dem Federal Bureau of Investigation (FBI) gemeldet. Der Leiter der Telefonzentrale, Ray Sheehan, sagte aus, es habe geschienen, als sei die Frauenstimme »irgendwie in die von unserer Telefonistin hergestellte Leitung hineingeraten«, vielleicht weil sie sich verwählt hatte. Die Herkunft des Anrufs konnte nur insoweit ermittelt werden, als man feststellte, daß er aus der Gegend um Oxnard-Camarillo stammte, also rund 80 Kilometer von Los Angeles entfernt. Zwei Telefonistinnen bestätigten, daß der Anruf um 10.10 Uhr (nach der lokalen Zeitrechnung) erfolgt sei, also genau zwanzig Minuten, bevor die tödlichen Schüsse auf den Präsidenten abgegeben wurden.

Zahlreiche ähnliche Fälle sind von John C. Ross gesammelt und in der Zeitschrift *Fate* unter dem Titel »Premonitions of Kennedy's Death« (»Ahnungen vom Tode Kennedys«) veröffentlicht worden. Curtis Fuller, der Herausgeber der Zeitschrift, führte unter anderem Voraussagen des englischen Astrologen John Pendragon und sogar eine von Billy Graham an. Ein Bericht stammte aus Glendive, Montana; Donna Radin, im ersten Semester Studentin am Dawson County Junior College, verließ den Hörsaal, als die Mittagsglocke läutete. Plötzlich blieb sie wie angewurzelt stehen und rief laut: »Der Präsident ist tot!« Ob hier nun Telepathie oder Präkognition vorlag, — auf jeden Fall wurde ihr Ausruf kurz darauf von Zeugen bestätigt. Miss Radin hatte keinerlei Rundfunkmeldungen gehört. Später sagte sie nur: »Mich befiel plötzlich so ein merkwürdiges Gefühl. Bevor ich überhaupt merkte, was ich sagte, brach es schon aus mir heraus.«

Ross schildert einen Fall, den er als »eine der traurigsten Ahnungen in bezug auf den Tod Präsident Kennedys« bezeichnet. Er stammt von Ricky E. McDowell, einem achtjährigen Jungen, der im Doctor's Hospital in Columbus, Ohio, lag. Zwei Tage

vor dem Mord war er — er litt an Leukämie und war dem
Tode nahe — in einem koma-artigen Zustand verfallen. Er erwachte daraus am 22. November um 7 Uhr morgens. Seine Mutter Betty McDowell saß an seinem Bett, und er erzählte ihr
einen merkwürdigen Traum: Präsident Kennedy sei gestorben.
Die Mutter beruhigte Ricky, der Präsident sei am Leben und es
gehe ihm gut. Der Junge starb am 28. November, ohne jemals
erfahren zu haben, daß er in seinem Traum ein reales Ereignis
vorausgesehen hatte.

Astrologische Voraussagen über das Leben prominenter Persönlichkeiten enthalten häufig Warnungen vor unmittelbar drohender Gefahr. Man mag sich skeptisch dazu stellen, denn gibt es
überhaupt irgendeine öffentlich exponierte Persönlichkeit — angefangen bei Castro bis de Gaulle und Sukarno bis Mao —, die
sich nicht in ständiger Gefahr befände? Doch waren einige
Hinweise auf Präsident Kennedys Tod besonders eindrucksvoll,
selbst wenn man sehr strenge Maßstäbe anlegt. Dal Lee, ein er-
fahrener und sehr angesehener Berufsastrologe, richtete im
Astrological Guide im Oktober 1963 schon Monate im voraus
— wie er sich ausdrückte — »ein warnendes Wort an den Präsidenten« und bat ihn dringend, »auf seine Gesundheit und
Sicherheit zu achten«; außerdem schrieb er: »Wir wünschten,
dem Präsidenten sagen zu können, daß der November für ihn
ein Monat ohne besondere Schwierigkeiten wird, doch verbietet
dies die Lage der Dinge.«

Eine bedeutende und erfahrene österreichische Astrologin, Grä-
fin Zoë Wassilko-Serecki aus Wien, teilte dem Autor dieses Buches mit, daß aus Kennedys Horoskop »klar und unbezweifel-
bar und selbst für Anfänger ersichtlich gewesen sei, daß er
nicht lange leben und eines gewaltsamen Todes sterben würde«.
Sie fügte hinzu: »Wir alle wußten davon, seit seine persönlichen
Daten gleich nach der Wahl bekannt wurden. Doch haben wir
nichts veröffentlicht, um die Begeisterung der Menschen nicht
gleich von Anbeginn zu lähmen. Das Schicksal läßt sich eben

doch nicht ändern. Nur meine Schüler und rund fünfzig Mitglieder der Österreichischen Astrologischen Gesellschaft wußten davon. Trotzdem war es einfach, derartige astrologische Schlußfolgerungen in Erfahrung zu bringen und sie dann als ›hellseherische‹ Prophezeiung zu ›verkaufen‹.«

In *Huters Astrologischem Kalender*, der in der Bundesrepublik erscheint, war 1961 zu lesen: »Das Horoskop Präsident Kennedys zeigt Gesundheitsschäden und zu einer bestimmten Zeit die Gefahr, daß er von einem Fanatiker ermordet wird.« Außer dem soeben zitierten *Astrologischen Kalender* brachte das Münchner astrologische Wochenblatt *Das Neue Zeitalter* einen Bericht von Gunnar Hellqvist (am 10. Dezember 1960), der folgende Überschrift trug: »Unheimliche Prognose: Wird Kennedy ermordet werden? Im Amt sterben oder einem Mord zum Opfer fallen?« Wie die Herausgeber erklären, ging der Artikel ohne das Fragezeichen in der Schlagzeile bei ihnen ein. Sie formulierten ihn zu einer Frage um, weil sie eine so beunruhigende und sensationelle Voraussage nicht so bringen wollten, als handle es sich dabei um eine Tatsache.

1963 enthielt die Novemberausgabe der *American Astrology* einen Artikel, den Leslie McIntyre im Mai verfaßt hatte, und aus dem hervorging, daß gewisse, für den Monat zu erwartende Konstellationen in der Vergangenheit »mit einer das Staatsoberhaupt persönlich betreffenden Gefahr« zusammengefallen seien und »der Monat November für Präsident Kennedy offensichtlich verschiedene Gefahren in sich birgt«. Einer der geachtetsten amerikanischen Astrologen ist der Wirtschaftsspezialist David Williams; er gab eine außerordentlich gut belegte Voraussage ab. Vor den Wahlen im Jahr 1960 wurde er während eines Bootsausfluges, den er mit sechs weiteren Geschäftsleuten unternahm, gefragt, ob er aufgrund seiner astrologischen Kenntnisse in der Lage wäre, eine spezifische Voraussage über den Ausgang der Präsidentschaftswahlen zu machen. Er schrieb das Datum »4. August '60« auf ein Stück Papier und notierte dazu: »Abd.

Inspiration« (die Abkürzung besagte, daß er die Aussage an Bord der *Inspiration* gemacht hatte, die Henry Fried, dem Präsidenten der Mackay Construction Corporation, gehörte). Dann schrieb er:

»Voraussage von D. Williams.
Kennedy wird die Wahl gewinnen, er wird im Amt sterben und sein Nachfolger wird Johnson sein.«

Williams unterschrieb mit vollem Namen. Sodann wurde die Aussage durch die Unterschriften zweier weiterer Mitreisender beglaubigt. Vier andere setzten später noch hinzu: »Wir haben es auch gehört«, und unterschrieben ebenfalls.

Astrologen stimmen nicht immer in ihren Interpretationen überein, doch war etlichen eine Aufstellung noch in guter Erinnerung, die John Hazelwigg im November 1901 für den New Yorker *Astrological Herald* gemacht hatte. Jerry Klutz wies in einem Artikel in *American Astrology* kurz nach der Wahl von 1960 (im Dezember) darauf hin, daß Hazelwigg »die zwanzigjährige zyklische Wiederkehr der Konjunktion von Jupiter und Saturn mit den Präsidenten in Beziehung gesetzt hatte, die im Amt gestorben waren«. Klutz gab dazu folgende Erläuterung:

1840	Harrison	starb im Amt
1860	Lincoln	ermordet
1880	Garfield	ermordet
1900	McKinley	ermordet
1920	Harding	starb im Amt
1940	Roosevelt	starb im Amt

Nun konnte man natürlich hinzufügen:

1960	Kennedy	ermordet.

Ebenfalls in *American Astrology* (März 1961) erschien eine Analyse, die der australische Astrologe Arthur de Dion anhand John F. Kennedys Horoskop vorgenommen hatte, und aus der hervorging, daß »Merkur ungünstig zur Venus stehe« und dies »für das Privatleben oder für die Politik von denkbar schreck-

lichster Bedeutung« sei und »die Vereinigten Staaten ihn zweifellos gut bewachen lassen müssen«.
Dr. Stanley Krippner vom Maimonides Medical Center in
Brooklyn, New York, behandelte im November 1966 den To-
deszyklus in einem Vortrag vor der »Society for the Investigation of Recurring Events« (»Gesellschaft zur Untersuchung
von wiederkehrenden Ereignissen«) an der New Yorker Medizinischen Akademie. Dabei zitierte er eine Vision, die er selbst
unter dem Einfluß des Psychedelikums Psilocybin 1962 von
Kennedys Tod gehabt hatte, wobei »sich Lincolns Gestalt langsam auflöste und die Kennedys erschien«; Krippner öffnete die
Augen und stellte fest, daß »sie voller Tränen waren«. Doch
war Krippner der Zwanzigjahreszyklus bekannt, und daher
kann er unter Umständen »von diesem Wissen unbewußt bei
der Strukturierung seiner psychedelischen Eindrücke Gebrauch
gemacht haben«. In seinem Vortrag über den Zwanzigjahreszyklus meinte er: »Die Chancen, daß sich diese Situation rein
zufällig ergibt, stehen 1 : 100.« Er führte »kausale und akau-
sale« Erklärungen an, darunter das Synchronizitätsprinzip, die
Erwartungshaltung und »eine graduelle Zunahme feindseliger
Gefühle bei paranoischen Schizophrenen, die — sozusagen stell-
vertretend (alle zwanzig Jahre) — durch den Tod eines Präsidenten ihre Befriedigung finden.«
An dieser Stelle scheint es angezeigt, eine Hypothese zu untersuchen, die bei jeder ernsthaften Bewertung der Astrologie
von Bedeutung ist. Es handelt sich um ein Konzept, das von Dal
Lee konsequent weiterentwickelt wurde, einem Mann, den man
zu recht als einen der großen Alten der amerikanischen Astrologie bezeichnen könnte. Er hat sich wiederholt schriftlich dahingehend geäußert, daß Astrologen bei all ihrer Beschäftigung
mit Diagrammen und mathematischen Berechnungen tatsächlich vielleicht außersinnliche Wahrnehmung praktizieren. Wir
haben uns mit diesem Gedanken schon an einer früheren Stelle
dieses Buches beschäftigt. Bestimmte Fälle augenscheinlicher Prä-

kognition können ganz einfach aufgrund von Telepathie zustande gekommen sein. Könnte es sein, daß die Astrologen und
einige andere Menschen auch in Präsident Kennedy selbst eine
starke Ängstlichkeit gespürt haben — eine fatalistische Einstellung gegenüber Gefahren, die ihn dann dazu veranlaßte, das
berühmte Kabinendach abzulehnen, das die Präsidenten-Limou-
sine bei ihrer langsamen Fahrt durch die Straßen von Dallas
geschützt hätte? War somit Kennedy der Prophet und nicht die
anderen?

Daß Kennedy Ahnungen in bezug auf sein Schicksal hatte,
scheint ziemlich gut belegt. Der Washingtoner Kolumnist Drew
Pearson berichtete über ein sehr ernstes Gespräch, das Kennedy
mit dem damaligen Arbeitsminister Arthur Goldberg hatte, den
er beabsichtige, für ein Richteramt am Supreme Court vorzu-
schlagen. Dabei sagte Kennedy zu Goldberg: »Ihr Scheiden
wirkt auf mich, als würde mir der rechte Arm abgeschnitten.«
Goldberg meinte, daß vielleicht später einmal wieder eine Stelle
beim Supreme Court frei würde und er dann ja noch immer
überwechseln könnte; aber der Präsident zweifelte daran und
meinte zunächst: »Ich weiß nicht, ob sich noch einmal eine
Möglichkeit ergeben wird«, und fügte dann schwermütig
hinzu: »Und Sie werden noch lange hier sein, wenn ich schon
fort bin.«

Im Sommer des Jahres 1963 sagte der Präsident beim Verlassen der Messe in Hyannis Port zu einem Journalisten, der
außerdem ein Freund der Familie war: »Ich frage mich, ob sie
mich in der Kirche erschießen werden . . .«

Über Lincolns Todesahnungen hat sein früherer Sozius, der Jurist
Ward Hill Lamon, in seinen *Recollections of Abraham Lincoln*
(»Erinnerungen an Abraham Lincoln«, Chicago, 1895) berich-
tet. Während des Bürgerkrieges war Lamon Polizeidirektor des
Districts von Columbia. Er machte sich sofort, nachdem ihm
Lincoln den folgenden prophetischen Traum erzählt hatte, No-
tizen und nahm dabei wahr, daß der Präsident davon tief, ja

fast in einem fatalistischen Sinne beeindruckt war. Hier nun
Lamons Darstellung:

»Das bestürzendste Ereignis im Leben Mr. Lincolns war ein
Traum, den er nur wenige Tage vor seiner Ermordung hatte.
Er war für ihn von ungeheuerlicher Tragweite, und ganz sicher
hat selten eine Vision eine schreckliche Realität so widergespie-
gelt wie diese . . . Nachdem er sich einige Tage lang deswegen
Sorgen gemacht hatte, schien Lincoln das Geheimnis nicht länger für sich behalten zu können. Ich versuche, seine eigenen
Worte so genau wie möglich nach den Notizen wiederzugeben,
die ich mir sofort nach seinem Vortrag machte. Es waren nur
zwei bis drei Personen anwesend. Der Präsident war melancho-
lischer, nachdenklicher Stimmung und hatte sich eine Zeitlang
schweigend verhalten. Mrs. Lincoln, die ebenfalls anwesend
war, wollte ihn, der ein so ernstes Gesicht machte, aus seiner ge-
drückten Stimmung aufrütteln. Dies schien ihn aus seiner Ver-
sunkenheit zu wecken, denn er sagte, ohne jedoch Mrs. Lincolns
Einfall scheinbar zu bemerken, langsam und in gleichmäßigem
Tonfall:

›Es erscheint merkwürdig, daß in der Bibel soviel von Träumen die Rede ist. Es gibt, glaube ich, im Alten Testament ungefähr sechzehn Kapitel und vier im Neuen Testament, in denen
Träume erwähnt werden; außerdem finden sich überall in dem
Buch verstreut Stellen über Visionen. Wenn wir der Bibel glauben, müssen wir die Tatsache als gegeben hinnehmen, daß in
früheren Zeiten Gott und Seine Engel den Menschen im Schlaf
erschienen und sich ihnen in Träumen offenbarten. Heutzutage
hält man Träume für überaus albern, und außer alten Frauen
und jungen Liebespaaren erzählt kaum noch jemand einen
Traum.‹

Mrs. Lincoln sagte dazu: ›Nun, du siehst schrecklich ernst aus,
glaubst *du* denn an Träume?‹

›Ich weiß es nicht genau‹, antwortete Mr. Lincoln, ›aber ich
hatte vor ein paar Nächten einen, der mich seither ständig ver-

folgt. Als ich danach zum erstenmal wieder die Bibel aufschlug, traf ich dabei ganz zufällig — so merkwürdig dies auch erscheinen mag — auf das 28. Kapitel der Genesis, in dem der wunderbare Traum Jakobs erzählt wird. Ich blätterte weiter und schien — wohin ich auch nur blickte — stets auf einen Traum oder eine Vision zu stoßen. Ich blätterte immer weiter, und überall fiel mein Blick auf Stellen, in denen von Dingen die Rede war, die auf merkwürdige Weise mit meinen eigenen Gedanken übereinstimmten — Heimsuchungen durch übernatürliche Mächte, Träume, Visionen usw.‹

Er schien nun so ernst und verwirrt, daß Mrs. Lincoln ausrief: ›Du erschreckst mich! Was ist bloß los?‹

›Ich fürchte‹, sagte Mr. Lincoln, als er die Wirkung sah, die seine Worte auf seine Frau gehabt hatten, ›es war falsch, die Sache überhaupt zu erwähnen; aber irgendwie hat es von mir Besitz ergriffen und weicht nicht von mir wie Banquos Geist.‹

Dies stachelte Mrs. Lincolns Neugier nur noch mehr an, und während sie tapfer abstritt, an Träume zu glauben, drängte sie ihn heftig, den Traum doch zu erzählen, der ihn dermaßen gefangen zu halten schien; dabei wurde sie von einem weiteren Zuhörer noch unterstützt. Mr. Lincoln zögerte, begann dann aber schließlich sehr bedächtig und mit melancholischem Gesichtsausdruck:

›Vor ungefähr zehn Tagen ging ich sehr spät zu Bett. Schon nach kurzer Zeit schlief ich ein, denn ich war müde. Ich begann bald zu träumen. Um mich herum schien totenähnliche Stille. Dann hörte ich plötzlich gedämpftes Schluchzen, so, als weinten viele Menschen. Ich glaubte, mein Bett zu verlassen und nach unten zu gehen. Dort wurde die Stille von dem gleichen mitleidigen Geschluchze unterbrochen, doch waren die Trauernden unsichtbar. Ich ging von Zimmer zu Zimmer; nirgends eine Menschenseele, doch verfolgten mich die gleichen traurigen Schmerzenslaute auf meinem Rundgang; jeder Gegenstand schien mir vertraut, doch wo waren nur die Menschen, die so bekümmert waren, als bräche ihnen das Herz? Ich war ratlos und beunruhigt. Was mochte dies alles bedeuten? Entschlossen, den Grund für dieses so geheimnisvolle und so unheimliche Geschehen herauszufinden, ging ich weiter, bis ich zum Ostzimmer kam und es betrat. Dort wurde ich mit einer schrecklichen Überraschung konfrontiert. Vor mir stand ein Katafalk, und darauf lag eine in Begräbniskleidung gehüllte Leiche. Darumherum standen Soldaten, die Wache hielten; es waren viele Menschen da, von denen einige trauervoll auf die Leiche blickten, deren Gesicht bedeckt war; andere weinten voller Mitleid.‹

›Wer ist im Weißen Haus gestorben?‹ wollte ich von einem der Soldaten wissen.

›Der Präsident‹, war die Antwort; ›ein politischer Mörder hat ihn getötet!‹

›Die Menge brach in lautes Wehklagen aus, wodurch ich aus meinem Traum geweckt wurde. Ich schlief in jener Nacht nicht mehr, und obwohl es nur ein Traum war, hat mich die Sache seither merkwürdig beunruhigt.‹

›Das ist ja scheußlich!‹ rief Mrs. Lincoln, ›ich wünschte, du hättest ihn nicht erzählt. Ich bin froh, daß ich nicht an Träume glaube, sonst wäre ich von jetzt ab ständig in Angst.‹

›Nun‹, antwortete Mr. Lincoln nachdenklich, ›es ist nur ein Traum, Mary. Laß uns jetzt darüber schweigen und ihn, wenn möglich, vergessen.‹«

Lamons Bericht schließt mit einigen eigenen Anmerkungen: »Dieser Traum war so schrecklich, so wirklichkeitsnah und stimmte so mit anderen Träumen und bedrohlichen Ahnungen überein, daß Mr. Lincoln dadurch zutiefst verwirrt war. Während seines Vortrags war er ernst, schwermütig und zeitweilig sichtlich blaß, aber vollkommen ruhig. Er sprach langsam, mit angemessener Betonung und starker Erregung . . .«

Nach Lamons Bericht sollen die ersten Worte Mrs. Lincolns, als sie vom Tod des Präsidenten erfuhr, gewesen sein: »Sein Traum war prophetisch!« Und tatsächlich lag seine Leiche dann feierlich im Ostzimmer aufgebahrt und wurde von Soldaten bewacht.

Wenn man einmal von der grundlegenden Schwäche von Lamons Bericht absieht — dem offensichtlich erfundenen Schlußgespräch und seiner Befangenheit in der schicksalhaften Atmosphäre —, stellt Lincolns Traum einen eindrucksvollen Fall von Präkognition dar. Außerdem trat sie kurz vor dem Tode des Präsidenten auf; die Einzelheiten — Ostzimmer, Wachen — sind weitere Belege für den Wahrtraum. Allerdings muß man sich darüber im klaren sein, daß Präsident Lincoln komplizierter war als die Geschichtsschreibung allgemein vermuten läßt. Er hatte ein feines Empfinden für sein eigenes »Schicksal«.

Abraham Lincoln hatte auch davor schon Träume gehabt, die seine Zukunft betrafen. Unter dem Eindruck des Bürgerkrieges schrieb er: »Ich hatte meine ehrgeizigen Pläne — zugegeben — wie jeder amerikanische Junge von echtem Schrot und Korn. Und ich habe gewagt, diesen Traum vom Weißen Haus zu träumen, ich, der Ärmste der Armen, der in einer primitiven Hütte der ersten Siedler in den Wäldern von Kentucky geboren wurde. Mein Traum wurde wahr, wo aber ist der Ruhm? Asche und Blut. Ich habe alles mit schmerzendem Herzen durchgestanden und die Toten um ihre Ruhe auf den Schlachtfeldern beneidet.«

In der psychoanalytischen Vierteljahresschrift *Imago* (Juni 1940) hat Dr. George W. Wilson aus Chicago die Vermutung geäußert, daß Lincoln die Umstände praktisch selbst schuf, »um ermordet zu werden«, daß schließlich sein Wahrtraum sowie das ständige Versäumnis, sich bewachen zu lassen, in die gleiche Richtung weisen. Wilson erinnert daran, daß Lincoln »von seinen persönlichen und politischen Freunden wegen der ausgesprochenen Sorglosigkeit, mit der er sich physischen Angriffen aussetzte, gewarnt und beschworen worden war.« Wilson berichtet weiterhin, daß der Kriegsminister Edwin M. Stanton Lincoln wegen seiner Unvorsichtigkeit zur Rede stellte und ihm drohte, er werde eine ganze Kompanie Infanteristen abkommandieren, um ihn, wo immer er ging und stand, bewachen zu lassen. Lincoln konterte, indem er Stanton bat, ihm seinen eigenen Adjutanten, der woanders eine bestimmte Aufgabe zu übernehmen hatte, an jenem Abend als Bewachung bei einem Besuch von Fords Theater zu überlassen. Das war ganz unmöglich und bedeutete für Stanton eine offenkundige Abfuhr. Lincolns angeblicher Bewacher war ein äußerst unzuverlässiger ehemaliger Polizist, der noch nicht einmal auf seinem Posten war, als John Wilkes Booth in die Präsidentenloge eindrang.

Wilson erblickt in Lincolns letzter Todesahnung den Schlußpunkt von vielen Vorahnungen und Träumen, die der Präsident gegenüber Freunden und sogar Fremden erwähnt hatte; er äußert, Lincoln »habe daraus geschlossen, daß er Zukünftiges voraussagen konnte«; in gewissen Vorgefühlen hätte sich ihm auch »das wahrscheinliche Resultat von problematischen Staatsgeschäften und bevorstehenden Schlachten geoffenbart«. Wilson folgert, daß »er all seinen Träumen eine prophetische Qualität zugeschrieben« habe und meint, diese Haltung des Präsidenten sei einem Omnipotenzgefühl entsprungen, so daß sein Todestraum völlig »mit den unbewußten Wünschen Abraham Lincolns« übereinstimmte und »seine exhibitionistischen und selbstzerstörerischer Triebe« zutage förderte.

Lamon hat geschrieben: »So überzeugt er zweifellos von Vorzeichen war, die er für schlüssig hielt — daß er Macht und Größe gewinnen würde —, so war er auch eben wegen dieser Zeichen der festen Überzeugung, daß auf dem Höhepunkt seiner Karriere und seines Ruhms plötzlich für ihn alles zu Ende sein würde. Er hat immer geglaubt, daß er durch ein politisches Attentat getötet werden würde, und hat dennoch, trotz dieses entsetzlichen Schicksals, das sein Leben überschattete, nie auch nur für einen kurzen Augenblick den Mut verloren.«

Der Held muß sterben! Verwirklichen die Menschen in ihren Träumen tatsächlich von ihnen selbsterschaffene Symbole? Offenbaren ihnen ihre Träume daher auch — oft mit bemerkens-

werter Genauigkeit und in allen Einzelheiten — ihr Geschick?
Oder teilen sich ihre Ängste und Wünsche anderen mit, die auf
diese Weise zu Propheten werden?

Dies sind recht esoterische Fragen, und man scheut sich fast, sie
aufzuwerfen, da sie uns noch völlig unbekannte Bereiche berühren. Immerhin aber gibt es inzwischen einige ernsthafte Versuche, Fragen dieser Art zu klären. In seinem Aufsatz »The
Integrity of Life and Death« (»Die Integrität des Lebens und
des Todes«, *Eranos Jahrbuch*, Zürich, 1965) beschäftigt sich der
Psychologe Dr. Ira Progoff mit der symbolischen Bedeutung
des Todes von Kennedy, Hammarskjöld und Lincoln. Progoff
bemerkt, es sei für »das herausfordernde Benehmen, das Kennedy an den Tag legte«, typisch gewesen, daß er den Befehl
gab, das Kabinendach abzunehmen und im offenen Wagen zu
fahren und sich damit der Kugel eines möglichen Heckenschüt-
zen schutzlos auszusetzen, »eine Haltung, die für die Persönlichkeit des Helden charakteristisch ist«. Die Stärke des Heldenbil-
des, meint Progoff, war ihm innerlich stets so gegenwärtig, daß
er das Gefühl hatte, Maßnahmen, die nur seinem physischen
Schutz dienten, nicht ergreifen zu müssen«. Obwohl dieses
Machtgefühl von Zeit zu Zeit für ihn eine Stütze bedeutet haben
mag, habe Kennedy, wie Progoff zu bedenken gibt, »es doch
wohl für sinnlos gehalten, dafür zu sterben. Doch müssen wir
nach der Bedeutung seines Todes gerade in diesem Bereich Ausschau halten . . .«

In der dem Wissenschaftler eigenen vorsichtigen Ausdrucksweise
erzählt Progoff, wie er sich ausdrückt, »die übliche Geschichte
von Lincoln«; danach sollen Lincoln und seine Freunde schon
1850, als er noch als Rechtsanwalt auf dem Land lebte und nur
wenig greifbare Aussichten auf Erfolg hatte, von der Voraussage einer Wahrsagerin stark beeindruckt gewesen sein:

»Die Wahrsagerin war eine alte Negerin, die ihre Künste nach
Art des Wudu-Zauberkultes praktizierte. Man erzählt, daß sie,
als sie ihre Aufmerksamkeit Lincoln zuwandte und sich psy-

chisch auf ihn einstellte, um ihm eine Deutung geben zu können, plötzlich wegen gewisser Gefühle oder Schwingungen, die sie empfing, erschrak und ganz aufgeregt wurde. Wie bei sensitiv bzw. mediumistisch veranlagten Menschen häufig, fühlte sie, daß die Person, die sie vor sich hatte, über außergewöhnliche Fähigkeiten verfügte. Sie reagierte auf dieses Gefühl und machte eine sehr positive Voraussage. Sie wußte, daß der vor ihr sitzende Mann Rechtsanwalt war und vielleicht auch, daß er sich mit Politik befaßte, jedenfalls machte sie eine Voraussage, die zwar enthusiastisch, aber unter den gegebenen Umständen nicht unnatürlich war. Sie prophezeite, daß Lincoln eines Tages Präsident werden würde.«

Progoff meint außerdem: »Es ist verständlich, daß Lincolns Freunde und einige seiner Biographen dieses Ereignis ziemlich hochgespielt haben, indem sie es ex post facto im Lichte der raschen politischen Erfolge interpretierten, die Lincoln während der folgenden zehn Jahre hatte und die dann mit seiner Nominierung und seiner Wahl im Jahr 1860 ihren Höhepunkt erreichten. Einige Enthusiasten sehen hierin die Wirkung von etwas Übernatürlichem in seinem Leben. Skeptiker wiederum halten es für eine kluge Vermutung, die sich dem Gedächtnis nur wegen der dann folgenden ungewöhnlichen Ereignisse einprägte, — ein schlaues Einschätzen der Situation von Seiten einer alten Frau, die wußte, was ihren Kunden schmeichelte ...«

Progoff hat das Gefühl, daß Lincoln selbst »auf derartige Erscheinungen aufmerksam achtete, sie aber ruhig und sicherlich nicht begeistert zur Kenntnis nahm«. Er akzeptierte die Prophezeiungen in dem Maße, »in dem er selbst der Ansicht war, daß etwas Wichtiges auf ihn zukäme«. Tatsächlich scheint Lincoln damals an das Unvermeidliche im Leben fest geglaubt zu haben. Als er seinen Wahrtraum hatte, meint Progoff, hatte Lincoln Angst und wollte aufgeben. Wie im Fall Kennedys erwies sich auch im Falle Lincolns die Bewachung als wirkungslos oder wurde sogar vom Präsidenten selber verhindert. Progoff schließt

sich der Meinung an, daß »Lincoln trotz seiner paranormalen
Ahnungen und der Tatsache, daß er deren Bedeutung unbewußt
akzeptierte, nichts tat — und wir können wirklich sagen, daß er
absichtlich nichts tat —, um die Polizeiüberwachung zu verstärken, was ihn vielleicht gerettet hätte«. Er zögerte sogar, Fords
Theater zu besuchen, sein Gefühl sprach dagegen, doch ging er
trotzdem. (Auch Kennedy hatte vor seiner Dallas-Reise offenbar böse Vorahnungen.)
Vielleicht war Lincoln an dem Punkt, an dem besonderen Zeitpunkt seiner Karriere angekommen, daß er, wie Progoff meint,
»die gesamte Folge der Ereignisse, vergangene wie zukünftige,
als Teil seines sich entfaltenden und notwendigen Schicksals«
hinnahm. »Was auch immer geschah, es war Schicksal.« Lebte
er tatsächlich entsprechend einem Bild, das er sich von sich selber gemacht hatte? Nach seinem Wahrtraum hatte er die Bibel
zu Rate gezogen und darin zahlreiche Stellen gefunden, die für
seine tiefe Besorgnis eine direkte Bedeutung hatten. Im Alten
Testament wird immer wieder berichtet, daß, wenn der Diener
des Herrn seinen Zweck erfüllt hat, er in die Berge geschickt
wird und verschwindet.
Leo Tolstoi, der selber von Selbstzweifeln geplagt wurde
und sich mit der Bedeutung des Todes in tiefgreifender Weise
auseinandergesetzt hat, sagte bei einem Interview nach
Lincolns Ermordung: »Lincoln war ein Christus en minia-
ture . . .«
Dag Hammarskjöld, den Progoff aufgrund seiner Weltsicht und
seines Schicksals den »leidenden Dienern, die diesen Weg gehen
müssen«, zuordnet, kam — wie man annimmt — bei einem
Flugzeugabsturz ums Leben, als er in einer von den Vereinten
Nationen angeregten Friedensmission nach Afrika unterwegs
war. Wie er in seinem Tagebuch, das unter dem Titel *Markings*
(»Markierungspunkte«, New York, 1964) veröffentlicht wurde,
erkennen läßt, empfand er sich im Grunde genommen als ein
Opfer im Dienste Gottes; in einem kurzen Gedicht bringt er seine

Gedanken über sein Schicksal, so wie er es begriff, mit einfachen und klaren Worten zum Ausdruck:

Ich habe die anderen gesehen:
Jetzt bin ich an der Reihe,
ein an den Altar gefesseltes
Opfer.

Progoff schreibt über die Vorstellung des Sich-opferns, die Hammarskjöld in seinen Schriften zum Ausdruck bringt: »Sie stellte den Hintergrund im Leben und in der Seele des Mannes dar. Er hat sich sehr oft über den Tod Gedanken gemacht, den gewaltsamen Tod sogar poetisch geschildert, als beschwöre seine Seele das schreckliche Ereignis, das vor ihm lag, herauf — kündigte es ihm nicht an, sondern beschwor es eher herauf.«

Diese drei Männer wirkten während ihres Lebens als Symbole. Der gewaltsame Tod, den sie erlitten, war trotz allem notwendig, um diese symbolische Bedeutung zu vervollkommnen und zu erhöhen. Alle drei haben sie die Möglichkeit oder Wahrscheinlichkeit eines gewaltsamen Todes vorausgesehen, wie auch andere Menschen, die sie umgaben. Alle drei bleiben Symbole, auch für die Vorstellungen, die sie verkörpert haben.

20. KAPITEL

Prophetien wurden wahr:
Zusammenfassung und Ausblick

Schon der Name klingt wie das dumpfe Grollen eines Donners: Dodona. Viele Jahre vor der klassischen Zeit Griechenlands, vor Homer oder den delphischen Orakelsprüchen befragten die Menschen das älteste der heute bekannten Orakel. Vor vielleicht 4000 Jahren stand eine Eiche in Dodona, das heute Teil einer gebirgigen Gegend im Nordwesten Griechenlands ist. War es nun *wirklich* das Grollen des Donners, das häufig vom Himmel über Dodona kommt, das zu Zeiten mit der Stimme eines Orakels zu sprechen schien? Wir wissen zu wenig und gleichzeitig zu viel über diesen Ort. In Dodona hat sich der Mensch vielleicht zum erstenmal in seiner ganzen Einfalt, aber auch in seiner Vielfalt geoffenbart. Natürlich möchten die Menschen gern in Erfahrung bringen, was die Zukunft für sie bereithält; in Wirklichkeit aber wollten und wollen sie immer nur eine Antwort auf die Frage: Was soll ich tun?

Dieser Baum, diese kleine Bucht, dieser Himmel, dieser Stein, dieser große Kessel, diese Grotte, dieser sich leicht kräuselnde See, dieses Flüstern der Blätter, dieser geweihte Boden, dieses geschmolzene Blei, dieser Spiegel, diese flüchtige Wolke — an sie alle wurde stets die gleiche Frage gerichtet: Sagt mir, was ich tun soll. Sagt mir, wie ich nach dem Willen der Götter handeln soll. Sagt mir, welche Opfer ich bringen, welche Wege ich gehen muß, welche Worte ich sagen soll, welche rituellen Handlungen ich vornehmen, welchen Herren ich gehorchen muß. Welche guten oder schlimmen Taten muß ich vollbringen?

Einfache Menschen stellen einfache Fragen. Vor einigen tausend Jahren fragte Agis, wie Steintafeln beweisen, in Dodona, ob er seine Decken und die Unterlage seiner Schlafstätte verloren

oder ob sie »irgendein Fremder gestohlen« habe. Ein gewisser
Lysanias wollte von dem Orakel wissen, ob er der Vater des
Kindes wäre, mit dem seine Frau Nyla schwanger ging. Wie den
Tafeln weiter zu entnehmen ist, wollten Euandros und seine
Frau wissen, »welches Gebet oder welchen Gottesdienst sie
verrichten müßten, damit es ihnen jetzt und für alle Zeiten am
besten erginge«. Es gibt eine zerbrochene Bleitafel, nach der die
Korkyräer, die ständig miteinander in Fehde lagen, das Orakel
um Rat fragten, »welchem Gott oder Helden sie Gebete oder
Opfer darbringen sollten, um in Einigkeit leben zu können«.
Plato erinnert uns, »daß es den Menschen jener Zeiten — da sie
ja nicht über die Weisheit verfügten, die sie heute besitzen — in
ihrer Einfalt genügte, einer Eiche oder einem Fels zu lauschen,
wenn diese nur die Wahrheit sprachen«. O wie weise sind wir
Heutigen! Unsere Präsidenten, die keine Orakel zur Hand haben, die sie befragen, keine Hofastrologen, die ihnen günstige
Tage nennen könnten, richten sich nach Meinungsumfragen oder
lehnen sie ab, Umfragen, bei denen eine Million anonymer
Stimmen »ja«, »nein« oder »ich weiß nicht« sagen.

Jeane Dixon hat über Besuche berichtet, die sie Präsident Roosevelt wenige Monate vor seinem Tode mit ihrer in ein Stück
Silberfuchspelz verpackten Kristallkugel abstattete. Nach ihrer
Erinnerung bat Präsident Roosevelt während dieser Besuche um
ihre Meinung zu der Frage: »Werden wir Rußlands Verbündete
bleiben?«, die Mrs. Dixon folgendermaßen beantwortet haben
will: »Meine Visionen zeigen mir etwas anderes an, doch werden wir zu einem späteren Zeitpunkt wieder Verbündete werden, und zwar gegen Rotchina.« Einer Äußerung Mrs. Dixons
zufolge glaubte der Präsident nicht daran, daß China kommu-
nistisch werden würde. Auf seine Frage, wieviele Jahre er noch
zu leben hätte, hat Mrs. Dixon, wie sie sagt, geantwortet:
»Nicht Jahre. Sie müssen nicht in Jahren, sondern in Monaten
rechnen, Herr Präsident. Mit weniger als sechs Monaten.«

Prophetie in unserer Zeit. Was bedeutet das, »unsere Zeit«?

Wir fragen uns, ob sie sich nicht ebenso rückwärts wie vorwärts bewegt, ob sie »relativ« oder »seriell« ist, ob sie stillsteht oder sich ausdehnt, und wir fragen nach den Gesetzen der Naturwissenschaften, der Philosophie und des größten aller Orakel — unserer eigenen Seele. Die Eiche von Dodona, deren Silhouette sich gegen den blauen Himmel abhob, galt als Symbol für alle Hoffnungen und Ängste des vorgeschichtlichen Menschen. Dort wurde vertraulich mit den Geistern der Verstorbenen geredet; durch den Boden, auf dem sie stand, ist Blut von Menschen- und anderen Opfern gesickert, ihre Rinde war von der Berührung und den Küssen demütiger Bittsteller ausgehöhlt und ihre Eicheln wurden als Talismane mitgenommen, die Stärke und Glück versprachen.

Die ursprünglich animistische Bedeutung von Dodona wurde schließlich durch den Zeus-Kult abgelöst. Die dort erbauten Tempel wurden immer wieder von dem einen oder anderen Stamm ausgeplündert. Frederic W. H. Myers bemerkt in seinen *Classical Essays* (»Aufsätze zur Klassik«, London, 1883), daß »solange die Eiche stand, der Tempel immer wieder von neuem erstand«; doch: »Als schließlich ein illyrischer Bandit die Eiche fällte, war damit auch Zeus nicht mehr anwesend, und seitdem kennt das einsame Tal nichts Heiliges mehr und hat auch nie wieder eine Stimme gefunden.«

Wenn wir Jahrtausende zurückblenden bzw. vorauseilen, wird die enge Beziehung zwischen dem Lächerlichen und dem Erhabenen so recht deutlich, doch sind diese beiden Extreme nirgends so eng miteinander verbunden wie in den Bemühungen der Menschen, sich »der Dinge zu versichern«, etwas zu finden, »an das sie sich klammern können«, sei es nun an einen kosmischen Glauben oder an den Zauber des Glücks. Dieser Drang nach Prophetie ist dem Menschen ebenso ein Bedürfnis wie der Kiosk an der Ecke mit seinen astrologischen Blättchen oder die Abendzeitung mit ihrer für Millionen verwirrter Menschen bestimmten Spalte »Trost und Rat«. Die wirtschaftspolitischen Wahrsager aber sind Leuten vergleichbar, die ständig unter Liebeskummer leiden. Die geistige Verwirrung des heutigen Menschen zeigt sich besonders deutlich dort, wo er sich hilfesuchend an seinen Arzt, seinen Makler für Kapitalanlagen, seinen Pfarrer oder Psychiater wendet — an jeden, der nur irgendwelche äußeren Zeichen von Wissen sein eigen nennt: ein juristisches Diplom, die Maske eines Medizinmannes, einen Priesterkragen oder eine Warenpreisliste an der Wand.

Wie wichtig war und ist doch dieses äußerliche Drum und Dran! Die Frau, die das delphische Orakel verkörperte, pflegte sich, wie überliefert ist, die Frage anzuhören und sich sodann ins Erdinnere zu begeben. Dort setzte sie sich auf einen dreibeinigen Schemel und beugte ihren Kopf über die Spalte, aus der inspirierende Dämpfe aufstiegen (die, wie aus der Mythologie hervorgeht, durch den Auflösungsprozeß der Pythonschlange verursacht wurden, die Apollo erschlagen hatte); dieser Akt inspirierte sie zur Äußerung seltsamer Worte von schicksalhafter Bedeutung. Meist mußten diese Worte dann sozusagen erst von den anwesenden Priestern »übersetzt« werden, den Propheten, denen dann natürlich vorgeworfen wurde, sie hätten in ihre Auslegung eigene Vorstellungen einfließen lassen.

Selbst bei dieser Inszenierung kam eigentlich nur ein bestimmtes Maß an künstlerischer Freiheit zum Ausdruck. Ernstzunehmende Wissenschaftler stimmen im Grunde völlig mit A. Oppé überein, der über »The Chasm of Delphi« (»Die Erdspalte in Delphi«, in: *The Journal of Hellenic Studies*, London, 1904) sagt, daß es sich bei der Spalte und dem »mephitischen Gas«, das daraus aufstieg, nur um Erfindungen jener Führer handelte, die ehrfürchtigen Hohlköpfen vom Lande das Gelände des Orakels zeigten, als Delphis Einfluß stark im Schwinden war. Oppé hegt die starke Vermutung, daß die Geschichte über den Spalt und das Einatmen von Dämpfen »durch die wilden Berichte lateinischer Autoren« verbreitet wurde; die von ihnen berichtete Version wurde von den Stoikern freudig aufgegriffen, die »über eine Erklärung einer Manifestation des Göttlichen froh waren, die zu ihren allgemeinen Vorstellungen von einer sich in der Natur äußernden Gottheit paßte«.

So löst sich nun die Legende von der sich im Zersetzungsprozeß befindenden Pythonschlange — der das pythische Orakel von Delphi seinen Namen verdankt. Die uns vom klassischen oder frühgeschichtlichen Griechenland überlieferten Sagen sind praktisch wirklich von sehr vielschichtiger Bedeutung. Myers erwähnt, daß sich »Orakel« im Lateinischen besonders auf Fälle bezieht, in denen die Stimme Gottes oder eines Geistes — »direkt oder durch menschliche Vermittlung« — tatsächlich vernommen wurde. Doch bedeutet das entsprechende griechische Wort lediglich »einen Platz, an dem wahrgesagt wurde, einen Ort, wo man auf irgendeine Weise Weissagungen erhalten konnte«.

Das bei uns häufig benutzte Wort »Enthusiasmus« ist für mich in dieser Beziehung von überaus lebendiger Bedeutung. Es kommt von dem griechischen Wort »Theos« = Gott; die erste Silbe bedeutet »hineingehen« — in seiner Gesamtbedeutung bezieht es sich auf jemanden, in den die Götter Eingang gefunden haben, der »besessen« und daher entweder inspiriert, beherrscht, emporgehoben, verwandelt oder in ein Werkzeug der Weisheit oder des Leidens umgewandelt wird, das das normale menschliche Maß bei weitem übersteigt. Die Orakel wurden in diesem Sinne ursprünglich als »be-geisterte« Sprachwerkzeuge der Götter, der Vorfahren oder einer kosmischen Macht angesehen — und sind damit Jungs »kollektivem Unbewußten« vergleichbar, in dem Wissen gespeichert ist, das das des Einzelnen in jeder Hinsicht, auch in bezug auf die Zukunft, übersteigt.

Welch großartige Visionen, die dann oft eine so banale Anwendung finden. Genügen nicht die Blütenblätter einer Blume, um die Frage zu beantworten: »Sie liebt mich ... sie liebt mich nicht...?« *Muß* denn der Mensch dieses erhoffte Wissen in dem suchen, was Freud die »schwarze Schlammflut« des Okkulten nannte? Bei gierigen Zigeuner-Wahrsagerinnen, bei halbirren und sicherlich homosexuellen Schamanen, die es in ganz Nordasien und im Südpazifik gibt, bei Priestern, die den Menschen manipulieren — allesamt Begleiterscheinungen aller späteren delphischen Orakel?

Sokrates hat einmal geschrieben, daß »uns unsere größten Wohltaten nur im Wahnsinn zuteil werden, vorausgesetzt, daß uns dieser Wahnsinn von Gott eingegeben wurde«. Plato erblickte in Apollo den Schutzherrn eines göttlichen Wahnsinns, den Herrscher über die beiden apollinischen Orakel, das pythische und das sibyllinische, sowie über die Priesterinnen des Zeus von Dodona. Der deutsche Gelehrte Erwin Rohde widerspricht in seinem Hauptwerk *Psyche* (Berlin 1925[10]) der allgemeinen klassisch-griechischen Überlieferung, indem er den Apollo-Kult für »allem feindlich gesonnen« hält, »was die Natur der Ekstase ausmacht«; der göttliche Wahnsinn der Pythia sei nur durch das Hinzutreten dionysischer Vorstellungen möglich gewesen. (Rohde war sein Leben lang ein Freund Friedrich Nietzsches, und nur aufgrund seiner Dionysos-Forschung ist Nietzsche schließlich dahin gelangt, die christliche Demut der dionysischen Überschwenglichkeit gegenüberzustellen.)

Professor E. R. Dodds bemerkt in seinem großartigen Werk *The Greeks and the Irrational* (»Die Griechen und das Irrationale«, Berkeley, 1959), »prophetischer Wahnsinn sei zumindestens so alt wie der Apollo-Kult im alten Griechenland«, wahrscheinlich sogar noch älter, weil »die Assoziation zwischen Prophetie und Wahnsinn dem indo-europäischen Gedankengut angehört«. Er bemerkt, daß die meisten apollinischen Orakel, wie zum Beispiel das delphische, nicht auf »Visionen« beruhten, sondern auf »Enthusiasmus« im ursprünglichen und eigentlichen Sinne, wobei Gott »in sie einzog und durch sie sprach, als sei er selber anwesend«.

Die Geschichte der Prophetie ist mit Verrücktheiten, Merkwürdigkeiten und Tragikomischen gespickt. Schon 1485 hörte man,

wie Robert Nixon, ein Engländer, den man den Idioten von
Cheshire nannte, beim Pflügen mit seinen Pferden sprach und sie
»Dick« und »Harry« nannte. Doch hieß keines der Pferde so;
wie sich später herausstellte, soll zu genau der gleichen Zeit
Richard III. in der Schlacht von Bosworth getötet und Henry VII. zum König von England ausgerufen worden sein. Offenbar, so schlossen die Dorfbewohner, war ihr Idiot ein Prophet oder etwas Ähnliches. Später hörte Henry VII. von dem
»Idioten von Cheshire« und ließ ihn an seinen Hof kommen.
Um ihn zu testen, soll Henry einen Diamanten versteckt und
Nixon erzählt haben, er hätte ihn verloren. War Nixon in der
Lage, ihn zu finden? Da er kein Narr war, soll Nixon, wie die
Legende berichtet, sich fast orakelhaft ausgedrückt haben, indem er ungefähr sagte: »Wer etwas versteckt, wird es auch wiederfinden.« Bald jedoch wurde der Hof des Burschen aus
Cheshire überdrüssig; man sperrte ihn in ein geheimes Verließ ein
und vergaß ihn dort; dieser Zustand zog sich über Jahre hin,
bis eines Tages alle von der Jagd heimkehrten und ihn tot vorfanden. Ein Spielzeug, ein Hofnarr, ein Prophet, ein Verrückter
oder nur ein Bauernbursche, der zur richtigen — oder falschen
— Zeit mit seinen Pferden gesprochen hatte.
Die Cheshire-Bauern hatten nach etwas Wunderbarem, Wildem
oder Verrücktem Ausschau gehalten und es dann auch gefunden.
Wenn man nur lange genug eine Wolkenformation anschaut
oder die Klecksbilder des Rorschach-Tests, findet man fast immer etwas. Dieses Phänomen ist zeitlos und universal: das Bleigießen, das schon die alten Griechen praktizierten, ist auch heute
noch in fast ganz Westeuropa Brauch: am Silvesterabend
schmilzt man ein Stückchen Blei auf einem Löffel und wirft es
dann in kaltes Wasser — und liest daraus zukünftige Ereignisse
ab. Diese Praktik unterscheidet sich nicht wesentlich von der des
Eierwerfens, die in Assam Brauch ist, und über die D. C. Becker
in *Anthropos* (Wien, 1917—18) unter dem Titel »Das Eierwerfen von Khasi« berichtet hat. In seinem Aufsatz beschreibt

Becker einen dort üblichen Wahrsage-Brauch, bei dem Eier und ungekochter Reis verwendet werden. Die Eier werden rot bemalt, so daß man die Außen- und Innenseite der Schale leicht voneinander unterscheiden kann, wenn sie zerbrochen sind. Die Eier werden zu Boden geschleudert, und die Form, die sie dann annehmen, orakelhaft gedeutet. Da es sich, wie Becker berichtet, bei den Khasi um ausgesprochene Realisten handelt, wiederholen sie diesen Vorgang solange, bis die Zeichen günstig stehen; danach wird alles in ein Eier-Reisgericht à la Khasi verwandelt.

In seiner geistreichen Untersuchung der psychologischen Aspekte des Mythos, die Joseph Campbell unter dem Titel *The Hero With a Thousand Faces* (»Der Held mit den tausend Gesichtern«, New York, 1949) vorgelegt hat, äußert er, die Hauptmotivation traditioneller Rituale bestünde nicht in der Manipulation, sondern in der Integration von Ereignissen im Leben des Menschen. Feste, um den Sommer zu verlängern und das Kommen des Winters zu verhindern, werden nach Campbell deswegen nicht gefeiert, weil »(im Gegensatz zu schwarzmagischen) bei allen wahrhaft religiösen Zeremonien das beherrschende Motiv darin besteht, sich der Unabänderlichkeit des Schicksals zu unterwerfen«. Ich meine doch, daß wir bisher festgestellt haben, daß eines der durchgängigsten Motive des Menschen, sich an prophetische Voraussagen zu klammern, in seinem Bedürfnis begründet liegt, dieses sein Schicksal zu verstehen und es im voraus zu wissen.

Campbell hat die Meinung, daß der gegenwärtigen Gesellschaft das Gefühl des Einsseins abhanden gekommen ist, von dem in der Mythologie und den frühen Religionen noch die Rede ist. Die alten Ängste des Menschen vor Tieren oder Naturkatastrophen sind verschwunden, doch hat sein ursprüngliches Bemühen um ein Verständnis des Unbegreiflichen — das Schicksal des Menschen, seine Zukunft, sein Geschick — eine andere Bedeutung angenommen. Er bemerkt: »Heute gibt es keinen Sinngehalt, der von einer ganzen Gruppe — oder sogar von der ganzen Welt — geteilt würde: alles liegt beim Individuum selber. Doch ist ihm der Bedeutungsgehalt vollkommen unbewußt. Man weiß nicht, auf was man zusteuert. Man weiß nicht, was einen vorwärtstreibt ...« Der Hunger nach Prophezeiungen ist in unserer Zeit vielleicht Ausdruck eines Bedürfnisses nach neuer Hoffnung. Vielleicht schafft die prophetische Vision unter den unbewußten Kräften von menschlicher Stärke und Optimismus eine gewisse Ordnung, bietet sie ein bestimmtes Ziel an, das erreichbar scheint, obwohl der Mensch um seine Grenzen weiß.

Ganz allgemein gesagt sind die psychologischen Aspekte der Prophetie noch weitgehend unbekannt. Der Grund dafür liegt vielleicht in dem für Psychologen ganz natürlichen größeren Interesse an neurotischen Prozessen und teilweise auch in der Tatsache begründet, daß die meisten der heute verfügbaren Falldarstellungen über prophetische Erlebnisse noch zu neu oder nicht genügend zugänglich sind. Außerdem enthalten wenige Fälle von Präkognition alle Kriterien, die für eine wirklich genaue Untersuchung erforderlich wären.

Zunächst würde man von einem Idealfall erwarten, daß er zumindest so gut dokumentiert wäre wie insbesondere jene Fälle, die von der American Society for Psychical Research unter der Leitung von Gardner Murphy ausgewählt worden sind. Außerdem sollten noch einige vertiefende Befragungen mit der Person durchgeführt werden, die selber ein zukünftiges Ereignis vorausgesehen hat, sowie mit Zeugen, die von dieser Wahrnehmung erfahren haben oder daran teilhatten, sowie mit allen übrigen Personen, die irgendwie an der ganzen Entwicklung beteiligt waren. Natürlich sollten die Psychologen, die sich mit solchen Untersuchungen befassen, zwar ohne Vorurteile, doch peinlich genau vorgehen. Im Idealfall sollte die Zahl der untersuchten Fälle groß genug sein, um eine quantitative wie qualitative Auswertung zu erlauben.

Leider ist dies alles nicht möglich. Irgendwo ist diese so überaus erwünschte Kette einfach nicht vorhanden oder sie wird irgendwo durchbrochen. Freud schrieb seinen Aufsatz »Eine erfüllte Traumahnung« bereits 1899, doch lebte er in den folgenden Jahren in einer von Patienten oder Kollegen bevölkerten Welt, die ihn hin- und herzerrten und zu Dingen, die nach »Okkultem« rochen, hinzubringen oder von ihnen abzubringen suchten. Als Freud bei Patienten auf »ahnungsvolle« Gefühle oder Träume stieß, war er geneigt, sie offen geäußerten oder verborgenen Bedürfnissen dieser Menschen zuzuschreiben und in ihnen Symptome emotionaler Störungen zu erblicken, die er beheben wollte.

Diesen orthodoxen Standpunkt illustriert ein eindrucksvoller Vorfall aus unserer Zeit. Am 1. August 1966 tötete Charles J. Whitman, Student an der Universität von Texas, vierzehn Menschen und ein ungeborenes Kind. Alle berichteten, er hätte über vierzig Menschen vom Turm der Universitätsklinik aus beschossen, der für viele, die die Klinik für Psychohygiene besuchten, so etwas wie ein »mystisches Symbol« verkörperte. Dieses Massenmorden hatte der Mörder einem Psychiater der Universität, Dr. Maurice D. Heatley, zuvor am 29. März angekündigt. Dr. Heatley machte sich darüber folgende Notizen:

»Er gibt offen zu, daß ihn zu Zeiten aggressive Gefühle überschwemmen, auch wenn er so gut wie nicht provoziert wird. Wiederholte Befragungen, durch die eine Analyse seiner tatsächlichen Erlebnisse versucht werden sollte, verliefen im Sande, weil er immer wieder auf den Gedanken zu sprechen kam, ›wie es wäre, wenn er auf den Turm stiege und von dort aus mit einem Jagdgewehr einfach auf Leute schösse‹.«

Der Eindruck, den Whitman von seiner eigenen Handlungsweise hatte, war — ganz allgemein gesprochen — prophetisch. Im freudianischen Sinne mag sie vielleicht einem gegen den eigenen Vater gerichteten Todeswunsch entsprungen sein, den er, wie Heatley vermerkte, als »brutal, dominierend und gegenüber den drei übrigen Familienmitgliedern als überaus streng« erlebte. Der Vater gab zu: »Ich war und bin leicht in Wut zu versetzen.« Der von Whitman begangene Mord vom Turm fiel mit einer heftigen familiären Krise zusammen, die sich zwischen Vater und Mutter abspielte. Die Mutter verließ den Vater, der in Lake Worth in Florida lebte, als Charles Anfang März nach Florida fuhr, um seine Mutter nach Austin zu bringen. Danach rief der Vater beinahe täglich an, um sie zur Rückkehr nach Lake Worth zu bewegen. In dem Interview mit dem Psychiater »gab Whitman zu, eine dem Vater ähnliche Taktik verfolgt und seine Frau zweimal physisch mißhandelt zu haben«. Aus einer Notiz, die er hinterließ, geht hervor, daß er seinen Vater »erbittert« haßte. Larry Fuess, ein Studienkollege, der Bauingenieur werden wollte, erinnert sich, daß »sein ganzes Leben eine einzige Flucht vor seinem Vater« war. Ein anderer Freund wurde von *The New York Times* (3. August 1966) zitiert. Wie er sagte, soll »er sich selbst gehaßt haben, wenn er genauso handelte wie sein Vater«. In der Wohnung des Vaters war praktisch jedes Zimmer mit Gewehren geschmückt.

Selbst Nicht-Freudianer würden im Fall Whitman einen Ödipuskomplex vermuten. Der Schlußpunkt der Vision eines jungen Mannes, die darin bestand, »auf Menschen zu schießen«, wurde dadurch gesetzt, daß er zunächst seine Mutter, dann seine Frau und schließlich Menschen erschoß oder verwundete, auf die er vom Universitätsturm aus anlegte. Von allen, die ihn direkt angingen, blieb nur sein Vater am Leben.

Charles Whitman hatte seine eigene Prophezeiung wahrgemacht. Er hatte sich sozusagen auf dem Turm stehen und mit gottähnlicher Allmacht den Tod austeilen »sehen«; in seiner Brutalität übertraf er seinen Vater, was ihm in anderen Lebensbereichen nicht gelungen war. Dem Bergsteiger, der Jung von seinem Traum berichtete und ihn dann mit seinem Absturz wahrmachte, war seine Selbstmordabsicht nicht bewußt. Whitman berichtete dem Psychiater aber von seiner Absicht, vom

Turm aus auf Menschen zu schießen, dies allerdings in einer
Form, als handle es sich um eine traumartige Phantasie.
Es trifft zu, daß präkognitive Träume, die den Parapsychologen berichtet werden, sich von der elementaren Gewalttätig-
keit des Whitmanschen Massenmordes unterscheiden, — es trifft
aber ebenso zu, daß wir es auch hier mit völlig verschiedenen
Graden prophetischer Entäußerung und Erlebnissen zu tun haben. Bei dem von ihm eingenommenen besonderen Standpunkt
traf Freud überaus häufig auf solche Fälle von »Ahnungen«, die
Whitmans Todeswünschen in vieler Hinsicht glichen. Doch sollte
der zwischen den einzelnen Kategorien von Prophetie bestehende Unterschied nicht zur Bildung noch klarer umrissener Untergruppen führen, da dies dann praktisch die Verbannung
dieser oder jener Untergruppe mit sich brächte.
Es scheint angemessen, die feinen Unterschiede zwischen Prophetie, Ahnungen, Präkognition, Vorherbestimmung usw. in
diesem Zusammenhang außer acht zu lassen und ebenso die
terminologische Begrenztheit solcher Ausdrücke wie »normal«
oder »anomal« zuzugeben. In ihrem Buch *Hidden Channels of
the Mind* bemerkt Louisa Rhine, daß sich »die Psychiater mit
solchen verborgenen Bereichen des Geistes beschäftigen, in denen Erkrankungen möglich sind«, während »sich der Geist auch
im Zustand der Erkrankung der Ausdrucksmittel der ASW —
Träume, Halluzinationen, Zwangsvorstellungen, Automatismen
—, also vollkommen gesunder und normaler Mittel — bedienen
kann«. Eine Auseinandersetzung mit diesem Problem dürfte
sich schwierig gestalten. Daß Präkognition auch von Geisteskranken in Anspruch genommen bzw. erlebt wird, macht sie
nicht notwendigerweise zu einem pathologischen Symptom.
Der Bereich des Prophetischen sowie des Pseudoprophetischen ist
zu groß und das erreichbare Material zu begrenzt, um endgültige psychologische Schlußfolgerungen zu erlauben. Die Kennzeichnung dieser Phänomene als »Todeswünsche« mag bei bestimmten Menschen und Situationen angemessen sein, kann je-

doch nicht überall angewandt werden. Die Synchronizitätshypothese ist noch nicht ausgereift. Die grundlegende Vorstellung vom Vorliegen eines tiefgreifenden emotionalen Faktors oder Bedürfnisses ist inzwischen selbstverständlich, außer in Fällen, in denen sich Präkognition auf so alltägliche Art äußert, daß es zu hochgegriffen erschiene, hier eine affektive Beteiligung anzunehmen.

Die ganze Art prophetischen Erlebens, vor allem der präkognitive Traum, scheint mit Persönlichkeitsvariablen oder Lebenssituationen der betroffenen Personen zu korrespondieren. Es gibt keine zwei Fälle, die vollkommen gleich sind, obwohl stets gewisse Ähnlichkeiten gegeben sind. Eine prophetische Vision kann undeutlich sein und sich in schwer faßbarer orakelhafter Sprache oder Bildern äußern, sie kann aber auch so klar sein wie das Bild auf dem Schirm eines gut eingestellten Fernsehapparates.

Lassen Sie uns ganz ehrlich sein: Wir können die Frage nicht beantworten, warum jemand ein prophetisches Erlebnis hat. Man kann zwar auf das vorhandene Fallmaterial die eine oder andere psychologische Theorie anwenden — doch bedeutet ein solches Vorgehen bei dem jetzigen Stand der Dinge nur eine Reduktion des Datenmaterials zu einer Rorschach-Kleckstafel, in die jede psychologische Schule einfach die von ihr vertretenen Vorstellungen hineinprojizieren kann.

Es gibt jedoch Hinweise genug, die eine weitergehende Untersuchung rechtfertigen würden. So scheinen auch die Schritte, die als nächstes zu unternehmen sind, vollkommen klar. Die Sammlung von Fällen muß fortgeführt werden, auch solcher Fälle, die von Psychologen verschiedener Richtungen beobachtet wurden. Wann immer möglich, sollte eine gute Dokumentation erfolgen, und dann sollte das Material für sich selbst sprechen. Der Forscher, der sich mit Prophetie befaßt, ist einem Bildhauer vergleichbar, der sich entscheiden muß, ob er ein bestimmtes Bild schnitzen oder ein bestimmtes Stück Holz oder Stein sich selbst eine Form gemäß seinen Konturen, seiner Struktur und gemäß der Qualität des Materials geben lassen will. Bei der Bewertung prophetischer Fälle würde ich das letztere Vorgehen für das angemessenere halten.

Welche Rolle der Computer in der Gegenwart oder in der Zukunft auch spielt oder noch spielen wird — er hat uns bereits eine greifbare Analogie geliefert. Wir füttern ihn mit einer Menge Informationen — wir programmieren ihn, wie es in der Fachsprache heißt —, und wenn man ihm eine Frage stellt, für deren Beantwortung das ganze oder ein Teil des Materials ausreicht, gibt uns der Computer schnell eine Antwort. Ein Großteil der menschlichen Prophezeiungen beruht sicherlich auf einem Wissen, das — in verarbeiteter Form — aus der Vergangenheit stammt, genau wie beim Computer. Dennoch gibt es einzig beim Menschen ein schwer faßbares Element tatsächlichen Vorauswissens. Eine der einfachsten und zugleich wissenschaftlich fundiertesten Analogien lieferte Dr. Joost A. M. Meerloo; er vermutet, daß ein Tennisspieler die Stelle, an der der von seinem Gegner geschlagene Ball auf den Boden auftreffen wird, aufgrund einer Vielzahl von Informationsdaten antizipiert — voraussagt, prophezeit — setzen Sie dafür das Wort ein, das Ihnen angemessen erscheint. Natürlich wird er dabei von seinen bewußten oder halbbewußten Erinnerungen an vorangegangene Spiele mit anderen oder gar dem gleichen Gegner geleitet. Er beobachtet nicht nur bewußt und hauptsächlich mit den Augen, wie der Gegner steht, wie er spielt, seine Füße stellt, den Schläger hält, sondern er nimmt außerdem eine Vielzahl möglicherweise unterschwellig vorhandener Faktoren auf. Und erst dann, nachdem diese ganzen Informationen in ihm »programmiert« sind, weiß er die Stelle im voraus, an der der Ball auftreffen wird, und versucht, seine Bahn zu unterbrechen.

Würde der Spieler die Flugbahn des Balls nicht unterbrechen, um ihn in die umgekehrte Richtung über das Netz zurückzuschlagen, würde das antizipierte Ereignis wahrscheinlich eintre-

ten. Doch sind daran so viele schnelle Beobachtungen und Berechnungen beteiligt, so viele praktisch gleichzeitig aufgenommene und registrierte Eindrücke im Spiel, daß die wahrnehm-
baren bewußten Handlungen wahrscheinlich in der Minderzahl
sind. Dem Spieler würde es genauso wenig nützen, intellektuell
genau zu wissen, was er tut, wie unserem alten Bekannten, dem
Tausendfüßler, damit gedient wäre zu wissen, welchen seiner
zahlreichen Füße er nun als ersten in Bewegung setzen soll.

Ich glaube, es ist gerechtfertigt, hier noch einige weitere Informationen anzuführen, um nach einer Erklärung für eher dramatische prophetische Schlußfolgerungen zu suchen. Wenn alle jene,
die den Mord an Präsident Kennedy vorausgesehen haben, das
Ereignis nicht wirklich in der Zukunft, mithin zu einem chrono-
logisch späteren Zeitpunkt »sahen«, was sahen sie dann? Sie
sahen in sich eine Ereignisabfolge aufsteigen, die sich dann mit
affektiven Elementen im Innern Kennedys und seiner Angehörigen verband. »Lasen« sie also im altmodischen Sinne des Wortes Kennedys »Gedanken«? Spürten sie vielleicht — wenn auch
nicht in diesem altmodischen Sinne — unterschwellig eine gewisse Haltung, Fatalismus, Angst, einen Zug von Tollkühnheit,
das Selbstbild des jungen, für den Tod bestimmten Helden?
Astrologen, die der Auffassung sind, daß uns die Sterne »geneigt« machen, aber nicht »zwingen«, gebrauchen zwei höchst
zutreffende Wörter. Der Lebensstil John F. Kennedys, sein Bild
in der Öffentlichkeit und das Bild, das er von sich selbst hatte
(die Menschen sollen mich sehen — laßt das Kabinendach weg
— man kann dem Tod nicht entrinnen), hatten sich bei der Öffentlichkeit in starkem Maße niedergeschlagen; es konnte von
einigen mehr, von anderen weniger, auf vielen verschiedenen
Ebenen erspürt werden.

Jene, die Kennedys gewaltsamen Tod antizipierten, fallen vielleicht — wenn man die in ihren gefühlmäßigen Reaktionen bestehende Verwirrung, mithin ihre Ambivalenz berücksichtigt —
in die Kategorien derer, die seinen Tod »fürchteten«, und je-

ner, die ihn »herbeiwünschten«. Doch ist die Grenze zwischen
Angst und Wunsch nur theoretisch zu ziehen, denn sie wird
im Grunde genommen oft durch bewußte oder unbewußte Heu-
chelei, Selbstbetrug, Sensationsgier und eine ganze Palette von
Schuldgefühlen ausgelöscht.

Der nach Kennedys Tod einsetzende Kult, der seine Nahrung
sozusagen aus sich selbst bezieht, kann ganz einfach mit den
archaischen und immer wiederkehrenden Erscheinungsformen
von Schuld und Sühne beschrieben werden.

Franz Werfel, der uns allen durch seine Romane *Das Lied von
Bernadette* und *Die vierzig Tage des Musa Dagh* bekannt ist,
hat einmal ein Buch mit dem Titel *Nicht der Mörder, der Er-
mordete ist schuldig* geschrieben. Tatsächlich gibt es Menschen,
die nicht nur anfällig für Unfälle sind, sondern auch für den
Tod. Da aber der Tod nur einmal eintreten kann, und zwar un-
widerruflich und endgültig, kann daraus eine persönliche Haltung resultieren, die nicht nur von derart tollkühnen Sports-
männern wie Donald Campbell eingenommen wird, sondern
auch von vielen, die weniger berühmt sind als eine jugendliche,
heroische Gestalt, die das Oberhaupt des mächtigsten Landes der
Erde ist. Diese Menschen »hofieren« in der überaus scharfsinnigen Bedeutung dieses Wortes »den Tod« durch viele ihrer
Handlungen oder Versäumnisse.

Sie signalisieren diese Haltung ihrer Umwelt, und diese Signale
werden sinnlich oder — sehr wahrscheinlich — auch außersinnlich wahrgenommen. Bei denen, die diese Signale auffangen,
handelt es sich meistens um Menschen, die aus in ihrer Person
liegenden Gründen höchst sensibel darauf reagieren. Diese Sensibilität kann sich ziemlich deutlich darin äußern, daß sie den
Tod des Helden — wenn wir dieses Wort einmal in seiner psy-
chologisch-mythologischen Bedeutung begreifen — entweder
herbeiwünschen oder fürchten (oder beides zugleich). Sie reagieren auf derartige Signale aber vielleicht auch auf außersinnlichem Wege, da ihre Sensibilität durch ihre Angst oder ihren

Wunsch eine Steigerung erfahren hat — vergleichbar einem Tresorknacker, der die Empfindlichkeit seines Tastsinns dadurch steigert, daß er seine Fingerspitzen mit Sandpapier abschmirgelt.

So wird eine komplexe Konstellation offenkundiger und verdeckter, bewußt wahrgenommener oder unterschwelliger Gefühle in den »Propheten einprogrammiert«, der — wie wir alle — selbst komplexer ist als der komplizierteste Computer. Dann werden diese »Daten verarbeitet«, eine Voraussage wird gemacht, und die Welt wird mit einer Prophezeiung konfrontiert, in der sich erregende Vorgänge im Innern des einzelnen »Propheten« widerspiegeln. Dabei kann die Prophezeiung unter Umständen völlig »danebengehen«. Erweist sie sich jedoch als zutreffend, so kann sie für die Öffentlichkeit von großer Tragweite sein.

Die inzwischen angesammelte Zahl der Falldarstellungen und Experimente, die außersinnliche Wahrnehmung betreffend, ist zu groß, als daß man sie einfach unbeachtet lassen könnte. Den Hinweisen, die man bei einem besonders sensitiv veranlagten, besonders sensibel auf Eindrücke reagierenden Menschen feststellen kann, müssen auch die telepathisch oder hellseherisch wahrgenommenen Informationssplitter zugerechnet werden. Nach der Definition des Instituts für Parapsychologie in Durham, North Carolina, ist Präkognition »die Wahrnehmung eines zukünftigen Ereignisses, das nicht aufgrund eines rationalen Schlusses gewußt werden kann«. Wo endet aber nun das »Rationale« und wo beginnt das in mannigfacher Verkleidung auftretende Nicht-Rationale?

Wir wissen es nicht. John F. Kennedy sprach am Morgen seines Todestages darüber, wie leicht es doch wäre, ihn in den Straßen von Dallas zu ermorden. Er wußte um das Risiko, das er einging, nahm es aber trotzdem auf sich. Er forderte das Schicksal tatsächlich heraus. In dem Maße, wie er das Gefühl hatte oder sich darüber bewußt war, sich dem Ziel seiner Reise zu nähern, versuchte er auch sein Schicksal, hofierte er den Tod, forderte er die Götter heraus.

Präsident Kennedy reagierte außerdem entsprechend einem weiteren bekannten psychologischen Verhaltensmuster, das ein Sensitiver, der sein Verhalten sinnlich oder außersinnlich sicher wahrgenommen hätte, leicht in Erfahrung gebracht hätte. Er war es gewohnt, Erfolg zu haben, ihn persönlich belastende Krankheiten zu überstehen, die große Zahl seiner politischen Gegner zu schlagen und immer wieder über Widersacher und Widerstände zu triumphieren. Im übertragenen Sinne handelte Kennedy in Dallas wie ein afrikanischer Stammeskrieger, der sich in der Befolgung eines beruhigenden Rituals von einem magischen Schutzschild, widerstandsfähiger als jedes Kabinendach, beschützt wähnt. Sozusagen unberührbar und nicht wie andere Sterbliche zu sein, Bewohner eines schönen, teilweise nur scheinbaren »Camelot« — alles dies war diesem Mann schon fast zur zweiten Natur geworden, wie sein Charme, sein Reichtum, seine Intelligenz, seine Erfolge als Mann und Politiker und die berauschende Selbstsicherheit, die sich bei einem mächtigen und beliebten Oberhaupt von Millionen Menschen wohl zwangsläufig einzustellen pflegt.

Ambivalenz, Widersprüchlichkeiten, ein Gegeneinander von Selbstsicherheit und Angst, die Herausforderung des Schicksals bei gleichzeitiger Wachsamkeit ihm gegenüber, — all dies gerann in Dallas zu einer krisenhaften Atmosphäre. William Manchester erblickt in Dallas in *The Death of a President* (»Der Tod eines Präsidenten«, New York, 1967) praktisch etwas Todbringendes. Es ist aber vielleicht richtiger, in dieser Stadt, in jenem Novembertag *Symbole* für Kräfte zu sehen, die im Innern und in der Umwelt Präsident Kennedys vorhanden waren und die dann eine schicksalhafte Konstellation ergaben. Diese Kräfte hatten sich schon lange Zeit vorher manifestiert. Als Mrs. Dixon ihren Washingtoner Freunden berichtete, sie sähe eine »dunkle Wolke« über dem Weißen Haus, bewies sie damit ein Gespür für das Dramatische, eine Ungehemmtheit und den kindlichen Mut, etwas auszusprechen, das andere nur undeutlich fühlten. Als nachhaltiges Erbe hat der Mensch von den Göttern die Furcht übernommen, daß »die Götter neidisch sein könnten«, neidisch auf das zu gesunde Baby, auf das zu große Glück, auf den zu großartigen Sieg, Prophetie ist gegen das Wesen unserer zeitlich-räumlich orientierten Gesellschaft gerichtet. Doch befindet sich eben diese Gesellschaft in einem Gärungsprozeß; sie erwacht jeden Morgen verwirrt und noch unwissender als zuvor.

Prophetie muß in unserer Zeit mit einer Vielzahl von Informationen konkurrieren, die wir mit den uns bekannten Sinnen wahrnehmen. Durch die sofortige Übermittlung von Informationen, die Versorgung mit Computer-Daten und mit unzähligen, den Menschen, das Sozialwesen, die Politik und die Wirtschaft betreffenden Informationen ausgestattet, steht uns so viel bewußt aufgenommenes Wissen zur Verfügung, daß Prophetie als etwas Überholtes erscheinen mag. Dennoch hat das grundlegende menschliche Bedürfnis nach einer Richtschnur, an die man sich in dem Dschungel anscheinend anerkannter Tatsachen klammern kann, seit den Tagen von Dodona nicht abgenommen.

Mit dem Verschwinden der Mythen und Märchen und dem wachsenden Anspruch der Wissenschaft haben wir den Bereich, in dem sich Prophetie zu manifestieren scheint, immer mehr eingeschränkt. Dennoch können — wie in der Atomphysik — gewisse Ereignisse niemals zu der Zeit oder an dem Ort ihres Auftretens wahrgenommen werden. So bleibt unsere Erfahrung, die wir mit der Prophetie machen, weiterhin schwer faßbar, und wir müssen weiter nach einem endgültigen Beweis und Verständnis suchen.

Es gibt eine einfache Analogie für Prophetie. Wenn Sie mit einem Hubschrauber über einem Berg kreisen und an jeder Seite des Berges einen Zug sehen können, der auf den anderen zufährt —, können Sie einen Zusammenstoß voraussehen, als verfügten Sie — zumindestens im Gegensatz zu den in den Zügen befindlichen Reisenden und dem Zugpersonal — über übermenschliches Wissen. Eine treffende Analogie fürwahr! Sie erfordert keine grundlegende Umstellung der überkommenen Vorstellungen von Zeit und Raum. Können wir uns aber eine hubschrauberähnliche Wahrnehmung unserer eigenen Zukunft aneignen? Ja, sicherlich, und zwar in dem Maße, in dem jeder von uns mehr Einblick in sich selbst gewinnt, — denn wir sind nicht Herren, sondern vielmehr Anziehungspunkte unseres eigenen Schicksals.

Ausgewählte Bibliographie

BALTZER, A.: *Philosoph oder Prophet?* *Oswald Spenglers Vermächtnis und Voraussagen*, Verlag für Kulturwissenschaften, Neheim-Hüsten 1962

BARRETT, W. F.: Premonition, in: *Journal*, Society for Psychical Research, Bd. 1, 1884—85

BELL, D. et al.: Toward the Year 2000: Work in Progress, in: *Daedalus*, Journ. Amer. Acad. of Arts and Sciences, Bd. 96, Nr. 3, 1967

BENDER, H. (Hrsg.): *Parapsychologie. Entwicklung, Ergebnisse, Probleme*, Wissenschaftl. Buchges., Darmstadt 1972

BENDER, H. und MISCHO, J.: »Präkognition« in Traumserien — Dokumentation und Strukturanalyse sinnvoller Koinzidenzen im »Fall Gotenhafen«, in: *Zeitschr. f. Parapsychologie*, Bd. 4, 1960/61 u. Bd. 5, 1961/62

BESTERMAN, Th.: *Crystal-Gazing*, Univ. Books, New Hyde Park, N. Y. 1965

BESTERMAN, Th.: Report on an Inquiry into Precognitive Dreams, in: *Proceedings*, Soc. for Psychical Research, Bd. 41, 1933

BROAD, C. D.: *Lectures in Psychical Research*, Humanities Press, New York 1963

BROAD, C. D.: Knowledge and Foreknowledge, in: *Proceedings*, Aristotelian Soc. (London), Bd. 16, 1937

BROAD, C. D.: *Religion, Philosophy and Psychical Research*, Harcourt, New York 1953

BUTLER, W. F.: *How Business Economists Forecast*, Prentice-Hall, Englewood Cliffs, N. J. 1966

CAMPBELL, J.: *The Hero With a Thousand Faces*, New York 1949

CAYCE, H. L.: *Venture Inward*, Harper & Row, New York 1964

CERMINARA, G.: *Erregende Zeugnisse für Karma und Wiedergeburt*,

Bauer-Verlag, Freiburg i. Br. 1970; *Many Mansions*, New York 1953

CLARK, A. C.: *Profiles of the Future*, Harper & Row, New York 1963

COATES, J.: *Has W. T. Stead Returned?*, London 1913

COURNOS, J.: *A Book of Prophecy*, Scribner, New York 1942

DODDS, E. R.: *The Greeks and the Irrational*, Univ. of California Press, Berkeley — Los Angeles 1963

DUNNE, J. W.: *An Experiment with Time*, A. C. Black, London 1927

EBON, M.: Parapsychological Dream Studies, in: Grunebaum, G. E. v. u. Caillois, R. (Hrsg.):*The Dream and Human Societies*, Univ. of California Press, Berkeley — Los Angeles 1966

EBON, M.: The Second Soul of C. G. Jung, in: *Internat. Journal of Parapsychology*, Bd. 5, Nr. 4, 1963

EHRENWALD, J.: *Telepathy and Medical Psychology*, Norton, New York 1948

EISENBUD, J.: *The World of Ted Serios*, New York 1967

EISENBUD, J.: Time and the Oedipus, in: *The Psychoanalytic Quarterly*, Bd. 25, 1956

EISENBUD, J.: Behavioral Correspondences to Normally Unpredictable Future Events, in: *The Psychoanalytic Quarterly*, Bd. 23, 1954

ELLIS, H.: *Die Welt der Träume*, Würzburg 1911; *The World of Dreams*, New York 1925

ELLISON, J.: Jeane Dixon Talks About God, in: *The Christian Herald*, New York, März 1966

FESTINGER, L., RIECKEN, H. W. u. SCHACHTER, St.: *When Prophecy Fails*, Univ. of Minnesota Press, Minneapolis 1956

FORDHAM, F.: *An Introduction to Jung's Psychology*, Penguin Books, Baltimore, Md. 1953

FORMAN, H. J.: *The Story of Prophecy*, Tudor, New York 1939

FREEMAN, J. A.: A Precognition Test with a High-School Science Club, in: *Journal of Parapsychology*, Sept. 1964

FREI, B.: *Hanussen: Ein Bericht*, Brant-Verlag, Straßburg 1934

FREUD, S.: *Die Traumdeutung*, Conditio Humana Bd. 2, S. Fischer-Verlag, Frankfurt 1972

FREUD, S.: Eine erfüllte Traumahnung, in: *Ges. Werke*, Bd. 17, S. Fischer-Verlag, Frankfurt 1966

FREY-WEHRLIN, C. T.: Ein prophetischer Traum, in: *Spectrum Psychologiae*, Rascher-Verlag, Zürich 1965

GARRETT, E. J.: *The Sense and Nonsense of Prophecy*, Creative Age Press, New York 1950

GRANT, J.: *Far Memory*, New York 1956

GREEN, C.: Report (1959) on Enquiry into Spontaneous Cases, in: *Proceedings* Soc. f. Psychical Res. (London), Bd. 53, T. 191, 1960

GREENBANK, R. K.: A Prophetic Dream, in: *Corrective Psychiatry and Journal of Soc. Therapy*, Bd. 12, Nr. 2, 1966

GREY, E. H.: *Visions, Previsions and Miracles*, L. N. Fowler, London 1915

GUARIGLIA, G.: Prophetismus und Heilserwartungs-Bewegungen als völkerkundliches und religionsgeschichtliches Problem, in: *Wiener Beiträge zur Kulturgeschichte und Linguistik*, Bd. 13, Wien 1959

HAMMARSKJÖLD, D.: *Markings*, Knopf-Verlag, New York 1964

HANSEL, C. E. M.: *ESP: A Scientific Evaluation*, London 1966

HANUSSEN, E. J.: *Meine Lebenslinie*, Universitas-Verlag, Berlin 1930

HANUSSEN, E. J.: *Worauf beruht das? Telepathie, ihre Erklärung und Ausübung*, Krakau 1917

HANUSSEN, E. J.: *Das Gedankenlesen: Lehrbuch der Telepathie*, Wien 1920

HOWE, E.: *Urania's Children: The Strange World of the Astrologers*, William Kimber, London 1967

JACOBI, J.: *Komplex, Archetypus, Symbol in der Psychologie C. G. Jungs*, Rascher-Verlag, Zürich 1957

JAFFÉ, A.: *Apparitions and Precognition*, University Books, New Hyde Park, N. Y. 1963

JONES, E.: *The Life and Work of Sigmund Freud*, Basic Books, New York 1961

JUNG, C. G.: *Gesammelte Werke*, Bd. IV, VIII, X, XVI, Rascher-Verlag, Zürich — Stuttgart, 1958 — 1969

JUNG, C. G.: Ein Brief zur Frage der Synchronizität, in: *Parapsychologie: Entwicklung, Ergebnisse, Probleme* (Hrsg.: H. Bender), Wiss. Buchgesellschaft, Darmstadt 1972

KAHN, H. u. WIENER, A. J.: *Ihr werdet es erleben — Voraussagen der Wissenschaft bis zum Jahre 2000*, Molden, Wien — München — Zürich 1968

KRIPPNER, St.: The Cycle in Deaths Among U. S. Presidents Elected at Twenty-Year Intervals, in: *Int. Journal of Parapsychology*, 1967

LAMON, W. H.: *Recollections of Abraham Lincoln*, Chicago 1895

LEONI, E.: *Nostradamus: Life and Literature*, Nosbooks, New York 1961

LEVITT, Th.: *Innovation in Marketing*, McGraw-Hill, New York 1962

LEWINSOHN, R.: *Science, Prophecy and Prediction*, Harper & Row, New York 1961

LORD, W.: *A Night to Remember*, New York 1955

LYTTELTON, D. E.: *Some Cases of Prediction*, G. Bell, London 1937

MACNEICE, L.: *Astrology*, Doubleday, Garden City, N. Y., 1966

MANCHESTER, W.: *The Death of a President*, Harper & Row, New York 1967

MEERLOO, J. A. M.: *Hidden Communion*, Garrett Publications, New York 1964

MEERLOO, J. A. M.: *The Two Faces of Man*, Internat. Univ. Press, New York 1955

MEIER, C. A.: Projection, Transference, and the Subject-Object Relation in Psychology, in: *Journal of Analytical Psychology*, Bd. 4, Nr. 1, 1959

MEIER, C. A.: Psychosomatic Medicine from the Jungian Point of View, in: *The Journal of Aanalytical Psychology*, Bd. 8, Nr. 2, 1963

MONTGOMERY, R.: *Ich sehe die Zukunft. Die Voraussagen der Jeane Dixon*, Mosaik-Verlag, Hamburg 1965; *A Gift of Prophecy: The Phenomenal Jeane Dixon*, Wm. Morrow, New York 1965

MONTGOMERY, R.: *A Search for the Truth*, New York 1967

MÜNSTERBERG, H.: *On the Witness Stand*, McClure, New York 1908

MYERS, F. W. H.: *Classical Essays*, Macmillan, London 1921

MYERS, F. W. H.: The Relation of Supernormal Phenomena to Time — Precognition, in: *Proceedings*, Soc. for Psychical Res., Bd. 2, 1895

NOORBERGEN, R.: *Leben und Prophezeiungen der Jeane Dixon*, Turm-Verlag, Bietigheim 1969

NOSTRADAMUS: *Centuries*, Macé Bonhomme, Lyon 1655

OCHOROWICZ, J.: *Zjawiska Mediumiczne*, Biblioteka Dziel Wyborowych, Warschau 1913

OPPÉ, A.: The Chasm of Delphi, in: *The Journal of Hellenic Studies*, London 1904

OSBORN, A. W.: *The Future Is Now*, Univ. Books, New Hyde Park, N. Y. 1962

OSTY, E.: *Supernormal Faculties in Man*, E. P. Dutton, New York 1923

PARAPSYCHOLOGY FOUNDATION: Precognition: Evidence and Methods. Account of conference on precognition, in: *Newsletter*, Bd. 7, Nr. 2, März—April 1960

PARAPSYCHOLOGY FOUNDATION: *Ten Years of Activities*, New York 1965

PARKE, H. W. und WORMELL, D. E. W.: *The Delphic Oracle*, Blackwell, Oxford 1956

POLLACK, J. H.: *Croiset der Hellseher*, Bauer-Verlag, Freiburg i. Br. 1965; *Croiset the Clairvoyant*, Doubleday, New York 1964

PRATT, J. G.: *Parapsychology: An Insider's View of ESP*, E. P. Dutton, New York 1966

PRINCE, W. F.: Pseudo-Prophecies and Pseudo-Sciences, in: *Bulletin* XII, Boston Society for Psychic Research, Mai 1930

RAO, K. R.: *Experimental Parapsychology: A Review and Interpretation*, Charles C. Thomas, Springfield, Ill. 1966

RHINE, J. B.: *The New World of the Mind*, Wm. Sloane Assoc., New York 1953

RHINE, J. B. et al.: *Extrasensory Perception after Sixty Years*, Bruce Humphries, Boston 1966

RHINE, J. B. und PRATT, J. G.: *Parapsychology: Frontier Science of the Mind*, Charles C. Thomas, Springfield, Ill. 1962

RHINE, L.: *ESP in Life and Lab: Tracing Hidden Channels*, Macmillan, New York 1967

RHINE, L.: *Hidden Channels of the Mind*, Wm. Sloane Assoc., New York 1961

RHINE, L.: Subjective Forms of Spontaneous Psi Experiences, in: *Journal of Parapsychology*, Bd. 17, Nr. 2, 1953

ROBERTSON, M.: *The Wreck of the Titan*, New York 1898

SALTMARSH, H. F.: *Foreknowledge*, G. Bell, London 1938

SALTMARSH, H. F.: Report on Cases of Apparent Precognition, in: *Proceedings*, Soc. for Psychical Research, Bd. 42, 1934

SERVADIO, E.: Ein paranormaler Traum in der analytischen Situation, in: *Parapsychologie: Entwicklung, Ergebnisse, Probleme* (Hrsg. H. Bender), Wiss. Buchgesellschaft, Darmstadt 1972

SIDGWICK, E. M.: On the Evidence for Premonitions, in: *Proceedings*, Soc. for Psychical Research, Bd. 5, 1888

SMITH, S.: *ESP*, Pyramid Books, New York 1962

SMYTHIES, J. R. (Hrsg.): *Science and ESP*, Routledge, London 1967

SOAL, S. G. und BATEMAN, F.: *Modern Experiments in Telepathy*, Yale Univ. Press, New Haven 1954

SOPHOKLES: *Ödipus auf Kolonos*, Reclam, Stuttgart 1954

SOPHOKLES: *König Ödipus*, Reclam, Stuttgart 1954

STEARN, J.: *The Door to the Future*, Doubleday, Garden City, N. Y. 1963

STEARN, J.: *Der schlafende Prophet Prophezeiungen in Trance 1911–1998*, Keller-Verlag, Gent 1970; *Edgar Cayce: The Sleeping Prophet*, Doubleday, Garden City, N. Y. 1967

STEVENS, W. O.: *The Mystery of Dreams*, Dodd, Mead, New York 1949

STEVENSON, I.: A Review and Analysis of Paranormal Experiences Connected with the Sinking of the Titanic, in: *Journal* Amer. Soc. Psych. Res., 54, 1960

STEVENSON, I.: Seven More Paranormal Experiences Associated with the Sinking of the Titanic, in: *Journal* Amer. Soc. Psych. Res., 59, 1965

STEVENSON, I.: Twenty Cases Suggestive of Reincarnation, in: *Journal* Amer. Soc. Psych. Res., 60, 1966

SUGRUE, Th.: *There is a River*, New York 1942

TENHAEFF, W. H. C.: *Oorlogsvoorspellingen*, H. P. Leopold, Den Haag 1948

TREVOR-ROPER, H.: *Hitlers letzte Tage*, Zürich 1948; *The Last Days of Hitler*, Macmillan, New York 1947

VARENA, M.: *Gesammelte Prophezeiungen*, Bauer-Verlag, Freiburg i. Br. 1959

WALTER, G.: Der Okkultismus im Dritten Reich, in: *Neue Wissenschaft*, 50/51, Nr. 1, 3, 4

WILLIAMS, D.: *Astro-Economics*, New York 1959

WOHL, L. de: *The Stars in War and Peace*, Gollancz, London 1952

ZULLIGER, H.: Prophetische Träume, in: *Internat. Zeitschr. f. Psychoanalyse*, Nr. 13, 1932